意义的时代

[美]司各特·索姆斯 著
张励耕 译

20世纪分析哲学史

PHILOSOPHICAL ANALYSIS
in the
TWENTIETH CENTURY

VOLUME 2
THE AGE OF MEANING

Scott Soames

华夏出版社
HUAXIA PUBLISHING HOUSE

中文版序言

很高兴仲海霞和张励耕翻译了我的这两卷书，希望它们能够助中国的学生和学者更充分地参与到哲学的分析传统中去。这两卷书向读者介绍了分析传统中一个重要的部分，大约从 1900 年到 1975 年。虽然相对于一个已有数千年历史的学科而言，这似乎只是一段短暂的时期，但在此期间出版作品的数量已超过此前所有的时代。

分析传统的出现，部分源自对十九世纪形而上学观念论（metaphysical idealism）的回应，部分源自逻辑的新发展、逻辑与数学的关系以及逻辑在理解和阐释语言意义中的作用。最初，逻辑和语言中的新旨趣集中在对重要概念的分析上，以期找到解决传统哲学问题的新方案。但不久之后，占据主导地位的分析哲学家开始相信，逻辑上的和语言上的新技术需要一种新的哲学观念——在这种新观念中，那些在过去由不可解的、最终说来是误解性的问题所产生的无休止的辩论，将被富有成效的、系统性的哲学探究所取代，这些探究所针对的问题虽然具有挑战性，但完全是可理解的并最终可解决的。然而，人们很快就发现这种宏大的转变不会成功，因为二十世纪三十和四十年代的哲学家用他们精确的分析技术证明，哲学的这种转变将会面临无法修复的缺陷。第一卷讲述的正是上述故事。

第二卷通过如下哲学家或学派来解释分析传统在接下来的四分之一个世纪里的演变：首先是后期维特根斯坦和英国的日常语言学派，然后是威拉德·冯·奥曼·蒯因在科学启发下向自然主义的转变，以及这种转变与唐纳德·戴维森的语言理论的融合，最后是索尔·克里普克对必然性和先天性的概念重构，这种重构改变了分析哲学的轨迹。正是这个时候，分析的传统背离了关于哲学的语言观念，并回归到把逻辑和语言作为哲学理论化的有力工具的早期视野中去。尽管关于哲学的语言视野失败了，但我们在理解哲学各个领域的核心问题方面还是取得了很大进展。第二卷讲述了上述故事，而它的"尾声"部分勾勒了二十世纪结束之际哲学专业化的多元化新纪元。

从今天的视角回顾分析传统，我们将其视为作为整体的西方哲学伟大传统的自然延续，它保留了在科学的概念性基础、数学和所有促进知识的领域的不变的兴趣。只是在如今的二十世纪和二十一世纪，还有更多的东西需要知道。逻辑、语言和科学曾主要被认为是促进知识的工具，现在也是哲学探究的专业化领域的主题。其实，对于每一种自然科学或社会科学而言，如今都有一种发达的或正在兴起的关于该科学的哲学。通过与那些追求更专业化的规范性和经验性探究的人一同推进事业，道德哲学、政治哲学和法哲学（legal philosophy）也获得了新的活力。这就是这两卷书会帮助你们去理解的传统。

这两卷书中译本的翻译和出版对我们所有人而言都很重要。虽然西方哲学在世界各地为人们的生活做出了贡献，但许多人并没有接触到它，或对它知之甚少。我希望这样的状况会改变。生活在西方的我们同样需要来自中国的贡献来帮助改善自己的传统。我们也需要更多对你们哲学传统中伟大作品的翻译和介绍。哲学的工作是永无止境的。哲学帮助我们在人类生活的各个方面取得进步，而分享各自的知识是前进的最好方法。

司各特·索姆斯
2019 年 5 月 22 日
加利福尼亚州洛杉矶

代译序

这部两卷本的《20世纪分析哲学史》,既充分展示了分析哲学从二十世纪初到七十年代的发展历史,也是二十世纪七十年代以来的当代分析哲学的优秀入门教科书之一。

这两卷本以二十世纪初至七十年代这个时期出现的重要分析哲学家及流派为脉络,系统地介绍并分析、评价了摩尔、罗素、维特根斯坦、逻辑实证主义、日常语言学派、蒯因、戴维森、克里普克等人物或学派的哲学思想,同时侧重于语言哲学及元伦理学方面的问题。这部著作在语言表述上非常清晰,对各种哲学观点及论证的阐释、分析非常详细,很适合分析哲学的初学者自学。对于这一时期重要的哲学家提出的经典论证,作者都尝试以更清晰、更详细的方式重构那些论证,使得它们易于被读者理解。同时,作者还吸收了后代学者的研究,详细讨论了对那些经典论证的各种质疑、补充、发展等等。这使得读者不仅能知道过去那些重要哲学家说了什么、有什么观点,而且对他们提出的论证,以及对他们的思想的方方面面,有深入的了解,尤其是了解他们的论证中已经被发现的种种缺陷,以及他们的观点及论证的各种潜在的后续发展。这些后续发展与当代分析哲学的一些研究课题相衔接,所以,这两卷本不仅仅是对分析哲学的早期历史的介绍,同时也可以作为当代分析哲学的很好的入门教材,通过认真阅读这两卷本,读者可以得到很好的分析哲学训练,还可以了解当代分析哲学的一些研究课题的来龙去脉。

二十世纪七十年代以来,分析哲学经历了爆发性的发展,学科分支、研究课题、研究人员及发表的研究文献都大规模增长。二十世纪七十年代以前的分析哲学基本可以概括为"语言分析的哲学",它侧重于以语言分析为工具来探讨一些哲学问题,尤其是语言哲学及元伦理学方面的问题。但今天的分析哲学研究状况已经完全不同,语言哲学之外的大量学科分支在最近四十多年得到蓬勃发展，哲学研究方法也完全无法再用"语言分析"来概括。今天已经无法用一两本入门读物来全面地介绍当代分析哲学，当代分析哲学也已经远远不是所谓的"语言分析的哲学"。要较全面地了解当代分析哲学，读者应该阅读当代分析哲学中各学科分支的入门教科书，比如语言哲学、心灵哲学、知识论、形而上学、行动哲学、一般科学哲学、各分支科学哲学、元伦理学、规范伦理学、政治哲学等学科分支的入门教科书。分析哲学的发展状况已经与其他自然科学、社会科学分支很相似，即已经出现高度专业化的倾向。对二十世纪七十年代以前的分析哲学发展的研究，在今天一般被看作当代分析哲学的学科分支之一，即"分析哲学史"这一分支。当然，与其他自然科学、社会科学分支相比，分析哲学还是有更强的历史性。因此，了解二十世纪七十年代以前的分析哲学的历史发展，对于学习当代分析哲学的多数学科分支来说都是不可或缺的。这部两卷本的《20世纪分析哲学史》正是论述二十世纪七十年代以前的分析哲学发展史的最好读物。

这两卷本的作者 Scott Soames 是国际知名的语言哲学专家，现任教于美国南加州大学哲学系，此前曾长期任教于普林斯顿大学哲学系。这两卷本出版以后影响很大，得到很多学者的推荐，笔者也曾在自己主持的一个研究生讨论班中专门研读此书。现在这两卷本的中译本问世，两位译者都是专门研究分析哲学的学者，分别于加拿大麦克马斯特大学（McMaster University）和北京大学获得博士学位。译文清晰流畅，相信这个中译本的出版将给国内学习、研究分析哲学的学生、学者带来很大的便利。能够直接阅读英文文献当然是分析哲学研究者必须具备的能力之一，但是对许多初学者及学生来说，这样一个译本对于快速积累分析哲学的基础知识，快速进入研读前沿研究文献阶段的学习，应该还是非常有帮助的。

分析哲学传统中的哲学研究具有问题导向、重论证、语言表述高度清晰等特征，与之相对的其他一些哲学研究传统，则可能以阐述个别重要哲学家的思想为主，或以诗化的语言（而非严谨的论证）来表达哲学顿悟。问题导向意味着，一篇哲学研究论文或一本哲学专著一般是围绕一个具体的哲学问题展开讨论，而不是围绕某个著名哲学家；重论证则意味着，哲学写作主要在于提出新的论证，或提出支持或反驳某个论证的新理由，而不是在于阐释某个著名哲学家究竟说了什么，持有什么观点。问题导向与重视论证这个目标与策略很自然地要求哲学研究作品在语言表述上高度清晰。因为，表述不够清晰的论证让人无法提出新的理由去支持或反驳，因此表述得晦涩或缺乏系统论证的作品将难以发表，或即使发表了也难免被人忽视或忘却。在个别情形中，也会有一些很晦涩的或缺乏系统论证的作品被一些研究者认为包含了深刻的思想。但即使在这些情形中，研究者们一般也是侧重于受原作品的启发来重构清晰、严谨、系统的论证，以及针对这些重构出的论证来进一步提出新的支持或反驳的理由。至于原作品究竟是什么意思这一点，一般不被研究者们认为是一个很重要的问题——除非你的目的就是做历史研究，而不是研究哲学问题。

分析哲学的这些特征意味着，学习分析哲学主要在于学习针对各种观点提出的各种论证，包括针对一些经典的论证进一步提出的支持或反驳的理由，也包括学习如何分析论证，如何去支持或反驳一个论证等等。另一方面，这也意味着，学习分析哲学不能仅仅是记住几个著名哲学家的观点，重点也不在于尽力去理解某些较晦涩的哲学经典作品究竟是什么意思。因此，对于初学者来说，最好的学习方式是从学习分析哲学各个分支的教科书开始，而不是从阅读过去重要哲学家的经典原作开始。教科书一般既概括、重构了过去重要哲学家的经典原作中提出的对哲学观点的论证，同时又总结综述了近几十年来哲学研究者们提出的新的观点和论证，或对经典论证的种种补充或质疑。阅读教科书对于初学者来说是高效的学习方式。一些表述得较清晰的经典原作可以作为教科书的补充读物来阅读。至于那些晦涩难懂且对其解释争议较大的经典原作，除专业哲学史研究者外，一般研究者则不一定需要去钻研。这种学习分析哲学的方法是目前国际上通行的学习方法，国际上大多数分析传统的哲学系都是以这种方式设置他们的本科及研究生哲学课程体系。这也使得分析哲学教育更接近于哲学以外的其他自然科学及社会科学分支的学科教育。这些科学分支都已经以教科书的方式总结了过去的研究成果，因此学生不必再从原始文献中去学习过去的成果，尤其不必靠钻研晦涩的经典原作来掌握一个学科分支。

分析哲学教科书一般都以哲学研究课题为中心组织内容。一本教科书一般会介绍一个分析哲学分支（如语言哲学、心灵哲学）中的几个研究课题，围绕每个课题展示几种观点及论证，既包括以前的著名哲学家提出的经典观点与论证，也包括最近几十年学者们新提出的观点与论证，以及对各种经典论证的补充或质疑。这部《20世纪分析哲学史》的作者Scott Soames也写过一本语言哲学教科书[①]，有兴趣的读者可以在阅读本书的同时阅读那本教科书。这些教科书符合分析哲学研究的问题导向特征，能够使得学生迅速地熟悉一个分析哲学分支中一个世纪以来积累起来的主要观点和论证。国内近年来陆续翻译引进了一些这种分析哲学教科书，使得国内的分析哲学学生也能高效地学习并熟悉当代分析哲学的各种研究课题。

这部《20世纪分析哲学史》属于对早期分析哲学的历史的介绍，所以它不是以研究课题为中心组织内容，而是以人物或学派为中心。但是，这本分析哲学史并不同于国内读者可能比较熟悉的那些西方哲学史教科书。这本分析哲学史不仅仅是讲述历史上那些重要哲学家有什么观点，它用了更多的篇幅来清晰地重构那些重要哲学家提出的论证，并详细讨论对那些论证的种种质疑。在这方面，这部分析哲学史与其他分析哲学教科书是一样的。

不了解分析哲学的研究风格的读者可能会感到疑惑，为什么一本哲学史教科书要用大量的文字去质疑那些著名的哲学家，让人觉得那些著名哲学家的思想似乎一无是处。这正是笔者的一些学生读了这本书的一些章节后得到的印象。但这也正是分析哲学研究的常态。过去的著名哲学家的出色之处在于他们认识到了一些他们的前人及同时代

---

① S. Soames: *Philosophy of Language*, Princeton University Press, 2010.

人不曾认识到的东西，而不在于他们的思想无懈可击。后人站在前人的肩膀上自然应该比前人看得更清楚一些。分析哲学强调哲学知识的纠正、积累。哲学不是公说公有理、婆说婆有理。当然需要澄清的是，积累常常不在于某种哲学观点、立场被普遍认可接受，不再被质疑，而在于一个哲学论证中的缺陷被更清楚地发现，或者一些新的支持或反对一种哲学立场的理由被发现。这些发现就经常是被普遍认可接受，不再被放弃的。哲学探索的积累正在于这些发现——虽然由于哲学问题的复杂性，这些新的发现一般并不能够决定性地确立或驳倒一种哲学立场。学习分析哲学，包括学习分析哲学史，很大一部分就在于了解这些对经典论证中的缺陷的发现，以及了解支持或反对一种哲学立场的新理由、新论证。这本书正是突出地展示了二十世纪分析哲学史上那些著名的哲学家及哲学流派所提出的论证中所包含的缺陷，详细地介绍了对它们的各种质疑。这些正是学习分析哲学史的学生所应关注的重点。换句话说，学习分析哲学史，重点不在于记住那些著名的哲学家说了什么，而在于认识到他们所说的错误或不足之处是在哪里。这本分析哲学史将很有助于读者认识到这些。

这本书因此包含了大量作者自己提出的分析、判断。对这些分析、判断，读者自然也应该带着质疑的态度去研读。有一点值得在这里特别指出，那就是，这本书的作者 Scott Soames 受克里普克的语言哲学思想的影响非常大，对克里普克特别推崇（虽然他也并不完全接受克里普克的所有观点）。克里普克的影响常常在作者对一些早期分析哲学家的分析、评论中显现出来。如果读者对克里普克的语言哲学思想已经有所了解，这里建议你在阅读本书时可以常常回忆一下克里普克，因为作者时时隐含地将一些早期分析哲学家的思想与克里普克的观点做比较。这可能有助于更深入地理解作者的一些分析判断。另一方面，一些其他学者可能并不像 Scott Soames 那么推崇克里普克的语言哲学思想，他们对克里普克的观点可能持有更多的保留态度，因此他们对这本书的一些分析、判断可能也会持一定的保留态度。另外，需要澄清一下，作者并没有预设读者已经了解当代语言哲学及克里普克的语言哲学思想。即使你没有专门学习过当代语言哲学或克里普克，应该也可以很好地理解这本分析哲学史。

另外，这本书完全没有专门讨论分析哲学的鼻祖弗雷格。弗雷格当然属于十九世纪而不是二十世纪，但一本讲述分析哲学早期历史的书没有一章专门讲述弗雷格，而是严格地以世纪之交为界限，将弗雷格排除在外，这还是有点奇怪。要完整了解分析哲学的早期历史，读者可能需要另外补充阅读一些对弗雷格的介绍，好在已经有很多专门介绍弗雷格的论著。

叶　峰

2018.2.28

于北京朝阳区望京花园

此卷献给我的儿子
布莱恩

致 谢

和第一卷一样，这卷书产生自一门面向参与进阶课程的本科生和低年级研究生的讲座课程，该课程在普林斯顿大学多次开设——这次的课程是在1998年、2000年和2002年。就此而论，本书得益于参加这些讲座课程并参与相关讨论的人。此外，我十分感谢阅读并评论了第二卷手稿的五人——我普林斯顿大学的同事马克·格林伯格和吉尔·哈尔曼教授，罗格斯大学的约翰·霍桑，我长期以来的好友兼哲学上的知己、卡尔加里大学的阿里·卡兹米教授，以及我的博士生杰夫·斯皮克斯。他们五位都仔细阅读了手稿并向我提供了详尽且十分有帮助的批评。此外，阿里和杰夫花费了大量时间同我讨论与此书相关的重要哲学问题。如果没有这五位哲学家的贡献，这部著作将会逊色很多。同第一卷一样，普林斯顿大学出版社的工作者——尤其是乔迪·贝德（Jodi Beder）、伊恩·马尔考姆和黛比·狄戈登（Debbie Tegarden）——做了杰出的工作，并对本书的最终成型贡献良多。最后，我愿意再次向玛莎表达自己的感激，她对我来说意味着太多了，我感激的不仅有为我的生活增添的色彩，还有她给这两卷书创作的增色。

导论 概览和历史背景

时代概览

本卷将继续讲述由第一卷开启的、关于二十世纪分析哲学主要发展的故事,在第一卷中这段故事结束于 W. V. 蒯因在这个世纪中期的观点。从我们结束的地方开始,本卷书将涵盖这样一段时期:它始于维特根斯坦的《哲学研究》——这本书出版于 1953 年,其完成时间则在这之前几年——而结束于索尔·克里普克(Saul Kripke)的《命名与必然性》——这本书最初在 1970 年于普林斯顿大学以三篇讲座的形式出现。涉及的论题将包括后期维特根斯坦哲学,吉尔伯特·赖尔(Gilbert Ryle)、约翰·L. 奥斯丁(John L. Austin)、彼得·斯特劳森(Peter Strawson)、理查德·M. 黑尔(Richard M. Hare)和诺曼·马尔考姆(Norman Malcolm)的日常语言学派,由保罗·格赖斯(Paul Grice)主导的对日常语言学派的攻击以及对需要将意义与使用区分开的认可,蒯因的自然主义和关于意义的怀疑论,唐纳德·戴维森关于真和意义的系统化理论,还有克里普克对基本的语义和哲学范畴的重新概念化。

这两卷书所研究的时代有这样的特性:它既足够陈旧而不是那么的现代,又离我们足够近而尚未获得受人尊敬的历史地位。这造成了一种有趣的结合。一方面,我们所站的地方已足够遥远,可以回顾这个时代所完成的工作,并开始绘制关于得失的整幅图景。另一方面,由于这两卷书所研究的哲学家们会在我们当今的讨论上投下长长的身影,我们所发展出的批判性概览就应当与当下的哲学讨论相关。我想,这一点将随着我们在第二卷中的前进而变得越发明显,并会开始遇到概念上的进步,这些进步不仅揭开了哲学的新未来,而且转变了我们关于分析的过往的看法。

第二卷所讨论的时代始于两种主导观念所占据的支配地位，它们均产生自维特根斯坦的《哲学研究》。第一种是，哲学问题仅仅应被归因于对语言的误用。因此，哲学家的工作就不是去构建精妙的理论以解决哲学问题，而是揭露那些让我们认为起初有需要解决的哲学问题的语言混淆。第二种主导观念是，意义自身——哲学中进步的关键——**不**应当从理论化的或抽象科学的视角被加以研究。与构造一种一般性的意义理论相反，哲学家们应当注意语言用法的微妙方面，并展示对特定语词的误用如何导致了哲学上的困惑和混淆。所以我们在一开始所拥有的就是一种对各种观点的引人注目的结合：哲学的全部都依赖于对意义的恰当理解，但除了将在哲学上具有重要意义的特殊语词的用法方面的观察在有几分日常的情形下非正式地汇集起来之外，并不存在关于意义的系统化理论或研究它的方法。

就像人们可能猜测的那样，这种对观点的结合被证明是不牢固的。除了意义之外，为了让我们主要从关于其日常使用的零散观察中得出在哲学上有用的结论，还有太多的因素在影响那些特殊的语词在何时以及如何被使用。我们所需要的是某种关于如下东西的体系化的理论：意义是什么，以及它如何与其他那些支配语言使用的因素相互作用。这种洞见在二十世纪五十年代和六十年代早期逐渐兴起，当时，日常语言哲学家正与其两难的处境角力。这条道路上两座重要的里程碑是：约翰·L.奥斯丁对言说行动理论（the theory of speech acts）的发展，以及保罗·格赖斯关于交谈性含意（conversational implicature）的工作，这二者我们在本卷中都将谈上一谈。

最终的结果是，在某个时刻，那些相信哲学问题不过就是语言问题的哲学家开始认识到，他们需要一种关于意义的系统化理论。但是，这样一种理论是否可能，或者如果它是可能的的话，它应当是什么样子，这些都还是不清楚的。这时，蒯因在《语词和对象》（*Word and Object*）以及《本体论的相对性及其他论文》（*Ontological Relativity and Other Essays*）中极具影响力的论证便激起了在相关问题上的怀疑论，这些论证拒斥了我们关于意义和指称的日常观念——因为这些观念在科学上是没有希望的——并提出了彻底的紧缩的（deflated）替代物。根据蒯因的构想，意义并不是任何事情的核心，对哲学来说当然也是如此。但是，他的声音并不是唯一的。在二十世纪六十年代早期，有一项重要的发展出现。在一种不同的传统下——该传统产生自形式逻辑的发展——工作的哲学家们提出一种被很多人发现是难以抗拒的哲学上的意义观。唐纳德·戴维森表述了这种观念，他把一种关于意义的理论设想为关于一种语言中句子的真值条件的系统化理论。对很多人来说，这似乎恰恰就是为了满足一种作为对意义进行分析的哲学观所需要的东西——即便被采用的这种意义观只是如下意义观的派生物：后期维特根斯坦和追随他的日常语言派哲学家们在早先已经将这种观念当作无关紧要的东西而拒斥掉了。

但是，故事还没有结束。紧随着戴维森意义理论的发展，索尔·克里普克便推翻了如下这种观念，即哲学问题都是关于意义或语言分析的问题。这样我们就有了一种伴随着巨大反讽的历史性发展。我们开始于这样的信念，即所有哲学问题实际上都是语言混淆，这些混淆应当通过一种对意义的清晰理解而得到消解。但是，人们很快便认识到，为了追寻这种观念，我们需要某种对意义的理论化的理解。这最终导致了对一种在逻辑和科学上有启示性的特定意义理论的广泛认可，这种认可——尽管它也有很多缺陷——体现了一种意义重大的进步。接着，差不多与此同时，一种有力且富于说服力的立场得到了发展，它导向如下结论：无论拥有一种能提供有用信息的意义理论有多大的价值，认为我们最基本的哲学问题可以通过诉诸它而得到解决，这都是错误的。这便是第二卷将要讲述的故事。

历史背景

我们故事的时代始于维特根斯坦的《哲学研究》，终于克里普克的《命名与必然性》，我们将从对第一卷所涵盖的历史背景——这是故事的缘起——的回顾开始这段故事。对这条分析路径的发展而言，至关重要的是 G. E. 摩尔关于哲学中恰当起点的观念。在摩尔看来，哲学中没有这样一个可辩护的起点，与我们如下最基本的常识信念相比，它享有更多的特权并超越了合理的怀疑——例如这样的信念：我们存在，我们是有意识的存在物，我们居住在一个包含其他有意识的存在物和各种物理对象的世界；还有这样的信念：不仅现在有这些事物存在，而且过去还有很多事物存在，在我们出生之前的某些时间中存在；最后还有这样的信念：我们拥有关于这种存在和很多这些东西的特征的真正知识。在摩尔看来，任何将这些信念建基于某个比它们更确定的东西上的尝试，注定是要失败的；这种建基是不可能的。此外，任何关于我们不能知道这些常识命题为真的主张，都预设了如下这样一种哲学上的知识观：它比那些常识命题自身更需要辩护。摩尔力主的这种观点，在整个二十世纪的分析传统中一再出现。不是每个分析哲学家都接受了它的全部方面。但它保持着强大和极具影响的力量。

尽管摩尔认为哲学不能与我们最基本的常识信念相竞争，但他也确实相信，哲学可以提供一种关于这些常识内容的分析——这种分析将澄清常识真理如何可以被真正地知道。但这种分析该如何进行呢？由于摩尔自己对此并不确定，提供一种关于此问题的最被广泛接受的答案的工作便留给了罗素。在罗素看来，哲学分析的任务主要是揭示句子隐含的**逻辑形式**，他认为这种形式就是句子被用于表达的思想的形式。他相信，在确定句子逻辑形式上的失败，以及在将逻辑形式与语法形式区分开来的问题上的失败，是哲学中很多最严重错误的根源。

罗素通过否定存在句的问题来阐明自己的论点。一个否定存在句是这样的句子：它说一个或一种特定的东西不存在——例如，"食肉的奶牛不存在"或"黑湖怪兽不存在"。这种句子在语法上具有主谓句的形式。通常情况下，我们认为一个具有这种形式的句子为真，当且仅当主词指涉某个具有被谓词所表达的性质的东西。例如，句子"佩德罗·马丁内斯（Pedro Martinez）是一名篮球运动员"为真，当且仅当主语表达式的所指——佩德罗·马丁内斯其人——具有是一名篮球运动员这种属性。但如果我们在否定存在句的情况下持同样的说法，就会遇到悖论。假设某个否定存在句为真——例如，关于食肉奶牛的那个句子。那么，似乎主语表达式——短语"食肉的奶牛"——必须指涉某些东西（食肉的奶牛），而谓词"不存在"必须表达了一种这些东西所具有的性质（不存在性）。但罗素认为这是不可能的；如果有被指涉的食肉的奶牛，那么它们必定存在。因此，这个句子似乎不可能为真；而且更一般地讲，所有否定存在句都不可能为真。但这当然是不对的。

在罗素看来，该问题的解决之道在于如下事实：否定存在句的语法形式遮蔽了它们真实的逻辑形式。概言之，他的观点是，语法上的主谓句"食肉的奶牛不存在"的逻辑形式，由如下逻辑式子给出："对所有 x 而言，x 要么不是食肉的，要么不是奶牛。"这里值得注意的要点是，这种逻辑形式并不包含一个主语表达式，其功能是指涉某个随后据说是不存在的东西。相反，罗素将逻辑形式视作是做出了关于不是食肉的或不是奶牛这种性质——由"x 要么不是食肉的，要么不是奶牛"所表达——的断言。它所做的这种断言是：该性质被所有对象具有。对否定存在句"黑湖怪兽不存在"的分析与此类似。大致说来，罗素认为这种句子说：当且仅当 o 是一只黑湖怪兽时，与对象 o 相等同这种性质是一种没有任何示例的性质。他接下来通过如下论证概括了这种分析：只要一个句子包含一个限定摹状词——具有"那个如此这般的"（the so and so）这种形式的表达式——那么它的逻辑形式就会是这种复杂的类型，并且不会包含与语法单位"那个如此这般的"相应的任何单一的逻辑成分。最终的产物是一种关于抽象逻辑形式的观念，它与表面的语法形式相去甚远，而且需要通过一个逻辑分析的过程才能达到。对很多哲学家来说，罗素的这种理论——他的摹状词理论——在二十世纪前半叶成了哲学分析的典范。

罗素将这种典范扩展到数学哲学的领域，在其中他维护了如下观点：整个数学最终可以还原为纯粹的逻辑。这种观点的部分动机，在于他对解释数学的确定性和我们关于数学的知识的确定性的渴望。他最初认为，如果数学可以全部被还原为逻辑，那么将获得任何东西所可以获得的最高等级的确定性。这种还原被设想为由两部分构成。首先，高等数学被还原为算术，而这被认为在罗素之前就已经完成了。其后，算术被还原为逻辑，这是罗素所致力的工作。为了完成这种还原，他将一组声称是逻辑公理的东西进行了形式化表述，而且依据自己认为是纯粹逻辑概念的东西提出了一组关于算术的核心概念——自然数、零和后继——的定义。他接下来展示了，使用自己的定义，算术公理可以如何从他的逻辑公理集合中得出。实际上，这涉及将简单的算术句子视作对非常复杂的逻辑式子的缩写。尽管初看上去似乎是反直觉的，但这种分析在哲学上的优越性被认为盖过了任何计算上的复杂性。最终，无可置疑的是，在确定哲学是逻辑和语言分析这种观点的基础这一点上，与罗素的摹状词理论和他将关于算术的形式理论还原为自己的逻辑系统这种还原相比，没有什么能够做得更多了。

罗素之后便是他曾经的学生维特根斯坦。他接过罗素的分析观和关于逻辑与语法形式的区分，并使得它们成为一套完整哲学体系的基础，这个体系呈现在他早期的著作《逻辑哲学论》中。在《逻辑哲学论》里，他呈现了一种关于意义、可理解性和哲学界限的先天主义理论。根据这种理论，所有可理解的思想都拥有内容和结构，这些内容和结构被一种理想的逻辑语言中的句子所揭示，而这种语言构成了我们日常语言隐藏着的内核。维氏的理论将理想语言中的句子分为两个类。一个类中的句子是偶然的，可以只通过进行观察或收集关于世界的证据而被知道为真或为假。另一个类中的句子要么是必然为真的，要么是必然为假的。根据上述理论，只要理想语言中的一个句子必然为真（或必然为假），那么这一点就可以仅仅通过逻辑而被显示出来。

根据这种观点，不可能有给出关于世界信息的特殊的哲学句子存在。如果一个句子给出了关于世界的信息，那么它就是经验性的，而且不能通过哲学推理来得到判定。如果一个句子是一条必然真理，那么它就是一条重言式，而且只需要严格的逻辑证明。因此，没有有意义的哲学句子或哲学思想存在，而且没有哲学的题材存在。根据《逻辑哲学论》，哲学问题仅仅产生自对语言的误用和误解。在面对一个哲学问题时，恰当的回应是准确地澄清这种误用和误解究竟是什么。在理想情况下，这应当通过给出对有问题句子的恰当的哲学分析来完成，最好是通过展示如何在一种理想的逻辑语言中表达它们来完成。《逻辑哲学论》如是说。接下来，在维氏已经拒斥了《逻辑哲学论》以后，他仍坚持这种关于哲学的语言观，但同时放弃了一种揭示隐藏逻辑结构的分析性图景。

根据《逻辑哲学论》，隐藏的逻辑语言的基础在于基本句（命题）或原子句（命题），如果它们是真的，则反映出世界的结构。根据这幅图景，所有意义的基础就是命名。最简单的语言表达式是一个名称，其意义是被命名的对象。最简单的句子类型——原子句——是名称的一个有结构的合集。名称在句子里排布的方式表现了它们的承担者被描画的在世界中结合在一起的方式——例如，在句子 aRb 中，名称 a 紧紧排列在符号 R 之前、R 又紧紧排列在符号 b 之前这个事实，或许表现了 a 的所指位于 b 的所指的右侧这一点。原子句据说表现了对象可以结合在一起的逻辑上可能的方式。这种结合被称作"逻辑上的可能事实"。代表一个逻辑上的可能事实的句子（命题）据说是真的，当且仅当这个事实的确成立，而且因此是实际的而非仅仅可能的。根据《逻辑哲学论》，所有其他句子（命题）的真值完全被所有原子句（命题）的真值决定。事实上，所有非原子句被声称是可以从原子句中通过反复使用一个简单的运算构造出来的，这种运算就是将之前已构造出的命题聚集成一个集合，然后对其进行合取否定。这便是维氏在《逻辑哲学论》中构造的关于意义的图景，而他随后就开始在《哲学研究》中驳斥和替换它。

另一种先于《哲学研究》的立场是逻辑实证主义。尽管实证主义者接受《逻辑哲学论》将哲学作为语言分析的观念，但他们并不接受《逻辑哲学论》关于意义的观念。在这一点上，他们提供了一种替代方案，将意义与证实联系起来。句子再次被分为两个类——偶然的和经验的 vs. 分析真的和分析假的，其中，一个分析真的句子据说是仅仅由于意义而为真的，而与世界的任何可能状态无关（分析假的句子与此类似）。接下来便有这样一种尝试，为决定哪些非分析的、经验的句子是有意义的来提供一种精确的标准。这些尝试可分为两种。一是，实证主义者尝试依据强的可证实性或强的可证伪性来定义经验性的有意义性。一个句子据说是强的可证实的，当且仅当它在逻辑上被某个观察性陈述的有限的一致性集（finite consistent set）所蕴涵；它据说是强的可证伪的，当且仅当它的否定在逻辑上被某个观察性陈述的有限的一致性集所蕴涵。实际上，强的可证实句子应当是这样的：从原则上说，其真值完全可以仅仅在可感观察句的基础上被确证；而强的可证伪的句子则是这样的：从原则上说，其错误可以以上述方式被确证。但是，人们认识到，根据上述标准，大量关于世界的日常常识断言，以及大部分的自然科学，都会被错误地刻画为无意义的，而这时，只有当一个经验的句子是强的可证实的或强的可证伪的时才是有意义的这种想法，很快便遇到了麻烦。这种认识导致实证主义者尝试另辟蹊径。这一次，他们的想法是依据弱的可证实性来定义经验性的有意义性，在其中，一个句子据说是弱的可证实的，当且仅当它与其他断言一道在逻辑上蕴涵观察性陈述，而这些观察性陈述并不为那些其他的命题自身所蕴涵。但是，这同样很快导致了灾难，因为当这个想法被一丝不苟地运用时，所有的句子，甚至显然无意义的句子，最终都被刻画为有意义的。我们从这些失败中得出一条重要的教训：通常情况下，一个句子的证实依赖于把其他一些句子当作是理所应当的。因此，**如果**意义就是证实，那么一般来说，就其自身考虑的话，单个句子就没有意义。相反，句子的系统——理论或整个概念框架——才是意义的主要承担者。只有在句子对这些理论有贡献的范围内，它们才是有意义的。

在二十世纪上半叶行将结束之际，分析哲学家们依据各自对此教训的回应而被刻画为两组主要的不同类别。第一组的领导者是威拉德·范·奥曼·蒯因（Willard Van Orman Quine），他的整体论证实主义原则坚称意义**就是**证实，而且因此，只有合理的广泛的理论就其自身而言才有意义。在其最简单的形式下，这种观点认为，这样一种理论的意义就是会支持它的可感观察句的类，而因此任意两种会被同样的观察句支持的理论都意思相同。这种观点在第一卷的末尾得到了考察，在那里它被表明导致了一系列悖论式的结果，其中一些与困扰较早版本的证实主义的问题类似。第二组哲学家则被意义就是用法的观点所影响，这种观点是维氏在《哲学研究》中发展出来的。在这本书中，维氏拒斥了如下关于意义的观点（包括证实主义）：它们依赖于被他认为是错误的指称性和描述主义的语言观。尤其是，他拒绝了任何如下这样的观念：根据此类观念，一个语词的意义就是它所代表的东西，而一个句子的意义就是它所表现的潜在事实或世界的状态。相反，他认为语言的大部分根本就不是描述性或指称性的，而即便描述性或指称性的部分也并非全然如此。他认为，给出一个表达式意义的东西，绝不是在他和世界中的某物之间已经设定好的相互关系；相反，一个表达式是有意义的，仅当有一种语言的使用者们遵循的、对该表达式的用法达成一致的范式，该范式允许该表达式在他们的生活中扮演有用且可理解的角色。对《哲学研究》中的维氏而言，句子和其他表达式为了是有意义的，并不需要与世界或经验处于任何特殊的辩护性关系中；任何如下这样的表达式都可以算作有意义的：对它而言，有关于正确使用的、社会上有用的达成一致的条件存在。他坚称，哲学家们需要做的，不是去构造关于他们认为意义必须是什么的模式，而是在特殊的情形下小心仔细地观看，以看到支配我们语词正确用法的习俗约定究竟是什么。我们在第一章中会转向这种意义观。

关于符号的说明

接下来，当我想指涉特殊的语词、表达式或句子——例如，"好"或*好*——时，我会使用双引号或斜体字。[①] 有时我会在同一个例子中

[①] 译者注：英文原文为"单引号"。在第一卷相同段落的译者注曾指出，本译本一般采取双引号或粗体+黑体字来表示原文中的斜体字部分。在翻译第一卷时，译者比较多地采用了粗体+黑体字的方式，现在看来，这样的做法可能并不能够准确反映作者的原意。因此，在本卷中，译者会根据实际情况而更多地将原文斜体字部分标记为双引号，表示一种引用；而被标记为粗体+黑体字的地方则表示强调。当然，这种区

使用两种方式——例如，"*'知识是善的'是一个为真的英语句子，当且仅当知识是善的*"。其中斜体字①的句子指涉其自身，该句子的第一个组成部分是对如下英文句子的引述：它由语词"知识""是"和"善的"依次组成。斜体字②除了被用于表示引用外，有时还会被用来表示强调，尽管通常被用来表示强调的是粗体字。我相信，根据这些特殊符号所使用的语境，相关的用法是很清楚的。

除了在形式化地表述语词、表达式或句子的概括时，我经常使用加粗的斜体字，这应当被理解为与"角引号"这种技术工具相等同。例如，当解释语言 L 中的诸简单句是如何被组成更大的句子时，我可能会使用（1a）这样的例子，它的意义由（1b）给出。

  1a. 对语言 L 中的任何句子 A 和 B 来说，A&B 是 L 的一个句子。
   b. 对语言 L 中的任何句子 A 和 B 来说，由 A、& 和 B 依次组成的表达式是 L 的一个句子。

根据（1）我们知道，如果"知识是善的"和"无知是恶的"是 L 中的句子，那么"知识是善的 & 无知是恶的"以及"无知是恶的 & 知识是善的"也都是 L 中的句子。

大致来说，（2a）所表明的那种概括具有（2b）所给出的那种意义。

  2a. 对任一个（或一些）表达式 E 来说，……E……是如此这般的。
   b. 对任一个（或一些）表达式 E 来说，由"……""E"和"……"依次组成的表达式是如此这般的。

分有时并不是绝对的，因为作者本人很可能就在引用和强调的双重意义上使用斜体字。相比之下，原文使用粗体字的地方则肯定是在表示强调。在将两卷书放在一起阅读时，希望这种译法上的调整不会给读者们带来太多的不便。

 ① 译者注：双引号中的字。
 ② 同上。

（3）则给我们提供了一个有些微妙的例子。

    3a．对 L 中的任一个名称而言，"'n'指涉 n"表达了一条真理。
      b．对 L 中的任一个名称而言，由左引号、n、右引号、"指涉"和 n 依次组成的表达式，表达了一条真理。

（4）给出了（3a）的特殊示例：

    4a．" '布莱恩·索姆斯'指涉布莱恩·索姆斯"表达了一条真理。
      b．" '格雷格·索姆斯'指涉格雷格·索姆斯"表达了一条真理。

最后，我时常使用 *iff* 作为"当且仅当"的缩写。因此，（5a）就是（5b）的缩写。

    5a．对所有 x 而言，x 是一个施事者应当做出的行动，当且仅当（*iff*）x 是这样一个行为，与该施动者的其他可能的行为选项相比，它产生了更多好的后果。
      b．对所有 x 而言，x 是一个施事者应当做出的行动，当且仅当（if and only if）x 是这样一个行为，与该施动者的其他可能的行为选项相比，它产生了更多好的后果。

目 录

第一部分　路德维希·维特根斯坦的《哲学研究》

第一章　对《逻辑哲学论》式语言观和分析观的拒斥　　3
第二章　遵守规则和私人语言论证　　37

第二部分　日常语言哲学的经典：真理、善、心灵和分析

第三章　赖尔的困境　　73
第四章　赖尔的心的概念　　101
第五章　斯特劳森关于真的表述行为理论　　127
第六章　黑尔关于好的表述行为理论　　149

第三部分　日常语言哲学的其他经典：对极端怀疑论的回应

第七章　马尔考姆的范例论证　　173
第八章　奥斯丁的《感觉与可感物》　　189

第四部分　保罗·格赖斯和日常语言哲学的终结

第九章　语言使用和交谈的逻辑　　219

第五部分　威拉德·范·奥曼·蒯因的哲学自然主义

第十章　翻译的不确定性　　245
第十一章　蒯因极端的语义消除主义　　285

第六部分　唐纳德·戴维森论真和意义

第十二章　作为意义理论的真理论　　323

第十三章　真、释义和可替代的概念框架的所谓的不可理解性　　347

第七部分　索尔·克里普克论命名与必然性

第十四章　名称、本质和可能性　　373

第十五章　必然后天性　　417

第十六章　偶然先天性　　445

第十七章　自然类别词项和理论上的识别陈述　　475

尾声：专业化的纪元　　519

附录：关于本书的介绍　　539

译后记　　541

PART ONE
第一部分

路德维希·维特根斯坦的《哲学研究》
LUDWIG WITTGENSTEIN'S
PHILOSOPHICAL INVESTIGATIONS

第一章

对《逻辑哲学论》式语言观和分析观的拒斥

本章提要

1. **对《逻辑哲学论》式语言观的批评**
   奥古斯丁图景 vs. 意义作为用法的观念
   实指定义在概念上的前提条件
   指称与分析
   名称的意义和指称
   语言游戏、家族相似性和含糊性

2. **维特根斯坦关于语言和语言分析的新观念**
   日常语言不应在逻辑演算的基础上被理解；句子既没有隐藏的逻辑形式，也没有独一无二的分析
   语言使用不应被知道语言规则并被这些规则指导的说话者所解释，而是应当被未经思索的、社会条件上的（socially-conditioned）一致所解释

3. **维氏紧缩的（Deflationary）哲学观**
   这种观念的根基在于他将哲学的东西与必然的东西、先天的东西这二者等同起来，又将这些与分析的东西等同起来
   《哲学研究》的原则是自我毁灭的，因为这些原则导向一种它们自身并不符合的哲学观

《哲学研究》概览

《哲学研究》有三个主要的话题：(i) 对被维氏当作占据支配地位的指称性意义观的东西的批判，以及关于将其替换为如下这种观念的提议：在其中，有意义地使用语言就是掌握一种特定的社会实践；(ii) 对之前首要的哲学分析观的批判，并代之以一种新的分析观以在哲学中发挥核心作用；以及 (iii) 对这样一种新的哲学心理学的发展：在其中，表面上看是报告了私人感觉和其他内部精神事件或状态的句子的东西，被视作具有这样的意义，这些意义在与行为和外部环境有关的公共标准的基础上，许可了那些句子的断言。本书的重心是对如下东西的讨论：什么是遵守一条（语言）规则，以及从 (i)(ii) 和 (iii) 中得出的教训。但是，维氏自己并未从上述这点开始。相反，他从对自己早先的、《逻辑哲学论》式的语言观和分析观的初步批判开始。接着他使用关于遵守规则的讨论来加强自己的批判，以阐明自己关于意义和分析的新观念，并通过将这些观念运用于心理学句子来阐释这些新观念的后果。我们将遵循他的脚步。我们在本章将会处理 (i) 和 (ii)；在下一章则会关注 (iii)。

对《逻辑哲学论》式语言观的批评

奥古斯丁图景 vs. 意义作为用法的观念

我们从维氏对自己早先关于语言的指称主义（referentialism）核心宗旨的批判开始。这种受到批评的观点认为，一个表达式的意义就是它命名或代表的东西，而一个句子的意义就是这样一个可能事实：其实际存在性会使得这个句子为真。这种观点的自然推论规定了如下事情：学会一种语言和成为其表达式的一个称职使用者，这都是认识到语词与其所代表的对象间相互关系的结果，而在对一个偶然的经验性句子S的认可中得到辩护这一点则涉及如下事情，即有理由相信那些构成了S真值条件的、独立于语言的可能事态实际上成立。

维氏在《哲学研究》第一节中通过来自奥古斯丁的引文引入了这幅关于语言的图景：

> 假定大人们命名了某个对象并且与此同时转向它，我看到了这个事实并且领会到，这个对象经由他们想要指向**它**时所发出的那些声音加以表示了。但是，我是从他们的身体活动——这个所有民族的自然的语言——中获知这点的。(这种语言经由面部表情变化和眼部的变化，经由肢体的动作和说话的音调来表明灵魂有所追求，或有所执着，或有所拒绝，或有所躲避时所具有的诸感受。)以这样的方式，我逐渐地学习理解了我一再地听到人们在其在不同的命题中的诸特定的位置上说出的诸语词是表示哪些事物的。现在，当我的嘴巴已经习惯于这些符号时，我便借助于它们来表达我的愿望。①②

维氏对这种观点的总结如下：

> 在这些话中我们得到了关于人类语言的本质的一幅特定的图像——我觉得事情是这样的。即这幅图像：这个语言的语词命名对象——命题是这些名称的结合。——在这幅关于语言的图像中，我们发现了如下观念的根源：每一个语词都有一个意义。这个意义被配置给这个词。它就是这个词所代表的那个对象。

在呈现了这幅图画后，维氏立即用自己五个红苹果的例子向其开始挑战。他说：

---

① 译者注：本译本中所有关于《哲学研究》的译文均引自韩林合译《哲学研究》，商务印书馆2013年。作者索姆斯原文中有个别文字与韩本不一致，如上文中有括号的文字部分在索姆斯原文中并未加括号，这些地方均以韩本为准。以下不再一一赘述。

② Wittgenstein, *Philosophical Investigations*, translated by G.E.M. Anscombe, 3d edition (NewYork: Macmillan, 1958).

现在，请考虑对于语言的这种运用：我派某人去买东西。我给他一张纸条，在其上写有这些符号："五个红色的苹果。"他带着这张纸条来到杂货商那里；后者打开写有符号"苹果"的抽屉；然后，他在一张表上寻找"红色"这个词并且找到一个与其相对的颜色样品；现在，他说出基数词的序列——我假定他记住了它们——直到"五"并且在说出每一个数字时他都从抽屉里取出一个具有那个样品的颜色的苹果。——人们就是以这样的方式以及类似的方式用语词进行运算的。——"但是，他如何知道应当在哪里和如何查找'红色'这个词并且他须使用'五'这个词做些什么？"——好的，我假定，他像我所描述的那样**行动**。解释终止于某处。——但是，"五"这个词的意义是什么？——在此根本涉及不到这样一种意义；在此涉及的仅仅是"五"这个词是如何被使用的。①

在解释什么是理解"五个红苹果"这条表达式时，维氏在此讲述了人们会对它**做**什么。对数字"五"的掌握并不是通过找出它所命名的某个独一无二的对象而得以解释；相反，掌握是一件在某些支配其运用的特定例程中进行的事。杂货商诉说了一系列声响——"一""二""三""四""五"——然后将它们与一系列动作——对应起来——每个动作均涉及将一个苹果从抽屉中取出这件事。对这些数字的掌握就是对这样的例程的掌握。这便是维氏关于**意义就是用法**②这个主题的第一个例子。

在第2和6—21节，他继续用建筑者及其助手的原始语言的例子来讨论意义就是用法这个主题。在这里，句子——"方石""柱

---

① 《哲学研究》，第1节。

② 译者注：无论德语中的"Gebrauch"还是英语中的"use"都可以有两种含义：既可以指某种"用法"，也可以指某次具体的"使用"。实际上，维特根斯坦本人就是在这种两可的意义上阐述自己"意义就是用法"的论点的。一条表达式的意义既在于它的某种"用法"，也在于具体的某次或某些次"使用"。译者在翻译原作中的"use"一词时，视语境不同而将其译作"用法"或"使用"；二者间主要是语词上的差异，并没有本质区别。而"application"和单独出现的相应动词"apply"则被翻译为"运用"，通常指某次具体的运用，以与"use"相区别。

石""板石"和"条石"——没有被作为摹状词使用；相反，它们被用于给出命令。维氏接着强调了句子的很多不同用法，以此来摧毁如下倾向：将描述、陈述事实或断言某事当作是主要的。摧毁这幅图画的价值在于，这允许维氏专注于将语言用于参与各种社会活动。在他所描述的初级的语言游戏中，没有对一个对象的指涉，也没有对其性质的谓述。有的只是语词和行动的协调配合。在对建筑者及其助手的协作做出贡献的范围内，语言游戏中的这些活动是有意义的。

实指定义在概念上的先决条件

一项关于意义就是用法这个主题的案例研究由名称所提供。在第26节维氏开始谈论专名，像"猫""红""圆"这样的普通名词，以及实指定义。他已经指出，语言的很多部分并不是名称。现在他又强调，即便当我们通过一个实指定义来引入一个名称时，该定义的有效运作也要求一些背景预设。例如，假定我指向自己衬衫上的一颗纽扣并说"这是红色"，试图告诉你语词"红色"的意义。为了让你理解我的意图，你需要知道我指向的是什么——是我自己，我的胸口，我的衬衫，还是纽扣？——你还需要知道我所指向的东西的哪个方面是我正在刻画的——它的尺寸、形状、颜色还是价格？这便是所需的背景预设的所在之处；只有依赖于它们，我才能讲清楚自己的意思。

一个实指定义要有效运作，这些背景信念是必需的，这一点当然是真的；但是，维氏似乎超出了这点，并主张某种更强的东西——也就是说，只有当人们已经事先掌握了语言的一个至关重要的部分时，实指定义（在第1节所讨论的奥古斯丁图景的意义上）才行得通。例如，如果你不确定如何解释我对"红色"的实指定义，那么我可以通过说"我衬衫上纽扣的颜色是红色"来加以澄清。但这预设你已经理解了语词"颜色""纽扣"和"衬衫"。

维氏意识到有这样的情况存在，在其中我可以给出自己的实指定义，"这是红色"，而你则可以在无需我使用任何更多语词的情况下明白我的意思，因为你会正确地猜到我在指向自己的一颗纽扣并谈论它的颜色。有鉴于此，人们想知道，为了理解一个实指定义，是否总是需要进一步的**语言**。维氏在第 32 节强调了这一点。

> 来到一个陌生的国度的人有时会经由当地人给予他的实指解释来学习他们的语言；他常常须**猜测**这些解释的释义，而且有时他猜对了，有时则猜错了。
>
> 现在，我认为我们可以说：奥古斯丁是以这样的方式来描述人类语言的学习过程的：好像一个小孩来到一个陌生的国度并且他不理解这个国度的语言；这也就是说，好像他已经有了一个语言，只不过它不是这个语言。或者也可以这样说：——好像这个小孩已经能够**思维**，只是还不能讲话。在此，"思维"会意味着某种像与自己说话这样的东西。

这段话中有一些十分引人注目的东西。维氏似乎在如下二者间画上了等号：(i) 一个小孩拥有关于他所面临的语词是代表什么的想法的能力；(ii) 这个小孩已经拥有了一门语言以在其中表达这些想法。既然假定这个孩子已经拥有了这样一门语言大概是很荒谬的，维氏似乎就在怀疑如下想法：这个孩子可以在学会自己的母语之前思考。

就这一点而言，人们会倾向于回应道："孩子当然可以在学会说话前进行思考。你身边没有小孩子吗？他们显然在可以说话前就拥有思想。此外，如果不能拥有这些思想，那么他们的情况就会很糟。如果他们不能首先进行某些思考的话，怎么可能学会任何东西——更别说语言了？"但是，维氏似乎不赞同这种回应。《哲学研究》的主题之一是，像"思考"和"理解"这样的词项，它们似乎指涉一些私人的精神事件或过程，但实际上应当被理解为代表了复杂的行为性和社会性倾向，通常包括使用语言的倾向。当然，如果人们认为思维在本质上涉及以某些特定方式使用语言的倾向，那么这种想法——一个孩子可以在拥有语言之前思维——似乎就没有机会取得成功。现在，我并不确定维氏最终真的想走得那么远，并主张**所有**思维都要求语言使用或语言上的倾向，而且由此否认没有语言的动物可以拥有任何思想。①但是，他似乎假定，它们不能拥有那些需要理解实指定义的思想。很遗憾，准确地说，至于我们为什么要这么认为，维氏谈得并不很清楚（至少在《哲学研究》的这个阶段是这样）。不过，他对自己观点的引入则足够清晰：既然对一个实指定义的解释所要求的思想不能先于对相当大量的语言的掌握，那么实指定义就不可能是语言学习和语言使用的基础。而如果它不能作为语言学习和使用的基础，那么维氏的建议似乎就是，很难看出关于语言的指称主义观念及其对命名重要性的强调如何可以顺利进行。他的建议并不是说，在实指性地命名任何东西或描述曾命名过的某物时，我们从未成功过。我们当然成功过。相反，他的意思是，命名和描述不能构成意义的本质，因为为了能够命名和描述任何东西，我们必须已经拥有一个丰富的意义系统。诚然，他并没有建立这个系统，甚至也没有真正地为它争论过。他只是提出了这个问题，并开始绘制另一幅可供选择的图景。

指称与分析

在第 37 和 38 节，他攻击了关于意义的描述主义或指称性观念的另一个部分。他指出，当谈论命名或指称关系时，我们所考虑的是什么，这是不清楚的。

> 一个名称和所命名的东西之间的关系是什么？——好的，它**是**什么？请查看一下语言游戏（2）或者另一个语言游戏！在那里便可以看出这种关系大概在于什么。这种关系，除了许多别的事情之外，也可能在于：一个名称之听见将被命名的东西的图像召唤到我们的心灵的前面，而且除了别的事情之外，它也在于：这个名称

---

① 参阅《哲学研究》第 330 节，该小节似乎建议，行动和行为倾向自身——在没有语言上的行动的情况下（或许甚至在没有语言上的倾向的情况下）——**有时**对思想来说可以算作充分的。同样参阅《哲学研究》第二部分第（i）大段，其中维氏认识到，这些信念可以被归属给没有语言的动物，但他建议说，可以适用于这些动物的精神状态和内容是极为有限的。感谢杰夫·斯皮克斯对这一点所做的有用的讨论。

被写在了被命名的东西之上，或者在指向被命名的东西时它被说出了。①

但是，比如在语言游戏（8）中出现的"这个"这个词或者在"这叫做……"这个实指解释中出现的"这"这个词是命名什么的？如果人们不想引起任何混乱，那么人们最好根本不说这些词是命名某种东西的。——令人惊奇的是，人们曾经针对"这个"这个词说：它是**真正的**名称。因此，所有在其他情况下我们称作"名称"的东西都只是在一种不精确的、近似的意义上是名称。

可以说，这种奇特的观点源自一种崇高化我们的语言的逻辑的倾向。对于其的真正的回答是：我们称**非常不同的东西**为"名称"；"名称"这个词刻画了一个词的众多不同的、彼此以许多不同的方式具有亲缘关系的用法种类；——不过，"这个"这个词的那种用法种类并不属于这些种类的用法之列。

……这点与将命名看成一种可以说玄妙的过程的观点有关。命名看起来像是一个语词和一个对象之间的一种**奇特的**结合。——而且，在如下场合这样一种奇特的结合实际上已经发生了：为了查明什么是一个名称与被命名的东西之间的**那种**关系，一个哲学家死盯着他面前的一个对象并且与此同时无数次地重复念叨着一个名称，——或者还有"这个"这个词。因为当语言**休假**时，哲学问题便出现了。而且，**此时**我们的确会想象：命名是某种令人惊奇的心灵行为，好似是对一个对象的一次洗礼。我们也会好像是**对着**这个对象说出"这个"这个词，用它向它**打招呼**——对这个词所做的一种奇特的使用，毫无疑问，只有在做哲学时才会出现这样的使用。②

维氏在这里讥讽的（部分）目标是我们的这种倾向：认为在所有名称与其所指之间只有一种关系存在。维氏认为，这种想法显然不正确。如果喜欢的话我们可以说，数字"5"命名或指涉数字五，但这只

---

① 《哲学研究》，第 37 节。
② 《哲学研究》，第 38 节。

在如下情况下成立：我们并不将在此情形下诉诸的命名或指称关系，当作与比如某人的名字与被命名的人之间的关系是一样的。他在第38节指出，他认为关于发现**那种**命名和指称关系的本质的哲学问题，错误地预设了只有一种这样的关系存在。他通过对哲学的如下一般性评论驳斥了上述想法："当语言**休假**时，哲学问题便出现了。"

不太清楚的是，他对只有一种指称关系的想法的驳斥，与他对关于意义的指称主义观念的总体批判之间的关联是什么。他的想法也许是这样的：指称主义倾向于认为，指称关系是基础性的，如果将其作为起点的话，我们可以给出一种关于意义和理解的一般性表述；而且通过将其运用于对语言的哲学分析，我们可以达到使用任何其他方法都无法达到的明晰程度和精确程度。与此相反，维氏认为，与其他任何东西相比，对指称的谈论都需要同样的分析和澄清。在一些特定的情形下，我们在谈论一个语词的指称时意指的是一种意思，而在另一些情形下则是另一种意思。既然关于指称的谈论与它应当被用于分析的日常谈论受制于同样的模棱两可之处和含糊性，那么他似乎就建议说，关于指称的断言不能为所有关于意义和理解的哲学分析提供根基或起点。

尽管这一点是很有吸引力的，但它只有在得到进一步补充后才有效。请考虑这种观点：理解一个语词就是理解它指涉的东西（我们可以推测，在关于谓词的情形下，这包括该谓词所适用于的东西）。认为我们在不同情形下用"指称"意指不同的事情，这是一回事；而认为至少在其中某些情形下我们用"指称"所意指的东西是那样的，以至于对一个语词的理解**不能**被解释为知道其指涉的东西，这却完全是另一回事。这种想法或许是说，对任何一种独特的对"指涉"歧义的消除而言，如下一般性断言在此种独特意义上必定是错误的：理解任何一个语词就是知道它指涉的东西；因为至少不同的语词要求不同的指称关系。但是，即便诚然如此，如下可能性依然是敞开的：在与"指涉"一词相关的方面而言，理解一个语词总是一件关于它所指涉的东西的事情。为了将这种可能性排除，人们可能会论证说，至少在某些情形下——比如词项"5""天王星"和"中微子"——我们并不**因为**自己知道如下东西而理解这些词项:"5"指涉一个对象当且仅当该对象是数字五,"天王星"指涉一个对象当且仅当该对象是天王星,而"中微子"适用于一个对象当且仅当该对象是一个中微子;相反,我们**因为**自己理解并接受了那些表达它们的句子而知道这些关于指称的基本真理,这些句子反过来又预设我们已经理解了"5""天王星"和"中微子"这些表达式自身。如果上述论证可以成功,那么这就表明,至少在某些时候,对一条表达式的理解在概念上先于知道其所指涉的东西,而在这种情况下后者不可能是对前者的解释。① 尽管维氏似乎相信这点,但他并未明确地以上述方式进行论证,而他在《哲学研究》这个阶段的论证仍然是不清楚和不完整的。

名称的意义和指称

在第 39 和 40 节,他通过一个论证——一个名称的意义不可能是其承担者——继续自己对关于意义的指称性观念的攻击。以下是第 39 节。

> 但是,为什么人们想到要使得恰恰这个词("这个")成为名称,而在这里它显然**绝不是**名称?——原因恰恰是这样的。因为人们试图针对通常叫做"名称"的东西提出一种反对意见;人们可以这样来表达这种反对意见:**名称真正说来应当表示简单的东西**。人们大概可以这样来为此提供根据:比如"诺统"这个词是一个通常意义上的专名。诺统这把剑是由处于特定的复合方式中的诸部分构成的。假定它们以不同的方式复合在一起,那么诺统便不存在了。但是,现在"诺统具有一个锋利的刃"这个命题显然具有**意义**,而不管诺统仍然是完整的,还是已经被粉碎了。但是,如果"诺统"

---

① 在我载于 *Philosophical Perspectives* 3(Philosophy of Mind and Action Theory),1989,575—596 的文章 "Semantics and Semantic Competence" 的 "Semantic Competence and 'The Augustinian Picture'" (pp. 587—591) 小节中,这种论证得到了发展。进一步的讨论见于我的文章 "Facts, Truth Conditions, and the Skeptical Solution to the Rule-Following Paradox", *Philosophical Perspectives* 12 (Language, Mind, and Ontology), 1998, 313—348。

是一个对象的名称，那么当诺统被粉碎了时便不再有这个对象了；因为这时没有任何对象对应于这个名称，因此它便不具有任何意义了。但是，这时在"诺统具有一个锋利的刃"这个命题中便出现了一个没有任何意义的语词，因此这个命题便是胡说。但是，它具有意义；因此，必定总是有某种东西对应着它借以构成的那些语词。因此，在对这个意义的分析中"诺统"这个词必定消失，代替它而出现的必定是命名简单的东西的诸语词。我们将恰当地称这些语词为真正的名称。

这本质上是罗素的一个老套论证，即日常名称并不是真正的名称或**逻辑专名**，因为日常名称可以在缺少所指时仍然具有意义，而真正的名称（逻辑专名）的意义不过就是其所指。罗素认为，与日常名称不同，指示代词"这个"的至少某些用法十分符合此项标准。如果有人说——尤其是在不指向任何东西的时候——"这是一件优美的红色的东西"，那么如下假定就是合理的：既然他并未确认任何对象是该谓词应当适用的，那么他的句子就缺乏内容，而且他未曾有意义地断言任何事情。出于类似的理由，罗素倾向于说，语词"这个"的功能是一个真正的名称，而日常专名则不然。

尽管维氏曾一度基本上接受上述论证，但在《哲学研究》时期，他不再接受了。以下是第40节：

> 首先，让我们谈论一下这个思路的**那个**要点：如果没有任何东西与一个语词对应，那么它就没有任何意义。——确定如下之点是重要的：如果人们用"意义"这个词来表示"对应"于一个词的那个东西，那么它便被以违犯语言规则的方式加以使用了。这也就是说，一个名称的意义被混同于这个名称的**承受者**了。假定某某先生死了，那么人们说，这个名称的承受者死了，而不说这个名称的意义死了。这样说没有任何意义，因为如果这个名称不再具有意义，那么"某某先生死了"这种说法也恰恰不具有意义了。

在这段话里，维氏翻转了罗素式的论证，并用之驳斥如下论点：一个名称的所指就是其意义。此外，我们有理由期待他对"陈旧风格"的哲学分析（这种分析赋予句子抽象的逻辑形式）的拒斥。罗素及早期维特根斯坦会说，这种事实——一个包含日常名称的句子即便在名称的所指不继续存在时仍然有意义——表明，一个看上去像是名称的东西，实际在逻辑上并不像名称那样起作用；因此，整个句子必须被给予一套复杂的分析。对罗素和早期维特根斯坦而言，真正的名称必须拥有所指，该所指的存在以某种方式得到担保。对罗素来说，这意味着名称只能指涉人们不可能对之出错的东西，比如私人性的感觉材料，或者人们直接亲知到的抽象对象。对早期维特根斯坦来说，这意味着名称必须指涉不生不灭的形而上学简单物，这些简单物不可能不存在。无论如何，包含日常名称的句子必须依据错综复杂的逻辑形式被加以分析，如果这些形式包含真正的逻辑专名，那么它们就被逐字翻译成是在谈论一个特定的逻辑上被显露出来的题材。《哲学研究》中的维特根斯坦拒斥了句子拥有此类分析的想法。在紧接着第 40 节的部分，他推翻了自己陈旧的《逻辑哲学论》式的观点，这种观点认为，世界中有不生不灭的、必然存在的简单物，它们不能被描述而只能被相应的语言简单物命名——也就是说，被满足罗素关于真正名称的理想化观念的表达式命名。但是，这种推翻的重要性是十分有限的，因为《逻辑哲学论》中那种关于形而上学简单物的观点，一直被视作是不合理的，而且从未有很多人追随。摧毁它们似乎并不是一项很大的进步。

一个更有意思的问题是，维氏在这些小节中的论证是否真的表明一个日常名称的意义不可能是其所指。我并不确信它做到了这点。即使苏格拉底其人不再存在，而且名称"苏格拉底"并不指涉任何存在的事物，句子"苏格拉底死了"当然还是有意义的。但是，"苏格拉底"完全没有指涉任何事物，这一点是那么清楚的吗？如果它完全没有指涉，那么很难看出句子"苏格拉底死了"如何可能为真——因为主项表达式并不指涉任何拥有谓词所表达的性质的东西。所以名称或许可以继续指涉曾经存在但又不再存在的事物。如果它们指涉的这些事物是它们的意义,那么名称可以仍然是有意义的,即便作为其意义的事物不再存在了。

如果这看上去令人吃惊,那么请考虑另一种可能的选择。假定人们像罗素那样认为,一个像"苏格拉底"这样的名称的意义由一个被说话者与之联系在一起的摹状词给出。例如,假定人们把这个名称当作摹状词"那个被判腐蚀雅典青年的哲学家"的缩写,然后使用罗素的摹状词理论。其结果至少在两个方面有问题。首先,如果:

    1. 苏格拉底死了

与如下句子意思相同

    2. 存在这样一个 x:(i) x 与一个个体同一,当且仅当那个个体是一个被判腐蚀雅典青年的哲学家,而且(ii) x 死了,

那么(1)就会蕴涵

    3. 存在这样一个 x:x 与一个个体同一,当且仅当那个个体是一个被判腐蚀雅典青年的哲学家,

而根据分析,上述句子与如下句子意思相同

    4. 苏格拉底存在。

但假定"苏格拉底死了"蕴涵"苏格拉底存在"是荒谬的。第二,对(1)使用摹状词改写而产生的对应物(5)似乎为真,尽管其最自然的罗素主义分析(2)为假。

5. 那个被判腐蚀雅典青年的哲学家死了。

因此，正统的罗素主义分析陷入了麻烦。

声称"那个如此这般的死了"拥有逻辑形式"情况不是这样的：那个如此这般的活着"，也是行不通的；最大的素数没有活着，但这并不意味着最大的素数死了。但是，对（5）有一种不同的、更复杂的分析，它与罗素主义更意气相投。① 在给出这种分析时，人们从把（5）改写成（7）开始。

7. 那个被判腐蚀雅典青年的哲学家曾经活着，但现在不再活着了。

接下来，人们赋予（7）以逻辑形式（8）。

8. 在过去情况是这样的（存在这样一个 x [(i) x 与一个个体同一，当且仅当那个个体是一个被判腐蚀雅典青年的哲学家，而且 (ii) x 曾经活着，但现在情况却是 x 不再活着了]）。

这个句子在当下的时间 t_{now} 为真，当且仅当在某个较早的时间 t_{then} (i)（在时间 t_{then}）有一个 x，x 与一个个体同一，当且仅当那个个体是一个被判腐蚀雅典青年的哲学家，而且 (ii) x（在时间 t_{then}）曾经活着，但在时间 t_{now} x 不再活着了。如果上述分析是正当的，那么从原则上说，罗素主义者就可以阐释（5）。但是，为了使该分析有效，现在的情况必须是，式子"x 不再活着了"既是真正有意义的，又相对于将

---

① 这种分析得自罗素的建议，"说一个人死了是很复杂的。这是两条陈述卷在了一起：'苏格拉底过去活着'和'苏格拉底现在没有活着'"（p.78, of the *Philosophy of Logical Atomism*, La Salle, IL : Open Court；1985, originally published in 1918）。感谢阿里·卡兹米关于这一点的讨论。

变量"x"赋值为一个曾经存在但又不再存在的个体而言为真。这是至关重要的，因为，无论语言的其他部分情况如何，变量的意义（相对于一种赋值而言）不过就是作为所指而被赋予它们的对象。因此，如果变量可以由于指涉不再存在的对象而有意义的话，而且如果当变量被拿来这样进行指涉时包含它们的式子可以既是真的又是有意义的，那么苏格拉底不再存在这个事实无疑就是（a）名称"苏格拉底"并不指涉他，（b）"苏格拉底"的所指不是"苏格拉底"的意义，或者（c）如果"苏格拉底"的意义是其所指，那么包含它的句子不可能是有意义的。

有鉴于此，关于维氏在第40节中的例子，最好的说法似乎就是，名称"某某先生"指涉某个曾经存在但又不再存在的人。但这样一来，名称**的确**指涉什么，即便其所指不再存在了。如果这是正确的，那么名称就还是有一个所指，而且维氏的评论并没有表明其所指不能是它的意义。维氏所反对的观点的支持者可能仅仅坚称，名称**的确**意指什么东西，即使它意指的是某个不再存在的东西。① 当然，此观点的支持者也没有决定性地确证自己的立场——因为就像维氏可能坚持的那样，一个名称的意义是其所指这种观点，具有其他反直觉的后果。例如，如果名称"索尔·克里普克"的意义就是索尔·克里普克其人，那么某个与索尔·克里普克谈过话的人应当可以正确地报告说，"我跟名称'索尔·克里普克'的意义说过话"。但这听上去十分奇怪——这种奇怪之处与"我跟名称'索尔·克里普克'的承担者（或所指）说过话"不同。这场争论的双方大概以不同的方式看待上述观察的重要性。但维氏似乎将其看作对自己论点的支持，即一个名称的所指不是它的意义，而拥护它们是等同的观点的人则会认为，它仅仅表明我们通常

---

① 参阅我的著作 *Beyond Rigidity：The Unfinished Semantic Agenda of Naming and Necessity*（New York：Oxford University Press, 2002）第三章的附录，那里有对得自内森·萨蒙（Nathan Salmon）观点的刻画。更多细节请参阅萨蒙的 "Existence," in J. Tomberlin, ed., *Philosophical Perspectives*, vol. 1, *Metaphysics*（Atascadero, CA：Ridgeview, 1987），49-108；以及萨蒙的 "Nonexistence," *Noûs* 32（1998）：277—319。

并不习惯于如此思考那些词项（尽管这种观点可能是正确的）。①

语言游戏、家族相似性和含糊性

我们将在讨论维氏第 79 节中的评论时，回到一个名称的意义是否是其所指的问题。但是在此之前，我们将考察他关于语言的不同用法与不同游戏间的对比。他在第 60—70 节的中部发展出这套对比，其中他的主要论点是，就像对各种游戏来说没有一个它们都共有的独一无二的事物一样，对语言的不同用法来说也是如此。以下是第 65 节的最后一段。

> 这是真的。——不去给出为我们称为语言的所有东西所共同具有的某种东西，我说，根本不存在这样一种东西，它为所有这些现象所共同具有，并且因为它我们运用同一个词来称谓所有这些现象，——相反，它们彼此以多种不同的方式**具有亲缘关系**。因为这种亲缘关系，或者这些亲缘关系，我们将它们都称为"语言"。我要努力解释这点。

在第 66 和 67 节，维氏通过考量游戏的概念充实了这套想法。

> 请考察一下比如我们称为"游戏"的诸过程。我指的是棋类游戏，纸牌游戏，球类游戏，战争游戏，等等。什么是所有这些游戏所共同具有的东西？——请不要说："某种东西**必定**为它们所共同具有，否则它们就不叫做'游戏'了"——而是**查看**一下是否有某种东西为它们都共同具有。——因为，当你查看它们时，你尽管看不到某种为它们**都**共同具有的东西，但是你将看到诸多相似性，诸多亲缘关系，而且是一大串相似性，亲缘关系。②

---

① 参阅 *Beyond Rigidity* 第三章（pp. 67—72），"Meaning, Semantic Content, and Speakers" 小节，其中有关于如下事情的解释：关于意义的事实有时会如何与普通的称职说话者所提供的对意义的评判背道而驰，以及为什么会这样。

② 《哲学研究》，第 66 节。

第一章 对《逻辑哲学论》式语言观和分析观的拒斥

我不能以比通过使用"家族相似性"这个词的方式更好的方式来刻画这些相似性;因为存在于一个家族的诸成员之间的那些不同的相似性就是以这样的方式交叠和交叉在一起的:身材,面部特征,眼睛的颜色,步态,气质,等等,等等。——而且我将说:诸"游戏"构成了一个家族。

同样,比如数的种类同样构成了一个家族。为什么我们称某种东西为"数"?好的,这是因为它与人们迄今为止称为数的一些东西具有一种——直接的——亲缘关系;而且经由此,人们可以说,它便获得了一种与我们也**如此**称谓的其他东西的间接的亲缘关系。我们扩展我们的数概念的方式有如在纺制一根线时将纤维一根一根地往上拧一样。这根线的强度不在于任意一根纤维贯穿于其整个的长度,而是在于许多根纤维彼此交叠在一起。

但是,如果一个人想说:"因此,某种东西为所有这些构成物所共同具有,——即所有这些共同之处的析取式"——那么我会回答说:在此你只是在玩弄字眼儿。同样,人们也可以说:某一种东西贯穿于整个这根线,——即这些根纤维的无缝的交叠。①

这段关于游戏和家族的谈论在阐明如下论点的语境中被提出,即语言或语言使用并没有本质。对语言的各种使用来说,没有一个它们都共有的独一无二的事物,没有一个它们都必定符合的样式,而只有交叠在一起的诸多相似性的系统——就像在关于游戏的情况中那样。为了理解语言的一项独特的用法,人们必须按照它自身来对其进行检验,而不能事先假定它必定符合某种单一的、先入为主的意义观。

在第69和70节我们得到这样的观点:同其他大多数概念一样,一个游戏的概念是含糊的。但这并没有使该概念有缺陷或需要某种依赖哲学分析的精确化。同样,一门语言的概念也是含糊的,但这并不意味着该概念有什么错误;也不意味着理解日常语言的方式就在于描

---

① 《哲学研究》,第67节。

述它与某种完全精确的、逻辑上理想语言之间的关系。第71到75节便处理人们如何掌握一个日常的含糊语词或概念。这并不是通过掌握对其所有示例来说是共同的那个东西而实现的,没有这样一个东西存在。相反,掌握一个含糊的语词就是能够与其他人一致地对其进行运用。与其他人一致地对一个语词进行运用,这种想法是维氏通向意义和理解的一般性方法的核心,也是他一再返回的地方。

名称的用法和意义

在第79节,维氏将自己的上述想法——对同一个表达式的不同使用来说通常没有一个共同的东西存在——用于专名。以下是该小节的第一段。

> 请考察这个例子:当人们说"摩西不曾存在过"时,这可以意谓多种不同的东西。它可以意味着:当以色列人从埃及迁走时,他们没有**一个**领导者——或者:他们的领导者不曾叫做摩西——或者:根本不存在这样一个人,他完成了《圣经》针对摩西所报道的所有那些事情——或者等等,等等。——按照罗素的观点,我们可以说:"摩西"这个名称可以由不同的描述语来定义。比如它可以被定义为:"那个带领以色列人穿越沙漠的人","那个在这个时间在这个地点生活过并且那时被叫做'摩西'的人",或者"那个小孩是由法老的女儿从尼罗河里捞出的人",等等。而且,随着我们采取其中的一个还是另一个定义,命题"摩西存在过"这句话便获得了一个不同的意义,其他处理摩西的每一个命题的情况也是完全一样的。——如果人们向我们说"N不曾存在过",那么我们也问:"你意指的是什么?你要说……,还是……,等等?"

让我们为这段话做一些评注。假定任意一个专名N。在讨论这个例子时,我们可以不考虑这样的事实,即不同个体可以享有同一个名称;而在考虑N的不同用法时,我们想到的总是这样的情况:在其中

N被用来指涉同一个个体。即便设定了这种理想化情况，显而易见的是，不同的说话者还是可能将不同的描述性信息与N结合在一起，而单个说话者可能在不同的使用场合将不同的描述①与之相结合。由于这一点，并没有这样一个事物存在：在不同的场合下，**说话者用N是F或N不存在来意指**它。一个听者从这样的言谈中所接收到的信息，依赖于被听者与这个名称结合在一起的描述性信息。说话者通过言谈想要传递的信息依赖于如下东西：他认为自己和听者共同将什么样的描述性信息与该名称结合。所有这些似乎都很明显而且至少大致正确——而我会对此加上如下补充：任何熟悉一个名称而且有能力使用它的人，都可以有望将某种描述性内容与之结合起来。不过，并没有这样一种单一的描述或诸多描述的析取存在：为了有能力使用该名称，任何一个有能力使用它的人都一定会将它与该名称结合起来。至少没有这样一种描述或诸多描述的析取存在：它将任何人独一无二地挑选出来。

我们现在可以考虑维氏在本节接下来的部分必须要讲的东西了。

　　但是，如果我现在做出了一个有关摩西的断言，——那么我便始终准备好了用这些描述中的某**一个**来取代"摩西"吗？我或许将说：我将"摩西"理解为这样的那个人，他完成了《圣经》针对摩西报道的事情，或者肯定完成了其中的许多事情。但是，多少？我已经就如下事情做出了决定了吗：为了让我将我的命题作为假的而放弃掉，其中的多少事情必须被证明是假的？因此，对于我来说，"摩西"这个名称在所有可能的情形中都具有一个固定的且无歧义地确定好了的用法吗？——事情难道不是这样的吗：我可以说准备好了一整列支撑物，并且准备好了，当一个支撑物被从我那里抽走时，便以另一个来做支撑，并且反之亦然？——让我们再来考察一下另一种情形。当我说"N死了"时，名称"N"的意义的情况大

---

① 译者注：英文中"描述"和"摹状词"均为"description"。译者根据语境的不同而采取不同的译法。一般而言，这两种译法在很多地方也都可以互换。

概是这样的：我相信这样一个人生存过，即我（1）在某某地方看到过他，他（2）看起来是如此般的（图像），（3）做过某某事情，并且（4）在公民世界中拥有名称"N"。当人们问起，我是如何理解"N"的，我会列举所有这些事项或者它们中的一些事项，而且在不同的场合会列举不同的事项。因此，我关于"N"的定义或许是这样的："这样的那个人，关于他所有这一切均成立。"——但是，假定其中的某一点被证明是假的！——这时，我就愿意将命题"N死了"解释为假的吗？——即使只是某种在我看来次要的事项被证明是假的？但是，次要的事项的界线在哪里？——如果在这样一种情形下我给出了一个关于这个名称的解释，那么我现在愿意改动它。

而且，人们可以这样来表达这点：我在使用名称N时并没有想到一个**固定的**意义。（但是，这点并没有对其使用造成任何损害，正如一张桌子以四条腿而不是以三条腿做支撑这点没有对桌子的使用造成损害一样——尽管有时桌子因此而会摇晃。）

人们应该说，当我使用一个我不知道其意义的语词时，我因此便在说胡话吗？——你愿意怎么说就怎么说吧，只要这没有妨碍你看到实际情况。（而如果你看到了这点，那么你将不会说许多话。）

（科学定义的摇摆：今天被当作现象A的经验的伴随现象的东西明天将被用作"A"的定义。）

维氏在这里似乎想说的事情之一是，在任何一个我使用一个特殊名称做出陈述的特殊场合里，我所意指的东西和试图通过自己的言谈所传递的东西在某种程度上是含糊的，因为被我与该名称结合在一起的描述性信息在很大程度上是含糊的，是开放式的（就像被我与"游戏"结合在一起的信息那样）。这符合他将日常语言的用法当作完全是有意义的和实际上井然有序的总体图景，尽管与之前哲学家——包括维氏自己——有时尝试将日常语言消解为的种种理想演算相比，它可能显得并不精确。以上关于我们对名称使用的观察是没什么异议的，甚至是陈词滥调，就像他在本节中的其他观察一样。但是，我怀疑它们可以被解读为构成了任何一种关于专名意义的理论,就像它们有时被解读的那样。一种更好的解释是,将它们视作记录下了某些明显的事实,这些事实是任何一个恰当的理论都必须适应的。至于这样一种理论应当是什么样子的问题,我相信维氏的观察可以至少以三种不同的方式被适应和扩展。

方式1:根据上述观点,对不同的说话者而言,名称在不同时间具有不同的意义。在某个时间,一个名称对一个说话者而言的意义,像是这样一些描述的开放式集合:在这个时刻,该说话者将这些描述与该名称相结合(而且他或许把这当作他和听者间的共同基础)。概言之,对一个特定说话者而言的n的意义,由一个含糊的描述给出——"满足足够数量的如下描述性断言的、独一无二的个体x:x是F,x是G,等等"。这就是常常与维氏相关联的一种理论,尽管它比维氏自己所说的任何东西都要明确。①

此外,该理论有不同的版本,这依赖于如下事情:与名称相结合的含糊描述,是否得自在整个语言共同体中通常与该名称结合在一起的那些特殊的描述;或者,既然它在每种情况下根据被说话者与该名称结合在一起的那些独特的描述而被构造,那么对不同说话者而言它是否是不同的。无论哪种情况都有需要克服的困难。在该理论更社会化的版本里——鉴于维氏关于语言作为社会制度的一般性观念,人们或许认为他会更青睐这个版本——人们面临的问题是,对一些名称而言,与之相结合的描述性信息可能在不同说话者之间是如此的不同,以至于没有什么通常的共同信息存在——这时,含糊但据说是给出意义的描述可能完全无法将任何独一无二的所指挑选出来。在该理论更个体化的版本里,名称是这样的表达式:其意义根据说话者和时间的不同而改变;此外,一个名称对一个说话者而言的意义,很可能从来都不严格地等同于对另一个说话者而言的意义。如果情况如此,那么

---

① 关于此类观点的辩护,参阅 John Searle, "Proper Names," *Mind* 67 (1958): 166—173。

对该理论来说，对如下事情的解释就成问题了：当你赞同一个包含名称 n 的句子时，我如何可以报告你所相信的东西。大多数情况下，我并不准确地知道你将哪些描述与 n 相结合，而且似乎无论这些描述究竟是什么，都不会与被我与 n 结合在一起的那些描述完全相符。但当然，当我在听到你说"n 是 F"之后说"你相信 n 是 F"时，我所说的东西是：你像我在自己的信念报告中所使用的那样来相信"n 是 F"的内容——而且这个内容依赖于被我与该名称结合在一起的那些描述。①

方式 2：维氏评论里的建构方式与第一种方式不同，它将**一个说话者在某个时间用一个表达式意指的东西同这个表达式意指的东西**区别开来，后者被视作公用语言的一部分——也就是说英语的一部分。根据这种观点，在某个特殊场合里一个说话者在说 *n* 是 *F* 时所意指的东西，可能包括如下断言：大致满足一个特定的描述（被说话者与 n 结合在一起）集合的个体，具有被 F 所表达的性质。但是，这并不是作为我们公用语言一部分的句子所意指的东西。概言之，在英语中一个句子 S 所意指的东西，在于任何一个熟悉和理解该句子的称职说话者都会将之与 S 结合在一起的信息，并且这种信息还会被用于在不同环境中进行断言和表达。换言之，S 的意义就是必定被任何一个 S 的称职使用者所掌握的信息，而且这种信息是 S 的任何一次正常使用所做的断言和表达的一部分。根据这种观点，一个名称在语言中的意义，常常根本不会是任何唯一可识别的描述或这种描述的集合。

方式 3：这种扩展维氏评论的方式与第二种类似，它加入了一种关于一个名称在语言中的意义——也就是说其所指——是什么的肯定性断言。尽管维氏自己不会欢迎这种断言，但我认为它可以与维氏在第 79 节里主要的观察相容。对于将一个名称的所指当作其在公共语言中的意义的辩护是：如果我们问"就称职的说话者们在不同语境里

---

① 反对此类观点的广泛论证，将在第十四章讨论索尔·克里普克的《命名与必然性》时被考虑到。

通过说出句子 **n 是 F** 所断言和传递的信息而言,其共同的东西是什么?",那么答案似乎是这种信息,即一个特定的个体拥有一种特定的性质,其中,这个个体是该名称实际上指涉的,而这种性质是 F 所表达的。为了看清这一点,请想象某个称职的说话者拉尔夫(Ralph),他在任意某个语境下断然地说出了那个句子。无论拉尔夫可能将什么样的描述性信息与该名称结合在一起,我通常都可以通过说"拉尔夫断言说 n 是 F"来正确地报告他的断言。而且,如果有一个 n 指涉的个体存在,那么"有一个拉尔夫断言他/她是 F 的特定个体存在"就表达了一条真理。这不过就是说,拉尔夫断言了某个单称命题,该命题把被 F 表达的性质归属给一个特定个体,在这里,上述命题没有包含任何对该个体的进一步描述。拉尔夫的断言性言说可能导致关于其他命题的断言,但那个赤裸的单称命题——它谓述了被 F 所表达的、n 的所指的性质——总会是他所断言的诸多命题中的一个(假定相应的语境是正常的而且 n 有一个所指)。可以说,这是唯一一个如下这样的命题:既在所有正常语境中被关于该句子的言说所断言,也与该句子中诸多单个语词和短语的意义合理地联系在一起。出于上述理由,它有资格成为该句子在语言中的意义。

在我看来,第三种观点大致是正确的。[①] 当然,为了发展这种观点,还必须说说否定存在句这种特殊情况,比如"摩西不存在",而维氏对此谈了很多。可以这样说,尽管这些句子表明上述观点有严重的问题,但似乎还是有应对它们的有希望的策略。[②] 但是,抛开细节不谈,必须要强调的要点是,一旦将一个句子在公用语言中的意义与该句子在某特殊场合里被用于断言和传递的信息区别开来,上述观点就与维氏在第 79 节中的评论非常协调了。这个要点被如下事实遮蔽了:维氏自己的写作时常像是并没有察觉到或不关心说话者的意义和句子意义之间的区分。的确,在《哲学研究》问世之后很多年,哲学家和

---

① 参阅 *Beyond Rigidity* 第三章。
② 参阅本书正文第 17 页脚注①。

语言学家们才在保罗·格赖斯的带领下发展出这种区分所需要的概念工具。① 因此,在表达关于名称意义的第二种和第三种观点时,我们实质上超出了维氏的文本。

记住了这一点,让我们来概括一下维氏对名称和一般的指称主义语言观所做讨论的一些教训。第一,他真正的洞见是,包含名称的句子时常被用来传递开放、含混和有点可变的描述性信息,而这种洞见**并不**与如下观点明显地不相容:一个专名在公用语言中的意义不过就是其所指。第二,关于上述观点,无论人们从中得出何种结论,维氏在第79节中的评论都没有将我们带离关于语言使用的一般的描述性范式——假定我们愿意认识到描述可以是含糊的。第三,在理解维氏关于描述主义和指称主义诸多范式的批判时,人们必须认识到,他反对关于特定表达式意义的特殊论题——比如一个名称的意义是其所指这个论题——的论证,在概念上与他反对如下观点的论证是相分离的:理解一条表达式总是要被解释成是知道其指涉什么的结果,而理解一个句子总是要被解释成是知道它在哪些条件下为真的结果。人们可以在接受后一种论证的同时拒斥前一种论证。

这些论证对维氏的批判来说是最重要的。他最核心的论点是(a)语言意义的真实根基——关于语言和非语言行为的社会性的受条件限制的合作——在概念上先于命名和描述,(b)这些根基必定先于对名称或描述性谓词的引入,(c)命名和指涉的不同示例并不总是指向同样的东西,而且由于这一点,关于命名和指涉的谈论与其他种类的谈论同样要求分析,(d)知道一条表达式指涉一个对象,这一点常常预设了某些描述主义者想用它来进行解释的、能够胜任语言使用的能力。他基本的肯定性论题是,对一条表达式的掌握实质上就是对这样一组社会实践的掌握:通过这些实践,说话者们使彼此的活动协调一致。

---

① 参阅 Paul Grice 的 *Studies in the Way of Words*(Cambridge,MA,and London:Harvard University Press,1989)一书,第 5、6 和 14 章(最初分别作为 "Utterer's Meaning and Intentions" "Utterer's Meaning, Sentence-Meaning, and Word-Meaning" 以及 "Meaning" 发表)。

可能有这样一些情况存在,在其中,这种掌握涉及如下相互独立的认可:首先是关于一个对象的,其次是关于一个语词的,最后是关于如下事实的,即共同体把那个语词用作该对象的名称。但情况并非总是如此——而这不仅仅是因为语词在不指涉任何东西时仍然可以是有意义的。即便在一个语词的确指涉什么的情况下,可能仍然没有这样的东西存在:它确定该语词所指涉的对象,或在独立于对关于该所指的语词的理解的情况下识别出命名关系。在这些情况下,在先的理解需要在如下情况下得到解释:不预设对该对象任何在先的理解,也不预设将它与一条表达式联系在一起的意图。这个涉及意义和理解之基础的要点,独立于维氏对如下更特殊的语义学论题的拒斥:英语中日常专名的意义是它们的所指。

维特根斯坦关于语言和语言分析的新观念

在《哲学研究》大约第81节的这个阶段,维氏的注意力从对自己陈旧的《逻辑哲学论》式语言观的拒斥,转向自己语言观的改变如何影响自己的哲学观这一点。他仍然相信,哲学问题就是语言问题,而且哲学分析就是一种语言分析——但这是一种新的语言分析,不再被视为逻辑分析的一种。在第81到133节间,他宣告了一组互相关联的、被自己当作是显而易见的真理,它们是关于意义、哲学的本质以及它应当尝试提供的诸种分析的。这些在将来会成为老生常谈的东西,其特征主要是否定性的,而且意图排除关于意义和分析的其他可供选择的观点。

在详尽解释这些论题时,稍微打乱它们的顺序是很有用的。我们将从我所谓的"论题1"开始,它在第90到92节被加以讨论。

论题 1

自然语言并不是对一种语言理想——一种形式化的演算——的不完整的实现,日常语言中的句子拥有的意义,也并不被这样一种演算中的句子更具有揭示性地表达。没有一种作为句子的逻辑形式的东西（由演算语言中的某个句子给出）存在。

在这些小节里，我们也可以发现关于维氏所赞同的那种语言分析的迹象，以及对如下错觉的警告：如果我们依据对一个词或句子（**独一无二的**）**分析**而开始思考，那么就会陷入这种错觉。在维氏看来，我们并不是由于一个句子本来有任何有待澄清的错误而未能给出对该句子的分析。相反，当关于该句子的某些东西将我们导向哲学困惑时，我们才会给出一种分析。说不定，如果人们以不同方式对其感到困惑时，一个句子可能会得到不同的分析。每种分析的目标或许都是清理一种独特的困惑，即便并没有一种分析可以清理掉所有困惑。

这把我们带向论题 2。

论题 2

通过给出指导和支配我们对一个语词、短语或句子使用的语言规则，我们并没有给出关于该表达式的分析。在使用自己所理解的语词时，我们并非始终如一地被这样的规则所指导：它们是我们在内省中把握到的，而且决定了对我们词项的正确运用。通常情况下，我们只是本能地将一个语词用于一种事先未经考虑的情形。使得一项运用是正确的东西，是该运用与更广大的语言共同体所做运用间的一致。在某些情形下，我们可能得到规则、表格或内部指令的指导。但即便在这时，指导我们的东西从原则上说仍然能够以不同方式被解释。最终，这些解释自身不能总是被更进一步的规则、表格和指令所指导。因此，我们对很多符号的解释一定只是本能式的和未经思考的。

这个论题在以下摘自第 82、83、84 和 85 节的段落中得到阐明。

我将什么称为"那条他据以行事的规则"？——是那个令人满意地描述了我们所观察到的他对这些词所做的使用的假说？或者

是那条在使用这些符号时他加以查询的规则？抑或是当我们追问他的规则时他作为答案提供给我们的那条规则？——但是，如果这种观察没有让我们清楚地认出任何规则，而且这个问题没有揭露出任何规则，情况如何？——因为尽管他对于我的问题——他如何理解"N"——给予了一种解释，但是他准备收回和改动这种解释。——因此，我应该如何来确定那条他据以玩游戏的规则？他自己也不知道它。或者，更为正确地说："他据以行事的规则"这个表达式在此还能断言什么？①

在此语言与游戏之间的相似性难道不是有助于我们的理解吗？我们的确可以很容易地设想：人们在一片草地上通过玩一个球来进行娱乐，而且是这样：他们开始现存的不同的游戏，但是许多都没有玩到底，在此期间他们漫无目的地将球扔到高处，用球开玩笑似的互相追逐，将其扔向对方，等等。现在，一个人说：整个期间人们一直玩一个球类游戏，并且因此在每一次扔球时都在遵守着特定的规则。②

我曾经针对一个语词的应用说：它并非处处都有规则加以限定。但是，一个处处都有规则加以限定的游戏看起来究竟是什么样的？其规则不容有任何怀疑；它的所有漏洞都被堵住了。——难道我们不能设想一条制约着一条规则的应用的规则和一种被**这条**规则所消除的怀疑吗？——等等。③

一条规则像一个路标那样立在那里。——难道它没有给任何关于我要走的路的怀疑留下余地吗？它表明了当我从它旁边走过时我应当向哪一个方向走吗？——是按照大路走，还是按照田间小路

---

① 《哲学研究》，第 82 节。
② 同上，第 83 节。
③ 同上，第 84 节。

走，抑或是横穿过田野？但是，在哪里写着：我必须按照哪一个意义遵守它；是按照手的方向走，还是（比如）按照与其相反的方向走？——如果不是一个路标立在那里，而是一连串连在一起的路标立在那里，或者是粉笔线条在地上延伸，——那么对于它们来说只存在着**一种**解释吗？①

维氏在这些段落里告诉我们，我们对语词和其他符号的使用并不总是得到规则的指导；有时，这种使用仅仅是不假思索的。此外，即使当我们在心中确实拥有一条自己试图去遵守的规则时，从原则上说，该规则自身也必定服从于不同的解释。作为一种纯然经验上的事实，我们的解释常常是本能式的和未经思考的，其方式与如下方式是相同的：我们对一个指路标志的解释，伴随着用手指指向一个方向。但在某些情形下，即使我们对一条规则的解释要求另一条规则来指导我们，这种为了解释符号而做出的对规则的诉求，还是一定会在某个时刻走到尽头，而我们会发现自己在未经思考地使用语词。在这些情形下，我们在使用语词时完全没有遵守规则。这给哲学作为语言分析的观念上了一课；就像对语言的哲学分析并不是一件关于给出句子逻辑形式的事情一样，因此当我们理解了一些语词时，我们并不是在开口说出自己所遵守的诸多规则。这将维氏导向一种新的、高度紧缩的哲学观。

维氏紧缩的哲学观

维氏的哲学观被总结在论题 3 中。

论题 3

对语言的哲学分析，并不意图得到也不会导致任何一种理论。哲学（如维氏在第 109 节中所说）"是一场反对我们的语言手段给我们的理智所造成的着魔状态的战斗"。通过考察我们语词的日常用法，以及

---

① 《哲学研究》，第 85 节。

将这些用法与哲学理论和解释中对这些语词的误用相比对，我们可以获得对语言困惑的清理。如果哲学被恰当地对待，那么就不会有哲学理论或解释存在，因为没有需要哲学去解释的东西。它的任务在本质上是治疗型的——清理特殊的困惑。

该论题在第 109、116、119、124、126、127 和 128 小节中得到阐明。

没错，我们的考察不可能是科学的考察。"与我们的偏见相反，这个或者那个是可以设想的"——无论这可能意味着什么——这样的经验不可能引起我们的兴趣（关于思维的普纽玛式的理解）。我们不可以建立任何形式的理论。在我们的考察中不可以出现任何假设性的东西。一切**解释**均须去除，出现在其位置之上的只能是描述。这种描述从哲学问题那里接受到其光亮，也即其目的。这些问题自然绝不是经验的问题，相反，它们是经由一种关于我们的语言的工作过程的洞见而得到解决的，而且是以这样的方式——人们认识到这种工作过程：**抗拒着**一种误解它的冲动。这些问题不是经由新的经验的提供，而是经由人们早已经熟悉的东西的组织而得到解决的。哲学是一场反对我们的语言手段给我们的理智所造成的着魔状态的战斗。①

当哲学家们使用一个语词——"知道""存在""对象""我""命题""名称"——并且试图把握事物的**本质**时，人们必须总是问一下自己：这个语词在作为其故乡的语言中事实上曾经被如此地使用过吗？——

我们将语词从其形而上学的运用中再次地引导回其日常的运用中来。②

---

① 《哲学研究》，第 109 节。
② 同上，第 116 节。

哲学的结果是某一种纯然的胡说之发现和理智在冲撞语言的界限时所得到的肿块。它们，这些肿块，让我们认识到了那种发现的价值。①

哲学不应当以任何方式损害语言的实际的用法，因此，最后它只能描述它。

因为它也不能为其提供基础。

它不改动任何东西。

它也不改动数学，任何数学上的发明均不能使其有所进步。对于我们来说，一个"数理逻辑的首要问题"就是一个数学问题，正如任何其他数理逻辑问题一样。②

哲学恰恰只是将一切摆放在那里，它不解释任何东西而且不推导出任何东西。——因为一切均已经公开地摆放在那里了，也没有什么要解释的。因为或许被隐藏起来的东西引不起我们的兴趣。

人们也可以将这样的东西称为"哲学"：**在**所有新的发现和发**明之前**就已经是可能的东西。③

哲学家的工作是为了一个特定的目的来收集纪念品。④

如果人们想要在哲学中提出**论题**，那么人们绝不会就它们而进行辩论，因为所有人都会同意它们。⑤

我们在上述段落里拥有了一种关于哲学——以及哲学可以告诉我们关于语言或任何其他东西的什么事情——的无情的紧缩观点。但是，

---

① 《哲学研究》，第 119 节。
② 同上，第 124 节。
③ 同上，第 126 节。
④ 同上，第 127 节。
⑤ 同上，第 128 节。

关于维氏的一般性论题，有一些荒谬甚至是悖论性的东西存在。他广泛的否定性论题是有趣和引人注目的；但是，与其他大多数分析哲学家不同，他几乎没有或根本未曾给出关于它们的任何论证。人们可以说，在沿着此道路前进时他是始终如一的。为了论证自己的论题，就要把它们当作不是显而易见的——当作是关于语言和哲学的令人吃惊和提供有用信息的理论性断言。但这会与他的如下主张不一致：没有真正的哲学理论存在，而所有哲学评论都是对我们已经知道的事情的提示，只是当我们陷入困惑时这些事情被忽视了。所以，在他不为自己的哲学观点提供什么论证这一点之中，有一种古怪的一致性。

他关于哲学的紧缩观念同样与如下东西相一致，甚至是得自它们：自己关于意义的诸多新想法，加上他给这项事业带来的一组无可争议的哲学预设。这些预设包括如下两条随后变得流行和广泛的假设：(i)哲学论题不是经验性的，也因此一定是必然和先天的，以及(ii)必然、先天和分析就是一回事。由于把这些假定当作理所当然的，他也就把如下东西当作理所当然的：如果有任何哲学真理，那么它们一定是分析的。他将自己的新意义观加入其中——包括它对抽象逻辑形式的拒斥，它关于遵守规则和演算计算的紧缩观点，以及它对产生我们对语词的本能运用的一致性的社会条件作用的强调。抛弃了自己关于意义作为某种隐藏物——通过将句子翻译成一种关于逻辑形式的理想化演算而将之揭示出来——的旧观念并代之以这样的意义观，即将意义视作产生自无可置疑的、社会条件限制下的一致性，他在自己的概念宇宙中已经没有给惊人的哲学真理留下什么空间了。真正的哲学真理——如果有这种东西的话——只能是必然的和先天的，而且因而是由于意义而为真的。但如果令哲学家感兴趣的分析真理不能被翻译成一种逻辑演算的式子，不能由被给定的严谨的、有时也有些创意和洞察力的逻辑证明所证实，那么它们又是如何被确证的呢？对《哲学研究》中的维氏而言，答案就是：它们不需要被确证，因为它们已经被语言的称职使用者们认可为无需质疑的了。当然，它们有时需要通过收集得自日常使用中的例子——这些例子说明了它们在我们语言中所扮演的构成性角色——被加以关注；但这里几乎没有发现真正惊人的哲学真理的空间。因此，维氏关于哲学的紧缩观念下有隐含着的清楚的教义性理由。

　　但是，还是有一个显著的问题。他关于语言和哲学的一般性论题，无论如何都不是显而易见或已经被共同认可的；当它们被指出时，人们也不会在看了之后就认为它们为真。相反，如果它们要被接受的话，似乎要求实质性的解释和论证。既然维氏自己并不是每次都承担这项任务，而且出于一致性的考虑也不能这样做，那么我们能做的至多就是尝试从他提供给我们的东西中构造所需的论证和解释。这常常要求我们大幅地超出文本中清晰的表述。这也使得对他进行解释的任务面临潜在的危险。那么，我们该如何对待他关于哲学及其同语言间关系的一般性评论呢？按照我对这些评论的理解，除了把它们视作在某种程度上是自我毁灭的之外，我们别无选择。与《逻辑哲学论》的情形一样，维氏在《哲学研究》中的核心哲学论题导致了这样一种关于哲学的观点：它与这些论题自身不符。一旦出现这种情况，那么肯定有什么东西出错了。麻烦的主要根源何在，这当然是有争议的。但是，人们难免会看出，将哲学确定为必然且先天的东西（的一个子集），并将其确定为分析的东西，这两点是上述问题的核心。同二十世纪很多其他分析哲学家一样，维氏在关于被自己当作是显而易见的不同模态的假定上遭遇了失败。我们在第一卷中所发展的这个主题，在讨论本卷中的其他哲学家时还会被追踪到——直到我们到达这样的地方：在那里我们拥有了可以直接用来挑战那些假定的概念工具。

　　至于维氏在《哲学研究》中接近语言和哲学的很强的反理论方法的直接的历史影响，当然可以被日常语言学派的哲学家们感受到，他们遵循维氏并从他那里获得了自己的灵感。不足为奇的是，我们也将在他们中的一些人那里发现，在如下东西间有类似的断裂——在他们所维护的雄心勃勃的、有时又是修正性的哲学论题，和他们声称要去实践的正式庄严而又保守的方法论之间。就积极的方面而言，当然有一些成功的情形，在其中，对哲学上重要语词日常用法的小心考察，带来了哲学上的启示。但是，如我们将看到的那样，日常语言哲学家们被关于意义和语言使用的系统理论的缺乏所困扰。然而，在直接开始这段故事之前，我们需要考察一下可以说是《哲学研究》核心的部分，即维氏关于遵守规则的讨论，以及他从这些讨论中得出的、被称为"私人语言论证"的原则，这是一些关于心理学语言的备受争议的、修正性的原则。

第二章

遵守规则和私人语言论证

本章提要

1. **维特根斯坦论意义、理解和遵守规则**
   理解一个语词或遵守一条规则，并不是一种内部的心理状态；正确运用的标准涉及与一个语言共同体之间的一致

2. **对论证的评估**
   论证中的一处间隙：一些语词、信念和意图的内容，可能继承自感知的内容
   为什么意义中的一致并不总是涉及如下东西：关于将语词运用于单个对象问题上的、简单的逐点式的一致；诉诸更复杂的、在运用中一致的观念时遇到的困难

3. **私人语言论证**
   基本的想法：感觉语词同公共标准相结合，这些标准决定了语词运用的对错
   论证的歧义性和核心论题的两种版本：
   （ⅰ）较强的论题：像"疼"这样的语词并不指涉任何私人感觉；
   （ⅱ）较弱的论题：这种语词的意义不仅仅在于那种指称
   较弱的论题坍塌为较强的论题

4. **维特根斯坦关于意义的观点与私人语言论证之间的联系**
   为什么关于意义的观点要求那个较强的论题，而该论题是站不住脚的

5. 一种关于感觉语言的更弱、更可行但只是部分维特根斯坦主义的观点

6. 结论：《哲学研究》的遗产

维特根斯坦论意义、理解和遵守规则

维特根斯坦在《哲学研究》第 143 到 155 节和第 179 到 202 节讨论了理解和遵守规则。这些小节的主要教训是，理解一个语词或遵守一条规则并不是一种内部的心理状态；相反，这是一种涉及人们对该语词或该规则使用的倾向性状态。理解一个语词就是在很广泛的情形下倾向于以正确的方式使用或运用它，在此"正确的方式"**并不是**指被一条说话者知道并已经内部化的规则所决定的方式。如维氏看到的那样，诉诸用内部化的规则来解释我们对语词的理解会产生的问题是：如果这些规则终归是有用的话，那么它们自身就是由必须被理解的语词或符号构成的。显然，这种解释不可能一直进行下去。维氏认为，我们最终面对的会是一大类自己已经理解而且能正确运用的语词或符号，尽管事实上在这些运用中指导我们并使这些运用正确的东西并不是任何进一步的规则或符号。当我们到达了最底层的时候，就完全不受内部规则的指导；我们只是未经思索地将语词用于呈现在自己面前的新情形。

是什么决定了这种语词的新运用正确与否？如果 F 是这样一个语词，而且我倾向于将它用于某些而非另一些事物，那么是什么决定了如下事情：我倾向于称之为 F 的东西，真的就是该语词正确适用的东西？人们倾向于说，当我说一个对象 o 是 *F* 时，只有在如下情况下我才是正确的：当我开始理解 F 时所掌握的、在使用 F 时仍然会遵守的规则说，F 适用于一类特定的对象，而 o 正是那样一个对象。人们可能倾向于认为，与该规则的一致就是使得 F 的某些使用是正确的东西，而同时与它的不一致又使得 F 的另一些使用是错误的。但是，维氏论证到，这不可能是正确的，因为通常情况下，没有一种我们在使用语词时所遵守的内部化规则存在。

第二章 遵守规则和私人语言论证

那么是什么决定了 F 在新情形下的哪些运用是正确的呢？单单我倾向于说某物**是** F 这个事实，不能担保语词正确地适用于该事物。如果我对 F 的使用是有意义的，那么一定有这样一种独立的评估标准：为了是正确的，我对 F 的任何一种独特的运用必定与之相符合。上述论证表明，正确性的标准不可能被这样一种内部化规则决定；而维氏似乎认为，同样的论证可以被重复下去，以确证正确性的标准不可能被我的任何信念、意图或其他有内容的精神状态所决定。他认为，问题在于，为了扮演这样一种角色，任何上述精神状态，其自身必须已经从某处获得了自己的内容。那么，一种回溯论证（regress argument）就可以被用来得出结论说，我所有的语词和精神状态的内容，最终都必定依赖于某种不是我的精神状态的东西。① 因此，维氏似乎建议说，支配我们对一个语词使用的正确性标准不可能依赖于任何在我内部的东西，而必定来自某种外部的东西。如果这是正确的，那么使得我对一个语词的运用是正确的东西就是如下事实：这些运用与一条外部标准充分地接近。而除了我身处其中的语言共同体之外，还有何处是找寻此标准的更自然而然的地方呢？因此，维氏好像认为，正确地使用一个语词，就是以一种与自己语言共同体中其他人在某种意义上相一致的方式运用它。当然，这预设了作为整体的共同体在关于该语词要如何被运用的问题上达成了实质性的一致。如果没有这种一致，那么该语词就不会有意义，而我们就完全不能正确地谈论对它进行运用的正确与否。但在有这种必要的一致性存在的地方，它就决定了该语词正确性的标准。②

---

① 在此需要注意一处细微的限定。如在第一章所指出的那样，尽管维氏似乎认为思想和语言一般是结伴而行的——因而解释了其中一方内容的东西也解释了另一方的内容——但他好像也顾及有限范围内的信念，它们并不与人们对语言的使用或掌握联系在一起。尽管回溯论证可能并不适用于这些信念，但它们与行为间的联系似乎是至关重要的。此外，维氏清楚地将这些信念当作是过于贫瘠的，以至于不能提供我们的语词所需的正确性标准。

② 根据我对维氏的解读，他并不相信如下事情：与共同体使用的某种一致性，提供了关于一个个体对我们大部分最基本词项使用的正确性的标准。这种解释似乎与索

在维氏看来，既然我们最基本的词项是由此而有意义的，那么所有这些词项就都必定与某种关于运用的公共标准相结合——从原则上说，说话者之外的另一人可以通过该标准来判断说话者对该语词的那些运用（一般而言）是否正确。这并不意味着，当我们将这样一个语词用于一个新的示例时，我们一贯地这样进行检测以看清公共标准是否被满足。相反，我们常常只是本能地使用该语词，而未经任何思考。不过维氏相信，为了使得我们对该语词的使用是有意义的，必须有某些公共标准存在，其他人可以参考这些标准，以确定我们对那个语词的至少某些使用是否正确。总而言之，人们不可能通过任何一个语词意指任何东西，除非我们最基本的语词（它们不可能使用其他语词来被加以定义或从中得出）是这样的：有时其他人可以辨别一个人对它们的使用是否正确。如我们很快将看到的那样，这条原则为维氏著名的、备受争议的私人语言论证提供了基础。

对论证的评估

论证中的一处间隙：感知、意图和信念

但是，在转向私人语言论证之前，我们最好更仔细地看看上述涉

尔·克里普克在 *Wittgenstein on Rules and Private Language*（Cambridge, MA：Harvard University Press, 1982）中的解释不符。克里普克的解释认为，维氏呈现了一种关于意义的"怀疑论悖论"，并提供了对该悖论的一种"怀疑论解决"。在克里普克看来，上述解决涉及放弃正确性的标准（这些标准决定了一个词项不同运用的正确或错误），转而青睐得到辩护的可断言性（assertability）的诸种条件（这些条件明确规定了，在断言对该词项的运用是正确的这一点上，人们何时得到了辩护）。（尤其参阅他在第110—112页的讨论。）在我看来，克里普克归属给维氏的那种观点，尽管具有吸引力，但既不完全是维特根斯坦式的，最终也是不融贯的。参阅我的 "Facts, Truth Conditions, and the Skeptical Solution to the Rule-Following Paradox", in *Philosophical Perspectives*, vol. 12：*Language, Mind and Ontology*, edited by James Tomberlin（Oxford：Blackwell, 1998）, 313—348；以及我的 "Skepticism about Meaning：Indeterminacy, Normativity, and the Rule Following Paradox", *The Canadian Journal of Philosophy*, supplementary vol. 23（1997）：*Meaning and Reference*, ed. Ali A. Kazmi, 1998, 211—249。

及意义、理解和遵守规则的论证。该论证开始于这样一种证明：在关于很多语词的情形下，人们在将一个语词用于新情形时，并未得到内部化规则或指令（它们自身被认为包含语词或符号）的指导。这种结论显然是正确的，并被如下观察确证：对该结论的否定会招致无穷倒退，而这自然是荒谬的。接下来我们被告知，既然对很多语词来说，在新情形下对它们的运用**并未**得到内部化规则的指导，那么评估这些运用的**正确性标准**就不可能在于与人们试图遵守的内部化规则的一致。现在为止一切都还好。但是，在目前这个阶段，我们被邀请去做出一项至关重要的推论。我们被邀请去推论说，正确性的标准**并未**被一个人的任何过去或现在的诸种信念、意图所决定，也不被曾经或此刻在他心灵中的任何东西所决定。这项推论是成问题的。

我们可以通过考虑一个简单的例子来说明这点。请想象一个单独生活在荒岛上的人有了如下想法：为了加强自己的记忆并记录重要事件的发生，要创立一种初步的语言。假定他可以感知到颜色的不同，而在某个场合，当看见有颜色的对象时，他形成了如下意图：使用符号"红色"去代表一种颜色，用符号"蓝色"去代表另一种颜色，等等。在说他形成这种意图时，我的意思是，他把一样事物看作具有一种特定的颜色，而把另一样事物看作具有另一种颜色；他注意到这些颜色并形成了如下意图：使用符号"红色"去代表一种颜色，用符号"蓝色"去代表另一种颜色。或许在一开始，当初次看见一个新对象时，在判断新对象是红的还是蓝的之前，他先把它带到原初的对象前以进行比较。但是，随着时间推移，他对自己与原初意图相一致地运用那些语词的倾向越来越自信，而这种运用也变成是本能的了。随后，原初的对象对他来说消失了，而所有他需要继续做的，就是他当下关于在某种而非其他情形下运用该语词的倾向。在这种情况下，没有内部规则或一组指令在指导他的运用。不过，使得对一个颜色语词的运用是正确还是不正确、是真还是假的，在任何给定情形下可能仍然是如下东西：该运用是否与那个人原初的意图相一致。突然间，如果他中了迷药，并开始不加区分地将"红色"用于那些以前适用于语词

"蓝色"的对象,那么他的这些新运用就是不正确的;当他谈论一个新的对象说"它们是红色的"的时候,他的话可能是错的,即使没有实际可行的手段供他去发现那种错误。

从直觉上说,上述情景似乎是可能的。① 在这里,正确性的标准似乎被该施事者过去的意图给出,而这种意图自身并不涉及有待解释的、对任何**语言**的使用。此外,上述情景并不被维氏的回溯论证所排除,该论证表明我们对语词的使用并不总是得到内部化规则的指导;这种图景允许施事者不受那些规则的指导。如我所指出的那样,我认为维氏会问,施事者最初让语词"红色"代表那种颜色的意图是如何获得自己的内容的;而且他会怀疑,在不诉诸某种事先已经被理解的语言的情况下,这一点可以实现。他十有八九会对如下事项提出类似的问题:施事者后来使用自己语词的意图与他早先的意图相一致。

这些无疑是很好的问题,但仅仅提出它们并不表明它们是无法回答。据我所见,维氏**并没有表明**,施事者不能拥有这种原初意图:使用符号"红色"来代表他的视觉经验所呈现的特定对象所具有的性

---

① 独居者语言(solitary language)使用者——他引入颜色语词并不是为了代表逻辑上的私人感觉,而是代表日常的物理对象——的情形,被彼得·斯特劳森提到,见于他的"Review of *Philosophical Investigations*",*Mind* 63(1954):70—99;reprinted in George Pitcher, ed., *Wittgenstein*(Garden City, NY:Anchor Books, Doubleday, 1966), 22—64, at pages 42 and 43。(随后所有引文均出自 Pitcher 的版本。)斯特劳森的要点是,任何语言的独居使用者,除了借助自己的记忆外,都无法核实正确的运用——无论他是否使用语词来代表私人感觉或物理对象。我们不想从中得出结论说,没有语词可以指涉物理对象;同样,也不应得出结论说,维氏所举出的考虑表明没有语词指涉私人感觉。我们似乎也不应得出结论说,一个独居的个体不能讲一种语言。

A. J. 艾耶尔在如下文章中沿着此路线给出了进一步的论点:"Can There Be a Private Language?", *Proceedings of the Aristotelian Society*, supplementary vol. 28, 1954, also reprinted in Pitcher。艾耶尔的论点是,除非我们在认可至少自己的某些记忆和感觉经验的问题上得到了辩护,否则其他语言使用者的存在不会帮助我们核实任何事情。为了使得其他人的语言性行为对我们有所影响,我们必须能够感知和解释那种行为。而如果我们在做上述事情时依靠自己而得到了辩护,那么一个独居语言的使用者在认可自己关于如何准确地意图使用一个符号的记忆时,为什么没有得到辩护呢?尤其请参阅 Pitcher 版本的第 256 和 257 页。

质。《哲学研究》并不排除这种可能性，即感知为施事者提供了表现性内容。我们知道，前语言的施事者可以区分不同颜色。因此，与蓝色的事物相比，红色的事物通常看上去与它们更为不同。在此自然的想法是，前语言的施事者的视觉经验将环境中的红色事物表现为是红色的，将蓝色事物表现为是蓝色的，等等。但如果这个施事者已经有了一些东西——他视觉系统的一部分——来将事物表现为是红色的，那么假设他可以引入一些具有同样内容的其他东西——一个语词——似乎就不是一种很大的跨越。让我们讲得更清楚一点。假设在某种情况下，一个前语言的施事者的视觉经验具有如下内容：一个特定的对象o是红色的。如果是这样，那么该施事者似乎就可以形成o是红色的这样的信念，该信念的内容继承自视觉经验的内容。在大多数情形下，人们会期待感知信念以上述方式从感知经验中自然地产生。一旦感知信念的内容适得其所，那么该施事者就还需要那种形成如下意图的能力：用语言去代表那个内容。但这为什么是有问题的？离开了邻居的帮助，个体自己不能形成意图吗？如果他们可以，而且如果感知信念的内容已经被确定下来，那么意图使用一条表达式去代表该内容就是顺理成章的事情了，而对该语言的有意义使用的一个示例便可能被获得，还有与之相伴的正确性标准。①

当然，人们仍然可以回到最开始的地方并询问道，该施事者的感知经验如何在一开始便获得了自己的表现性内容。在此可以假定，该实施者的视觉系统与他所处环境中不同种类对象间不同的因果关系，在决定其视觉经验的表现性内容时扮演了重要角色。如果这是正确的，那么该施事者外部的因素在决定如下东西时就是至关重要的：他的感知的内容，以及那些经由其感知的信念、意图和其他精神状态的内容。在此意义上，维氏在这一点上可能是对的：他认为，最终决定了内容的，以及因此是正确性标准的东西，并不是完全在一个施事者内部的东西。但即便精神性和语言性内容的决定性因素从根本上说都必定总

---

① 请注意这种情形对我们在第一章对如下事项所做处理的重要性：维氏关于实指定义的讨论，以及他对关于语言习得的奥古斯丁图景的批评。

是包括某些外部因素，维氏也并没有给出合理的理由去假定如下事情：对我们日常语言中这种语言表达式和构造的实指语言学习所要求的精神性内容，一定总是涉及关于一个更广泛的语言共同体的诸种事实。维氏论证中的这处间隙阻止了它去确证他想要的结论——对语言的有意义的使用所要求的正确性的标准，可以仅仅在于如下二者间的一致性：施事者对一个表达式的使用，以及更大的语言共同体对之使用。

关于一致性的问题：对维特根斯坦结论的疑惑

这并不是维氏论证中唯一的问题。除了没有获得恰当的支持外，他的结论也值得怀疑。荒岛的例子——在其中语言被一个单独的人发明并说出——提供了这样一种案例。但是，让我们把这种理论上的可能性放到一边而关注于正常的情形——一个施事者试图学习某个语言共同体所说的语言。让我们聚焦在这个要点：该施事者尝试学习语词 F。既然语词 F 在该共同体中已经有了一种意义，那么该施事者就需要学会与该意义相一致地使用那个语词；他需要以如下方式理解它：这种方式符合该语词在作为整体的共同体中被理解的方式。既然这是他的目标，那么他就会认识到，一般而言，当他谈论某个东西说**它是 F**时，他所说的东西就服从于共同体中其他成员的更正——他们运用 F 的标准是该施事者言说的正确性的重要决定因素。在这种情形下，有这样一种无关紧要的意义存在：在此意义上，支配他对该词项使用的正确性标准，涉及与他的语言共同体其他成员间的一致性。这种无关紧要性在于：在他意图在该语词于共同体中所具有的意义上使用该语词的范围内而言，只有当他的使用遵照了该意义时，他才正确地使用了它。当然如此。

但是，有两个要点需要记住。第一，甚至在该施事者用那个语词所意指的东西符合共同体用它所意指的东西之前，他就可能用它意指什么。如果他的目标是符合共同体的意义，那么他就还没有获得它。但他还是会意指什么东西；所以并不是所有的意义都在于和其他人的一致。第二，即使他的目标是在该语词于共同体中所具有的意义上使用它，这也**并不**确证如下断言：使得将该语词用于一个对象的一次独特运用是正确还是错误的事情，是该共同体的成员是否会将该语词用于那个对象。不同的人可以用一个语词意指同样的事情，即使他们并未就它的很多运用达成一致；而在某些情形下，一个语词可能正确地适用于某些特定事物，即使语言共同体中理解该语词的成员并没有认识到这一点，甚至另有想法。这两个要点是老生常谈，而且肯定与任何关于意义的叙述相适应。为了说得更具体一点，我会通过一对例子来阐释这两个要点。

请考虑标志"+"。① 它代表一种特殊的函数，其定义域是所有成对的自然数。对任意自然数 n 和 m 而言，都有且只有一个自然数 z 存在，它是如下问题的答案：**什么是 $\underline{n}$+ $\underline{m}$**？② 当然，关于标志"+"的使用有大量的一致性存在。例如，所有人都同意 2+3=5。或者至少，如果某人不同意这一点，我们便认为这个人不知道如何进行加法运算，或者可能不知道这个语词的意思。但是，还有一些特定的运算，并没有一种关于它们的共同体范围内的一致性存在。当数字变得更大时，我们完全不能进行计算，而且可能无法给出答案。现在假定两个奇异的个人出现了。他们都在如下意义上掌握标志"+"：关于涉及标志"+"的、共同体可以进行的常规演算，他们与共同体高度一致。但是，他们在如下事情上与共同体不同：他们可以进行很多演算，这些演算中的数字超出其他人可以处理的数字的大小。当需要将这些数字相加时，那两个人提出了确定的答案，尽管共同体中的其他成员因没有算出答案而放弃了。请进一步假定，这两个人对某些这种计算给出了不同的答案。

既然他们对这些新情况给出了不同的答案，那么（ⅰ）和（ⅱ）不可能都是正确的：（ⅰ）他们都用"+"意指相加；（ⅱ）他们对所有新情形都给出了正确的答案。但他们二人都认为自己用"+"意指共同体所意指的东西，而且在所有那些相加的问题上——如果被问到这些问题的

---

① 这个例子基于索尔·克里普克在 *Wittgenstein on Rules and Private Language* 中的讨论。
② "n" 和 "m" 分别是 n 和 m 的数值。

话共同体会提供答案——都同样与共同体一致。假定他们确实用"+"意指共同体所意指的东西——也就是相加。如果那些特殊答案的正确性标准,仅仅在于与共同体其他成员的一致,那要么两个施事者的新答案都会是正确的——因为在共同体可以提供答案的所有情形下他们均与共同体相一致而且没有不一致的地方;要么新答案都会是错误的——因为他们的答案都极大超出了共同体可以给出的答案。但这种结果是不对的。他们中的一人给出的新答案当然可能是正确的,而此时另一人的则是错误的,尽管他们都用"+"意指我们所意指的东西。如果这是对的,那么当一个语词在一个语言共同体中被使用时理解它的标准,以及在任何给定情形下正确运用它的标准,不可能仅仅是与共同体其他成员对其所做的特殊运用间的一致性。一些除了关于特殊运用的简单一致性之外的东西必定在起作用。

　　接下来请考虑另一种情形。一天,某些生活在某岛屿上的人遇见一种新的毛茸茸的小动物,并决定称其为"兔子"。他们说,"让我们引入语词'兔子'来用于这些动物",在其中"这些动物"的意思是指任何与他们刚才遇到的同物种的动物。(他们有关于什么是一个物种的想法,而且可以识别一些不同物种的示例,尽管可能没有关于那种观念的定义。)① 随着时间的流逝,共同体中的人们学会了语词"兔子",并将之用于自己在岛上遇到的各种兔子。在最初促使对该词项引入的那些兔子死后,上述现象仍在继续。接下来有一天,岛上的某些居民史无前例地前往了大陆。他们发现有些动物看上去非常像自己家乡的兔子。他们只是假定这些动物与岛屿上的是同一种,并同样称其为"兔子"。这些旅行者把那些新动物带回自己的岛屿,人口中的大部分都惯常地赞同大陆上有兔子。但是,一些怀疑论者则质疑这一点。因此,尽管该语言共同体中的大多数成员都把词项"兔子"既用于岛屿上的动物,也用于大陆上的动物,但还是有一些人坚持认为后者并不是兔子。如果对该词项的任何运用的正确性标准,仅仅是与更广大的

---

① 之所以做出这些清晰的规定,是为了使例子变得简化和明晰。同样的情况也可能在没有这些清晰规定的情况下出现。

语言共同体所做的实际运用间的一致性，那么这就意味着，根据定义，此情形下的怀疑论者在拒绝将该语词用于大陆上的动物时是错误的。

但根据定义他们并没有错。假定人们最终发现，大陆上的动物有一种与岛屿上的动物不同的进化史，有不同的细胞结构和DNA，而且**并不是**岛屿上动物所属物种的成员。此时应得出的恰当结论是：上述语言共同体中的大多数成员，在说大陆上的动物是兔子时是错误的。① 可如果是这样，那么关于一个词项运用的正确性标准就**不仅仅**是与共同体中的大多数成员实际所做运用间的一致性。或许这种标准应当是：在理想化的条件下，与共同体中的大多数成员实际会做的运用间的一致性——例如，如果他们知道所有与之有关的事实（假设关于什么事实算作与之有关的这一点，人们可以给出某种一般性的、非循环的定义，该定义不依赖于一种关于该语词究竟意指什么的、概念上在先的假定）。② 也可能是某个不同的东西在起作用。无论如何，都有这样一些语词存在：它们的意义**并不**被共同体大多数成员在日常的、非理想的情况下实际达成一致的或会达成一致的运用所决定。

在上述情形里，怀疑论者将与共同体中多数人一样，将意义赋予词项"兔子"，尽管当在很多特殊运用上与大多数人不一致时，他们是正确的。人们也可以构造类似的情形，在其中两组成员倾向于将一个语词用于完全相同的对象或个体，而实际上则用它意指不同的事情。例如，请想象岛屿和大陆上的居民都引入语词"兔子"并做出规定：它适用于所有且只适用于居住在那些居民所在地域的任何物种的成员。那么，像岛屿上的居民所使用的那样，"兔子"适用于在岛屿上被发现的物种的成员；而像大陆上的居民所使用的那样，"兔子"适用于在

---

① 至少最初应是这样。当然，随着时间的推移，如果岛屿上的居民开始把岛屿和大陆上的动物都当作该语词所适用个体的范例，那么语词"兔子"的概念可能会改变。但这种意义上的改变并不损害此种改变发生之前的正确性标准。

② 对理想化倾向的同样诉求，可以在我们之前关于"+"的例子中给出。关于在给出对需要满足的理想条件——在这些条件下与施事者所做运用间的一致性被用作一个语词的正确性标准——的非循环规定时所涉及的问题的精彩讨论（集中在"+"方面），参阅克里普克的 *Wittgenstein on Rules and Private Language* 的第22—37页，以及第111页。

大陆上被发现的物种的成员。接下来，当岛屿上的居民来到大陆而大陆上的居民也来到岛屿时，他们都假定自己看到的动物是被自己称为"兔子"的东西。那么这两组人实际上都倾向于用同一个词谓述同样的东西。但是实际上，大陆上的物种与岛屿上的物种是不同的。由于这一点，上述两组人赋予该语词的意义就是不同的，而他们对之所做的那些特殊运用有时也有不同的真值。

出于这些理由，人们当然不可能接受如下论题：任何一个语词正确地适用于一个对象，其意思就是共同体中大多数成员都同意这一点。但是，我们并不清楚，这条明确、简单但又错误的命题与维氏如下远不是那么明确的命题之间的关系是什么：至少对我们最基本的语词而言——指那些无需语词上的定义或诉诸其他语词的使用规则便可以被理解的语词——支配它们的正确性标准，涉及与语言共同体中其他成员对其使用上的一致性。在某些至关重要的事情被澄清之前，我们不可能确切知道应当接受还是拒斥他的论题。原因之一是，我们需要知道自己谈论的是哪些语词。就在之前几页，我遵循克里普克在使用符号"+"上的引导，以阐明并测试维氏关于意义的观点。但是，这可能并不是需要测试的那个语词。可以说，"+"是关于这种语词的最好的例子：它们与明晰的规则相结合，这些规则指导我们并支配那些语词的使用。① 我们中的大多数人在小学便学会了求和的规则，这些规则仍然指导着我们对"+"的运用，而且即使没有这些相当有效的规则，多数人从原则上说还是知道如何依据计算来定义相加。毫无疑问的是，对那些指导我们的规则的表述，使用了另外一些语词，它们的意义是必须被解释的——比如"零""自然数"和"后继"（或"紧跟着这个数的那个数"）——而这些语词可能是原初性的，而且在没有定义的情况下仍然可以被理解。如果是这样的话，它们应当有资格算作维氏关于意义的理论所直接适用的语词。这是十分重要的，因为当这些语词被涉及时，即便对如下那个简单的论题我们也很难构造出显而易见的

---

① 这一点对克里普克关于维特根斯坦解释的重要性，参阅我的"Facts, Truth Conditions, and the Skeptical Solution to the Rule-Following Paradox," pp. 334—337。

反例：使得一个个体将某语词用于某对象是正确的东西，就是语言共同体中的大多数成员会同意这一点。当"红色""坚硬""甜蜜""上面""下面""在……之上"等语词或短语被涉及时，与那些更复杂、内容更丰富的语词被涉及时相比，如下这种想法就更可行了：某种与上述简单的一致性论题相似的东西是正确的。因此，通过定义维氏关于意义论题的恰当论域，人们可以使它变得更可行，也更不易于遭遇显而易见的反例。①

不过，这不可能是故事的全部。如维氏第一个会去强调的那样，下述这种语词的数量是庞大的：在没有语词上的定义或不诉诸得到明晰表述的规则——这些规则明确规定了它们的用法——时，它们仍然可以被理解。因此，在很多情形下，我们对作为正确性标准的简单一致性的那种质疑，就不可能通过诉诸规则和定义——它们把担子转嫁给另一些语词——的存在而得以避免。这将我们带向维氏关于意义论题中的不清晰之处的另一个主要根源。"在语词的使用上与语言共同体中的其他人相一致"，这究竟是什么意思？我对他如下字面上的意思有怀疑：对每个对象 o 而言，一个相关的语词 w 正确地适用于对象 o，当且仅当语言共同体中的大多数成员实际上都会对 w 正确地适用于 o 这一点——如果被问到这一点的话——达成一致。但是，如果他的意思不是这些，那么我们就不太清楚他究竟是什么意思了。

某些比那种简单的对比——即关于那些实际上会用该语词谓述那些对象的人的对比——更复杂的东西似乎必须被涉及。一种更间接的一致性或许正符合我们的意思——比如理想环境中的一致，在制造或辩护对该词项的特殊运用时会出现的推理模式中的一致，或适得其所的、充分知情的说话者之间的一致。但是，人们必须对如下事情小心：在寻找所需要的一致性的形式时，人们既不能（ⅰ）不正当地诉诸该一

---

① 人们可能会论证说，即便在被用于构造上述显而易见的反例时，"兔子"这个词项也不应当被当作这样的基本语词：其正确性标准被在将其用于特殊情形的实质上的公共一致性所定义。在这个例子中，既然该语词被引入并被规定为适用于某个个别的动物物种的所有成员，那么就只需有对该规定的一致性就足够了。那么人们想知道，究竟哪些语词是基本的？

致性所应当定义的那些概念（比如，在尝试澄清在其中一致性应当构成意义的理想情况时），也不能（ii）一般性地违背维特根斯坦主义关于语言、信念和精神状态间关系的承诺。例如，在讲某种语言的人所拥有的关于涉及一个词项之核心信念与意图上的一致性，可以在构建该词项在那种语言中的意义之基础的问题上扮演重要角色。但是，一般而言，维氏不能诉诸这种一致性，因为在他看来，在首先确证关于语词使用的共同体框架之前，我们可能常常并不理解相关的信念和意图的内容。考虑到此类问题，对他关于如下东西的核心论题进行成功辩护的前景（在我看来）似乎就不那么乐观了：在确定意义的基础和解释语言上的理解这些问题上，共同体的一致性所扮演的重要角色。至此，关于此论题最好的说法或许是：它过于模糊了，既不能得到有说服力的辩护，也不能被决定性地驳倒。但这样一来，既然无法提供一种精确的、可行的解释，我们就最好以怀疑论的态度对待这个论题。

私人语言论证

基本的想法

我们现在转向第 243 到 315 节间的私人语言论证。该论证背后基本的想法是：假设我想引入某个语词来指涉对我而言是私人性的记忆感觉——换言之，一个其他人不能具有或观察到的特殊感觉（尽管他们或许可以具有相同类型的类似感觉）。① 请进一步假定，我将来想用

---

① 维特根斯坦的私人语言论证通常被视作对如下观点的直接反驳：感觉语词适用于逻辑上私人性的内部经验——这种经验是一种非物理性的事物，在概念上不能被除施事者外的任何人以任何方式经验或观察到。但是，我并不相信将私人性限定为逻辑上的私人性是必不可少的。在我看来，即使人们严肃地对待这种可能性，即私人感觉是那个人大脑中特殊的物理事件或状态，维氏所说的大部分内容依然完好无损。我想，维氏自己不会去严肃地对待这种可能性——出于同样的理由，我们接下来要讨论的哲学家吉尔伯特·赖尔也不会这样做。既然这些理由将在第三章和第四章得到充分的讨论和批判，我在此就不会涉及它们。从这里开始，除了我清楚指出的地方外，当我谈论私人性的记忆感觉时，人们就可以在较严格或较宽泛的意义上理解"私人性"一词。

该语词指涉自己同类型的其他感觉。在这种情况下，我或任何人都不能确凿地确定我是否正确地使用了该语词——也就是说，不能决定我此刻将该语词使用的那些感觉，是否真的与促使我引入该语词的那个（或那些）感觉是同一个类型的。如果没有这种能力，如下断言就不会有内容：我在正确地使用该语词；而且在正确和错误的使用之间没有区别。但无论我们何时用一个词项意指什么事情，总应有那样的区别存在。因此，维氏得出结论说，没有人可以有意义地使用一个纯粹私人性的语词。

他在第258节给出了关于这种场景的简要概述。

> 让我们想象这样的情形。我要就某一种感觉的再现这件事写日记。为此，我将它与符号"E"联想在一起，并且在我具有这种感觉的每一天我都在一个日历上写下这个符号。——我首先要说明，关于这个符号的一种定义是不可说出的。——但是，我可是能够将它作为一种实指的定义而给予我自己！——如何做到这点？我能够指向这种感觉吗？——在通常的意义上不能。但是，我说出或者写下这个符号，与此同时我将我的注意力集中到这种感觉之上——因此可以说在内心指向它。——但是，这种仪式的目的何在？因为看起来它仅仅是这样的一个仪式而已！一个定义可是用来确定一个符号的意义的。——现在，这恰恰是通过注意力的集中来完成的；因为经由这点我便让这个符号与那种感觉的结合在我的心中留下了压痕。——"我让它在我的心中留下了压痕"可是只能意味着：这个过程使得我在将来**正确地**回想起这种结合。但是，在我们的情形中我肯定没有关于正确性的任何标准。在此人们想说：在我看来正确的无论什么东西都是正确的。而这只是意味着：在此根本就不能谈论"正确的"。

维氏在这里似乎是说，如果对一个特定标志的意义不过就是某种类型的感觉，其示例是该标志所应当适用的，而且如果那些示例对拥有它们的人来说是完全私人性的，那么就不可能有决定对该标志的新运用是否正确的标准存在。但如果没有这种标准，那么正确和错误的运用之间也就没有区别。而如果情况是这样，那么就没有意义存在。这样一来，我们便拥有了一种对如下断言的尝试性归谬：一条表达式的意义仅仅在于它所代表的那种私人感觉。

论证中的歧义性

但是，事情没这么简单。当仔细阅读《哲学研究》的其他小节时，我们会发现维氏攻击的主题内容的某种歧义性。为了理解私人语言论证，准确地确定哪些不可能的东西应当被排除在外，是至关重要的。一处相关段落见于第 243 节。

> 但是，这样一种语言也是可以设想的吗：一个人可以用它为了自己的使用而写出或者说出他的内在的体验——他的感受、情绪等等？——难道我们不能用我们的通常的语言做到这点吗？——但是，这并不是我的意思。这个语言的语词应当指涉只有说话者才能知道的东西；指涉他的直接的、私人的感觉。因此，另一个人不能理解这个语言。

请注意最后两句话。维氏着手攻击的观点似乎坚称"这个语言的语词应当指涉只有说话者才能知道的东西；指涉他的直接的、私人的感觉。"如果他想要拒斥这种观点，那么他的否定性论题一定比如下论题更强：没有这样的语词存在，其意义**完全**在于它所代表的私人感觉。相比之下，他的论题必定是：没有任何语词可以代表一种私人感觉。

这可能就是第 243 节的教训。但是，在接下来的小节中事情变得更混乱了。以下是维氏在第 244 节中的话：

> 语词如何**指涉**感觉？——在此似乎不存在任何问题；因为难道我们不是天天都在谈论感觉并且命名它们吗？但是，名称与所命名

的东西之间的联系是如何建立起来的？这个问题同于如下问题：一个人是如何学习感觉名称的意义的？比如"疼"这个词的意义。这是一种可能性：语词被与这种感觉的原始的、自然的表达联系起来并且取而代之。一个小孩伤着了自己，他哭喊起来；于是，大人们向他说话，并且教给他一些惊呼语，后来又教给他一些句子。他们教给这个小孩一种新的疼痛行为。

"因此，你说'疼'这个词真正说来指称哭喊？"——相反；疼的语词表达取代了哭喊而并没有描述它。

在维氏看来，对语词"疼"的使用，与哭喊或呻吟这样的某些特定自然行为相关。他似乎建议说，当一个人学会使用该语词时，他便学会了将这些行为替换为对那些包含"疼"或其他相关语词的句子的言说。维氏在第 256 节继续谈论这点。

那么，那种用以描述我的内在的体验并且只有我自己能够理解的语言的情况如何？我**如何**用语词来表示我的感觉？——像我们通常所做的那样吗？因此，我的感觉语词与我的自然的感觉表露是联系在一起的吗？——在这种情况下，我的语言不是"私人的"。另一个人能够理解它，正如我一样。——但是，如果我不具有感觉的任何自然的表露，而只是具有感觉，情况如何？现在，我径直将诸名称与诸感觉**联想**在一起，并在一种描述中应用这些名称。①

维氏在这里依赖于如下建议：语词"疼"由于其意义而与某些特定的自然行为联系在一起。由于这种联系，我们包含语词"疼"的日常语言便不是一种私人语言。这种建议是说，为了成为一种真正的私人语言，而且成为因此被私人语言论证攻击为不可能的那种东西，一种语言必须包含如下特定的语词：它们的意义被其所代表的私人感觉

---

① 《哲学研究》，第 256 节。

穷尽了，而并不包含某种与可以被公共地观察到的行为之间的联系。

放在一起看，我们所考察的上述诸段落包含一种涉及如下东西的歧义性：一种私人语言应当是什么。在某些段落里，例如在第256和258节，维氏似乎说，如果一个特定标志的意义不过就是其所代表的某种完全私人性类型的感觉，那么就不可能有决定该标志的新运用是正确还是错误的标准。但如果没有这种标准，那么正确和错误的运用之间便没有区分；而如果情况是这样，那么就没有意义存在。所以，根据这种解释，我们便拥有了一种对如下断言的尝试性归谬：一条表达式的意义可以仅仅在于或完全在于它所代表的那种私人感觉。但是，在另一些段落里——例如第243节——维氏似乎在说某种更强的东西——也就是说，不可能有这样的语言或语言的部分存在，在其中语词代表那些对施事者来说完全是私人性的感觉。这与如下断言非常接近：完全没有任何私人感觉存在。

在上述那些小节里，我们摇摆于作为私人语言论证结论的较强和较弱的论题之间。

较强的论题

任何被说话者使用的、有意义的语词，均不代表该说话者的任何一种私人感觉、想法或内部经验——也就是说，不代表说话者所经验的东西和对拥有它们的人来说是私人性东西的任何类型的示例。所以，尤其值得注意的是，"疼"并不代表任何这种类型的感觉。因此，当一个人说自己疼或头痛时，他并不是在报告或描述任何私人性的内部事件。相反，他是在从事一种语词上的表演，这种表演代替了哭喊、尖叫、揉自己的头等自然行为。当一个说话者说另一个人疼时，他只是在描述已经或正发生在另外那个人身上的事情，以及那个人以某些特定方式进行表现的倾向（disposition to behave）。

较弱的论题

任何被说话者使用的语词，都不是**仅仅**由于代表任何种类的私人感觉、想法或内部经验而有意义的。像所有语词一样，任何一个适用于私人感觉的语词,必定也与公共标准相结合,该标准允许其他人来决定那个说话者对语词的使用是否正确。所以,当一个说话者 s 说 s 疼时,这可以被当作对一种私人经验的报告,因为有如下这些公共标准存在:它们涉及 s 的行为,还涉及已经或正发生在 s 身上的事情;这些标准从原则上说决定了 s 说的话是否正确。

从字面上看,维氏的论证似乎并没有确证较强的论题——至少当较弱的命题是可以得到和可行的时候是这样。他的论证要求,只要当有意义存在时,从原则上说人们就可以决定一个语词是否被正确地使用。如果一个语词可以适用于私人感觉,而同时与那些允许确定性检查的公共标准相结合,那么这似乎就足够了。因此,较弱的论题似乎才是维氏的论证可以支持的最好的东西。粗略地说,这就是彼得·斯特劳森在自己对《哲学研究》的审视中得出的结论。[①] 尽管关于这种解释有很多可以说的东西,但还是有一个问题:我们并不清楚较弱的论题是否站得住脚。当受到追问时,人们在如下事情上会面临困境:防止较弱的命题坍塌为较强的命题,或被削弱为那种不再符合维氏哲学目标的论点。

较弱的论题坍塌为较强的论题

为了看清这点,让我们从如下假定开始:较弱的论题是正确的,而当我真诚和正确地说"我头痛"时,如下两件事情都是真的,即我指涉一种自己的私人感觉,而且对其他人来说有一些可用的公共标准存在,从原则上说,这些标准经常可以被用来决定我是否正确地使用了该语词。让我们假定,这些公共标准涉及行为上的证据,这种证据可以被用来评估我报告的正确与错误——就像如下这些行为:想要摸自己的头,服用阿司匹林,抱怨自己不舒服,等等。我们进一步规定,根据这种观点,我经验到一种特定的私人感觉这一点,对我头痛这个断言的真来说是**必要的**;但在决定我断言的真时,这并不是唯一被涉

[①] 参阅 Strawson, "Review of *Philosophical Investigations*," pp. 41—49 in Pitcher.

及的东西。

但是，对这些事情的理解还是会遇到问题。目前为止，我们默默地假定，至少在相当多的情形下，那些涉及对疼痛行为达成一致的公共标准，其自身对决定我断言的正确性而言应当是必要且充分的。但这如何可能呢？难道这不是可设想的吗：在很多情形下，疼痛行为可以在不伴随任何疼痛感觉的时候发生，而且反之亦然？人们当然可以这样想。根据这种观点，内部感觉是一种经验性的状态，而被典型地展示出的行为则是另一回事。它们似乎只是两种不同的事态，相互之间没有不可避免的、必然的联系。但如果这是对的，那么公共标准在一系列情形下被满足这个事实，就并不确凿地担保任何那种感觉的存在。同样，即使公共标准并未被满足，私人性的头痛感觉还是可能存在。

那么，被报告的私人感觉与公共标准的满足间的联系究竟是什么呢？公共标准——我揉自己的头，服用阿司匹林，还有抱怨——的满足或许是一种良好但可错的经验规则，其他人可以用它辩护自己关于我的内部感觉存在的思想。这样想似乎是合理的。正常情况下，我们都会赞同如下事情：这种行为可以是我头痛的证据，即便它绝不构成决定性的、毋庸置疑的证明。但是，如果它不构成这种证明，那么我就并不清楚，对公共标准的满足是否可以扮演维氏关于意义的观点——以及他在私人语言论证中对这些观点的使用——似乎要求它所扮演的角色。

在维氏看来，只要有意义存在，决定一条表达式正确使用的标准就建基于公共可获得的事实，这些事实指导更广大的共同体对该表达式的使用。① 在心理现象（mentalistic）语言和感觉语言的情形下，这些事实包括行为事实，而行为事实包括关于以容易观察的方式去行动的倾向的事实。既然与这种语言相结合的行为事实应当是相当多的感觉报告之正确性或非正确性的决定性因素，那么与这些报告结合在一起的公共标准，似乎就不能提供从原则上说是不完整的规则，或仅仅

---

① 尽管已经看到这种需要并不适用于所有语词，但我们还是假定，对维氏来说，这应当适用于"疼"这样的感觉语词。

是良好但又可错的经验规则。问题在于，它们可提供的东西不过就是这些——如果像较弱的论题坚称的那样，这些报告的正确性也要求指涉施事者私人感觉的话。因此，较弱的论题是站不住脚的。

当然，情况不可能是如下这样：（ⅰ）在相当多的情形下，我头疼这个断言是正确的，当且仅当关于我的行为性的和其他一些公共可获得的特定事实 B 成立；而且（ⅱ）在每种情形下，一个特定类型 S 的私人感觉在我之中的出现，都是我头痛的一项必要条件；除非（ⅲ）在相当多的情形下，公共可获得的事实 B 使得一个 S 这种类型感觉的存在是必要的，而不是仅仅为之提供一种良好但又可错的经验规则。事实上，既然 B 似乎使得任何 S 这种类型感觉的存在是必要的，（ⅰ）和（ⅱ）就不可能都被保留。当然，人们可以将"当且仅当"替换为"仅当"以削弱（ⅰ）。但这样一来，对维氏公共标准的满足，就其自身而言，就绝不会决定了对一个像"头痛"这样的语词之运用的正确性。既然这种结果似乎与他关于意义的观点不相容，那么较弱的命题对他而言就是不可行的。

我认为，这解释了他为何趋向于回到较强论题的关键点。根据较强的论题，我们从不指涉任何私人感觉。当我谈论自己的感觉时——例如，当我说自己疼的时候——我并没有在描述任何事情，我仅仅是在把自然的非语词行为替换为语词上的替代物。当我谈论其他人的感觉时——例如，当我说他们疼的时候——我做出的断言的大意是：他们此刻倾向于（disposed to）制造那种非语词行为，对这些行为而言，对"我疼"的言说构成了一种自然的替换。既然这种关于感觉语言的观点，大体上类似于下一章会详细讨论的哲学家吉尔伯特·赖尔在其影响广泛的著作《心的概念》中所发展的那种观点，我们就到那时再呈现一种对其批判式的、逐点式的评估。在现阶段，对我们而言重要的事情是，看到维氏的论证如何自然地将他导向那个较强的结论。

维特根斯坦关于意义的观点与私人语言论证之间的联系

为什么维特根斯坦关于意义的观点要求那个较强的论题

私人语言论证应当是对维氏关于意义一般观点的一种运用,根据这种观点,为了使得一条表达是有意义的,必须有某些东西决定了哪些对象是它所正确适用的,而哪些则不然。如果 P 是有意义的,那么我们通过说**那个对象是 P** 而将 P 用于一个特殊对象的某些情形,就是对该谓词的正确运用,而另一些情形则不然。而"正确的"意思是什么呢?大概的意思是,通过说**那个对象是 P** 而将 P 用于一个对象的一次运用是正确的,当且仅当我们所说的东西为真;而一次这样的运用是不正确的,当且仅当我们所说的东西为假。因此,对维氏的说法做如下解释就是很自然的了:如果 P 是有意义的,那么必定有某些东西决定了 P 对哪些对象而言是真的,而对哪些对象而言不是真的。这种东西可以是什么呢?

维氏认为自己已经表明,一般而言,这不可能是在学习 P 的时候任何为说话者所掌握的内部化规则。他还认为,这不可能是任何处于说话者内部的信念或意图。他认为,诉诸上述这些东西是无助的,因为那些丰富到足以为我们对诸多语词的运用提供基础的精神状态,必须要从别处获得自己的内容(以及由此导致的正确性条件),而他相信,在解释是什么决定了这些时,与在解释是什么决定了我们语词的内容(以及正确性条件)时一样,同样难以克服的问题会产生出来。所以他得出结论说,当 P 是这样一个谓词时——它是诸多不通过语词上的定义而被习得的谓词中的一个,而且不与一条指导说话者并决定正确运用的规则相结合——没有任何在说话者内部的东西,决定了对哪些对象而言他使用 P 来进行的谓述是真的。① 他转而得出结论说,

---

① 在此维氏(尤其)忽略了这种行得通的建议:既然感知经验由于感知系统之部分和世界中事物之间的因果关系而具有内容,那么信念的内容、意图的内容和最终而言语言的内容,可能有很大一部分继承自我们感知经验的内容。

决定了 P 之内容（以及正确性条件）的东西，是该说话者也身处其中的语言共同体里的某种样式的一致性。如我们所看到的那样，这种一致性严格来说应当在于什么，以及它的广泛性如何，这仍是不清楚的。但是，概言之，这种想法似乎是说，对相当多的情形而言，P 对一个对象 o 而言是真的，这一点其实就是：在诸种正确的理想条件下，共同体中的成员倾向于将 P 用于 o。而如果有人问"什么解释了这种一致性？"，维氏就会回答说，我们只是被其他人训练为在某些而非另一些公共可确定的情况下使用这些语词。

之前我们看到，以上这些都是有理由被怀疑的。话虽如此，当维氏开始私人语言论证时，他还是将自己的任务视为：将自己关于意义的一般性观点用于心理现象语言和感觉语言。① 他在这里的想法似乎很简单。如果一个像"疼"这样的语词的意义不过就是其所代表的私人经验，那么就没有公共可观察的事实可以作为关于该语词某些独特运用的、共同体范围内的一致性的基础。但如果情况是这样，那么就不可能有关于该语词使用的正确性标准——因为那样将没有可以决定对哪些对象来说它为真的东西存在。既然意义的存在需要那样一种正确性标准，那么就不可能有这样的语词：它的意义完全在于其所代表的私人经验。

尽管这种关于意义的观点最初似乎促使较弱的论题与私人语言论证结合在一起，但我们已经看到，较弱的论题是难以维系的。如果对相当多的情形来说，与感觉语词结合在一起的公共标准真的决定了该语词的哪些运用是正确的，那么在较弱命题坍塌为较强命题的情形下，

---

① 那些标准产生出维氏为了私人语言论证而需要它们产生出的那些后果，我认为，这一点是对如下东西的限定：如何解释维氏用共同体的一致性所意指的东西，以及它在决定正确性标准中所扮演的角色。我们已经看到，他关于意义和遵守规则的一般性讨论，在如下问题上是不清楚的：为了使得词项的有意义使用是可能的，我们究竟需要何种共同体的一致性。既然关于一致性的较弱观念——这些观念不要求在将语词用于特殊个体上的一致性，假如有实质的单一性被涉及的话，例如，关于该语词的核心信念和意图，包括说话者们给出的关于自己对其运用的理由——不会产生出他所追寻的那种关于感觉语言的惊人结论，那么就有理由相信，他关于共同体一致性的观念和由之所导致的正确性标准，是过于苛刻的。

对内部感觉的指涉必须被完全抛弃。当人们严肃对待关于如下那样一条公共标准的想法时，较强的命题便产生了：该标准**决定了**一个像"疼"这样的谓词至少对某些事物而言是适合的。如果有人像维氏那样认为，对相当多的情形来说，共同体成员倾向于（在诸种正确的环境中）赞同将其用于那些对象，这一点使得谓词 P 对某些特定对象来说是适合的；那么他自然会认为，如果在恰当的环境中共同体的成员赞同 P 适用于那些对象，则 P 不可能不适用于那些对象（反之亦然）。但这样一来人们很难看出，对私人感觉来说任何谓词如何可能是适合的。这当然是因为，如果有这种感觉存在，那么无论与一个感觉谓词 P 结合在一起的公共标准是什么，如下事情都至少是**可能的**：该标准在很多情形下会被满足，即便那个私人感觉并不存在。但这不过就是说，即便对任何事物来说情况都不会是 P，与 P 结合在一起的公共标准很多时候还是可能被满足。既然这与对维氏如下断言的自然解释相矛盾：与一个语词结合在一起的公共标准提供了决定该语词的哪些使用是正确的正确性标准；那么认为他的立场会导致较强的论题与私人语言论证结合在一起，就是很自然的了。

为什么较强的论题是站不住脚的

在某种程度上这是很好的，因为这意味着他的论证具备他所意图的那种深远的哲学影响。但是，这也可能是很坏的，因为较强论题所做的断言受制于有力的反驳。第一种反驳涉及似乎是该论题自然延伸的东西。如果维氏关于语言的一般性观点导致关于感觉语言的较强论题，那么它似乎也导致关于语言其他部分的同样较强的命题。例如，请考虑那些谈论过去的语言用法。正如没有人可以在现在观察或经验其他人的私人感觉一样，也没有人可以在现在观察或经验过去的事件。但是，一定有什么东西决定了关于过去的哪些断言为真、哪些为假。根据维氏关于语言的一般性观念，我们可以诉诸的唯一事物似乎就是关于过去事件的共同体范围内的一致性。但为了使得现在有关于过去事件的共同体范围内的一致性，必定有这样一种对所有人而言都是当下可行的标准存在，那种一致性可以建基于这个标准。但是，当然，如果我们关于过去的语言指涉过去的时间，那么在很多情形下，如下事情在概念上是可能的：与一个句子结合在一起的当下可行的标准被满足了，尽管据说被该句子指涉的那个事件从未发生。还会有很多这种情形存在，在其中，如下事情在概念上是可能的：过去的那个事件发生了，尽管与该句子结合在一起的当下可行的标准并没有被满足。既然这似乎与对如下事情的自然解释相矛盾——什么叫做与一个句子相结合的公共标准为该句子的使用提供正确性标准——那么维氏的立场自然就可以被解释为导致了较强的论题，即我们的句子从不描述过去的事件。

但这是荒谬的。既然这种论证看上去十分类似于那种导致了关于感觉语言较强论题的论证，那要么某种关于为什么那种表面现象是欺骗性的解释必须被给出，要么两种论证都应当被拒斥。既然维氏希望保留自己关于私人语言的观点，那么他就有理由期待在上述两种情形之间做出区分。或许在关于感觉的谈论和关于过去的谈论之间有某种不对称性，它可以被加以利用，以在关于时间的谈论中拒斥较强论题的同时，又保留关于感觉语言的较强的论题。但是，如果这样的话，我们并不能直接明白它涉及什么，而且维氏也没讲清楚这一点。结果，他的立场仍然有潜在的弱点。

对较强论题的第二种反驳集中在感觉语言自身。为了理解这种反驳，重要的是尝试确定维氏较强论题之外的可行选择会是什么。在他进行写作的时代，他观点的最突出的对手主张：感觉应当被当作非物理的东西，在逻辑上对每个经验到它们的施事者来说是私人性的，它们恰好拥有自己在表面看上去所拥有的那些性质。[①]因此，认为他的私人语言论证试图反驳如下这种观点就是自然而然的了：那些东西可以是我们语词的所指。现在，这种关于感觉和感觉语言的观点可能难以得到辩护，而维氏对它的反对是正确的。但是，他论证中的问题是：该论证似乎排除了比这更多的东西——包括某些十分可行的观点。

---

① 它们被当作在本质上与 G. E. 摩尔的感觉材料同类型的实体（entities），我们在第一卷第二章讨论过该问题。

例如，请考虑下述观点：我们从下面这些句子开始，"我头痛"，"我后腰疼"，以及"我在自己的手指上感到刺痛感"。抛开维氏的反驳不谈，对这些句子的言说似乎指涉了头痛、一个人后腰上的疼痛以及手指上的刺痛感。我们应当如何理解这些表面上的指涉关系？一种自然的理解方式是，将感觉报告当作关于某些特定种类的类感知经验的报告。如同所有的感知经验一样，它们拥有表现某些事物处于特定方式的内容。至于这些内容是什么，尽管可以有不同可供选择的可能性，但一种自然的可能性是：当我真诚地说我头痛时，我报告了一种类感知经验，它表现了我的头在痛；当我真诚地说我后背疼时，我报告了一种类感知经验，它表现了我的背在疼，或者遭受到伤害；而当我真诚地说我在自己的手指上感到有刺痛感时，我报告了一种类感知经验，它表现了我的手指在刺痛。在上述每种情形下，一种经验表现 o 正在 F（represent o as Fing），就是指该经验拥有 o 在 F 这种内容（the content that o F's）。① 拥有这些内容的经验就是感觉；我的头痛是我自己的头痛这种类感知经验，我后背上的疼痛是我的背疼或遭受伤害这种类感知经验；而我手指上的刺痛感是我的手指在刺痛这种类感知经验。这些经验都是我的内部状态——粗略地说，我神经系统中的状态——感觉语词适用于这些状态，而且这些状态被我关于感觉句子的言说所报告。②

尽管我认为，这类观点是可行的，但我在此并不断言，它最终是

---

① 译者注：此处的"Fing"表示动词 F 的现在分词，而"F's"则表示动词 F 的第三人称单数现在时变位；被译为汉语时可能稍显别扭。

② 撇开涉及遵守规则或私人语言论证的考虑不谈，我认为维氏不会严肃地对待这种选择。我相信他会把如下事情当作是显而易见的：我的头疼不可能与我神经系统中的任何状态相等同；而这是出于以下这条很简单的原因：如果情况如此，那么我头痛的存在就必然是指我的神经系统处于一种特定的状态。但他会认为，如果这是必然的，那么它就也是先天的（甚或是分析的）——在此情形下，它应当可以仅仅通过反思（以及理解"头痛"的含义）而被知道。既然它并不能以这种方式被知道——因为我可以知道自己头痛而并不能够得出关于自己神经系统特殊状态的任何结论——那么维氏就会将这种关于头痛和其他感觉的物理主义诠释当作是显然错误的，甚至是荒谬的。如我在关于赖尔的两章中将会论证到的那样，这种立场及其背后的推理是日常语言学派的特定特征，这些特征产生自将必然性错误地同化为先天性和分析性。

对我们感觉词汇的正确分析。① 但是，我的建议是，它与关于私人语言论证的较强论题不一致这个事实的存在，不应当被当作是在对它进行拒斥。我更强烈的建议是，我们确实拥有这些类感知经验，而且我们可以用与上述故事差不多相一致的方式引入感觉术语（无论我们业已存在的感觉词汇——"头痛""疼"等——是否严格地以这种方式运作）。既然这种术语会指涉在自然意义上位于单个施事者内部的状态和事件，那么关于私人语言论证的较强论题就应该被当作是错误的。②

请回忆一下，较强的论题得自维氏关于意义的一般性观念，而这种观念自身受制于一些严重的反驳。反驳之一涉及如下事情：他并未成功地看到感知内容如何可以为感知信念的内容提供基础，并通过这些内容为至少某些语言表达式的内容提供基础——这独立于任何关于更大的语言共同体的考虑。我们现在看到与他对感知的忽略相关的另一个问题。如果感觉是某种内容性的感知经验，或与感知经验结合在一起，那么一般而言，使用语言去指涉感觉的可能性，就大致与使用语言指涉感知经验——比如我听一首歌或看一场电影的经验——的可能性不相上下。当然，如果关于意义的任何论题将这种指称关系作为虚幻的东西而排除，那么它就过于极端、过于不稳固而难以被接受。

结果是，我相信维氏关于意义的一般性观念要么应当被完全放弃，要么应当被修正或加以解释，以使它不再导致关于私人语言论证的较

---

① 在我们关于像疼痛这种感觉的谈论中似乎有某些含糊其词的地方。例如，我们在关于疼痛的谈论中，既把它作为一种经验，也作为被经验到的东西。在前一种方式中，它是一种有表现性内容的觉察；在后一种方式中，它是我们所领会到的内容的全部或部分。在我看来，尽管很常见，但这是一种混淆。至于这种混淆准确来说如何反映在我们感觉语词的意义中，这是一个微妙的问题。

② 关于疼痛和其他作为类感知经验感觉的富于启示性的讨论，请参阅 David Armstrong, *Bodily Sensations*（London：Routledge and Kegan Paul，1962）以及 *A Materialist Theory of the Mind*（London：Routledge and Kegan Paul，1968）；George Pitcher, "Pain Perception," *The Philosophical Review* 79（1970）：368—393；Alex Byrne, "Intentionalism Defended," *The Philosophical Review* 110（2001）：199—240（especially at 227—230）；以及 Michael Thau, *Consciousness and Cognition*（New York：Oxford University Press，2002），pp. 37—41。

强论题。尽管这种重述可能被证明为可行，我们还是不清楚它应当如何进行。此外，任何使得上述关于意义的论述变得可接受的重释，似乎都会使可以从中得出的关于心理现象语言和感觉语言的结论变得平淡无奇，而由此剥夺维氏关于其戏剧性的哲学要义的讨论。

一种关于感觉语言的更弱、更可行但只是部分维特根斯坦主义的观点

我们可以通过再次考虑较弱的论题来阐明这一点，这一次我们不问它可以被如何加强，而问它可以被如何减弱而变得更可行。当维氏说我们公共语言的语词——包括我们关于感觉的语词——与公共可观察的现象以某种方式相捆绑时，他可能是有道理的。如果这些语词不与这些现象捆绑在一起，那么我们很难解释自己如何在关于它们的教学和学习中取得成功，以达到一种共同的理解。但是，被感觉语词与公共可观察现象联系在一起的私人感觉，并不需要被当作那些现象的必然和不可避免的伴随物。相反，这些感觉的公共可观察的原因，以及与它们相结合的行为的诸种形式，可以被当作是构成了疼痛句试图描述的东西的重要但可错的证据。以这种方式考虑问题，我们会获得像下述这样更弱的论题，与上述较弱和较强的论题相对。

更弱的论题

公共语言中的语词并不仅仅由于代表任何私人感觉、想法或内部经验而是有意义的。像所有这些语词一样，任何指涉私人感觉的语词也都必须与公共标准相结合，这些标准为其他人提供了一种良好的、尽管是可错的基础，来判断该说话者是否正确地使用了那个语词。所以，当有人说他疼时，这可以被当作是对一种私人经验的报告，只要有涉及该说话者行为（以及疼痛原因）的公共标准存在——这些标准从原则上说可以为其他人提供某种合理的、尽管并不必然是确凿的基

础，以评估说话者言谈的正确性。

我认为，关于这类论题还有些事情要说。例如，当我谈论自己的头痛时，我似乎既指涉某种对我来说是私人性的东西，① 也在显露某种关于我的动机结构的东西。我们倾向于认为，这种头痛是位于我头部的一种事件或状态，只有我可以经验到它，而其他人只能通过观察它的症状来知道它。这使得我们可以假定，当使用词项"我的头痛"时，我所做事情的一部分是指涉一种私人感觉的。但是，除了指涉这种感觉外，我似乎也将其描述为一种疼痛，而因此将其描述为一种在所有其他因素相同的情况下是我希望去避免的东西。将疼痛作为某种要去回避的东西的想法过强了，以至于假定它以某种方式属于疼痛这个概念自身之中，都是有问题的。

例如，请想象这样一个人，他描述自己"拥有一种急剧的、剧烈的疼痛"，而这种疼痛一般是人们在被沉重的棍棒强力击打头部时所具有的。请进一步假定，那个人继续说，他所感到的那种疼痛，与他的其他多数疼痛一样，是非常令他享受的，使得他想笑，是一种他纯粹为了它自身的原因而最渴望的一种经验，而他希望感受这种疼痛的渴望通常会激发他的一些行为。很难知道该如何回应这样一种报告。这个故事当然很难被接受——难到人们可能产生如下怀疑的程度：那个人是不诚恳的、神经错乱的，或不知道语词"疼"和其他相关语词真正的意思。如果给出某种关于那个人异常神经结构的复杂解释的话，上述故事或许可能被接受。但人们感到，这会是一种极其不正常的情形。如果这是正确的，那就意味着：描述一种像疼痛这样独特的私人感觉，或许就是将其等同于如下这样一种类型的示例：该类型的正常示例，在影响施事者的其他精神状态和行为中，扮演了某些众所周知的动机性角色。这种与行为的中介性联系，为其他人提供了合理的、

---

① 尽管这并不必然在逻辑和概念上对我而言是私人性的——如果这被理解为排除了如下这种可能性的话，即我现在拥有的头痛是我大脑之内一种特殊的物理事件或状态。在说更弱的论题可行的时候，我希望自己以这种方式被理解：该方式允许一种关于私人感觉、想法或经验的物理主义观点。

尽管是可错的基础,以判定独特的疼痛报告的真诚与否,以及正确与否。①

这似乎是一种非常可行的观点。但是,尽管它与维氏在《哲学研究》中的观察类似,但并不是维氏看上去所意图的那种修正性的、哲学上影响深远的观点。或许可以说,关于感觉句子所做断言的观念——根据这种观念,公共可获得的现象为各种精神状态、包括疼痛和其他感觉的存在提供了可错的证据——强到足以将证明的负担转嫁给哲学上的怀疑论者,以至于在日常环境中,我们在做出关于他人的感觉的断言时得到了辩护,除非怀疑论者可以提供正面的理由让人们认为那些断言为假。如果可以确证这种结论,那么它会是至关重要的。但是,一般而言,上述观点不需要产生自关于意义或语言使用的任何总体性的观念,而且它似乎只与维氏所发展的那种立场间接相关。②

结论:《哲学研究》的遗产

这将我们关于《哲学研究》的讨论带向终点。如果这部著作的遗产显得是混杂的,而且其最终的重要性是不确定的,那么我认为它本就应当如此。后期维特根斯坦的思想对遵循他的日常语言学派哲学家们产生了巨大作用——极大地影响了他们关于语言、分析和哲学本质

---

① 关于此类观点的出色陈述和维护,请参阅大卫·路易斯(David Lewis)的经典文章,"Mad Pain and Martian Pain," reprinted in his *Philosophical Papers*, vol. 1 (New York and Oxford: Oxford University Press, 1983)。

② 既然维氏并未清楚地陈述自己的立场,那么这当然就是一种解释。有人会说,维氏应当被理解为拥护一种接近更弱论题的东西,而非拥护我的较强或较弱的论题。如本卷第39页脚注②所说,这种解释上的区别与更广泛的差异相关。这种更广泛的差异涉及:维氏关于意义的一般性观念,是否应当被视作是将说话者对一个语词运用的对错系于共同体一致性的标准之上;或者这些标准是否仅仅与关于如下东西的问题相关,即一个人在断言那个说话者对语词的运用是正确的时候是否得到了辩护。既然我对维氏关于意义一般性观念的解释使得他采取真值条件(而非仅仅可断言性条件)的立场,那么我对他私人语言论证的解释也就相应是较强的。

的观点，还指导了他们对核心哲学问题的解决方案，包括由精神的本质和各种形式的怀疑论所提出的问题；这些在第二和第三部分中会变得更加明显。但是，这种影响也付出了历史性的代价；当日常语言方法由于一些难以处理的问题而破灭时，这种崩溃不能不让人们反思它的起源。回顾《哲学研究》，这部著作无疑仍保留着其大部分魅力。不过，从今天的视角看，我们很难忽视其核心中的那些瑕疵——包括（i）将哲学的东西与必然的东西和先天的东西（的一个子集）等同起来，（ii）将这些进一步地与分析的东西等同起来，（iii）意义在本质上是透明的设想，（iv）与之密切相关的关于哲学和哲学分析的紧缩观念，以及（v）通向意义研究的坚定的非正式和反理论的方法。从今天的视角看，所有这些看上去起码是很成问题的，甚至是误入歧途的。

在其他一些相关联的领域中，维氏的遗产要正面得多，如果还是有些混杂的话。例如，尽管关于意义的描述主义和指称性理论在他的批评下依然欣欣向荣，但很多这些理论的拥护者已经开始尝试吸收他的一些不可否认的洞见。① 此外，他关于遵守规则讨论中相当多的有趣之处仍然为人津津乐道，被视作对解释如下事情的尝试提出了有力的挑战：意向性事实——既是关于语言表达式的也是关于精神状态的内容的——如何与非意向性的事实相关，而意向性事实似乎必须依赖于这些非意向性事实。② 这当然还不是全部。在我看来，维氏最有价值的洞见和最持久的贡献包括（i）他对语言和语言意义的社会本质的强调，（ii）他对如下问题的坚持：我们的大部分思想在概念上依赖于我们对语言的掌握，以及（iii）作为（i）和（ii）的结果的、他如下含蓄的认识：我们很多思想的内容部分是被社会性地决定的，而非完全

---

① 例如，请参阅第一章所引用的我的文章"Semantics and Semantic Competence"。

② 参阅 Saul Kripke, *Wittgenstein on Rules and Private Language*; Crispin Wright, "Kripke's Account of the Argument against Private Language," *The Journal of Philosophy* 81, 12（1984）: 759—778; Paul Boghossian, "The Rule-Following Considerations," *Mind* 98（1989）: 507—549; George Wilson, "Kripke on Wittgenstein and Normativity," *Midwest Studies in Philosophy* 19（1994）: 366—390; 以及 Scott Soames, "Skepticism about Meaning: Indeterminacy, Normativity, and the Rule-Following Paradox"。

被个体性地决定的。这些都可以被视作很多当代思维的重要先驱。最后，维特根斯坦后期思想的很多领域我们都完全没能谈及——比如他的逻辑哲学和数学哲学——这些领域直到今天仍然令哲学家们着迷并给他们以灵感。

关于第一部分的拓展阅读

讨论的主要一手文献

Wittgenstein, Ludwig. *Philosophical Investigations*. Translated by G.E.M. Anscombe, 3d edition. New York: Macmillan, 1958.

补充性的一手文献

Wittgenstein, Ludwig. *Tractatus Logico-Philosophicus*, translated by C. K. Ogden, Mineola, NY: Dover, 1999; originally published in English in 1922 by Routledge. See also the translation by Pears and McGuinness, London: Routledge, 1974.

进一步阅读的材料

Armstrong, David. *Bodily Sensations*. London: Routledge and Kegan Paul, 1962.

——. *A Materialist Theory of the Mind*. London: Routledge and Kegan Paul, 1968.

Ayer, A. J. "Can There Be a Private Language?" In George Pitcher，ed., *Wittgenstein* (Garden City, NY: Anchor Books, Doubleday, 1966), 251—266; originally published in Proceedings of the Aristotelian Society, supplementary vol. 28, 1954.

Boghossian, Paul. "The Rule-Following Considerations." *Mind* 98 (1989): 507—549.

Byrne, Alex. "Intentionalism Defended." *Philosophical Review* 110 (2001): 199—240.

Fogelin, Robert. *Wittgenstein*, 2d ed. London and New York: Routledge, 1987 (first ed., 1976).

Grice, Paul. Chapters 5, 6, and 14 (originally published as "Utterer's Meaning and Intentions," "Utterer's Meaning, Sentence-Meaning, and Word-Meaning," and "Meaning," respectively) of his *Studies in the Way of Words*. Cambridge, MA and London: Harvard University Press, 1989.

Kripke, Saul. *Wittgenstein on Rules and Private Language*. Cambridge, MA: Harvard University Press, 1982.

Lewis, David. "Mad Pain and Martian Pain." Reprinted in his *Philosophical Papers*, vol. 1 (New York and Oxford: Oxford University Press, 1983); originally published in 1980.

Pitcher, George. "Pain Perception." *Philosophical Review* 79 (1970): 368—393.

Salmon, Nathan. "Existence." In J. Tomberlin, ed., *Philosophical Perspectives*, vol. 1, *Metaphysics* (Atascadero, CA: Ridgeview, 1987), 49—108.

——. "Nonexistence." *Noûs* 32 (1998): 277—319.

Searle, John. "Proper Names." *Mind* 67 (1958): 166—173.

Strawson, Peter. "Review of *Philosophical Investigations*." In George Pitcher, ed., *Wittgenstein* (Garden City, NY: Anchor Books, Doubleday, 1966), 22—64, originally published in *Mind* 63 (1954): 70—99.

Soames, Scott. Chapter 3, *Beyond Rigidity*. New York: Oxford University Press, 2002.

——. "Facts, Truth Conditions, and the Skeptical Solution to the Rule-Following Paradox." *Philosophical Perspectives* 12, *Language, Mind, and Ontology* (1998): 313—348.

——. "Semantics and Semantic Competence." *Philosophical Perspectives* vol. 3, *Philosophy of Mind and Action Theory*, (1989): 575—596.

——. "Skepticism about Meaning: Indeterminacy, Norma-tivity, and the Rule-Following Paradox." In Ali Kazmi, ed., *Meaning and Reference*, *Canadian Journal of Philosophy*, supplementary vol. 23, 1998, 211—249.

Thau, Michael. *Consciousness and Cognition*. New York: Oxford University Press, 2002.

Wilson, George. "Kripke on Wittgenstein and Normativity." *Midwest Studies in Philosophy* 19 (1994): 366—390.

Wright, Crispin. "Kripke's Account of the Argument against Private Language." *Journal of Philosophy* 81, 12 (1984): 759—778.

PART TWO
第二部分

日常语言哲学的经典：真理、善、心灵和分析
CLASSICS OF ORDINARY LANGUAGE PHILOSOPHY: TRUTH, GOODNESS, THE MIND, AND ANALYSIS

第三章

赖尔的困境

本章提要

1. 作为困境的哲学问题

2. 日常语言分析中的案例研究

宿命论:罗素主义的逻辑分析与日常语言分析间的区别

科学世界和常识世界:伴生(supervenience),以及赖尔通过必然后承和先天后承间的区别所提出的问题

感知:

关于感知知识的怀疑论;赖尔在表明极端怀疑论在概念上不融贯问题上的不成功的尝试

感知的本质(nature)[①]:赖尔的方法论观点所施加的限定,如何约束了他关于感知的实质本质(essential nature)的讨论,并约束了他对如下问题的讨论,即看见某物是否(在部分上)是一种内部的状态或过程

3. 教训

[①] 译者注:"nature"一词兼有"自然""本性""本质"等含义。在此译为"本性"似乎不妥,因为"本性"这个术语一般更多地与人或有生命之物相关;故权且译为"本质"(请与通常对"essence"的翻译相区别)。

在本章及下一章，我们将讨论吉尔伯特·赖尔，他是战后英国"日常语言"哲学学派的主要倡导者之一。杰出的哲学家赖尔身在牛津大学三十余年，在1931年以文章《系统的误导性表达式》（"Systematically Misleading Expressions"）而为世人所知；他在这篇文章中论证道，哲学的任务就是揭露和改正那些引发哲学问题的语言混淆。① 他的代表作《心的概念》（The Concept of Mind）② 出版于1949年，另一部同样极具影响力的著作《困境》（Dilemmas）（初次出版后又重印了十七次）发端于1953年在剑桥的一系列讲座。③ 尽管他的写作和思维风格与维特根斯坦十分不同，但这两人的哲学观点有相当多的重合之处。我认为，在受到维氏影响的同时，他不应当被看作是一个追随者。相反，他与维特根斯坦、J. L. 奥斯丁和保罗·格赖斯一道，都是英格兰战后哲学的主要推动者。在本章我们将讨论《困境》，这本书为赖尔关于哲学的整体视野提供了一种非常好的导论。

哲学问题及其解决

在《困境》的第一章，赖尔介绍了关于一种困境的想法，这种困境产生自如下事项：显而易见的理论或常识中的老生常谈变得看上去彼此相抵触。在这些情形下，一种在处理一组有限的问题时似乎很好的观点，似乎开始与另一种在限定于其他领域时似乎很好的观点不相容。当这样的事情发生时，我们发现自己处于一种不舒服的地位：似

---

① Ryle, "Systematically Misleading Expressions," *Proceedings of the Aristotelian Society*, 1931—1932.

② 译者注：The Concept of Mind 译为《心灵的概念》似乎更符合当今哲学的术语。但由于此书已有商务印书馆1992年所出徐大建的译本《心的概念》，因此这里也译为《心的概念》，以避免不必要的混淆。在本章及下一章中，作者索姆斯都使用了双关语。章标题"赖尔的困境"和"赖尔的心的概念"均既可以指赖尔对相应问题的讨论，也可以指他的两部同名著作。

③ Ryle, *The Concept of Mind* (New York: Barnes and Noble, 1949); Ryle, *Dilemmas* (Cambridge: Cambridge University Press, 1953; most recent reprint 1998).

乎不能同时保留这两种观点，而每种观点在就其自身考虑时看上去都是正确的。赖尔相信，在很多情形下，这种表面上的冲突是一种幻象，它可以被哲学分析消除。

尽管他没有在第一章详细讨论任何特殊的困境，但他给出了自己心中所想东西的事例。下面就是一个例子：

> 研究感知机制的神经生理学家，与研究消化或繁殖机制的生理学家一样，都将自己的理论建基于那种他在实验室的工作可以提供的最可靠的证据之上；也就是说，建基于他和他的协作者及助手们通过裸眼或仪器辅助下的眼睛可以看到的东西之上，建基于他们通过盖格计数器（Geiger counter）可以听到的东西之上。他所得出的那种感知理论似乎本质地蕴涵如下事情：在人们（包括他自己）所看、所听到的东西与真正存在的东西间，有一种无法弥合的裂隙——这种裂隙是如此的宽，以至于他显然拥有这种裂隙，而且不可能有任何那样的实验室证据，这些证据表明在我们所感知到的东西和真正存在的东西间有任何关联。如果他的理论是真的，那么所有人都被系统性地禁止去感知到诸多事物的物理和生理性质；而这样一来，他的诸多理论，都建基于关于鼓膜和神经纤维这类东西的物理及生理性质的最好的实验性和观察性证据之上。当在实验室工作时，他对自己的眼睛和耳朵进行了可能的最好的使用；在撰写自己的结论时，他需要传达对这些虚假证据可能的最严苛的责难。他确信，它们可以告诉我们的东西绝不是任何像真理那样的东西，这仅仅是因为，它们在实验室告诉他的东西具有最高的可靠性。从一种观点看，即从在实际探索世界时科学家和门外汉之间都相似的观点看，我们都通过感知来发现存在的东西是什么。从另一种观点看，即从感知机制探究者的观点看，我们感知到的东西从不与世界中的东西相一致。①

---

① Ryle, *Dilemmas*, p. 2.

在这段话里,赖尔告诉我们,神经生理学家的理论似乎与如下老生常谈的说法相抵触:我们感知到位于我们周遭物理世界中的事物,并由此获得关于它们的精确可靠的信息。如他所强调的那样,这种抵触是悖论性的,因为如果我们不能接受关于自己感知的东西的日常断言,那么便不会拥有关于该理论的任何证据。在此情形下,人们感到,任何表面上的抵触必定是虚幻的。不知怎么地,在一个领域内拥有一种合理运用的概念和想法,一定受到了延伸和误用,催生了与另一领域中不言自明的真理相抵触的幻象。在第七章对感知的讨论中,赖尔尝试详细地说明这一点。

《困境》第一章里另一个关于困境的例子,涉及自由意志和道德责任。

> 接下来,请考虑另一种非常不同的困境。每个人都知道,除非一个孩子被合适地养育,否则他长大后就可能会行为不端;而如果被合适地养育,他长大后就很可能品行端正。每个人也都知道,尽管疯癫病患者、癫痫患者、偷窃癖患者和溺水者的一些特定行为是令人惋惜的,但在一个正常成年人在正常情况中的类似行为是令人惋惜和应受谴责的地方,上述那些行为当然既不是应受谴责的,也不是值得赞扬的。如果一个人差劲的举止反映出他所受的糟糕的养育时,这似乎意味着不是他,而是他的父母应当被责备——而当然,接下来是他的祖父母、曾祖父母以至于最后没有任何人应当被责备。我们对如下两点都很确定:一个人可以被塑造成**有道德的**和他不能被**塑造成**有道德的;但它们不可能都为真。当考虑父母的责任时,我们并不怀疑:如果他们并未铸就自己儿子的品行、情感和思想的话,那么就应当被责备。当考虑儿子的行为时,我们并不怀疑:他而非他的父母应当为他所做的某些事情而受责备。我们对一个问题的答案似乎排除了我们对另一个问题的答案,而在隔代人那里又把自己也排除了。①

---

① Ryle, *Dilemmas*, p. 4.

第三章　赖尔的困境

在此赖尔讨论了关于行为原因和道德责任归属的一些常见观点间的联系。那些关于道德训练正面作用的常见观点基于这种想法，即一个人的背景可以在对其性格的塑造和行动的影响中扮演重要的因果性角色。同样，在一些示例中，施事者的行动被超出他控制之外的因素所因致（caused）和规定；关于这些示例的显而易见的事实使我们认为，至少在那样一些情形下，施事者不应为自己的行动负责。但如果我们把这两条显而易见的真理放置在一起，并以一种最初看上去可行的方式对其进行概括，那么我们就可得到如下观点：所有行动最终都由外在于一个施事者的、超出其控制之外的因素所因致，而由于这一点，没有人需要在道德上为任何事情负责。所以，我们得出的观点就与如下常识性的老生常谈相抵触：人们常常应当在道德上为他们所做的事情负责。

赖尔绝不倾向于否定这条老生常谈。他也不会拒斥如下两样东西：关于道德训练可以因果性地塑造日后行为的观察，以及关于人们有时由于不能做出其他行动而不应当为自己行为负责的断言。结果是，他认为，在这些常识性的不言自明的真理被概括和扩展为一种观点——该观点与日常的道德责任归属相抵触——的方式中，一定有什么错误。由于并未在《困境》中详细分析这种特殊情形，他并没有告诉我们这种错误准确来说究竟是什么。但他并不怀疑肯定有这样一种错误存在。这种面对哲学问题的态度与如下东西非常一致：G. E. 摩尔关于常识性的确然之事不能被哲学怀疑推翻的观点，以及维特根斯坦关于哲学必须保留每个事物本来的样子、必须只进行描述而从不进行解释的格言。在赖尔和维特根斯坦看来，哲学问题的解决之道并不在于确证惊人的和提供有用信息的诸种理论，而在于聚集关于我们已经知道的事情的哲学提示。《困境》就是阐释这条哲学方法的案例研究合集。

宿命论

问题

《困境》的第二章是关于宿命论的——这种观点认为，任何发生的事情像那样发生这一点，都是不可避免的。宿命论者的理由如下：假定某事明天将要发生，那么它明天将要发生这一点在现在就是真的。但如果它明天将要发生这一点已经是真的，那么情况就不可能是：它明天不会发生。既然如此，没有事情可能阻止它发生；因此，它的发生是不可避免的。既然同样的推理适用于每个事件，那么每件事情都是不可避免的。让我们关注一个特殊的案例。假定我明天将会做关于赖尔的讲座这一点现在是真的。（你们来提供日期。）那么上周、去年甚至一百年以前，我明天将会做关于赖尔的讲座这一点都是真的。此外，如果在所有这些时间之前它是真的，那么我明天必然将会做关于赖尔的讲座。但既然我做这个讲座是必然的，那么我就不可能不做这个讲座；无论我或其他任何人在这段时间内做什么，明天都会有一场关于赖尔的讲座。所以，那一天这个讲座事件将会发生，这是不可能被阻止的。

我们都知道这种论证不妥。可它错在哪儿了呢？赖尔试图告诉我们这一点，同时阐明自己的哲学分析观。但是，在我看来，他错过了该论证的主要问题。所以我会这样来进行讨论：首先，我将诊断我眼中宿命论者论证主要的困惑之处；接下来，我将谈论赖尔对该案例的处理；最后，从他对这个特殊问题讨论的优缺点中，我将尝试得出关于赖尔哲学观的某些一般性的教训。

问题的解决

在我看来，上述混淆很容易被消除。该论证开始于前提 A。

A. 一百年前这是真的，即我明天将会做关于赖尔的讲座。

论证中的下一条前提在英语中被如下语词表达："如果一百年前这是真的，即我明天将会做关于赖尔的讲座，那么我到时必然将会做关于赖尔的讲座。"这个句子是有歧义的。一般而言，英语句子**如果 P，那么必然 Q** 既可以表达与**这是一条必然真理，即如果 P 则 Q** 同样的意思，也可以表达与**如果 P，则这是一条必然真理，即 Q** 同样的意思。根据前一种解释，宿命论论证中的下一条前提便是：

  B．这是一条必然真理，即如果我明天将会做关于赖尔的讲座在一百年前是真的，那么我明天会做关于赖尔的讲座。

根据这种解释，上述前提是真的，但接下来的一步 C 并不得自 A 和 B。

  C．这是一条必然真理，即我明天会做关于赖尔的讲座。

为了得出 C，我们需要将 B 与关于 A 的如下断言而非与 A 结合在一起：A 是一条必然真理；但我们并没有这种断言。所以，根据对那条有歧义前提的这种解释，上述论证的结论在逻辑上并不得自那些前提，而宿命论也就没有被确证。当然，有歧义的前提可以以另一种方式被理解——也就是 B'。

  B'．如果我明天将会做关于赖尔的讲座在一百年前是真的，那么这是一条必然真理，即我明天会做关于赖尔的讲座。

结论 C 的确得自 A 和 B'。但是，与 B 不同，B' 并不是一条显而易见的真理。事实上，人们并没有理由接受它，除非他们已经预先接受了宿命论。但如果这样的话，人们就不能在关于宿命论的论证中使用它。因此，根据这种解释，该论证是循环的。总而言之，宿命论论证中的问题是：该论证依赖于一条有歧义的前提。根据该前提的一种消除歧义的方式，上述论证是无效的，因为其中的结论并非那些前提的逻辑后承。根据另一种方式，上述论证假定了自己应当证明的东西，因而是循环的。

在转向赖尔的讨论之前，我想扩展一下自己的上述诊断。有另一种与该论证十分相似的论证，也有本质上同样的毛病。宿命论类似于第一卷第五章末尾所讨论的另一种观点，它可以被称作"疯长的本质论"(*rampant essentialism*)。宿命论者说，任何发生的事情不可能不发生，而疯长的本质论者说，一个对象所具有的每种属性都是它的一种本质属性——也就是说，是一种该对象不可能不具有的属性。

关于这种结论的论证类似于宿命论论证。我们开始于如下假设，即我有某种任意的属性——即今天穿着袜子这种属性。①

  i. Ps

我们随后诉诸一条显而易见的必然真理。

  ii. 这是必然的：如果 Ps，那么对任何 x 来说，如果 ~Ps 则 x ≠ s。

  （这是必然的：如果我今天穿着袜子，那么任何一个今天没有穿着袜子的人都不是我。）

接下来我们诉诸似乎不过是上述真理的改写的东西。

  iii. 因此，如果 Ps，那么这是必然的：对任何 x 来说，如果 ~Px，则 x ≠ s。

  （如果我今天穿着袜子，那么这是必然的：任何一个今天没有穿着袜子的人都不是我。）

---

① 在接下来的论证中，我用"P"作为缩略字母。

最后，我们从（i）和（iii）中推论出（iv）。

> iv. 这是一条必然真理：对无论任何一个对象来说，如果它缺乏是 P 这种性质，那么该对象就不是 s。换言之，任何对象不可能在缺乏这种性质时仍然是 s（与 s 同一）。所以，s 不可能在缺乏是 P 这种性质时仍然是 s（与 s 同一）。既然 s 不可能不与 s 同一，那么 s 就不可能不具有是 P 这种性质——也就是说，这种性质是 s 不可能缺乏的。（今天穿着袜子这种性质是我不可能缺乏的一种性质。）

上述论证是失败的，这是出于与宿命论论证的失败同样的理由。前提（i）和（ii）是真的。但是，（iii）是有歧义的。根据一种解读，它的逻辑形式与（ii）的逻辑形式相同——也即（Lii）。

> Lii. 这是一条必然真理：如果 Ps，那么对任何 x 来说，如果 ~Ps 则 x ≠ s。

根据这种解读，结论（iv）并不在逻辑上得自（iii）加上（i），因而论证是无效的。根据对（iii）的另一种解读，其逻辑形式是与（Lii）不等价的（Liii）。

> Liii. 如果 Ps，那么这是一条必然真理：对任何 x 而言，如果 ~Ps 则 x ≠ s。

根据这种解读，（iii）陈述说，如果我具有是 P 这种性质，那么如下断言就是一条必然真理：任何缺乏这种性质的东西都不是我。根据此种解读，（iv）得自（i）和（iii），但（iii）的确证是有问题的。它在逻辑上并不得自（ii）。事实上，没有理由接受（iii）——根据解读（Liii）——除非我们事先已经接受了疯长的本质论。这种本质论陈述说，如果我拥有一种特定的性质，那么我就在本质上拥有它。既然这是该论证所应当确证的，那么将其假定为一条前提就肯定是循环论证。总而言之，疯长的本质论论证依赖于有歧义的步骤——（iii）。根据（iii）的一种消除歧义的方式，结论（iv）并不得自（i）和（iii）。根据（iii）的另一种消除歧义的方式，（iv）得自（i）和（iii），但（iii）并不得自（ii）。此外，简单地将（iii）作为一条独立的前提引入，这会假定该论证所应当证明的东西。因而，这种论证要么是无效的，要么是循环的，宿命论论证也同样如此。

在此我们拥有了一对可以通过语言分析而被消解的哲学问题。在此意义上，这对问题非常符合赖尔和维特根斯坦的、产生自语言混淆的哲学问题的范式。但是，这对问题并不十分符合维特根斯坦和赖尔所青睐的语言分析的新范式。相反，它们符合旧的罗素主义的范式，在此种范式中，我们要找寻句子真正的逻辑形式。上述两种论证情形中基本的语言要点都在于，英语句子**如果 P，那么必然 Q**是有歧义的，它有两种不同的逻辑形式：**这是一条必然真理，即如果 P 则 Q** 和 **如果 P，则这是一条必然真理，即 Q**。① 一旦我们看到了这一点，就很清楚宿命论和疯长的本质论论证是如何失败的了。当然，这并没有证明宿命论和疯长本质论的论题是错误的；但这的确削弱了我们去相信它们的理由。既然这些论题与我们日常的、前哲学的思考截然相反，那么削弱其论证这种效果，就允许我们问心无愧地保留对宿命论和疯长本质论的含蓄的拒斥。

在此有一条预设值得注意。如果一个特殊的断言在我们的日常思维中似乎完全是显而易见的，那么如果该断言受到哲学上的质疑，除非一条反对它的、不可抗拒的哲学论证被给出，否则我们继续接受它这一点就是合理的。有人或许会通过说如下东西而引人注目地表达这一点：所有命题在哲学上并非是平等的。如果 p 似乎显然是小小的常识，或日常科学完善的一部分——我们已经强烈地确信这种日常科学——那么任何想要挑战 p 的哲学家都要承担证明的重担。如果他们

---

① "P"和"Q"在此被用作取值是句子的元语言变量。

不能给出相信 p 的否定的合适理由，那么我们继续相信 p 就是合理的。这种一般性的态度在二十世纪早期得到了 G. E. 摩尔明确的维护，而且它被所有日常语言哲学家保留下来，包括维特根斯坦和赖尔。

赖尔作为对自己哲学方法阐释的、关于宿命论的讨论

我们关于宿命论和疯长本质论的讨论既非常符合摩尔式的态度，也十分符合分析哲学中传统的、关于逻辑－语言分析的罗素主义观念。但是，这并不符合维特根斯坦和赖尔所青睐的语言分析的新范式。通过观察赖尔关于宿命论论证的讨论，我们可以更充分地领会这一点。他对该论证的陈述与我的陈述在所有相关的方面都相似。

在昨天晚上一个特定的时刻我咳嗽了，而且在昨天晚上一个特定的时刻我去睡觉了。因此，在周六这是真的：在周日我会在某个时刻咳嗽并且在另一个时刻去睡觉。的确，一千年前这是真的：在一千年以后一个特定周日的两个特定时刻我将会咳嗽并去睡觉。**但如果这事先就是真的——永远事先就是真的——我会在 1953 年 1 月 25 日周日的那两个时刻咳嗽和睡觉，那么我就不可能不会去做这些事情。如下合取断言中就会有矛盾存在：这是真的，即我会在某个特定时刻做某件事并且我并没有做这件事**。这种论证完全是一般性的……因而发生的事情不可能被避免，而且实际没有发生的事情也不可能发生。①

请注意上述两个被加了着重号的句子。第一个句子具有形式"如果 S 则不可能 ~R"，这与如下形式的句子等价："如果 S 则必然 R"。既然这些句子是有歧义的，那么前一小节所指出的那种至关重要的歧义性，此时在赖尔关于上述论证的陈述中又出现了。第二个被加了着重号的句子被用于确证第一个句子的真。它的形式是"S 且 ~R 是矛盾式"，我们可将其等价于"不可能是 S 且 ~R"。这等价于对第一个被

---

① *Dilemmas*, p. 15, 着重号为我所加。

强调句子两种解读中的一种；也就是说，等价于"这是一条必然真理，即如果 S 则 R"的那种解读。根据此种解读，第一个被强调的句子显然为真；但是，宿命论者的结论并不在逻辑上得自它，而且不能在不假定应当被证明的东西的情况下被得出。尽管该结论可以从对第一个被强调句子的第二种解读中得出——此时该句子等价于"如果 S 则 R 是一条必然真理"——但根据那种解读，第一个被强调的句子并不得自第二个句子，而且不能在非循环的情况下被确证。因此，赖尔对宿命论者论证的陈述，完全受到我们已经诊断过的那种瑕疵的侵害。

赖尔**并没有**指出这一点。相反，在《困境》第 16 页他问该论证错在哪里，并立即投身于关于它的第一条前提可能被如何误解的讨论。他说，我们倾向于把这条前提——一百年前这是真的，即我明天将会做关于赖尔的讲座——当作暗含了如下事情：一百年前我们知道我明天将会做关于赖尔的讲座。事实上，这并不是该前提的任何组成部分。那么，在赖尔看来，我们为什么还倾向于以此种方式错误地解释该前提呢？

他在下述段落中给出了自己的回答：

> 即便努力地尝试记住这一点，我们还是很容易在不经意间把这条最初的原则重新解释为如下假定：在事情发生之前，某个人知道它势必要发生。因为，在关于将来时中真理的永恒但未经证实的前存在性的想法中，有某种令人难以忍受的虚空的东西存在。当我们说"一千年前这是真的，即我现在会说我是谁"时，很难将任何形体（any body）给予"这"这个词——我们说这在那时是真的；这太难了，以至于我们不知不觉地用所期待的熟悉形体来填充它，这个形体是某人曾怀有的一种期待，或者用某个人曾拥有的一种先见之明来填充它。这样的做法就将这样一条原则——它是令人担忧的，因为在某种意义上它完全是陈词滥调——转换为如下假定：它不是令人担忧的，因为它是准历史性的（quasi-historical）；这样做是完全没有证据而且很可能是错误的。①

---

① *Dilemmas*, p. 17.

尽管这些评论的大部分主旨是无可非议的，但其中还是有两个问题。第一，赖尔至多指出了为什么有些人倾向于拒斥宿命论者论证的第一条前提。但这并没有解释人们在该论证中所感到的那种吸引力。这也没有告诉我们，该论证究竟错在何处——因为实际上第一条前提并没有什么问题。因此，赖尔关于将真理混同于知识的倾向的评论，无助于我们找出主要的困难。

第二，赖尔说："因为，在关于将来时中真理的永恒但未经证实的前存在性的想法中，有某种令人难以忍受的虚空的东西存在。当我们说'一千年前这是真的，即我现在将会说我是谁'时，很难将任何形体给予'这'这个词——我们说这在那时是真的；这太难了，以至于我们不知不觉地用所期待的熟悉形体来填充它，这个形体是某人曾怀有的一种期待，或者用某个人曾拥有的一种先见之明来填充它。"赖尔想知道的事情之一是，应当为真的那个"**这**"究竟是什么？自然的回答是，它是一条命题，该命题是关于对那时来说还是将来的东西的。①这个命题在过去的某个时刻为真。关于这一点，"令人难以忍受的虚空"指的是什么？如果我们说，在地球上有任何生命存在前，海洋在过去形成了，那我们所说的意思大概是这样：它为真，当且仅当"海洋形成了"这个命题在过去先于地球上任何生命的存在的某个时间 t 为真。这似乎是显而易见的。为了使得这条断言讲得通，无需引入任何存在于地球上任何生命之前的知道者（knower）。我们现在表达的命题可以在不同时间、不同的反事实环境中被评估，而不必假定一个知道者，这种想法并不是"令人难以忍受的虚空的"；它是老生常谈。如下想法也同样是老生常谈：有一些事情，它们现在为真，但没有人知道它们。大概，对某个数字 n 来说，这是真的，即我家里的两个储钱罐内恰好有 n 枚硬币，即便没有人知道这一点；而如果这在现在为真且不被人知道，那么，恰恰此时储钱罐内有 n 枚硬币这一点就永远为真，

---

① 一般而言，**这是真的，即** S（*It was true that S*）似乎是 S **是真的**（*that S was true*）的一种变体，后者似乎又在本质上具有与 S **那个命题是真的**（*the proposition that S was true*）同样的地位。

即便可能任何人都不会知道这一点。既然关于那些不被知道的真理并没有什么一般性的问题存在，那么这就不是宿命论者论证中的困难。

在《困境》第18页，赖尔继续他关于上述论证的讨论，其中有一些关于真理和谬误的评论，还有关于正确性和非正确性的评论。关于真理，他说，当我们称某件事为真时，常常有这样一种建议存在，即对它的相信会得到辩护。由于这种建议，他认为我们不愿意把某些猜想称为真的，即使它们随后被证明是正确的。在此基础上，他说，我们应当重写宿命论者的第一条前提以提出如下说法：在过去如果有人猜想我明天会做关于赖尔的讲座，那么这种猜想可能会是正确的。他随后甚至质疑这条前提，并建议说，这些猜想只在其所谓述的事件发生后才具有是正确的这种性质；在使得它们是正确的的事件发生之前，这些猜想并不是正确的。我怀疑情况真的是这样；但是无论如何，这并不十分重要。如果这与宿命论者的论证有什么关系，那么在第一条前提被用正确的猜想这种观念表述时，它往往应当被怀疑。但是，如我所说，在一种十分恰当的意义上，宿命论者的第一条前提是真的，而且可以在不做出任何关于如下东西的断言的情况下被接受：在一百年前，什么样的猜想会是真的，或者人们相信的何种命题会得到辩护。所以，即使赖尔在这一点上——即第一条前提在沿着他所建议的路线被重释时是假的——是对的，当第一条前提仍然按照宿命论者所陈述的样子被保留时，这也与该论证的地位无关。

在文章的中间部分（《困境》第21页及以下），赖尔从解释宿命论者的前提转向解释其结论——也就是说，既然在过去这是真的，即我将要做关于赖尔的讲座，那么我必然将会做关于赖尔的讲座。他试图询问这种必然性是什么意思。他认为，我们可能倾向于将其当作因果必然性（causal necessity）。他认为，这意味着我们可能倾向于将宿命论者的结论解释成这样：这个事实——在过去我将要做关于赖尔的讲座这一点是真的——**因致**了我将来关于赖尔的讲座，或使得它发生。他随后试图表明，当以此种方式被解释时，该结论是没有根据的。如下事实表明了这点：我们可以构造一种类似的论证，它涉及的是将来而非过去。这种涉及将来的论证开始于如下前提：距今十年后（的将来）这会是真的，即明天（你们来提供日期）我做了关于赖尔的讲座。该论证接着转向如下前提：如果在将来情况是这样，那么对我而言，明天不做关于赖尔的讲座是不可能的。赖尔指出，没有人会得出结论说，它在距今十年后为真这一点，因致了我在明天做讲座。[1] 既然这种论证类似于宿命论者的论证，那么人们就不应从宿命论者的前提得出结论说，在过去我明天将会做关于赖尔的讲座为真这一点，因致了我去这样做。

在这一点上赖尔是对的。在指出如下问题上他也是对的：将宿命论者的结论解读为做出了一种因果性断言，就混淆了事件间的因果关系和命题间的逻辑后承或概念后承关系。消除这种混淆自然是好事，而且这在消除该论证酿成的悖论气氛中是重要的一步。不过，赖尔仍然没有找出其关键的混淆之处——一种与疯长本质论论证同样的混淆，而且即便当这种论证的结论不被解读为因果性的时候，该混淆依然存在。

这种失败不是偶然的。赖尔拒斥了旧的分析范式，这种范式涉及识别被准确形式化的逻辑形式。在讨论宿命论者的论证时，他并没有给我们一个单一的要点，而是最终给我们有时像是一种迷雾一样的分析——这是一些相关要点的合集，其中没有任何一点是绝对基础性的。事实上，他似乎把这种探讨哲学问题的方法当作是一种美德。

现在来看看这样一些一般性的道德，它们可以产生自那种困境的存在，也可以产生自解决它的尝试。它们产生自两条看上去清白无辜和无可非议的命题，这两条命题很好地埋藏在我可以含混地称为"常识"的东西中，以至于我们几乎不想去给它们加上"理论"的头衔。这两条命题是：第一，一些将来时态的陈述是或将会是真的；第二，我们常常可以而且有时应当维护如下事情：某些特定的事情确实发生了，而另一些则没有。这两条看上去清白无辜的命题都不是哲学家的思辨，甚或是科学家的假设、神学家的信条，它们

---

[1] *Dilemmas*, pp. 20—21.

只是老生常谈……①

产生出那种麻烦的这两条老生常谈彼此并不直接相抵触。冲突发生在从其中一条得出的真正的或似是而非的推理与另一条老生常谈之间，或发生在其他东西与得自它的真正的或似是而非的推理之间……②

我已经指出，这种尽管相对简单的窘境的确依赖于一小部分概念，也就是说，首先是"事件""之前""之后""真理""必然性""因致""阻止""错误"和"责任"这些概念。现在，制造逻辑上麻烦的不只是这些概念中的一个。麻烦产生自它们全体之间的相互作用。那两条最初的老生常谈间的诉讼，涉及一整张利益冲突的网络。在所涉及的其中一个概念当中，并非只有单独的一个不守规则的节点。在这一团乱麻中，它们之间的连线纠缠在一起。

我之所以提到这一点，是因为有人已经从有些专业人士那里——尽管我认为不是从哲学家的实践中——得到这种想法，即从事哲学就在于或应当在于每次解开一个逻辑节点……③

将这种或这些构成哲学工作的概念考察描述为"分析"，对这种风气，我并没有什么特殊的反驳或喜好。但如下想法是完全错误的：这种考察是一座每次检查一辆概念车辆的修理间。相反，专断地说，它总是一种交通引导员对概念上的交通堵塞的检查，这至少涉及来自那些理论的两列车流，或彼此不搭界的观点或老生常谈。④

在最后一段话后，赖尔将对一个概念的概念性检查与关于板球中守门员角色的描述相比对。其中的要点是，在没有描述其位置怎样与其他所有位置相配合的情况下，人们不能描述守门员的位置。上述二者的类似之处应当是，在没有描摹一个概念与所有概念家族——此概

---

① *Dilemmas*, p. 29.

② Ibid., p. 30.

③ Ibid., p. 31.

④ Ibid., p. 32.

念也是该家族的一部分——成员间错综关系的情况下，人们不能分析这个概念。

就个人而言，在关于分析一个概念究竟是什么的问题上，我并没有什么私心。很可能有各种不同的情形存在。我们希望从一种分析中得到的东西，有时可能就是赖尔喜欢的、对那种错综的概念关系网络的描摹。但没有理由认为情况总是如此——至少，如果分析被视为哲学家所做的任何解决自己问题的事情的话。令我觉得担忧的是赖尔的如下倾向：将关于网的隐喻用作拒斥旧的、罗素主义分析观的基本理由——一并被拒斥的还有其对精确形式化的逻辑形式的强调——并将这种分析观替换为如下这样一种方法论：在有些情形下，该方法论可能退化为一种产生概念迷雾的秘方。认识到如下这点当然是好的：哲学家们处理的概念有时会是模糊、不准确、开放式的，与其他同类概念处于紧密的概念关联中。我们的确要能够处理这些情形——或许沿着赖尔所建议的路线。但不好的地方是对如下东西的一种在先的意识形态上的承诺：模糊的边缘、间接性、不情愿将不相干的问题与核心问题区分开。赖尔和其他日常语言哲学家有时在这个方向上走得太远，将关于分析的一种有局限的正统观念替换为另一种。每当这个时候，核心的哲学要点就被错过了，就像在关于宿命论的简单例子中那样。

科学世界和日常世界

在《困境》第五章，赖尔谈论了有时可以在人们所谓的科学世界——尤其是原子和亚原子物理学的世界——和日常世界间被感受到的那种张力。关于原子、原子核、电子等等的谈论，与我们在前科学的情况下关于桌椅之类的日常对象所倾向于说和想的东西非常不同。从一种日常的、常识性的观点看，物理学中的大部分谈论是十分令人惊讶的。此外，物理学家可能告诉你，我们在日常生活中谈论的所有东西，事实上不过就是原子和亚原子粒子的奇异的复杂合集，而这些粒子只在理论物理学中才被正确地描述。每件桌椅以及它们的每种性质，在某种意义上不过就是组成它们的基本物理粒子以及那些粒子所具有的科学性质。目前为止一切都好。问题在于，所有这些可能会使人认为，在以被我们最好的物理学理论所呈现的那种方式所把握到的世界和我们日常所把握到的世界之间有一种冲突。而如果这里有一种冲突存在，那么它们不可能都是正确的；接受其中一方，就要承担如下义务：意识到另一方并不真的正确。但这是十分令人不悦的，因为我们不情愿放弃任何一方。

赖尔对此的回应是，物理学和常识之间相冲突的表面现象是一种假象。他的基本观点是，尽管每个对象都属于物理学的范围，但据说物理学并不告诉我们对那些对象所要知道的所有事情。所以，人们可以将物理学当作是完全为真和正确的，也可以认识到桌椅之类的日常对象是属于这个领域的；而与此同时人们也可以认为，有其他很多关于日常对象的真理，不能从、甚至在原则上不能从一门正确的物理学中演绎出来。物理学将一组性质归属给事物，常识将另一组不同的性质归属给同样的事物。既然这些性质是不同的，我们就无需在上述二者间进行选择。两种归属可以都是正确的。

尽管在这一点上赖尔显然是正确的，但他并没有走得足够远。假定所有日常真理**伴生**于物理学真理，这是很自然的。这不过就是说，除非在物理学真理中有一种改变出现，否则在日常真理中不可能有相应的改变出现。这就是说，在物理学真理被给定的情况下，日常真理不可能与目前有所不同；换言之，日常真理是物理学真理的**必然后承**。赖尔正确地告诉我们，日常真理不可能**逻辑地**得自或通过任何**先天**推理得自物理学真理。因此，日常真理不是物理学真理的逻辑或先天后承。但我们现在似乎得出了这样的结论：某样东西可以是另一样东西的必然后承，而并不是它的先天后承。如果这是正确的，那么一条断言大概可以是必然真的而同时又不是先天可知的。人们可能想知道这是如何可能的。赖尔当然并没有论及这一点；事实上，他似乎没有意识到这种可能性。他所工作于其下的那种总体框架，不言而喻地将必然真理与概念真理相等同，后者是由于意义而为真的，而因此——人们被告知——是先天可知的。因而在此似乎有一个问题存在，而赖尔的总体方法并没有赋予他处理此问题的装备。如我们将看到的那样，这个问题并不是孤立的。

感知

关于感知知识的怀疑论

赖尔在《困境》第七章中的讨论分为两个部分。在第一个部分，他关心从感觉感知的可错性到关于如下事情的怀疑论的传统论证：我们通过感觉感知获取知识的能力。他的第一个要点是如下单纯的事实：一种特定的方法是可错的，这并不给予我们理由去怀疑它时常提供给我们的知识。事实上，在某些情形下我们关于认为一种方法将我们带入歧途的理由，产生自同一种方法的其他运用，而这些运用被我们预设为正确的。例如，请考虑这种情形，在其中，对一组对象的重新计数确证了我们最初的计数是不正确的。在这种情形下，我们通过计数发现，自己的计数有时并不正确。显然，从中得出结论说我们不能通过计数学到任何东西，这是荒谬和弄巧成拙的。类似的教训也适合于感知判断。我们发现自己的一个感知判断是错误的，这种发现有时依赖于其他一些感知判断的正确性。在这种情形下，我们不能在没有削弱自己关于知道那条特殊的怀疑论前提——即在一些特定情形下我们的感知判断被表明是错误的——断言的情况下，得出一般性的怀疑论结论——即我们不可能在感知的基础上知道任何事情。我们不可能这么做，因为我们关于已经确证了那条怀疑论前提的断言，其自身便依赖于某些感知判断的准确性。因此，我们的某些感知判断是错误的这个单纯的事实，并不表明我们在依赖于感知判断时从未得到辩护，也没有表明我们不可能知道那些判断为真。

到目前为止，这一点是正确的。但是，这并没有削弱关于感觉的所有形式的怀疑论，因为有一些形式的怀疑论并不依赖于如下事实：

我们有时可以通过感知来确证一些特定的可识别的感知判断是错误的。例如，请想象下述怀疑论场景。你已经过了二十年正常的生活。在这段时间内你自然做出了很多为真的感知判断，或许你从未出过错。接下来，一天夜里你的大脑被移出了，放入一个缸中，并被给予模拟感知的电脉冲。你全然没有意识到这一点，并认为你还在过正常的生活。这就是怀疑论者要求你去考虑的场景。他争论说，如果你严肃地考虑这种场景，那么你会得出如下结论：你此刻没有证据来表明这一切不是真的——因为你可能拥有的关于过正常生活的任何经验都会从那种模拟中获得。一旦怀疑论者在这一点上说服了你，他就会得出结论说，既然你的证据不能排除上述场景，那么你除了赞同如下事情外便别无选择：你现在并不知道自己在过一种正常的生活，而且你并不知道自己的感知判断为真。这是一种关于一个人感知判断全面怀疑论（global skepticism）的论证，该论证并不依赖于如下事实：一些特定的感知已经被其他一些正确的感知表明是错误的。因此，就赖尔的第一个要点而言，这种怀疑论形式仍然是悬而未决的。

　　赖尔的第二个要点更富野心。他的第一个要点是，一些特定形式的怀疑论论证是弄巧成拙的（因为确证这些怀疑论前提所需的知识与它们一般性的怀疑论结论相抵触）。他的第二个要点是，怀疑论自身是弄巧成拙的。他的想法似乎沿着下述思路展开：某些 F 是有误的、欺骗性的或不正确的，这种断言在逻辑上或概念上预设了某些 F 不是如此。将这种想法运用于感知判断，我们便会得出如下结论：一些感知判断是有误的，这预设了一些感知判断是无误的。如果情况如此，那么任何声称所有感知判断都是有误的怀疑论者，都预设了某种与此不相容的事情——即一些感知判断并非如此。如果赖尔是对的，那么任何这种怀疑论立场都是不融贯的。

　　但请设想这样一种更小心的怀疑论，它说，不是我们的所有感知判断都是有误的（即为假），而只是：就我们所知，情况可能是它们是有误的。我认为，赖尔会坚称，这种怀疑论立场同样是不融贯的。他的论题是，一些 F 是有误的或欺骗性的这种断言，在概念上预设了一些 F 不是有误的或欺骗性的。该论题并不仅仅是说，如果一些 F 是有误的，那么另一些 F 就不是。相反，它说，在概念上一些 F 不可能是有误的，除非另一些 F 不是有误的。将此论题用于感知判断，就意味着：在概念上我们的一些感知判断不可能是错误的，除非我们的另一些感知判断不是错误的；而这又蕴涵：我们的所有感知判断在概念上不可能全是错误的（为假）。因此，那些说"就我们所知，我们所有的感知判断可能是错的"的怀疑论者就是在说：就我们所知，一种概念上的不可能性可能为真。既然情况不可能如此，那么这就意味着赖尔的原则是正确的，而且如果它正确地适用于感知判断，那么关于所有这些判断真值的怀疑论就都被决定性地驳倒了。

赖尔通过一种类比来阐明上述这点。

> 一个没有货币制度的国家不会为假币制造者提供可乘之机。没有供他们伪造或流通的东西存在。如果想的话，他们可以制造并分发黄铜或铅制的硬币式装饰物，而公众会乐于得到它们。但这些东西不可能是假币。只有在存在由合适材料和正规当局铸造的钱币的地方，才能有假币存在。
>
> 在一个有货币制度的国家，假币可以被制造并流通；而假币制造可能是十分高效的，以至于一个无法分辨真假币的普通市民可能对自己获得的任何一枚钱币的真实性产生怀疑。但无论他的怀疑可能达到怎样的一般性程度，仍然有这样一个他不可能在心中怀有的命题，即所有的钱币可能都是假币。因为对"假币是对什么东西的仿造？"这个问题，必定有答案存在。①

赖尔在谈论如果没有真币存在时假币的不可能性。但这其实并不是那么显而易见的。一个国家可能宣称自己将要铸币但并不贯彻。假币制造者们或许制造了一些钱币，而且人们可能仅仅由于相信它们是政府所制、可以被政府兑换为一定数量的黄金而接受它们。也就是说，

---

① *Dilemmas*, p. 94—95.

人们可能仅仅由于自己相信这些假币拥有一种它们所不拥有的性质而接受它们。人们可能这样描述上述情形：在这种想象的情况中，仅存的钱币就是假币——这显然违背了赖尔的原则。①

在知觉判断的情形中，这样一种反例可以被创造出来吗？缸中之脑的例子可能就是这样的反例。在大脑被放置在缸中之后，它们关于自身周围对象的所有知觉判断似乎都不正确。在这样一种情形下，施事者在感觉经验的基础上做出了错误的判断，因为他们认为自己的感觉经验拥有一种它们实际上并不具有的性质——也就是指这种性质：被他们感知到的外部对象以一种特定方式所因致。（这类似于涉及假币的例子。）如果上述场景在概念上是可能的，那么它就给赖尔带来了麻烦。让我们尝试讲清楚它究竟带来了何种麻烦。我们可能认为下述原则是赖尔的建议：从我们有时在感知上被欺骗了这条前提，可以逻辑地或概念地得出，我们并不总是在感知上被欺骗。从表面上看，缸中之脑的场景似乎是针对上述原则的一个反例，因为在大脑被放置于缸中之后，它们总是被欺骗。如果这是正确的，那么赖尔的原则就错了，而且出于同样的理由，他关于怀疑论总是自我毁灭的论证也是失败的。

另一方面，人们可能声称，在恰当的理解下，缸中之脑的场景并没有否证赖尔的上述原则。请回忆一下，缸中之脑故事的一部分是在说，在被放入缸中之前，大脑过着正常生活并做出很多正确的感知判断。所以如果我们考虑每个大脑的全部生活，那么在这种生活中，并不是每个感知判断都是出错的。一个赖尔的维护者可能声称，上述原则应当被理解为：它仅仅排除了那种所有感知判断全错的情况，而同时允许如下可能性，即在一个特定的时间点后，大脑的所有感知判断都是受到欺骗的。关于对赖尔的这种尝试性辩护，人们可以做出各种回应。但出于我们的目的考虑，最简单的回应是：如果我们赞成赖尔的原则与缸中之脑的图景相容，那么挽救这种原则的代价就是，它变得与一种极端彻底和令人不安的怀疑论形式相容了。根据这种解释，

---

① 一种与赖尔论证背后的想法相类似的想法，由诺曼·马尔考姆所发展，并与赖尔的论证展开激烈竞争。参阅本书第七章中对他"范例论证"（paradigm case argument）的讨论。

上述原则使得一些重要的怀疑论形式完好无损,并因此在提供任何对怀疑论的一般性反驳上是失败的。

感知的本质

在《困境》第七章的这个地方,赖尔放弃了关于感知判断的全面怀疑论的话题,并转向关于感知的另一个问题——即心理生理学(psycho-physiological)研究是否可以告诉我们感知究竟是什么。

> 所以,当问到"我们如何看见树木?"或"当我们看见树木时我们之内发生了什么?"时,我们便倾向于期盼种类相同的回答,即关于我们的一些内部状态和过程中所发生的改变的报告。不止于此,**我们还倾向于认为,这些报告不仅会告诉我们当我们感知时自身之内发生了什么,还会告诉我们感知活动究竟是什么。**①

赖尔接下来说,看见一棵树并不是一种内部的生理或心理过程,因为它根本不是一种可以通过科学手段而被发现的状态或过程。

> 但是,无论其细节可以被如何填充,这种故事还是令我们不安。当被问到自己是否看见一棵树时,我并不向往去延迟自己的回答,直到一位解剖学家或生理学家探究了我的内部;与此相同,当他被问到是否看见自己脑电图上的锯齿线时,他也不会延迟自己的回答,直到另一位解剖学家或生理学家通过第二张脑电图来检测他。我有没有看见一棵树这个问题,其自身并不是关于如下东西的问题:某些位于我眼睑之后的、实验上可以被发现的过程或状态的出现或不出现;而其他任何人甚至不能理解他是否看见了一棵树这个问题,直到他被教给一套关于眼睑之后存在和发生的是什么的复杂课程。②

---

① *Dilemmas*, p. 100,着重号为我所加。

② Ibid., p. 100—101.

这段话是非常有趣的，但从根本上说却漏洞百出。为了阐明这一点，我们采取一种与上述段落的如下类比：这个玻璃杯是否装满水，这不是一个关于杯子中 H_2O 的出现或缺失的问题，因为如果那样的话，则没有人可以在不知道化学的情况下回答它。类似的情况还有：闪电与放电作用，金与原子序数为 79 的元素，热与分子运动，光与光子流。显然，与赖尔的推理相类似的这种样式的推理，是有缺陷的。

可以这样来陈述其中的错误：假定 A 和 B 是关于自然类别、过程或状态的通名或短语。被 *A 是 B* 或*诸多 A 是诸多 B* 所表达的断言可以为真，甚至必然为真，即使情况是这样的：语词 A 和 B 的意义不同，因而包含其中一项的陈述不能被翻译成关于另一项的陈述。事实上，被**如此这般的东西是** *B* 所表达的断言，可能完全不能通过任何先天推理而从被**如此这般的东西是** *A* 表达的陈述中得出。因而，使用了 A 的问题可能**在观念上无关于**使用了 B 的问题，即使 *A 是 B* 或*诸多 A 是诸多 B* 这种陈述是必然为真的。这种认识摧毁了赖尔的如下论证：看见一棵树不是一种生理过程。

我们并不清楚他准确的想法究竟是什么。但这里有一种可行的重构。他可能认为，如果 *A 是 B* 这条陈述告诉我们，A 的所指的实质本质是什么（在赖尔的案例中，它指告诉我们感知的实质本质是什么的陈述），那么它一定是一条必然真理；否则，它可以表达的东西至多就是一种偶然的相关性。根据他的观点，这意味着，该陈述一定也是分析的、先天的真理，并因此可以仅仅通过概念分析和反思而被知道。但没有一种将我看见一棵树与我大脑的复杂运作联系在一起的陈述，是能够在概念分析的基础上先天可知的。因此，这种陈述不能告诉我们我看见一棵树在本质上是什么。

这种推理思路的问题在于如下隐含的断言：如果一条陈述是一条必然真理，那么它也就是分析的和先天的真理。在赖尔进行写作的时代，此项方法论原则几乎被每个分析哲学家所接受。大部分哲学家不再相信此原则这个事实，开启了关于事物实质本质的新选择，但这些

第三章 赖尔的困境

选择对赖尔来说是不可见的。① 由于这些选择是名副其实的，他在之前段落中给出的论证就失败了。当然，我们有一些其他的理由去认为，任何关于我的神经生理学发现都并没有给出看见一棵树的实质本质——例如，我们愿意承认拥有不同神经生理结构的不同动物看见了树木——但赖尔并未引述这些理由。此外，即便看见一棵树的泛型本质（generic nature）没有在神经心理学上得到明确规定，一种神经生理结构对我来说可以仍然是必不可少的，而且由于这一点，一种特定的神经生理过程对我看见一棵树而言是必不可少的。

此时，赖尔给出了第二种论证，并声称这表明了看见一棵树不是一种状态或过程。如果它是那样一种状态或过程，那么谈论那种持续了一段特定时间的过程或状态，就是讲得通的。但赖尔坚称，谈论我在一段时间间隔中看见一棵树是没有意义的。在《困境》第 103 和 104 页，他将进一个球同解答一个问题相类比。他观察到，进一个球是这样一种成就：它没有一段持续的时间，尽管导致进球的过程是有一段持续时间的。无论人们对这一点怎么想，似乎很清楚的是，在将此延伸到解答一个问题的情形中时，赖尔如履薄冰。

> 但我不能说"此刻我正在解开这个字谜"。无论我现在有没有得到解答。简言之，很多传记词（biographical verbs），比如"发现""看见""查明""解决"，与其他很多语词一样都有终止和开始——这些语词并没有特殊的传记涵义（biographical connotations）——都有不代表如下东西的否定性质：发生在事物之中或之上的过程，或事物处于其中的状态。②

对此我们该如何考虑？如下事情是真的：如果一个人没有解答一个问题，但处在进行必要计算的过程中，那么他可能不情愿将自己描述为解答了该问题。其中的理由是，没有一件他正在做的事情可以算

---

① 这一点会在本卷第七章得到广泛讨论。
② *Dilemmas*, p. 104.

作是解答问题，除非一种正确的解答最终被获得了。而如果一个人还没有获得解答，那么他可能没有资格断言解答即将到来——因此他不情愿将自己描述为解答了该问题。

但是，这与如下观点是相容的：解答一个问题是这样一种过程，它可能要费一些时间，但并不必然终止于一项特定的成就。在我已经解答了一个问题后，我可以回顾一下并说，我在下午的 1:30 到 2:00 之间解答那个问题。因而在我看来，赖尔在这一点上似乎是错的。此外，这种错误表明，在他关于推理的一般范式中有一种潜在的重要谬误：通常而言，我说自己在某个特定的时间间隔内做什么是古怪和不合适的，但这个事实并不意味着，我做什么这一点并不是发生在这段时间间隔内的一种过程。其中的理由是：关于这种谈论的古怪和不合适之处，在大部分情况中有某种其他的解释。如我指出的那样，在解决一个问题的情形下，情况似乎就是如此。对感知来讲也是这样。请想象某个人在一段交谈中做出如下评论："当我在电话里一遍遍地告诉你我并没有看到或听到一只黄腹吸汁啄木鸟（yellow-bellied sapsucker）时，我并没有意识到，在我们的整个谈话中，自己事实上看见了一只，并听见它鸣叫。"这听上去似乎可以是真的。如果是这样的话，那么人们就可以在一段时间内看见或听见某物。

在《困境》第 106 页，赖尔提出了另一个要点。为了看见一棵树，必须有一颗被看见的树存在。既然这棵树不是我的一部分，但它的出现对于我看见这棵树而言是必要的，那么我看见这棵树这一点就不可能是我之内的一种生理过程。这是正确的；它的确不可能是这样的东西。但我看见一棵树，这可以是一种既涉及我也涉及树的关系性的过程或状态；而且心理学家或生理学家或许能够告诉我们一些关于它的有趣的事情。

最后，赖尔告诉我们，他渴望驳斥这种观点，即我们感知到的是在我们之内的东西，而非我们通常认为自己所感知到的东西。他说：

一些关于光学、声学和生理学的众所周知的事实似乎意味着：

我们所看到、听到或闻到的东西，不可能如我们日常所设想的那样，是位于我们之外的事物或发生的事件，而恰恰相反，这些是在我之内的事物或发生的事件。①

这当然是某种应当被抵制的东西，而且赖尔的目标就是意图抵制它。但他抵制上述结论的方法似乎疑点重重。他设想自己的对手开始于如下立场：看见某物是一种过程，并论证这是一种位于我们内部的过程。由此，他想象这个对手会得出结论说：我们所看到的东西是位于我们之内的。赖尔想通过拒绝承认如下假定来拒斥上述立场：看见某物是一种状态或过程。但一种更好的策略是（ⅰ）指出这是一种关系性的状态或过程，（ⅱ）看到即使这种过程的大部分都是内部的，这也并不意味着它就是我们所看到的东西。

教训

这便结束了我们关于赖尔《困境》的讨论。他在这本书中的目标是概述一种典范的哲学问题观，并阐明日常语言的语言分析新风格可以被用于解决这些问题。如我已经尝试指出的那样，他在这一点上的成功是有限的。在积极的方面，他关于困境的观念看上去确实捕捉到哲学问题的一种重要类型。此外，他关于宿命论、物理世界与常识世界、怀疑论和感知本质的讨论，包含很多有用的概念澄清，这些澄清的确说明了他所着手处理的那些问题。但是，他绝对没有解决问题或真正到达了问题的核心。有三个突出的主要缺点值得注意。首先，他对旧的罗素主义逻辑分析的拒斥过于彻底了，这有时——比如在宿命论的案例中——阻碍了他去把握到核心的哲学问题。其次，他将必然的东西、先天的东西与分析的东西相等同，并将哲学的东西等同于分析的东西的一个子类，这使得他无法看到一些特定的重要哲学问题和选择，就像我们在他关于科学世界与常识世界、关于感知本质的讨论中所看

---

① *Dilemmas*, p. 109.

到的那样。最后，他并没有恰当地区分意义和影响表达式使用的其他因素。结果，他有时易于将一些特定言谈中的古怪或不合适之处，误诊为被说出的句子在概念上不融贯之处的象征——比如他关于像"解答一个问题"或"看见一棵树"之类的表达某种成功的词项的讨论。这些缺陷并非赖尔所独有的。在第一部分我们看到，维特根斯坦也没有摆脱它们。一般来说，它们是通向哲学的日常语言方法的地方病，盛行于我们所研究的那个时代。赖尔的第一个缺点可以通过回顾罗素而被改正，而后两个缺点则要求展望克里普克和格赖斯的著作。

第四章

赖尔的心的概念

本章提要

1. "笛卡尔的神话"

赖尔对如下东西的拒斥:"机器中的幽灵",以及施事者对其具有直接知识的私人性精神事件对行为的因果作用;对证实主义的明显依赖以及对必然性与先天性的混用所带来的问题

2. 知道如何、知道那个和有理智地行动

后退论证:有理智地行动并不是遵守规则或运用理论化的知识;这种论证的失败

赖尔关于什么是灵巧地或有理智地行动的倾向主义(dispositionalist)分析;赖尔使用心理现象概念——包括信念和欲望——刻画相应的倾向所带来的问题

依据纯粹行为性的倾向来分析信念和欲望所带来的问题

3. 依据信念、欲望和情绪来解释行动

两幅相互争鸣的图景;赖尔由于其设定内部精神原因而拒斥对信念和欲望的解释,以及他关于它们应当被理解为倾向性的论点;他对"这个人那样做是因为他是虚荣的"的分析

纯粹行为性的倾向 vs. 以某些特定方式思考或感受的倾向;虚荣是后一种倾向。为什么在对一个行动的解释中谈及虚荣,涉及对一类特定的精神性原因进行归属

4. 关于精神性状态的非推理性的第一人称知识

这对赖尔的观点提出的问题,以及他如下失败的尝试:通过采取对第一人称声明的表述行为(performative)分析来规避此问题

5. 结论

赖尔在他的代表作《心的概念》中的任务是:削弱一种特定的关于心灵的自然的、通常被人接受的图景,并提供另一种对我们关于精神的谈论的可选择的分析,即将这种谈论当作关于人们的行为和环境——人们发现自己身处这些环境中——的谈论。在本章中,我们将比较细致地看看他的计划。但是,有些事情需要在最开始就被注意到。如我们将看到的那样,赖尔所力主的东西,其实就是对我们关于精神的观念的彻底修正。这是值得注意的,因为这种修正与他关于哲学本质的日常语言的意识形态相冲突。根据那种意识形态,哲学不应当给予我们新的理论;相反,它应当解开那些导致了过往哲学迷途的语言困惑——这大概会留给我们一种关于我们前理论化思想的更清楚、更少混乱的版本。这种哲学观并不引导人们去期盼巨大的惊喜或对我们日常世界观的彻底修正。不过,这正是赖尔所给予我们的东西。

毫无疑问的是,就化解这种张力的方法来说,我们应当使自己的心灵保持开放。赖尔当然会否认自己关于精神的观念是修正性的。但是,对哲学家在声援普通人这一点上的遁词,我们常常要半信半疑。即便坚称地球这颗行星不过是不同心灵私人感觉印象合集的贝克莱,也自称与白丁相谈甚欢——而且他声称只反对一种关于独立于心灵的物理对象的不合逻辑、站不住脚的原则,古怪的是,这种原则在哲学家之间很流行。在赖尔那里,他思想的两个方面——一方面是他对日常语言和高度紧缩的哲学观点的承诺,另一方面是他关于精神的显而易见的修正性观念——之间明显的张力应当引起我们的注意,并引导我们去小心地审查其立场。

第四章 赖尔的心的概念

"笛卡尔的神话"

在第一章,赖尔呈现并批评了一种关于心灵的观点,他称之为"机器中的幽灵的教条"。他所概述的这种观点包括如下一些论题:

1. 人类既有心灵也有身体,它们是截然不同的实体,或截然不同种类的东西。我们的身体是物理的,存在于时间和空间中;我们的心灵是非物理的,只存在于时间中。既然这两种实体是不同的,那么就可想而知,在我们的身体不再存在后,我们的心灵可以继续存在。

2. 作为物理世界的一部分,我们的身体服从于所有正常的物理法则。既然我们的心灵不是物理世界的一部分,那么它们就不服从于那些法则。毫无疑问,身体可以影响心灵,而且心灵可以影响身体,但这种相互作用的本质却是神秘的。

3. 每个人都对如下东西的内容有直接的觉察:自己的心灵,自己的信念和欲望,自己的情绪和情感,自己的记忆,自己的感知,自己的愉悦和痛苦。相反,一个人并不直接察觉到其他心灵的内容。一个人至多可以在其他人行为的基础上,做出关于如下东西有见识的推断:其他人的信念、欲望、情绪、情感、感知、愉悦和痛苦。所以,当我描述另一个人相信、渴望、记得某事或发现某物有趣或令人厌恶的时候,我在做出一种关于那个人心灵内容的断言,这些内容他可以直接证实,但我只能通过他的言语和行为来进行推断。

我自己关于这些事项的观点是:(1)和(2)是不可行的观点,尽管它们合情合理而且通常被接受;但(3)或某种类似的东西则或许是正确的。赖尔则不这么看。他告诉我们,这幅图景不仅在细节上是错误的,而且是彻底错误和完全荒谬的。

以上便是官方理论。我将常常带有贬义地将其称为"机器中的幽灵的教条"。我希望证明它是完全错误的,不仅在细节上,而且在原则上是错误的。这是一种巨大而独特的错误,是一种范畴错误。它呈现出关于精神生活的事实,好像这些事实属于一种它们实际上并不属于的逻辑类型或范畴(或一系列类型、范畴)。因此,这种教条是一种哲学家的神话。①

在说他所攻击的这种观点犯了范畴错误时,赖尔声称,它呈现出关于我们精神生活的事实,好像这些事实属于一种概念类型或范畴,而实际上它们属于完全不同的另一种类型或范畴。他是这样阐明自己所谓的范畴错误是什么意思的:

> 一个首次参观牛津或剑桥的外国人,看到了一些学院、图书馆、操场、博物馆、科学院系和行政单位。接着他问道:"但大学在哪儿呢?我已经看到了学院的成员在哪里生活,教务主任在哪儿工作,科学家在哪儿做实验,还有其他一些东西。但我并没有看到你们大学的成员所居住和工作的那所大学啊。"那么我们不得不向他解释说,大学并不是另一处附属机构,不是某个并列于他所看到的那些学院、实验室和办公室的隐藏部分。大学只不过是他已看到的所有东西被组织在一起的那种方式。当它们被看到而且其协调关系被理解的时候,大学就被看到了。②

某个人看见了大学的不同部分,但接着抱怨说自己并没有看到大学在哪儿;这个人认为,大学似乎是与心理学大楼、学生宿舍等并列的某栋特殊建筑,或除了组成它的那些部门和学院之外的某个特殊机构。赖尔会说,这个人并没有认识到,当我们谈论大学时,我们其实只是在谈论不同的机构、建筑、办公室、人群等是如何协调在一起的。

---

① Ryle, *The Concept of Mind*, pp. 15—16.

② Ibid., p. 16.

同样，赖尔认为，一个相信心灵是某种超越于身体之上东西的人，并没有意识到心灵并不是超越于身体之上的另一样东西。相反，当我们谈论一个人的心灵时，我们其实只是在谈论他的行为和活动是如何协调在一起的。

如果赖尔在这一点上是对的，那么很多人就会陷入一种非常严重的困惑。请考虑一下，在参观了校园之后问到大学在哪儿的那个人是何其困惑。在赖尔看来，认为心灵与身体截然不同的人陷入了同样的困惑。他们是怎样陷入这种困惑的？在《心的概念》第一章第三节，赖尔对哲学家的影响进行了引人注目的恭维。他说，这种困惑的主要源头是笛卡尔——尽管在别处他也指出，其他一些误入歧途的哲学家和神学家同样对这种混淆做出了贡献。

> 我将要证明的笛卡尔主义范畴错误的理智上的主要根源之一，似乎就是上述这点。当伽利略表明自己的科学发现方法能够提供一种可以覆盖空间中每个部分的力学理论时，笛卡尔发现自己身上有两种相抵触的动机。作为一个科学天才，他不得不赞同那种力学主张，而作为一个笃信宗教和有道德感的人，他不能像霍布斯那样接受那些主张的令人沮丧的附加物，即人类的本性与钟表只在复杂性程度上有所不同。精神的东西不可能仅仅是机械的东西的一种变体。
>
> 他和其他哲学家自然会利用如下逃生路线。既然精神举止（mental-conduct）语词不应被理解为指示机械过程的出现，那么它们就必须被理解为指示非机械过程的出现。①

请考虑这样一种情形，在其中我将一个人的行动描述为有才智的，并解释说：他做了一件独特的事情，因为他渴望 P，并且相信通过以一种特定方式来行动，自己可以获得 P。在以这种方式描述那个人时，我并没有说，他的行为被如此这般的物理状态或过程因致。但我似乎确实说了一些关于它如何被因致的事情。在赖尔看来，笛卡尔和其他哲

---

① *The Concept of Mind*, p. 18—19.

学家便得出结论说:我必定将非物理的原因归属给那个行动。

> 被我们描述为有才智的和没有才智的那些行为之间的区别,一定是一种它们因果关系上的不同;所以,当人类的舌头和四肢的某些运动是机械性原因的结果时,另一些运动则必定是非机械性原因的结果;也就是说,一些运动由物质粒子的运用引起,另一些则由心灵的运作引起。①

赖尔对上述论证的质疑是正当的。让我来尝试阐明,为什么人们应当质疑它。假设我通过说如下东西来描述史密斯的死:他被一辆疾驰而过的汽车上的歹徒射杀了。在以这种方式描述史密斯的死时,我并没有说这是由教父或他手下的人因致的。同样,我似乎在说某种关于他死亡原因的事情。我们不会由此得出结论说,我一定是说他的死是除教父或他手下人之外的人因致的。相反,我们会得出结论说,我已经确定了斯密斯的死因,即那辆疾驰而过的汽车上的歹徒,而与此同时对如下问题保持开放:进一步的调查是否会解释那个歹徒是教父派来的。同样,如果我说:布朗做出一个特定的行为,因为他渴望 P,并且相信通过以一种特定方式来行动,自己可以获得 P;那么我在说,他的行动有一个特定的原因。我并不是说这个原因是一个物理的原因,它被力学法则或其他什么支配物理世界的法则所描述。但我也并没有说,布朗行为的原因并不是物理的。我所说的东西在如下问题上保持开放:将来的研究是否会使我们确信,布朗行为的原因——他渴望 P,并且相信通过以一种特定方式来行动,自己可以获得 P——最终将会等同于某个复杂的物理事态。

因此,在我看来,我们可以同意赖尔说,我们依据信念和欲望对行为进行的日常解释,并不意味着我们承诺了笛卡尔主义的图景,根据这幅图景,我们的行动是一些特殊的非物理原因的结果。但是,我们对行为的日常解释也并不意味着我们承诺了对笛卡尔主义的拒斥。

---

① *The Concept of Mind*, p. 19.

此外，无论接受或拒斥笛卡尔主义的其他方面，我们都可以——如果希望如此的话——继续将他人的信念和欲望视作他们心灵或大脑的状态，他们是直接地、非推理地知道这些状态的，尽管我们只能可错地推断它们的存在，并将这种存在作为我们对他们言行的最佳解释的某些部分。

我想，这就是我们应当从赖尔关于笛卡尔主义图景起源的叙述中得到的教训。但是，这**并不是**他自己得出的教训。他认为，不但笛卡尔主义图景并未被他认为是促进了这幅图景的那些考虑所辩护，而且该图景从一开始便是荒谬和几乎自我否定的。

> 理论家们正确地假定，任何精神健全的人都已经认识到如下东西间的区别，即理性的和非理性的言说、有目的的和无意识的行为。这些足以让我们从机械论中获救了。但这种解释预先假定，一个人在原则上永远不能认识到产生自其他人类身体的理性的和非理性的言说之间的区别，因为他永远不能获得关于他们的某些言说的、假定的非物质的原因。除了对他自己的值得怀疑的排除外，他永远不能区分一个人和一个机器人。①

在我看来，上述论证野心过大了，而且因此最终是极弱的。它背后的想法似乎是某种形式的证实主义。如果信念和欲望是私人性的精神状态，那么我们永远不能观察他人的信念和欲望。② 但如果我们不能观察它们，那么就不能知道它们存在。事实上，如果我们不能观察它们，那么我们甚至就不能合理地推测它们存在。既然我们的确有关于其他人信念和欲望的某些合理的信念甚至知识，那么信念和欲望就不可能是私人性的精神状态。

---

① *The Concept of Mind*, pp. 20—21.
② 如果像赖尔相信的那样，这些信念和欲望是行为性的倾向，那么我们是否总是可以观察它们？尽管行为是可以观察的，但进行表现的倾向（dispositions to behave）则时常不然。既然人们常常需要某种推论来辩护关于行为性倾向的断言，那么人们就想知道，为什么关于其他种类的内部状态的推理应被当作是有问题的。

一般而言，上述论证并不比证实主义更强，而后者到《心的概念》出版的1949年，已经被自己的主要支持者们——逻辑实证主义者——放弃，这是由于以下简单的理由：每一种关于它的精确形式化表述都已经被决定性地驳倒了。① 但即便抛开这些技术性问题不谈，我们还是很容易看到证实主义为何是有问题的。我们都认为自己能够知道很多过去的事情，并且能够合理地猜测关于我们可能并不知道的其他过去的事情——尽管事实是我们现在并不能观察关于过去的任何事情。因此，这个事实——我们不能观察那些事情——并不意味着我们不能知道关于它们的任何事情，或我们不能正当地区分关于它们的合理与不合理的断言。类似的要点适用于科学的理论建立（scientific theorizing）。很多科学——从地质学到物理学、天文学——都设定了我们无法观察的理论上的实体和事件。这种事实——我们无法观察它们——并不意味着这些科学理论没有给我们关于它们的正当信念和（在有些情形下是）知识。在这些考虑的基础上，如果我们一般性地拒斥证实主义，那么就几乎没有理由接受在涉及关于他人精神生活的断言时赖尔对证实主义的明显使用。

我们现在的处境如何？我认为，有形形色色的理由来质疑关于心灵的笛卡尔主义观点的某些特定方面。但是，赖尔快速的证实主义论证并没有驳倒它。赖尔在如下这点上是正确的：认为我们不应当跳跃至这种结论，即使用信念、欲望这样的概念对行为进行的日常解释，意味着我们承诺了某种非物理的原因。但是，他并没有排除如下这种可能性：信念和欲望是这样的内部状态，它们是行为的真实原因，而行为的最终本质仍然不为我们所知。例如，他并没有排除如下这种可能性：信念和欲望可能是神经生理性的状态，或更广泛意义上的物理状态。

我确信，赖尔自己会把上述建议当作是荒谬的，而且他会指出，我们可以非常好地知道另外某个人相信一件特定的事情，而并不知道关于他大脑内部的任何事情。但这种回应是不得要领的。其固有的错

---

① 参阅本书第一卷第十三章。

误在于如下想法：因为拥有一条信念和处于一种特定的神经系统的或物理状态之间的联系不是一种**概念上的**联系，即可以仅仅通过分析和反思发现的联系，所以这不可能是一种**必然的**联系。我质疑这一点，因为赖尔犯了如下错误：他倾向于认为，当我们谈论信念时，无论我们指涉的东西是什么，这种东西都不可能等同于神经系统的或物理的状态，而至多可以与它们偶然地联系在一起。既然他合乎情理地质疑非物理的原因，他就认为信念和欲望不可能是我们行动的内部原因，尽管它们可能最终与那种原因偶然地联系在一起。但如果信念和欲望不是行动的原因，那么它们是什么？简短的回答是，赖尔把它们当作以某些特定方式进行表现的倾向。说某人有一个特定的信念或欲望，这并不是将他行为的一个原因孤立出来；相反，这是将那个人描述为一个个体，如果一些特定的条件被满足时，该个体会以一种特定方式行动。这是赖尔在该书其余部分试图发展的那幅图景。

知道如何、知道那个和有理智地行动

论证：有理智地行动并不是遵守规则或运用理论化的知识

我们现在转向《心的概念》第二章，在那里，赖尔着手处理他在该章第一页所面对的问题。

> 在本章我试图表明，在将人们描述为在实践心灵的性质时，我们并未指涉这样的神秘片段：人们公开的行为和言说是这些片段的结果；我们指涉那些公开的行为和言说自身。①

赖尔想表明，当使用"有理智""愚蠢""富于想象力""机智"等精神词汇时，我们并未指涉私人性的精神状态或事件。相反，当使用这些和其他精神词项时，我们将各种复杂的行为性倾向归属给施事者。

---

① *The Concept of Mind*, p. 25.

如我们将看到的那样，他关于这个论题的论证是相当有限的。但是，在试图提供令人信服的论证的过程中，赖尔做出了一些有意思的区分，并提出若干富于启发性的观察。他主要的关注点之一是，将知道如何做某事（knowing how to do something）同知道情况是如此这般的（knowing that such and such is the case）区别开来。他尤其对如下事情感兴趣：削弱某种他称之为"理智主义传奇"（intellectualist legend）的东西，根据这种东西，无论我们在何时知道如何做某事，我们的能力都来自对情况是如此这般的理论化知识的拥有。

> 当我们谈论人们的理智时，或更恰当地说，谈论人们理智的力量或表现时，我们主要指涉构成理论建立的、特殊种类的运作……
>
> 本章的主要目标是，表明有很多活动直接显示了心灵的诸种性质，而这些活动自身则既非理智的运作，亦非理智运作的结果。理智的实践并非理论的继子。相反，理论的建立是诸多实践中的一种，而且其自身是被有理智或愚蠢地施行的。①

赖尔想表明，很多我们知道如何去做的事情，以及可以被恰当地描述为被有理智或愚蠢地进行的事情，**并非**一种在理智上预先进行规划的行为的结果，或关于情况是如此这般的在先知识的运用的结果。如果他可以成功地表明这点，那么他认为自己就表明了：将一个人刻画为已经有理智地做了某事，这一点并不能被理解为设定了一种关于此行为的、特定的内部精神性的因果关系——理智上的预先规划或在先知识的运用——而且因此必须以其他某种方式被理解。

他开始于如下尝试：解释为何哲学家们倾向于认为，当说某个人有理智地做某事时我们在谈论因致了那个行动的私人性的理智过程。

> 当我们将人们描述为知道如何讲和欣赏笑话、如何合语法地说话、如何下国际象棋、如何钓鱼或如何争论时，这其中被涉及的东

---

① *The Concept of Mind*, p. 26.

西是什么？其部分的意思是，当进行这些运作时，他们倾向于很好地执行它们，即正确、有效或成功地执行它们。他们的举止①符合一些特定的尺度，或满足一些特定的标准……是有理智的，这并不仅仅是满足一些特定的标准，而是运用它们；是调控（regulate）一个人的行动，而不只是井井有条（well-regulated）。如果一个人在执行中已经准备好发现和改正诸种疏忽，去重复和改良各种成功，去从其他人的例子中获益，等等，那么他的举止会被描述为小心的或灵巧的。他在执行中批判性地运用了标准，也就是说，在试图使事情正确的过程中运用了标准。②

在赖尔看来，一个人有理智地或灵巧地做某事，就是这个人**调控自己的举止**，以产生如下结果：他的举止终于满足卓越的标准（criteria of excellence）。在一个人对自己行动的调控中，被涉及的是什么呢？赖尔认为，理智主义者试图将这消解为对理论化知识的运用。

> 这种传奇的捍卫者们善于尝试将知道"如何"再消解（reassimilate）为知道"那个"，这是通过如下论证达到的：有理智的举止涉及对规则的遵循或标准的运用。这意味着，那种被刻画为有理智的运作，其之前必定有对那些规则或标准的理智上的承认存在；也就是说，施事者必须首先认真检查那些内部过程，这些过程向他宣告那些关于要去做什么的命题（它们有时被称作"格

---

① 译者注：在这里，"执行"的英文为"perform"，而"举止"的英文为"performance"。在本卷第五章，斯特劳森的"performative theory of truth"则被译为"关于真的表述行为理论"（其实也可以译为"表述行为的真理论"）。"perform""performance"和"performative"这三者间的区别是动词、名词和形容词的区别。在译为汉语时，因难以找到一组合适的词来体现这种微妙关系，故分别译为"执行""举止"和"表述行为"。为了通顺的目的，译者在个别地方也会将"执行""举止"这两种译法进行互换；其中，"执行"的含义不同于一般对"execute"的翻译，"performance"有时也视语境而被译为"表现"等。

② *The Concept of Mind*, pp. 28—29.

言""命令"或"规范性命题"[regulative propositions]）；只有在这之后，他才能依照那些指令来施行自己的举止。①

在此，赖尔将自己所反对的观点刻画为：坚称有理智的行动（总是）产生自遵守一种在内部被制定的规划。

赖尔在下一步尝试表明，上述一般性断言是错误的。他给出一种旨在表明如下事情的论证：并非所有的理智活动都是理智上预先规划（或对理论化知识的运用）的结果。论证中的关键点在于这种观察，即预先规划（或对理论化知识的运用）自身是一种可以是理智的或非理智的活动。这应当造成一种倒退。为了避免这种倒退，赖尔得出结论说，情况**并非**是这样的：称一个行动或活动是有理智的，这就是说它是被预先规划的。这里值得引述一下赖尔所驳斥的那种论题。

非常概括地说，理智主义传奇做出的荒谬假定是：任何一种举止对理智的所有权，都继承自对规划将要做什么的某种在先的内部运作。②

我们可以将赖尔所驳斥的论题转写如下：

使得无论任何一种举止是有理智的东西，是该举止被一种在先的内部预先规划（或运用理论化知识）行动（举止）所因致这一点，而这种东西自身是有理智的。

既然任何在先的预先规划（或运用理论化知识）行动，其自身都被当作某种举止，那么上述论题便直接导致一种倒退。这种结果表明，要么是：一些举止是有理智的，这是由于那些其自身不是有理智的理智上的预先规划（或对理论化知识的运用）；**要么是**：一些举止是有

---

① *The Concept of Mind*, p. 29.

② Ibid., p. 31.

理智的，但这完全不是由于理智上的预先规划（或对理论化知识的运用）。尽管这是一种相当弱的结论，但赖尔试图从中得出某些更强的结论。① 首先，他得出结论说，对某些行动来说，它们是理智的这一事实，与被预先规划（或对理论化知识的运用）所因致这一点毫无瓜葛。接下来，他得出结论说，理智性的观念在被运用于一个行动时，不能依据预先规划（或对理论化知识的运用）而**被定义**。最后，他建议道，**无论何时**说任何行动是有理智的，我们都没有说任何关于它被预先规划的事情，或任何关于该行动内部原因的事情。这远远超出了上述后退论证所确证的东西，该论证对如下可能性保持开放：所有有理智的行动都是由于其原因而是有理智的，假定大家公认如下事情，即为了扮演上述角色，这些原因自身并不总需要是有理智的。②

赖尔对什么是灵巧地或有理智地行动的肯定性分析

出于上述理由，我并不认为赖尔已经驳倒了自己所反对的观点。不过，尝试更细致地澄清他所提倡的积极的替代方案，这还是富于启发性的。在赖尔看来，当说某个人关于一种活动的举止是有理智的或灵巧的时候，我们在说什么呢？例如，合理地推理、争论是什么意思，或成为一个娴熟的拳击手、神枪手是什么意思？赖尔首先处理如下问题：说一个特定的举止是灵巧的或是一种技巧的施用（exercise），这是什么意思。

认识到一个举止是某个技巧的施用，的确就是按照一项不能被相机单独记录下来的因素来鉴赏此项举止。这项举止中技巧的施用

---

① *The Concept of Mind*, pp. 31—32.

② 例如，请考虑赖尔关于有理智的行为的一个例子——"知道如何合语法地说话"。至少根据对乔姆斯基的某些解释，这涉及对内部语法规则不假思索的、无意识的运用。根据这种观点，对这些规则的运用，可能既是对施事者言语行为因果性解释的必不可少的部分，也是将该行为刻画为有理智的——也就是说，刻画为被服务于一个可识别结果的复杂内部计算所引导——必不可少的部分。这并不是说，类似乔姆斯基这样的观点是正确的；但是，这并没有被赖尔的后退论证驳倒。

不能被相机单独记录的理由并不在于，它是一种神秘或幽灵般的事件，而是，它根本就不是一种事件。这种举止是一种倾向或倾向的复合物，而倾向并不是被看见或未看见、记录或未记录的逻辑类型中的因子。①

在赖尔看来，当我们说某人灵巧地执行一个活动时，我们在说（ⅰ）他执行了它，以及（ⅱ）他的举止是以某些特定方式进行表现的倾向的显示。那么，他所说的倾向是什么意思？他告诉我们：

> 当我们将玻璃描述为易碎的或将糖描述为可溶的的时候，我们在使用倾向性的概念，其逻辑上的力量就在这里。玻璃的易碎性并不在于如下事实：在一个给定的时刻它摔碎了。说它是易碎的，这就是说，如果它被或会被撞击或挤压，它就会或将会摔成碎片。说糖是可溶的，就是说，如果它被浸入水里，它就会或将会溶解掉。
> 　　一条陈述将某种倾向性性质归属给一个事物，另一条陈述将该事物归于一条法则之下，这两条陈述之间有很多的共同点，尽管它们并不是完全相同的。拥有一种倾向性性质，并不是要处于一种特殊的状态中或经历一种特殊的改变；而是当一个特殊条件被实现时，一定或应当会处于一种特殊的状态中或经历一种特殊的改变。②

为了论证的目的，让我们接受上述对倾向的刻画。知道了这些，让我们回到自己的问题，"当说某人灵巧地执行一个活动时，我们在说什么？"赖尔的回答是，（ⅰ）我们在说，他执行了这个活动；以及（ⅱ）我们在说或暗示各种如下这样的虚拟条件句（subjunctive conditionals）为真：**如果情况是 *P*，那么情况就会是 *Q*** ——其中，那些条件句谈论该活动执行的一些方面。

---

① *The Concept of Mind*, p. 33.

② Ibid., p. 43.

这自然带来如下问题："当我们说某人对一个活动的执行是灵巧的的时候，我们断言了哪些特殊的虚拟条件句？"在下述段落里，赖尔的话指出，我们对此不应当期待一种确定的、精确的分析。

但考虑关于倾向的上述简单范例的实践，尽管最初是有帮助的，随后却导致了错误的假设。对很多倾向而言，其实现可以有广泛的甚至不受限制的多种样式；很多倾向－概念是可确定的概念。当一个对象被描述为坚硬的时候，我们的意思并不只是：它会抵抗形变；也包括：例如，如果被撞击的话它会发出刺耳的声音，如果我们与之激烈相撞它会让我们感到疼痛，有弹性的对象会被它弹起，如此以至无穷。在将一种动物描述为群居的时候，如果我们想剖析其中传达的所有东西，那么我们同样会制造无数不同的假言命题。①

这种观点似乎是说，当我们称一个人对某个活动的执行是灵巧的的时候，我们在（i）说他执行了那个活动，并且（ii）以某种模糊和开放的方式指出我们对如下东西的承诺，即可能是无穷多的虚拟条件句**如果情况是 *P*，那么情况就会是 *Q***——在其中，那些条件句谈论该活动执行的一些方面。赖尔并不担心这种开放性，因为他认为，类似的开放性几乎是所有语言的特征。

我们现在来到他关于娴熟的神枪手的例子。

例如，我们观察到，一个士兵在射击中正中靶心。这是幸运还是娴熟呢？如果他拥有这种技能，那么他可以再次命中靶心附近，即便风变得更大，射程发生了改变，目标也发生了移动。如果他第二次的射击离靶心很远，第三、四、五次射击或许可能逐渐接近靶心。这一次他像通常那样在扣动扳机前屏住呼吸；他准备好告诉自己的邻近同伴要为折射和风速等留出怎样的余地。枪法是一种技能

---

① *The Concept of Mind*, p. 44.

的复合物，而他究竟是靠运气还是精良的枪法命中靶心这个问题，其实就是如下问题：他是否拥有这些技能，而如果他拥有的话，那么他是否通过在射击时做到谨慎、自制、注意状况和想到自己的命令而使用这些技能。①

在赖尔看来，当我们称一个人是娴熟的神枪手时，我们所承诺的部分东西就是如下断言：如果他在各种状况下射击，那么许多射击会命中在目标附近。此外，我们声称，即便风变得更大，射程发生了改变，目标也发生了移动，情况也会是上述那样的。赖尔建议道，我们还指出，如果有人向这个神枪手询问意见，那么"他准备好告诉自己的邻近同伴要为折射和风速留出怎样的余地"等。最后，赖尔说，好的神枪手在射击中做到了"谨慎、自制、注意状况和**想到**自己的命令"（着重号为我所加）。

最后一条评论产生了一个重要问题。我们需要区分可能作为赖尔论证结论的强的和弱的肯定性论题。

> **弱的肯定性论题**：称某个活动的举止是有理智的、灵巧的或一种技巧的施用，这就是将一些特定的倾向归属给那个施事者，这些倾向涉及他在各种环境中会如何执行。

> **强的肯定性论题**：称某个活动的执行是有理智的、灵巧的或一种技巧的施用，这就是将一些特定的倾向归属给那个施事者，这些倾向涉及他在各种环境中会如何执行；在这些环境中，那些倾向最终说来是行为性的（behavioral），而且其自身并不设定任何因致或指导行动的内部状态、内部事件。

赖尔需要确证的是较强的那个论题。记住了这一点，我们可以回到他的如下主张：作为一个娴熟的神枪手，其一部分在于，准备好在

---

① *The Concept of Mind*, p. 45.

相关环境中向其他人**建议**如下事情，即要为折射和风速等留出怎样的余地——正如在进行射击中**想到**自己的命令一样。想到那种东西并向其他人提供建议，这究竟是什么意思？如果这是指拥有一些特定的**信念**，去表达它们，并**试图**让其他人分享它们，那么被赖尔确认为这种断言——即某人是个娴熟的神枪手——之一部分的那些倾向最终说来是行为性的，仅当拥有信念和渴望与其他人分享信念这一点纯粹是行为性的倾向。而这种东西还没有被确证。

同样的问题出现于赖尔关于什么是有理智地**争论**的讨论中。

> 尽管在他的论证中可能有这样一些步骤，它们太陈腐了，以至于他可以靠死记硬背便通过这些步骤，但他论证的大部分却很可能在之前从未被构建过。他需要面对新的反驳，解释新的证据，并与在此情况下那些之前没有统筹关系（co-ordinated）的要素间建立联系。简言之，他必须创新，而且在创新之处他不能出于习惯来运作。他没有重复陈旧的活动。他现在关于自己在做什么的思考不仅被这个事实——他在没有先例的情况下进行运作——表明，而且被如下事实表明：他准备好去表达含糊不清的论点，提防歧义之处或其他问题以寻找机会利用它们，留神不去依赖那些容易被驳倒的推理，警惕地迎战反对意见，并坚定地沿着通向自己最终目标的方向开始自己的推理航程。①

赖尔在此给出的描述是审慎的，而且差不多是准确无误的。但其中充斥着那些似乎指涉在因果上有效的（causally efficacious）内部精神状态的语词和短语——"推理""思考""解释""回应反对""找寻这个""确信不要依赖于那个"，等等。除非所有这些都可以被表明不过就是行为性的倾向，否则赖尔就不会成功地确证如下事情：有理智地争论不过就是表现出各种纯粹的行为性倾向。

---

① *The Concept of Mind*., p. 47.

这种分析——依据纯粹的行为性倾向来分析信念和欲望——中的问题

那么，将这种谈论还原为仅仅关于如下东西的谈论，其前景如何呢：在各种条件下，什么样的行为会发生？《心的概念》中最惊人的事情之一便是，赖尔没有正面处理这个问题，甚至没有直接说太多关于它的东西。例如，在《心的概念》第二章中，关于信念最清楚的讨论如下。

> 同其他人一样，知识论的研究者们经常落入这样的陷阱：期盼诸种倾向拥有统一的施用。例如，当他们认识到，动词"知道"和"相信"日常被倾向性地使用时，他们便假定，一定因此存在千篇一律的理智过程，在其中这些认知倾向被实现了。例如，在藐视经验证据的情况下，他们假定一个相信地球是圆的的人，必定时不时地经历某种独特的认知、"判断"或在内部再断言（internally re-asserting）"地球是圆的"的过程，并带着一种自信的感觉。当然，事实上人们并不以上述方式唠叨各种陈述，而即便他们这样做而且我们知道他们这样做，我们也不应当确信他们相信地球是圆的，除非我们还发现他们同样对大量其他的事情进行推理、想象、言说和从事。①

我们需要的是这样一种分析：它表明，相信地球是圆的不过就是拥有一些特定的纯粹行为性倾向——也就是说，情况不过就是这样，即一些特定的行动会在一些特定的可指定条件（specifiable conditions）下被执行。但这**并不是**赖尔给我们的东西。我们得到的只是这种老生常谈，即如果一个人相信地球是圆的，那么在一些特定情形下他会倾向于**推断、想象**和**说**一些事情，而这些事情是一个没有上述信念的人不会倾向于**推断、想象**和**说**的。就澄清赖尔的论点而言，这已经过于

---

① *The Concept of Mind*, p. 44.

含糊了；而且，表面上看，这些被指涉的倾向并非纯粹行为性的。相反，它们涉及像推理、想象和断言这样的概念，这些概念乍看上去暗含与信念同样的内部状态和过程；这些概念是赖尔的分析应当免于涉及的。最后，当赖尔在其他段落里谈论像**推理**这样的概念时，他倾向于在解释这些概念时使用**信念**和**思想**的概念。那么，在解释信念时，他如何可以诉诸推理呢？考察《心的概念》的其他地方以寻找关于其立场的更完善的版本，是无用的。他在任何地方都没有给出甚或尝试给出自己的正面观点所要求的那种对精神性语言的、彻底的行为性分析。在我看来，对他而言这并非一种特殊的失败；提出关于信念和其他精神性概念的彻底行为性分析，从根本上说是没有前景的。

为什么呢？一则，我们的很多信念只与我们可能执行的行动遥远地、脆弱地联系在一起。试图给出对一条信念——一个人在说谎——的行为性分析是一回事。在此我们拥有一些行动的观念，拥有那条信念的人几乎都会执行这些行动。而尝试说明与相信如下东西相伴随的行为性倾向则是另一回事：算术是不完全的，葛底斯堡战役几乎扭转了美国内战中有利于南方的形势，一些云朵像棉花球。面对这类例子，最自然的步骤是诉诸语言倾向——例如，真诚地赞同或断然地讲出一些句子的倾向，人们将这些句子的意思理解为：算术是不完全的，葛底斯堡战役几乎扭转了美国内战中有利于南方的形势，一些云朵像棉花球。但这带来了属于其自身的问题。一则，它要求一种对真诚的非循环的表述，这种表述并不预设信念或其他密切相关的概念。二则，对任意句子 s 和命题 p 而言，它都要求一种对什么叫 s 的意思是 p 的分析——这是一种关于如下东西的分析，即什么叫那些句子被说话者用来意味他们所做的事情，而这种分析自身要非循环地诉诸赖尔需要对之进行解释的、说话者的信念和意图。即使说提供这样一种分析的任务是令人望而生畏的，也是对目前情况的低估。此外，赖尔——带着他处理关于意义问题的、日常语言哲学家的反理论化方法——也没有资格来从事它。

第二个同样重要的问题是，即便一条信念与行动相当紧密地关联在一起，与该信念相应的最可行的倾向时常是这样的：其自身涉及与信念同类的另一个精神性概念。例如，请考虑相信冰箱里有一瓶啤酒这条信念。如果有人**想要**一杯啤酒的话，那么最明显的相应倾向会是这样的：走向冰箱并拿上一杯啤酒。但在引用这种倾向时，所有我们所做的事情，就是从一条关于一种内部状态——信念——的陈述移动到这样一条陈述，该陈述是关于如果一个人处于另一种内部状态——即渴望一杯啤酒的状态——中则他会做什么的。除非我们可以给出一种关于什么是渴望一杯啤酒的独立的倾向性分析，否则我们便没有接近赖尔最终的目标。

设想我们试图确定某种相应于渴望一杯啤酒的行为性状态。最自然的选择会是执行一个行动的倾向，人们**相信**这种倾向会导致自己拿到一杯啤酒。但在这里，我们从一条关于欲望的陈述移动到执行某个行动的倾向——人们对该倾向拥有一个特定的信念。我们对信念的倾向性处理预设了欲望，而对欲望的倾向性处理又预设了信念。如果我们以某种方式获得了一种对信念的纯粹行为性表述作为起点，那么或许能够用它给出一种对欲望的纯粹行为性表述（反之亦然）。但我们没有这样一种对信念（或欲望）的纯粹行为性表述作为起点。这样我们就陷入了循环。填写其中任何一个概念的行为性内容的尝试，都会预设另一个概念。出于这种理由，很难看出对信念或欲望的纯粹行为性表述如何能够成功。如果诚然如此，那么赖尔官方行为主义工程的失败，便远远盖过了他在工程实施中的瑕疵。①

---

① 严格来讲，为了达到上述结论，还有另一种可能性需要排除——即使对信念和欲望的独立分析不能被给出，一个施事者信念和欲望的总体还是伴生于他的行为性倾向（是其必然后承）。这种想法有两个问题：(i) 这种伴生断言似乎是假的——参阅 Robert Stalnaker, *Inquiry* (Cambridge, MA: MIT Press, 1984) 第一章；(ii) 从赖尔的观点看，包括考虑到他对必然性、先天性和分析性这些模态的混用，这条伴生断言需要被当作是断言了如下极其不合理的论题：关于该施事者信念和欲望的所有真命题，都是关于他行为性倾向的真理的先天后承。

依据信念、欲望和情绪来解释行动

两幅相互争鸣的图景

关于赖尔在《心的概念》第四章对情感的处理，可说的东西也差不多一样。在此，他攻击了一种关于对行动进行解释的特定观念。解释一个人做了什么的一种常见方式，是给出他做这件事的理由。在以这种方式解释一种行动时，我们通常将一个动机性因素归属给该施事者——例如，一种特定的欲望或兴趣——或许还有某种认知因素，比如该行动会带来所欲望的结果或满足上述兴趣这样的信念。一般而言，施事者做 x 是因为他渴望某物并相信做 x 会带来那个东西。如下想法是很自然的：认为这些对行动的解释将施事者描述为处于一种内部状态中，或正在经历一种内部过程，对这种状态或过程他常常是察觉到的，并可以直接获取，但其他人只能大概将其推断为该施事者行为的原因。根据这幅图景，诸种行动被私人性的、内部认知性的、动机性的状态所因致，而该施事者常常非推断地知晓这些状态，因为它们是其精神生活的一部分，但其他人不能经验它们，因此必须在行为性证据的基础上断定它们。

赖尔认为，这幅图景是荒谬的，而且需要被替换。如之前指出的那样，他这样想的主要理由，似乎涉及对一种未经澄清的证实主义形式的未加批判的承诺。① 他推理有误的一个标志是，如果他意图用该推理所确证的东西真的得以确证，那么类似的推理似乎会确证，我们绝不能知道关于过去的事情，因为那不再是可观察的；而且我们绝不能知道关于被一个好的物理学理论所设定的对象的事情，如果它们自身不可观察的话。② 另一方面，如果人们承认，我们有时可以在某种

---

① *The Concept of Mind*, p. 90.

② 如之前指出的那样，甚至还会有关于行为性倾向的问题存在，因为与实际行为不同，进行表现的倾向并不总是可观察的。

存在理论的基础上知道某些无法观察的事物,那么赖尔就面临如下挑战:在拥有一组关于对他们行为的解释的非正式心理学假设的基础上,我们可以知道其他人精神生活中私人性事件的存在。

因此,赖尔的否定性案例便遭受一项严重缺陷的困扰。那么他肯定性的选择又如何呢?他给出了一个例子,在其中我们说一个人由于虚荣或因为他是虚荣的而做了某件事。赖尔认为,这种说法并不是在将行动解释为由一种特定的内部状态所因致。相反,他坚称,说某个人是虚荣的,就是以一些特定方式把一种进行表现的倾向归属给他。这就是说,如果有机会的话,那个人会谈论他自己,自吹自擂等。说一个人做 x 是因为他是虚荣的,在赖尔看来,这大致就是说(i)在一些特定条件下他以一些特定方式拥有一种进行表现的倾向,(ii)在此情形下那些条件得到了满足,以及(iii)做 x 就是以那些方式中的一种方式来进行表现。将虚荣作为一个人行动的理由,这应当与如下说法类似:一只玻璃杯碎了,因为它是易碎的。

纯粹行为性的倾向 vs. 以某些特定方式思考或感受的倾向

在评价这种立场时,在心中铭记一种特定的批判性区分是很重要的。我们必须区分如下两条断言:虚荣是一种倾向,虚荣是一种纯粹行为性的倾向。像虚荣这样的性格特征似乎要么是倾向,要么至少涉及倾向。但值得怀疑的是,它们是否是纯粹行为性的倾向。当然,是虚荣的,这并不仅仅是倾向于以一些特定方式表现。此外,是虚荣的还涉及倾向于以一些特定方式**思考和感受**——例如,易于做关于自己成功的白日梦,易于拒斥和怀疑批评,易于相信自己特别值得钦佩,易于渴望其他人来分享这种信念,易于倾向尝试实现这个目标。似乎合理的是,如果这些认识性和动机性的倾向是处于私人性精神状态之中的、不能直接被其他人观察到的倾向,那么将虚荣归属给某人,这就不符合赖尔的行为主义图景。相反,它们涉及关于他想要回避的不可观察的东西的推论。

有一个附属论点也需要被提及。即便在我们通过将一种倾向性性格特征归属给施事者来解释一个行动的情形中,我们给出的解释最终也可能允许我们挑选出上述行动的内部原因。假设我说,琼斯执行了一个特定的行动,因为他是虚荣的。让我们接受在说这些时他是虚荣的这一点,那么我试图传达的东西的一部分就是:在一些特定的环境下,他倾向于出于如下欲望而做事情,即欲望与人们分享关于自己的自视甚高的观点。从言说的语境看,如下事情是清楚的,即琼斯形成这种欲望并按照它来行动的诸种条件被满足了。如果是这样的话,那么我将虚荣归属给琼斯这一点,就允许我对一种内部动机性状态做出推断——他在那个时刻所拥有的一种偶发的(occurrent)欲望——这种动机是他行动的原因之一。因此,性格特征的倾向性本质,并没有妨碍它在找出施事者心灵中行动的真正因果前件这一点上起作用。

最后,在对提及虚荣这种性格特征的行动的解释之外,还有一些对行动的解释,在其中我们明确地将一个行动的原因确定为包括施事者偶发的欲望在内。例如,人们可以通过如下说法来解释我为何走向冰箱:(i)我饿了,以及(ii)我认为冰箱中有食物。在此,我们似乎已经给出了一种因果性解释,它诉诸私人性的内部状态,施事者直接觉察它们,但其他人对之只能拥有间接的证据。赖尔并未成功地解释清楚这类事情。

关于精神性状态的非推理性的第一人称知识

赖尔还讨论了其他一些情形,在其中我们似乎使用语言来描述感觉、情绪或情感,即便此时我们并未试图对行动进行解释。他所讨论的一个尤其有趣的问题涉及这样的一些情形:在其中一个人描述自己的心灵状态——在这些情形下我们说"我感到沮丧"或"我很烦恼"。对赖尔提倡的一般观点而言,这些情形是成问题的。在他看来,当我们说某人沮丧或很烦恼的时候,我们在把特定的行为和行为性倾向归属给那个人。我们如何知道,一个人以特定方式进行表现,以及他拥有特定的、进一步的行为性倾向呢?通常情况下,我们通过观察他的行为并基于自己过去关于他和其他人类似行为的经验来做出合理的推论。请注意，如果我们就自身提出同样的问题，会发生什么？假设，当说"我感到沮丧"或"我很烦恼"的时候，我做出的断言是关于我自己现在的行为的，也关乎进一步的倾向，这些倾向涉及当一些特定条件被满足时我会如何表现。鉴于这种假定，人们自然会认为，我可以仅仅通过如下方式而得知自己感到沮丧或很烦恼：观察自己的行为，并从基于过去关于我和他人类似行为的经验的观察中得出合理的结论。但这好像并不正确。我似乎可以在不观察自己的行为和从中得出任何结论的情况下，知道自己感到沮丧或很烦恼。因而这些情形似乎并不符合赖尔的模型。相反，它们似乎符合赖尔所攻击的模型。如果沮丧和烦恼在本质上涉及我心灵的内部状态——我直接觉察到它——那么我就不需要观察自己的行为并从中做出推论，以发现自己正感到沮丧或很烦恼。

赖尔在下述段落中处理了上述问题。

  如果一个人说"我感到沮丧"或"我感到很烦恼"，我们并不向他询问他的证据，或要求他做出确认。我们可能指责他欺骗我们或自欺欺人，但不会指责他在自己的观察中不小心或在推论中过于鲁莽，因为我们并不认为他的声明是一种关于观察或结论的报告。他没有当过或好或坏的侦探；他根本就没有当过侦探……如果这种声明要起到自己的作用，那么它必须以一种沮丧的语气被说出；必须在一个同情者面前脱口而出，而不是被报告给一个研究者。声明"我感到沮丧"是这样一种东西，即一种交谈式的东西，是人们抱着沮丧的心情去做的事情。它并不是一条假定的科学前提，而是一段交谈式的郁郁不乐。①

在这段话里，赖尔正确地指出，关于一个人情绪的第一人称报告，一般而言并不基于观察和证据。通常来讲，我们并不通过观察来发现

---

 ① *The Concept of Mind*, p. 102. Also see p. 103.

关于自身的特定事实，然后从这些事实得出我们感到沮丧或烦恼的结论。但是，我们并不完全清楚，在这些情形下赖尔的想法会如何发展。我认为，关键之处在于，"声明'我感到沮丧'是这样一种东西，即一种交谈式的东西，是人们抱着沮丧的心情去做的事情。它并不是一条假定的科学前提，而是一段交谈式的郁郁不乐"。

理解上述评论的一种方式如下：感到沮丧就是倾向于以一些特定方式表现。这些表现方式包括：叹息、哭泣、避开特定种类的活动、以恰当的语气（如果这是一个讲英语的人）发出"我感到沮丧"的声音。因此，一个在恰当环境中、以恰当语气说出"我感到沮丧"的人，由于上述理由而具有感到沮丧的资格。人们并不需要进行任何**进一步的**侦察工作去发现这一点为真。人们并不需要进行观察和得出结论。一个人以恰当语气说出"我感到沮丧"这个单纯的事实，便担保了他的确感到沮丧。这种言语行动的单纯执行便担保了所说话语的正确性。

这种表述比赖尔的讨论更清楚，但我并不完全确定他对此问题的想法。不过我认为，这至少是对于他部分故事而言的合理的近似值。我在这种观点中发现的问题其实只是：一个人倾向于以恰当的语气（即使这是一个讲英语的人）说出语词"我感到沮丧"，对感到沮丧而言既不是必要的也不是充分的。最起码，这种分析必须要求上述言论是真诚的。如果这涉及一个人真正感到的沮丧，那么这似乎会将我们带回如下立场：将上述言论当作对我们可以直接知晓的一种内部状态的描述。如果这种分析只要求一个人认为他是沮丧的，那么我们就面临最初的问题——即解释这个判断的基础。既然赖尔的论点需要给出这种解释，那么他就失败了。这并不意味着感到沮丧不是一种倾向性状态。可如果它是的话，那么所涉及的倾向就不只是以一种特定方式去进行表现的倾向。相反，它们是以一些特定方式去感受和思考的倾向——在这个意义上赖尔似乎就遇到问题了。

结论

我们关于赖尔哲学的讨论便完成了。最后，我想突出这项工作的某些一般性特征，这些特征在之前已经被强调过了。第一，在《困境》和《心的概念》中，我们都看到这样一种尝试，即将如下一般性的论点运用于特殊的哲学问题：哲学中的问题是语言混淆的结果，而且应当通过关注我们如何在日常的、非哲学的语境中使用语言来加以解决。第二，我们注意到，在这种方法论里有一种固有的哲学上的保守主义，因为从我们日常思维方式中似乎不会有什么惊人和修正性的东西产生。不过，我们也看到这种保守主义没有被赖尔始终如一地遵循。一方面，当讨论宿命论和关于感知知识的怀疑论观点时，他似乎一开始便自信地认为，没有哲学论证可以确证与我们的前哲学思考在根本上相抵触的结论。因此他开始着手诊断那些极端修正性结论论证中的语言错误，并在不同程度上取得了成功。另一方面，在谈论精神的本质以及我们关于它的论述时，赖尔自己窝藏了一种极端修正性的议程，该议程围绕着极富争议的证实主义和行为主义原则。我们现在已熟悉的第三个教训，涉及模态区分上的模糊。对赖尔来说，所有必然性都是概念上的必然性，而所有概念上的必然性都起源于语言。因此，所有必然性都被认为是可以仅仅通过反思我们真正用语词意味什么而被发现，而这一点自身可以通过留意我们如何在日常生活中使用语词而得以表明。我已经论证到，这种模态区分上的模糊性使赖尔看不到哲学上的热门选择，并损坏了他关于如下东西的讨论：感知、心灵、在物理学中发现的对世界的描述和在日常生活中我们所给出的描述间的关系。最后，我论证到，尽管赖尔在如下这点上可能是正确的，即认为并非所有哲学分析都涉及阐明句子的逻辑形式或概念运用的必要、充分条件，但一些这样种类的哲学分析不应当被忽视。

第五章

斯特劳森关于真的表述行为理论

本章提要

1. **斯特劳森的表述行为理论（Performative Theory）**
   说一个论证为真并不是在描述它，不是将一个性质归属给它，也不是做出任何关于它的陈述；相反，这是执行赞同、承认或确认它的言语行动（speech act）

2. **反驳**
   论证1：说某个陈述为真而不赞同任何陈述
   论证2：断言由包含"真"的句子的言说所断言的陈述的真
   论证3：意义的系统性

3. **关于明确的表述行为句的一个教训**

4. **关于意义和用法的一般性教训**
   日常语言哲学家方法的两个短处：（i）忽视意义的系统性，以及（ii）忽视不同于意义的、对用法具有重要影响的那些因素；这种情形：没有日常断言性用法的、作为完整的言说的、有意义的句子；作为对（i）和（ii）中固有错误案例研究的、斯特劳森对"'S'为真当且仅当S"的处理；对如下事实的非语义的解释：这些事实是关于那些推动了关于真的表述行为理论的语言用法的在这一章，我们将考察彼得·斯特劳森关于真理的理论，这呈现在他1949年的文章《真理》（"Truth"）中。这篇文章是对日常语言学派哲学方法某些方面的很好的说明。[①] 其中，它着手处理了一个重大而核心的哲学问题，该问题是日常语言学派主要工作的典型代表。我们已经看到，赖尔处理那些关涉心灵本质和关于感知知识怀疑论的问题；现在我们转向斯特劳森对给出一种关于真理的分析的尝试。日常语言学派有时会受到这样的批评：关注琐碎的细节，而不去处理核心的、持久的哲学问题。我相信，如同维特根斯坦、赖尔、斯特劳森和其他人所讨论问题的重要性所阐明的那样，这些批评是误导性的。斯特劳森文章的另一个显著特征是它试图贯彻下述方法论口号的方式：一条表达式的意义由其用法给出。抽象地说，这条口号过于模糊而无法提供有用的信息。只有当日常语言学派的哲学家们试图将其付诸实施的时候，如下问题才变得清楚：一条表达式用法的哪些方面是其意义的核心，而哪些方面不是。斯特劳森论真理的文章呈现了这个过程的早期阶段。在我们的进程中，我将指出他所陷入的某些陷阱，这是由于他试图应用的意义作为用法的观念在他写作的时代过于缺乏分化和发展。就此方面而言，作为这个哲学流派所行进的道路上的一步，他的文章是富有教益的。最后，我会强调，尽管我认为斯特劳森的文章在一些重要的方面极其具有误导性，但我也发现这是一篇相当具有才智、敏锐性和魅力的作品——就像日常语言哲学家所做的大部分哲学工作一样。就阅读而言，这篇文章是清晰、诱人和令人愉悦的。无论就其真正的洞见还是显而易见的失败而言，都有很多值得学习的地方。

斯特劳森的表述行为理论

斯特劳森的理论开始于如下观察：在说 S 为真和仅仅说出 S 之间，有一种非常密切的关系。事实上，斯特劳森认为，在这两种情形下人们断言了完全相同的事情。例如，请考虑下述句子：

[①] Peter Strawson, "Truth", Analysis 9, 6 (1949): 83—97.

这是真的：地球是圆的。

地球是圆的这个命题为真。

这是真的（在回应地球是圆的这条断言时被说出）。

斯特劳森认为，某个断然说出上述一个句子的人，都断言了与如下言说完全相同的事情："地球是圆的"。因此，这些句子中真值谓词（truth predicate）的出现，没有为这些句子被用于断言的事情增加任何东西。例如，某个断然说出句子"地球是圆的这个命题为真"的人，并没有指涉一个命题并谓述它的真性质。没有真这样一种性质存在，而且短语"为真"的功能绝不是描述任何事情。那么，我们为何拥有这种谓词，它的功能又是怎样的呢？在斯特劳森看来，说 S 为真，就是在断言而且仅仅断言 S；但是，这也是在做给出一个断言之外的某件事；是执行赞同、承认或确认 S 的言语行动。他把这种真值谓词的核心功能定位在它对这些言语行动的贡献上。

斯特劳森在坚称如下观点上是正确的：在使用**这是真的：S**、**S 为真**这一方面和 *S* 这一方面之间，有一些交谈上的微妙差别。① 包含"真"的句子的说出，经常会给人们带来那些不包含"真"的句子的说出所不能带来的一些提示。例如，请考虑下述在总统记者招待会上被提出的问题："您在考虑向中东派兵的计划，这是真的吗？"这个问题让人们联想到，人们已经得到报道、预言或猜测，说总统正在考虑向中东派兵。出于这种原因，这个问题自然被理解为在要求总统确认或否定那些报道、预言或猜测。该问题可以用另一种方式被提出，而不使用真值谓词。如果被这样表达，那么它或许就不会那么轻易地屈从于如下解释：在其中，它被理解为一种对先前所做报道进行确认或否定的要求。例如，记者可能仅仅问道："您是否在考虑向中东派兵的计划？"这种提问方式与之前的方式询问同样的信息，但它并不带给人们这样的提示，即提问者只是在追问一条先前的评论，而非自己

---

① 在这个句子中，我用"S"作为一个取值为句子的元语言变量，而用粗体加斜体表示引用。在之前的段落中，"S"被作为一个缩略字母使用。

在公共议程上设置问题。在此有另一个例子，总统说："我们已经提出一套全面的计划，以在刺激经济的同时平衡预算。**失业率已经开始下降，这是真的，但下降得还不够快，所以我们还需要经济刺激的一揽子计划。**"或者"是的，失业率已经开始下降，但还不够快……"在这种语境里，"这是真的"和"是的"是用来表明说话者已经明白如下事情的修辞手法：人们说或者认为失业率在没有经济刺激的一揽子计划的情况下已经下降了；也是在试图否认关于经济刺激的一揽子计划毫无必要的进一步暗示的同时，对上述观点进行让步的修辞手法。同样，"真"被用于暗示一件需要回应的事情的存在。

斯特劳森对这些关于我们使用真值谓词的微妙事实非常敏锐，这些事实是他的理论所意图容纳的核心事实。但是，它们并非支配我们真理观念的核心事实，而且并不提供作为一个真值谓词起点的主要的基本理由。如我们在恰当的时候将会表明的那样，一旦看到这一点，对被斯特劳森错误地当作核心的微妙的交谈性事实，人们就会给予其另一种非常不同的解释。真值谓词是我们语言中如此有用的一个部分的根本理由，由如下情形给出：在其中，据说是为真的事情，并没有直接被展示或呈现。其中一些情形是这样的：在其中，真值谓词被用来陈述重要的逻辑或语义概括，这些概括难以用其他任何方式被加以陈述——例如，如下这些概括：对任何陈述句 A 和 B 而言，如果 A 以及*如果 A 则 B* 都为真，那么 B 也为真；或者对任何一个陈述句而言，它或它的否定为真。人们或许可以将"这是真的……"从"这是真的：地球是圆的"中消除，而不丢失任何信息量，但人们不能将"真的"从上述那些概括中消除，而又不丢失人们试图说出的意思。

真值谓词用法的另一个例子是（1），在其中据说是为真的东西并未直接被展示或呈现。

1. 那个警察说的话是真的。

斯特劳森说，那个说出上述句子的人可以被认为暗中做出了他所谓的"二阶存在性元陈述"（second-order, existential metastatement）（2）。

2．那个警察做出了一条陈述。

在斯特劳森看来，（2）可以被视作

作为关于（1）的分析的一部分 [但并非全部] ……为了完成对整个句子"那个警察说的话是真的"的分析，我们必须在那个二阶存在性元陈述中加入一个短语，该短语并不是断言性的，而是（如果我可以借用奥斯丁先生术语的话）表述行为性的（performatory）。例如，作为对一个案例的完整分析，我们可以提供如下表达式："那个警察做出了一条陈述。我认可该陈述"；在说出语词"我认可该陈述"的时候，我并没有描述自己所做的某件事情，而就是在**做某件事**。①

根据这种看法，对（1）的完整分析是（1A）。

1A．那个警察做出了一条陈述。我认可该陈述。

此时，我们需要澄清，斯特劳森将一个言说称为"表述行为性的"是什么意思。J. L. 奥斯丁所引入的一对标准的例子可以被用来阐明这一点。②请考虑一场婚礼。在婚礼即将结束时，主婚人说："我现在宣布你们结为夫妻。"在说这些话时，主婚人在执行一个具有社会意义

---

① Strawson, "Truth", pp. 92—93。方括号中的话是我的补充。着重号为原文中所有。

② J. L. Austin, "Performative Utterances", in *Philosophical Papers*（London, Oxford, and NewYork：Oxford University Press，1961），and *How to Do Things with Words*（New York：Oxford University Press，1965）。后者由 1955 年在哈佛所做的威廉·詹姆斯讲座的笔记重构而成；前者则是 1956 年在 BBC 播出的一个谈话的抄本。但是，奥斯丁告诉我们，这些作品中的主要想法形成于 1939 年，而他关于这些事情的观点到二十世纪四十年代后期便在英国广为人知。

的特殊行动：他宣布两个人的结合。在奥斯丁看来，而且在追随奥斯丁的斯特劳森看来，主婚人所说的话并没有**描述**那个已经被执行的行动——毋宁说，在恰当的环境中，对这些话的言说**就是**那个行动。当主婚人说这些话的时候，他并不是在断言一条命题，不是在做出一个断言或说出任何一件可对也可错的事情。他只是在执行一类特定的言语行动。另一个来自奥斯丁的例子如下。想象一位君主立宪制下的领袖——或许是英国女王——在一场船舶命名礼（christening ceremony）上站在一艘新船前。在一个恰当的时刻，她说出"我特此将这艘船命名为吉尔伯特·赖尔号"这个句子，并打开一瓶香槟以示庆祝。在奥斯丁看来，而且在追随奥斯丁的斯特劳森看来，这样做就是在执行关于命名的言语行动。这并不是将她自己描述为在执行那个行动，并不是断言任何命题，而且也不是说任何一件对或错的事情，这就是在从事一种完全不同的语言举止。

　　这两个例子都涉及正式的场合。但是，奥斯丁和斯特劳森相信，我们的很多日常语言举止都可以遵照这种模型被加以理解。在给出他对真的分析时，斯特劳森假设，像下述这样的例子在奥斯丁的意义上是表述行为性的："我确认事情是如此这般的""我赞同事情是如此这般的"和"我承认事情是如此这般的"。根据这种观点，在正确的环境中说出一个这样的句子，这并不是在断言一个人确认、赞同或承认某件事；相反，这是在执行确认、赞同或承认某件事的言语行动。所以，当斯特劳森说，对（1）——"那个警察说的话是真的"——的分析是"那个警察做出了一个陈述。我认可该陈述"的时候，对这种分析的第一个部分——即"那个警察做出了一个陈述"——的言说就被认为是做出了一个断言，而对这种分析的第二个部分——即"我认可该陈述"——的言说则被认为是一种并不涉及断言任何东西的举止。尽管这种观点是极其清晰的，但我会论证到，它在三个基本的方面失败了。在这种理论被驳倒后，我将返回并提取出关于该理论所表明的在如下领域中缺点的一般性的教训：斯特劳森的日常语言方法、他的意义观以及他关于哲学分析的观点。

反驳[①]

论证 1：说某些陈述为真而不赞同任何陈述

反驳斯特劳森理论的第一个论证针对断言 A，该断言稍微扩展了他关于（1）的评论。

    A. 在说出"那个警察说的话是真的"时，人们确认、赞同或承认那个警察说的话（假定他说了什么事情）；在说出"那个警察说的一些/某些/很多事情是真的"的时候，人们确认、赞同或承认那个警察说的一些/某件/很多事情（假定他说了一些事情）。

为了表明这种断言是错误的，注意如下两组句子间的对比是很有用的。

    3a. 约翰喜爱一些/某些/很多小猫。
      b. 有一些/某些/很多约翰所喜爱的小猫。
    4a. 约翰在寻找一些/某些/很多小猫。
      b. 有一些/某些/很多约翰在寻找的小猫。

（3a）蕴涵（3b），但（4a）却并不蕴涵（4b）。请注意，就这一点而言，人们可以寻找不老泉（fountain of youth），即便并没有不老泉存在；人们可以寻找某些阿兹台克的黄金城（Aztec cities of gold），即便并没阿兹台克的黄金城存在。这些例子表明，像"约翰在寻找一些如此这般的东西"这种形式的断言可以为真，即便相应的断言"有一

[①] 这些论证最初出现于我的著作 *Understanding Truth*（New York：Oxford University Press，1999）的第八章。

些如此这般的东西存在"为假,在此情形下,断言"有一些约翰在寻找的如此这般的东西存在"同样为假。(4b)这种形式的断言也有另一种为假的方式,即便此时相应的断言(4a)为真。假设约翰在寻找某些小猫,因为他想要一些宠物,即便他心中并没有特定的小猫存在。在此类情形下,(4a)可能为真。但是,(4b)不可能为真,除非他心中有一些特殊的小猫存在并且他在试图找到它们。这些例子表明,涉及动词"喜爱"的逻辑事实,在某些方面不同于涉及动词"寻找"的逻辑事实。

现在请注意,在斯特劳森的表述行为理论中所使用的动词——"确认""赞同""承认"——在这个方面与"喜爱"相似,而与"寻找"不同。人们不能确认、赞同或承认某事,除非有某件人们确认、赞同或承认的事情存在。因此,(5a)蕴涵(5b)。

5a. 约翰确认报告中的一些/某些/很多陈述。
 b. 报告中的一些/某些/很多陈述是约翰所确认的。

这个事实可以被用来表明,斯特劳森的观点是不正确的。想象一下,约翰有点儿,但并不完全信任某个特定的警察,这个警察写下了一份报告。该警察说的话通常大部分是正确的,但时不时会犯一些错误。在不知道报告内容的情况下,约翰或许对报告中的很多陈述为真这个断言感到足够自信。尽管如此,报告中甚至没有一条断言是被约翰说成是为真的。因此,报告中甚至没有一条断言是约翰所确认或赞同的。但这样一来,既然(5b)为假,那么(5a)也就为假。约翰说过,报告中的很多陈述都是真的。但他并没有确认或赞同其中的任何一条。因此(A)为假。

具有讽刺意味的是,这种结果自身并不表明(i)这种形式的句子与(ii)这种形式的句子在意思上有所不同。

(i)我(特此)赞同(确认,等等)报告中的一些/某些/很多陈述。

(ii) 报告中的一些／某些／很多陈述为真。

其中的理由在于，(i) 这种形式的句子的说出，其自身通常并不构成赞同、确认等等。为了看清这一点，请考虑下述类比。想象一位君主立宪制下的领袖在一场船舶命名礼上站在一些新船前。在一个恰当的时刻，她说出"我特此将至少一艘船命名为吉尔伯特·赖尔号"这个句子，并坐下。她并没有继续说明自己应该命名的船是哪艘，而只是让自己的举止停留在那里。在这样一种情形下，她并没有命名任何东西；她的举止是有瑕疵的，甚至是荒谬的。

在一些特殊的舞台装置（说明哪些陈述是被赞同或确认的）缺失的情况下，像(i)这种句子的说出同样具有上述缺陷。它们并不是对任何东西的赞同或确认；相反，它们是有缺陷的甚至荒谬的举止（除非它们被视为直截了当的描述）。当然，(ii)的说出并不属于这种情形。上述事实表明，(ii)这种类型的句子并不具有(i)那种类型的句子所具有的意义。这个要点适用于(6a)，它不能被分析为(6b)。①

6a. 那个警察做得很多／一些陈述为真。
 b. 那个警察做了一定数量的陈述。我赞同（确认）它们中的很多／一些陈述。

论证 2：谓述由包含"真"的句子的言说所做出的陈述的真

接下来的论证表明，真值谓词在包含它的句子中的一种主要功能，

---

① 区分对表述行为分析的批评和如下观点是很重要的：人们不能赞同或确认一条陈述，除非处于一种自己做出那条陈述的地位。如果那个警察碰巧做了三条陈述，而且我说"我赞同他所做的每条陈述"，那么可以说我事实上赞同了每条陈述，即便我并不知道准确而言那个警察说了什么。但是，这个要点在(6b)这样的情形下没有影响；这种情形的问题在于：没有这样一种可能的方式存在，它能够让任何人挑选出应当已经得到赞同的那些特定的陈述。

是描述性的。这种想法很简单。我们开始于如下观察：我们所要评估其真值的东西是一些陈述或断言。我们并不称问题、指令或命令为真。如果有人说"关上门！"或"你好"，那么我们并不说"这是真的"。包含"真"的句子的说出，并不关涉所有语言举止；相反，它们被用于评价陈述（也就是说，哪些东西被陈述或断言了）。现在请注意，包含语词"真"的句子的说出，做出了这样的断言：这些断言自身可以通过对"真"的进一步使用而得到评价。因此，这些言说自身必定做出了一些陈述。一旦看清这一点，那么就很容易表明：真值谓词自身，对由包含它的句子的说出所做的陈述是有贡献的。

例如，假设一个人 x 在立法委员会面前作证，他说了一些事情，其中包括一些假的事情——也就是说，除了断言一些真理外，x 还断言了一些谬误。在接下来的一天，y 在委员会面前作证，他做出了一些真的断言，加上如下断言（7）。

7. x 对委员会所做的每条断言都是真的。

由 x 所做的每条断言都为真，这条由 y 做出的评论其地位究竟如何呢？它显然为假。但奇怪的是，表述行为理论并不允许人们承认这一点。根据这种理论，y 对（7）的说出所做的唯一**断言**就是（8），而（8）为真。

8. x 对委员会做出了一些断言。

因此，根据表述行为理论，y 的所有**断言**都为真；他没有做出为假的断言。因此，表述行为理论的拥护者陈诺了（9）。

9. y 对委员会做的每条断言都为真。

既然这与如下资料不相容，即 y 断言了某些为假的东西，那么表述行为理论就出错了。

上述两种反驳表明，表述行为理论给出了关于一些句子用法和意义的错误分析，在这些句子中，我们谓述一些句子或命题的真；对这些句子或命题而言，我们仅仅描述它们，但并没有展示它们。既然这些句子起先便提供了我们为什么需要一个真值谓词的理由，那么表述行为理论就错过了关于真值谓词最重要的事实。但是，这还不是它仅有的错误。

论证 3：意义的系统性

除此之外，表述行为理论没有恰当地将意义与用法区分开来。例如，如下观察是正确的：当被断然地说出时，句子**命题 S 为真**常常被用来赞同、确认或承认被 S 表达的命题。但是，如下想法却是错误的：上述观察提供了对"真"的意义或包含它的句子的意义的一种分析。做出相反的假设，便忽视了对意义进行的分析的一项至关重要的要求——即对一条表达式的恰当分析，必须说明该表达式对其可能根植于其中的那些更大的句子或论述的意义所做的贡献。当考虑到这些更大的语言环境时，如下事情就变得显而易见了：**命题 S 为真**的内容（意义），对那些言语行动——表述行为理论将这些行动与该句子结合在一起——而言并非必不可少的，而且即使上述那些言语行动没有被执行或以其他任何方式出现，这个句子还是可能按照其字面意思被使用。

下述两对例子阐明了这一点。①

10a. 要么在 π 的小数部分有三个连续的 7 这条命题为真，要么在 π 的小数部分没有三个连续的 7 这条命题为真。

b. 我要么赞同 / 确认 / 承认在 π 的小数部分有三个连续的

---

① 被这些例子所阐明的论点由如下两人的文章给出：彼得·基奇（Peter Geach），"Ascriptivism"，*Philosophical Review* 69（1960）；约翰·塞尔（John Searle），"Meaning and Speech Acts"，*Philosophical Review* 71（1962）。

7，要么赞同/确认/承认在 π 的小数部分没有三个连续的 7。

11a. 我不知道财政赤字引起通货膨胀这条命题是否为真。

　b. 我不知道自己是否赞同/确认/承认财政赤字引起通货膨胀。

显然，(b) 这两个句子不能被认为是对句子 (a) 的分析。此外，句子 (b) 听上去是很怪诞的。对它们的自然理解似乎是，包含表述行为动词——"赞同""确认""承认"——的从句被表述行为性地使用，即使它们出现于其中的语言环境并不适合从句以这种方式被使用。另一种稍有不同的例子由 (12) 提供。

12a. 如果在 π 的小数部分有三个连续的 7 这条命题为真，那么在 π 的小数部分有三个连续的 7。

　b. 如果我赞同/确认/承认在 π 的小数部分有三个连续的 7，那么在 π 的小数部分有三个连续的 7。

（12a）是显然正确的，但（12b）则非常可疑，这暗示后者并非是对前者的分析。但是，这个例子还有另一些有趣之处。尽管"我赞同/确认/承认在 π 的小数部分有三个连续的 7"是这样一个句子：当（12b）的前件不被表述行为性地使用，而是直截了当地对整个句子——该句子表达了这种断言，即如果我执行一个特定的赞同这样的行动，那么一个特定的事实将会成立——的意义做出描述性的贡献时，就其自身而言，该句子可以被用来执行赞同、确认或承认的行动。

这样的例子可以被当作关于真的表述行为理论的反例吗？一方面，这种理论的拥护者可能会争论道，它们不能构成反例，因为在他们看来，真断言（truth claims）是表述行为的，而在上述语言环境中，那些明确的表述行为句——那些断言通常可以依据这些句子被加以分析——并不具有其标准的表述行为效力。但是，这并非一个有效的辩护，因为它仅仅通过未能给出任何对真值谓词很多重要和十分关键的出现的分析来回避反例。另一方面，关于真的表述行为理论的拥护者或许会承认，当"真"出现在像（10）—（12）这样的语言环境中时，与当它出现在该理论为之设计的那些简单句子中时相比，它们具有同样的意义。但这样一来，（b）句子在提供对（a）句子分析上的失败，便提供了如下证据：关于真的表述行为理论未能给出对任何 **S 这条断言 / 陈述 / 命题为真**这种句子的正确分析。

（13）和（14）提供了对这个教训的进一步阐释。

13a. 古人们相信，长庚星（Hesperus）① 是一颗星星这条命题为真。

b. 古人们相信，我赞同 / 确认 / 承认长庚星是一颗星星。

14a. 地球是圆的这个命题会为真，即便我并没有赞同 / 确认 / 承认它。

b. 我会赞同 / 确认 / 承认地球是圆的，即便我并没有赞同 / 确认 / 承认它。

这对例子中的句子（a）和（b）显然在意义上有所不同，甚至真值也不同。此外，这两对例子中的成员是相像的，除了如下这点：包含（15a）和（15b）相应的语法变体。

15a. S 这条命题为真。

b. 我赞同 / 确认 / 承认 S。

因此，得出如下结论是合适的：（15a）在意义上与（15b）不同。这一点同样适用于其他涉及真值谓词的构造。因此，表述行为理论似

---

① 译者注：常见的哲学讨论会将"Hesperus"译为"暮星"，而将相应的"Phosphorus"译为"晨星"。在此译者采用另一种同样比较常见的译法，即依据中国传统的命名方式，将前者译为"长庚星"，后者译为"启明星"。由于金星出现的特殊规律而误将其当作两颗星星加以命名的现象并非仅在西方存在，在古代中国的天文观测中亦是如此。这种历史现象本身或许就能为相关哲学问题的讨论提供有趣的补充材料。

乎未能给出对任何这样句子的意义的正确分析：在这些句子中，语词"真"出现了。

应当注意的是，基于例子（10）—（14）的论证不能通过修正那些例子中的句子（b）而被回避。例如，人们可能认为，对（11a）的分析不是（11b），而应当是"我不知道自己是否应当赞同／确认／承认财政赤字引起通货膨胀"。但是，这种建议遭遇了如下材料：在被嵌入一个或另一个语言环境中时，（15a）这种形式的句子并没有改变意义。因此，如果**我赞同／确认／承认 S** 应当是在（11）这种情形下对（15a）的分析，那么它就必须充当那种全面一致的分析。既然它并不适用于所有例子，那么它就不可能是正确的分析。一种对一致的分析的可能建议如下：**S 这条命题为真**意味着 **S 这条命题值得赞同**。但采取这种观点，就会完全放弃该理论的表述行为方面。说一条命题值得赞同，就是断言它拥有一种特定的性质。因此，根据这种观点，"真"会作为一个真正的谓词起作用，而真这种性质会等同于值得赞同这种性质，这与表述行为理论是相对立的。纵使 S 显然等价于 **S 这条命题为真**，它也并不显然等价于 **S 这条命题值得赞同**。有时，一些命题为真，即便我们并没有关于它们的证据，而且因此我们大概不会赞同它们；甚至有这样的情形存在：在其中，它们为假，即便所有可获得的证据均对其有利。出于这些理由，除了将关于真的表述行为理论所面临的问题当作是难以克服的之外，我们几乎别无选择。

关于明确的表述行为句的一个教训

在斯特劳森呈现自己表述行为理论的时代，他和其他日常语言哲学家一道在如下问题上相信奥斯丁：像"我承诺会归还这本书"这样明确的表述行为句，具有一种特殊的非描述性的表述行为意义。与那些与其相对的描述性句子的说出不同，这些句子的说出不应当算作断言，而应当被视作对如下行动的执行：这些行动倒是可能被认为是描述性的。无论这种想法是否正确，我认为，它自然会将一些人引向如下进一步的结论：那些句子**并不**表达命题，这些命题表现（描述）了世界可能所是的一种特定方式，并由此决定了那些句子的真值条件。但是，该观点有一个问题，这产生自我们之前已经考虑过的那些因素。

明确的表述行为句时常可以出现在更大的语言环境中，例如条件句的前件，在其中，它们不具有独特的表述行为效力。① 对"我承诺会归还这本书"而言确实如此。尽管在恰当的环境中，对这些句子的说出，就其自身而言可以算作是做出了归还这本书的承诺；说出

16. 如果我承诺会归还这本书，那么你可以确信它会被归还。

其自身并不是在做出承诺，而是做出了一条直截了当的断言。这是密切相关的，因为当句子"我承诺会归还这本书"自己出现时，与它作为一个条件句的前件出现时相比，大概具有同样的意义。既然在后一种环境中，它表达了一条正常的（描述性）命题，该命题对被条件句作为一个整体所表达的那条命题有贡献，那么当它自己出现时一定也表达了那样一条命题。在这个意义上，明确的表述行为句"我承诺会归还这本书"具有了一种直截了当的描述性意义，这种意义表现了世界所是的一种特定方式，而且因而规定了它的真值条件。使得这个句子是独特的、表述行为性的是如下这点：人们可以仅仅通过在恰当的环境中对那个人——那条承诺就是向这个人做出的——说出这些句子，来实现对那些真值条件的满足（也就是说，人们可以用上述方式实现如下这一点：被那个句子表达的命题为真）。

在我看来，这是关于从（12b）（13b）（14b）和（16）中得出的、关于明确的表述行为句本质的更广泛的教训。但是，还是有个问题有待回答。什么可以解释如下事实：在恰当的环境中断然地说出"我承诺会归还这本书"，算是做出了一种承诺？对这个问题尽管可能有不同

---

① 这一点并不适用于固有的（intrinsically）表述行为句，比如"你好"。这些例子的确具有独特的表述行为意义，通过说出这些例子，表述行为意义规定了那些被执行的言语行动；而且这些例子并不作为条件句的前件出现，或出现于其他要求句子去表达命题的语言环境中。

的回答，但我发现最可行、最令人着迷的还是这种回答：向 x 断言一个人向 x 承诺会做某件事，在恰当的环境下，这就是在向 x 承诺会做某件事，而以上这些便是承诺（promising）这个概念的一个部分（"承诺"[promise] 的意义）。如果这是正确的，那么在恰当的环境中断然地说出"我承诺会归还这本书"的某个人，毕竟还是断言了一条命题；但这条命题是由于他对其的断言而成为真的。① 这暗示我们，不仅斯特劳森关于真的表述行为理论是不正确的，而且指导他的关于语言的表述行为用法的观念可能也是有毛病的。事实上，即使我们抛开上述最后一点——关于被明确的表述行为句表达的命题的自我验证的断言——不谈，如下问题也是清楚的，即二十世纪四五十年代的日常语言哲学家们夸大了如下二者间的不同程度：像"我承诺会归还这本书""我确认总统正在考虑向中东派兵"这样明确的表述行为句，以及日常的非表述行为句。他们仅仅在如下范围内是错误的：他们假定，由于某种独特的表述行为意义，这些句子并不表达日常的、描述性的命题，而这些命题为句子提供了直截了当的真值条件。②

关于意义和用法的一般性教训

　　斯特劳森关于真的表述行为理论的问题，指向一种关于意义和用法间关系的重要的一般性教训；对于任何想把一条表达式的用法当作决定其意义的向导而加以考察的哲学家来说，他都必须将这种教训铭记在心。这种教训就是：一条表达式的意义，是该表达式对所有更大

---

　　① 关于此观点的更多讨论，请参阅 E. J. Lemmon, "On Sentences Verifiable by Their Use", *Analysis* 22（1962）: 86—89, and David Lewis, section 7 of "Scorekeeping in a Language Game", *Journal of Philosophical Logic* 8（1979）: 339—359, reprinted in his *Philosophical Papers*, vol. 1.

　　② 在二十世纪四五十年代如此吸引了日常语言哲学家注意的奥斯丁的早期观点，在二十世纪六七十年代日趋成熟地发展为一种对言语行动和它们同语言意义间关系的系统研究。这段时期最有用的著作之一是约翰·塞尔的 *Speech Acts*（Cambridge: Cambridge University Press, 1969）。

句子——这个表达式是这些句子的一部分——的意义做出的某种贡献；因此，如果用法是意义的一种向导，那么人们就一定不能将自己的注意力限制在包含该表达式的简单（非复合）句的范围内。① 语言意义是系统性的。通常来讲，一条复杂表达式的意义被其组成部分的意义所决定。如果情况不是如此，我们就不能解释语言的使用者们如何总是能够理解他们之前从未遇到的新句子。为了说明这种事实，我们需要一种关于单个表达式意义的理论，这种理论使得如下问题变得清晰：这条表达式的意义，如何能够系统性地对包含该表达式的、更大的语言复合物的意义做出贡献。斯特劳森关于真值谓词的表述行为理论并未做到这一点。

当然，我并没有说关于下述事情的任何东西：如果一种意义理论要捕捉到语言意义的系统性本质，那么它应当是什么样子。在斯特劳森写作自己关于真理文章的时代，这个问题尚未在哲学家那里获得它在后来将要获得的那种极大关注。在本卷第六部分，当着手处理唐纳德·戴维森在二十世纪六十年代中期所发展的关于真理和意义的观点时，我们将会详细讨论这个话题。眼下，我只想将这种通向系统性意义的方法，与斯特劳森的方法相对比。他的方法——为他与后期维特根斯坦和其他日常语言哲学家们所共有——是这样的：当面对一个句子时，一个日常语言哲学家会试图确定，在哪些环境中这个句子会作为一个差不多完整的言说而被日常地使用。如果这个哲学家不能找出这些环境，那么他会倾向于将这个句子消解为无意义的，或是仅仅做出了一条伪陈述（pseudo-statement）。如果他可以找到该句子在其中被作为完整的言说而被使用的环境，那么他会检查，在这些环境中，说话者通常会用该句子来达成什么或使人了解什么。当这个哲学家做到了这一点的时候，他会认为自己已经阐明了该句子的意义。

这种方法的一个短处在于，它忽视了如下想法：一个句子的意义仅仅是决定它是否将被用于一个给定情况的因素之一。另一些因素包

---

① 在此我忽略了一些特定的例外情形，例如这样的句子：在其中，被研究的表达式出现在引述中。

括：被说话者和听众当作是显然为真、因此不必明说的东西，或显然为假、因此不必明说的东西，比如那些显然与交谈无关的事情。在一些情形中，句子自身会被用作一个差不多完整的言说；通过专门专注于这样的情形来研究一个句子的方法论，会具有固有的、几乎无法克服的错误；如果人们想要避免这种错误，那么记住上述那些因素就是至关重要的。遵循这种方法论的人会试图像斯特劳森那样得出如下结论：一个几乎没有一种作为独立言说的重要用法的句子，是无意义的、荒谬的或退化的——而且因此并未将任何重要的信息编码（encode）。

像"我并没有在说话""我从不使用语言""我不存在"和"'地球是圆的'这个英语句子为真当且仅当地球是圆的"这样的例子，说明以上这点是错误的。这些句子自身，在涉及日常说话者的正常环境中，几乎不会作为独立的断言被断然地说出。不过，它们完全是有意义的，并且将重要的、非琐碎的信息进行编码，这一点被它们对下述包含它们的更大的句子的意义的贡献所表明。

> 比尔相信我没有在说话。
> 比尔认为我从不使用语言。
> 那个女人期盼着我不再存在的那一天。
> 既然胡安不懂英语，那么他就不知道"The earth is round"这个英语句子为真当且仅当地球是圆的，即使他的确知道地球是圆的。

通过考察他关于真理文章中的某些代表性段落，我们可以看到斯特劳森错过了上述要点。第一段话直接出现在对卡尔纳普的引述之后，原文如下：

> 我们将注意到，"真值条件"和"意义"这两条表达式被同义地使用了。而这表明，即使短语"是真的"没有这种用法，即在其中该短语被正确地运用于（用来谈论）句子，"为真当且仅当"这个短语还是有或可能有这样一种用法：在其中，**这个**短语被正确地

运用于（用来谈论）句子；在这种用法中，这个短语跟短语"意味着"同义；而它当然**被**用来谈论句子。例如，假设我们希望给出关于句子"君上驾崩"的意义的信息。我们可以通过做出下述元陈述（meta-statement）来做到这一点……：(ia) **"君上驾崩"在英语中意味着国王死了**……

……现在的建议是，我们或许清楚地以完全同样的方式给出了同样的信息，除了如下这点，即我们应当用短语"为真当且仅当"来代替短语"意味着"，以得出如下偶然的元陈述：……(iia) **"君上驾崩"在英语中为真当且仅当国王死了。**①

这段话中有两处值得注意的问题。第一，既然"（在英语中）为真当且仅当"的确有这样一种用法，在其中它被正确地运用于句子（将一个句子中的名称当作它的变量之一），那么谓词"（在英语中）为真"就不可能**没有**这种用法。之前的表达式——"（在英语中）为真当且仅当"——是一个语言复合物，其意义被其成分——"（在英语中）为真"和"当且仅当"——所决定。表达式"（在英语中）为真"并不被运用于句子或谓述句子，如同如下事实所表明的那样：它并不把句子中的名称——包括引用的名称（quote-names）——当作变量。相反，它连接非引述的句子。因此，复合表达式"（在英语中）为真当且仅当"可以适用于句子（由此将一个句子中的名称当作它的变量之一），仅当谓词"为真"自身可以被运用于句子。斯特劳森并未看到这一点，而这种事实表明了他在认识意义系统性上的失败。上述段落的第二个问题在于，与它建议的内容相反，关于真值条件的陈述不能等价于关于意义的陈述。当被运用于句子时，"（在英语中）为真当且仅当"的可理解性并不被归因于它与"（在英语中）意味着"的同义甚或等价。它并不与"（在英语中）意味着"同义或（在强的意义上）等价。相反，它的意义在成分上由"（在英语中）为真"和"当且仅当"的意义所决定。**"S"（在英语中）为真当且仅当 P** 这条陈述仅在如下情形下为

---

① Strawson, "Truth", pp. 85—86.

真：P 和 "*S*"（在英语中）为真这条断言具有同样的真值。而这并不要求 S 和 P 意思相同，或这两者在意义上等价。①

这个问题在斯特劳森那里变得更糟。他这样继续自己的评论：

> 在一条偶然陈述中，我们应当使用短语"为真当且仅当"来谈论一个句子。现在请考虑这种元陈述的一种退化的情形，即如下句子中的例子：
>
> （iii）"君上驾崩"（在英语中）意味着君上驾崩。
> （iv）"君上驾崩"（在英语中）为真当且仅（当）君上驾崩。
>
> 我们很难决定应当将什么样的身份归属给这些句子，而且出于当前的目的，这或许不是很重要……
>
> ……如果我们询问它们陈述的偶然事项是什么……那么没有一种答案是可能的。在没有另一个句子帮助的情况下，人们不能**陈述**一个句子意味着什么。
>
> 出于这些理由，我提议，不再将像（iii）和（iv）这样的陈述（或伪陈述）指涉为必然的或偶然的，而仅仅指涉为偶然元陈述的"退化的情形"。②

这段话的意思如下：人们几乎从不会用句子"*S*"（在英语中）意味着 S 或 "*S*"（在英语中）为真当且仅当 S 来做出一条陈述，以告诉某人 S 的意义或真值条件；斯特劳森从上述这种事实得出结论说，这些句子既没有做出必然的陈述，也没有做出偶然的陈述。相反，他说，

---

① 在此"S"和"P"被用作取值为句子的元语言变量。着重号代表角引号。在这段话里我使用如下假设："当且仅当"等价于实质充分必要条件句（material biconditional）。对一条关于英语的断言来说，这是可疑的。但是，严格来讲，我的如下结论并不需要上述假设：基于任何合理的语义学，*P* 当且仅当 *Q* 可以为真，即使 P 和 Q 不是同义的（例如，当 P 和 Q 都是必然真理时，它会为真）。此外，"当且仅当"在真值条件句中的用法近似于一种大体上的塔尔斯基语义学，斯特劳森似乎就在谈论这种语义学，通常来说，在这种语义学中它们被当作实质充分必要条件句。

② Strawson, "Truth", pp. 86—87.

它们是退化的情形，而且仅仅做出了一些伪陈述。这种错误产生自对如下事实的忽略，即有这样一种微不足道的理由存在：对这些句子的断言性言说，通常不会是提供有用信息的。任何一个理解了这些句子的人都会被期望知道它们为真；因此，通常不需要断然地说出它们。同样，这些句子由于其组成部分的有意义性而完全是有意义的。此外，它们的意义对它们出现于其中的更大的句子的意义做出了重要贡献，就如同下述那些十分融贯的例子所表明的那样。

  胡安知道比尔·克林顿曾经是美国总统，但既然胡安不懂英语，那么他就不知道句子"比尔·克林顿曾经是美国总统"（在英语中）意味着比尔·克林顿曾经是美国总统。
  在古英语中，句子"伦敦很脏"并不意味着伦敦很脏，但在现代英语中则意味着这一点。
  情况可能是这样的：句子"雪是白的"（在英语中）并不意味着雪是白的。

  上述观察指向这样一种方式，在其中，用法可以不同于意义。一个句子可以拥有一种十分融贯的意义，而又不具有作为一条独立的断言性言说的重要用法，这是由于关于如下事情的显而易见的事实：在交谈式的场景中，使用句子来传递信息，这一点究竟涉及什么。
  除此之外，意义和用法之间还有另一处不同，这与斯特劳森的表述行为理论直接相关。在推动自己的理论时，斯特劳森注意到如下二者间的某些交谈性差异：一方面是对"S 是真的"和"S 这条断言（或命题）是真的"这种形式句子的说出；另一方面是对"S"的正常说出。对前一种句子正常的断言性的说出常常暗示，S 在先前已经被断言、建议或推测了，而且说话者正通过确认、赞同或承认来评论那条断言、建议或推测。"S"的简单的断言性说出则并不时常如此。这种差异的理由何在？①

---

① 在这段话里，我用"S"作为缩略字母。

斯特劳森似乎假定，这种用法上的不同必定显示了意义上的重要不同。但我们无需接受这一点。句子 S、*S 是真的*和 *S 这条断言是真的*可以具有相同或至少极为相似的意义，假定对它们用法中的重要差异有某种非语义的解释的话。而且确实有这样一种解释存在。即使 S 和 *S 是真的*意味显然等价的事情，后者也指涉被 S 做出的断言，并且以一种特定方式描述它。在很多交谈性环境中，说话者没有理由去走到指涉并描述这个断言的地步，如果他想要做的不过是传达 S 自身所承载的信息的话。如果这便是他感兴趣的全部事情，那么他通常会仅仅说出 S。他选择通过指涉被 S 做出的断言并将其描述为真，来直接传达本质上相同的信息，这种事实暗示，被 S 做出的断言已经在这个交谈场景中被凸显出来了，而且这个说话者感到自己被要求说一些关于它的事情。①

做出如下假设是合理的：产生了上述暗示的原则是一条关于语言交流的规则，而非关于语言意义的规则。这条规则大致是："当一种简单的方法可行的时候，不要没有理由地去选择一种更复杂的说出某事的方法。"如果某一条这样的规则通常在指导一场交谈，那么一个说话者关于使用 *S 这条断言是真的*而非简单的句子 S 的决定，往往就表示他有某种理由来指涉被 S 做出那条断言。这样的理由时常会是：被 S 做出的断言已经在这种语境中被凸显出来了，而且说话者感到不得不评论它。当这个说话者通过称其为真来做到这一点时，这就算是确认、赞同或承认了那条断言；这并不是因为"真"具有某种独特的、非描述性的、表述行为性的意义，而是因为它是"确认""赞同"和"承认"的意义的一部分，因为将某件事描述为真是做这些事情的一种方式。因此，我们可以在不采取他对意义的不足信的分析的情况下，解释那些推动了斯特劳森理论的交谈性事实。②

---

① 在这段话里，我用"S"作为一个取值为句子的元语言变量。同以前一样，着重号代表角引号。

② 如我们在本卷第九章将会看到那样，在如下文章的第三节，保罗·格赖斯从本质上说便提出了这种论点："Logic and Conversation"，最初于 1967 年作为讲座在哈佛讲授，并载于他的 *Studies in the Way of Words*（Cambridge，MA：Harvard University Press，1989）。见第 55—57 页。

第六章

黑尔关于好的表述行为理论

本章提要

1. **概览**
   观点：称某件事是好的，这并不是在描述它，而是执行称赞它的言语行动

2. **称赞某件事并称它是好的**
   对黑尔如下观点的批判：称某件事是好的是去称赞它，而称赞它总是在指导选择

3. **"派生的"描述性意义**
   对黑尔关于所谓"x 是一个很好的 N"的派生描述性意义表述的批判

4. **"x 是一个很好的 N"的原初的、评价性意义**
   使用基奇 – 塞尔论证来反驳如下观点：黑尔的句子与"我称赞 x 为一个 N"（*I commend x as an N*）意味同样的事情

5. **黑尔一般性的错误：忽视意义的系统性**

6. **黑尔的反描述主义**
   论证："好"并不表达一种性质
   他在如下想法上的错误：由于这一点，"好"不能是描述性的；关于定语形容词（attributive adjectives）的情形："大的""老的""高的"，等等

7. **假设**:"好"是一个描述性谓词修饰语(*Descriptive Predicate Modifier*)

x 是一个好的 N 当且仅当(i)x 是一个 N,而且(ii)x 比大部分 N 在更高的程度上满足 N 所包含的那些语境相关的旨趣(contextually relevant interests)

这种分析的优势

概览

在上一章,我们考察了彼得·斯特劳森关于真的表述行为理论,并以此作为对日常语言哲学家如下信念的阐释:传统的哲学问题可以通过语言分析被消解。在斯特劳森看来,在定义真、解释什么是真、发现真所依赖的语言与世界间的关系上的争论不休的问题,是误导性的。他认为,这些传统问题产生自对语词"真"如何在语言上起作用的错误理解。他的愿望是,一旦我们理解了"真"并不表达任何性质,以及它的功能并不在于做出陈述而是在于执行完全不同的言语行动,那么涉及真理的旧哲学问题就会消解了。我们已经看到,他的愿望并未实现。但是,事后看来,他表述行为分析的失败在现在比当时要明显得多。在他出版自己关于真理分析的著作的时代,对其他哲学概念给出表述行为分析的想法变得流行起来。有一些不同的观念受到这种处理,但与被"好"[①]"恶""正当"和"错误"这样的语词所表达的评价性观念相比,没有哪个观念获得的分析更为成熟。到目前为止最为著名、最具影响力的对评价性词项的表述行为分析,由牛津大学的哲学家 R. M. 黑尔在其出版于 1952 年的著作《道德语言》(*The Language of Morals*)中给出。[②] 在本章,我们会讨论他对语词"好"的分析,而这正是他投以最多关注的话题。

在这部著作里,黑尔将自己的大部分时间花在了分析如下事情上:

[①] 译者注:"good"或"goodness"也可译为"善",但"good"作为形容词出现时,相应的汉语一般是"好的"而非"善的"。在本章及其他相关段落中为了保持这种一致性,一般将相应的名词译为"好"。

[②] R. M. Hare, *The Language of Morals* (Oxford: Oxford University Press, 1952).

当"好"出现在"x是一个很好的N"（*x is a good N*）——例如"很好的木匠""很好的手表""很好的小刀""很好的草莓"，以及"很好的夕阳"——这种形式的句子中时，其用法是什么。[①] 尽管所有这些用法都是评价性的，但很多却是非道德上的（non-moral）。他的策略就是聚焦于这些语词，因为他认为，"好"的逻辑和语义行为在道德和非道德的评价中基本上是相同的。既然非道德评价在一些方面更为简单、引起的争议更少，他认为从它们开始就再好不过了。他所呈现的总体图景大致如下：尽管"好"这个词的**原初**意义是评价性的，但在很多情形下包含它的短语也要求一种**派生**的描述性意义，这种意义寄生于，也产生于这个词原初的评价性意义。"好"的评价性意义由如下观察给出：称x是好的，就是执行称赞x的言语行动。当然，另一种称赞x的方式是，仅仅说"我称赞x"。黑尔坚称，某个这样做的人执行了称赞的行动，而并没有断言自己在称赞，实际上也没有断言任何事情。同样，一个称x是好的人，被理解为在称赞x，而并没有断言自己在称赞x；或已经称赞了x，而并没有将任何性质——这种性质是语词"好"原初意义的一部分——归属给x。根据其原初的评价性意义，"好"并没有表达任何性质。

称赞某件事并称它是好的

什么是称赞某样东西？对此，黑尔并未说太多，但他的确说"当我们称赞或谴责任何东西时，总是为了指导或至少间接地指导我们或他人、现在或将来的选择"。[②] 所以，如果称某物是好的总是在称赞它的话，那么这样做一定总是在以某种方式指导选择。这种对指导选择的强调与很多情形十分符合。如果我们试图决定要看哪场电影，而有人告诉我们爱德华·诺顿（Ed Norton）的新片很不错，那么将这条评

[①] 在此，我用"N"作为缩略字母，而非一个元语言变量。在这一章里我都会这样做，除非另加注释。

[②] Hare, *The Language of Morals*, p. 127.

论当作对指导我们选择的尝试，是很自然的。但是，并非所有情形都这么直接。我们常常说一些东西是或曾经是好的，即使我们并不预想自己或其他人有机会在这种信息的基础上做出选择。就个人而言，我会说罗纳德·里根是一个很好的美国总统，即使我并不期望任何人有机会去再次投票给他——甚至投票给任何一个和他非常相似的人。或者用一个来自我之前的学生丽贝卡·恩特威斯特尔（Rebecca Entwistle）的很好的例子，我会说，当枢机主教团（College of Cardinals）选出保罗二世时，他们选出了一个很好的教皇。我希望对人们这么说，尽管事实上我知道没有一个听者在主教团内，或者哪怕能对这种选择产生影响。这如何与黑尔的如下想法相一致呢：称某物是好的，这总是在称赞它，而在这其中称赞它总是在直接或间接地指导选择？

  黑尔对这种担忧的回应是："所预想的那种选择并不需要发生，甚或被期望发生；它被预想为发生，以使得我们应当能够做出关于它的价值判断，这就够了。"① 这是否解决了上述问题？尽管我们可以轻易想象自己面临着那些我们知道自己永远不会有的选择，但很难理解如下想法：严肃地尝试去指导一种选择，而我们知道这个选择仅仅是想象出来的。鉴于这一点，我们很难对黑尔的如下断言给出一种清晰、合理的解释：称某物是好的就是在做出称赞，而称赞总是对选择的指导。当然，通过称某物是一个很好的 N，人们并非总是试图指导那个听者的选择，也并非总是试图指导一种涉及自己称之为很好的那个特殊对象的选择。即使这些要求被放宽松，我们也很难将所有那些称某物是好的示例理解为指导选择的示例。

  上述想法或许是说：一些关于 x 是好的断言，应当被认为针对的是超出自己对话者范围之外的一个听者，而且这些断言并非仅仅是关于 x 的，还是关于其他一些与 x 同类的东西的。那么，我们是否应当坚持如下观点：当说选择保罗二世为教皇很好的时候，我在发出一种普遍的祈使句，即"敬启者（To whom it may concern），无论你何时在选择一个教皇，都请选择一个像保罗二世这样的！"？这听上去非常

---

① *The Language of Morals*., p. 128.

奇怪，但符合黑尔的其他说法。在《道德语言》第八章第二节，他说：
称 x 是一个好的 N，这不仅是在称赞 x，还是在称赞所有其他的、与 x
密切相似的 N。他通过说所有价值判断暗地里都是普遍的来表达这种
想法：

> ……如我们会看到的那样，所有价值判断在特征上都是暗地里
> 普遍的，也就是说，它们指涉一种标准或表达对该标准的赞同，这
> 种标准可以运用于其他类似的示例……
>
> 当称赞一个对象时，我们的判断并不是仅仅关于那个特殊对象
> 的，而不可避免地是关于那些类似于它的对象的。因此，如果我说
> 一辆特定的汽车是好的，那么我并不是仅仅在说一些关于一辆特殊
> 的汽车的事情。仅仅说一些关于那辆特殊汽车的事情，这不会是在
> 做出称赞。如我们已经看到的那样，称赞就是指导选择。现在我们
> 拥有一种语言工具来指导一种特殊的选择，这种工具并不是称赞，
> 而是单称祈使句（singular imperative）。如果我仅仅希望告诉某人去
> 选择一辆特殊的汽车，而不考虑这辆车属于哪个种类，那么我可以
> 说"就要那一辆吧"。如果我不说这些，而说"这是一辆好车"，那
> 么我在说更多的东西。我暗含的意思是，如果任何一辆车与那辆车
> 类似，那么它也会是一辆好车；而通过说"就要那一辆吧"，我并
> 没有暗含如下意思：如果我的听者看见另一辆类似的车，那么他也
> 应该要它。但进一步地说，"这是一辆好车"这个判断的影响，并
> 不仅仅延伸到**极其**类似于那辆车的范围。如果情况是这样，那么这
> 种影响对实践目的而言就无用了；因为没有一样东西与另一样东西
> 极其相似。它延伸到在每辆这样的车的范围：它在一些特殊的**相
> 关**方面相似于那辆车；而这些特殊的相关方面是它的德性——这些
> 德性属于它的特征，我因为这些特征而称赞它，或因此而称它为好
> 的。无论何时做出称赞，我在心中都有一些关于被称赞对象的事情
> 存在，这些事情正是我们进行称赞的理由。①

---

① *The Language of Morals*., pp. 129—130.

那么，人们称某物是一辆好的汽车，这是如何指导选择的呢？这并不必然是通过告诉一个人的听者去选择他称之为"好的"那辆特殊的车，而是通过告诉一个人的听者去选择类似于那辆车的那些车（如果他们正在着手选车的话）。那么教皇的情形又如何呢？黑尔是否坚称，在说出保罗二世是一个好的教皇时，我在引导任何一个可能选择教皇的人去选择那个具有我在保罗二世身上所发现的德性的人？如果他不坚称这一点，那么我们就不清楚他的意思是什么。

在我看来，在上述所引段落中，黑尔将三个要点混淆在了一起，其中两点为真而另一点为假。第一件为真的事情是，当称某物是一个很好的 N 时，我们差不多总是拥有一些做出这种评价的理由。该对象或个体通常有某些特征或性质来引导我们称之为一个好的 N，并因此去称赞它。但如果情况如此，那么在称某物是一个好的 N 时，我们便暗地里使用了一条同样可以被运用于其他情形的标准。如果我称 x 是一个好的 N 的**全部**理由是，它拥有性质 P 和 Q，那么如果同类的另一个事物 y 拥有同样性质的话，我大概应当准备好去称它是一个好的 N。当然，这并非"好"这个词的独特特征。几乎对任何语词或短语 w 而言，如果我说某物 x **它是** w，那么我通常拥有这么做的理由。因此，在说任何 x **它是** w 时，我常常暗地里承诺了一条可以被运用于其他情形的标准。如果我把 w 谓述给 x 的全部理由就是 x 拥有性质 P 和 Q，那么如果同类的另一个事物 y 拥有同样性质的话，我大概应当准备好去把 w 谓述给它——这完全就像"好的 N"的情形那样。因此，黑尔对"好"的正确观察具有很好的一般性，可以被用于几乎任何作为谓词而起作用的语词或短语。

在此我们也可以确定第二个正确的要点。任何日常的描述性谓词都与正确性标准相结合，这些标准原则上可以被运用于任何对象。它们是谓词的描述性意义或内容的一部分。因此，如果 P 是这样一个谓词，那么我们可以把如下东西当作 ***x* 是 *P*** 这个断言之内容的一部分：任何一个满足这些标准的对象都是这样的，即把 P 谓述给它是在说某件为真的事情。当然，这个要点对分析"x 是一个好的 N"这个断言的内容并没有什么帮助，除非"好的 N"自身是一个描述性谓词，但黑尔则否认这一点。

因此，黑尔需要一种适用于"好的 N"的、类似于上述关于描述性内容要点的观点。而这就是他看上去出错的地方。他似乎暗示，如下东西是 x 是一个好的 N 这种评论之内容（意义）的一部分：拥有我在 x 中发现的那些德性的所有 N 也都是好的 N，而在称赞 x 的时候我在暗地里也称赞它们。我们为什么应该相信这些？假设我称布莱恩是一个好学生的理由是，我相信他在考试中得了 A。那么，根据黑尔的建议，当我在这个场合说"布莱恩是一个好学生"时，我所**说**的实际上是：布莱恩以及其他所有在这场考试中得了 A 的同学都是好学生。但这并不正确。一般而言，在**我所说的东西**和**我这样说的理由**之间是有区别的。两个人可以说同样的事情，即便他们这样说的理由并不相同。同样，两个人可以都说出"布莱恩是一个好学生"并表达同样的意思，即便他们出于不同的理由来这样做。在此情形下，他们都在称赞布莱恩，而且如果被问到的话，或许也都希望称赞其他学生，但他们的语言举止仅仅是对布莱恩的称赞；他们想称赞另外哪些人，这并不是一件关于他们所说的东西的事项，而是关于他们为什么要这么说的事项。

在之前所引段落里，黑尔在斟酌这一点上的失败，其自身并不紧要。如果不是在维护黑尔的如下原则中起了作用的话，那么它应当是无辜的：使用语词"好"就是在称赞，而称赞总是指导选择。如我们已经看到的那样，这些原则要求他将如下这样简单的例子

　　保罗二世是一个好教皇

扭曲为某种类似于普遍祈使句的东西。这种结果的反直觉性被黑尔如下的一般性原则所遮盖：因为评价性判断得到一些理由的支持，所以它们暗地里都是普遍的。一旦我们看到这种一般性原则是有问题的，那么像好的教皇这样的成问题的反例就卷土重来了。它们表明，

称某物是一个好的 N 与指导选择之间的关联，比黑尔所坚称的要间接得多。概括地说，黑尔声称，语词"好"的原初意义是表述行为性的，而且这一点由如下观察给出：称某物是一个好的 N 在本质上与说"我称赞这个 N"相同。如果被问到称赞某物是什么意思，黑尔就会告诉你，它就是尝试去指导可能的选择。我通过如下论证已经对这种观点提出了问题：称 x 是一个好的 N 总是指导选择，这是可疑的。有人可能争论说，称 x 是好的与指导选择是间接相关的，这种相关之处在于：称 x 是好的把一种性质归属给 x，而该性质会构成选择 x 的一条理由，如果有这种选择机会的话——但这提及了关于"好"的意义的描述主义，而这正是黑尔希望回避的。

"派生的"描述性意义

果真如此吗？毕竟，黑尔的部分观点是："x 是一个好的 N"常常具有一种派生的描述性意义。黑尔的想法大致是：当我说 x 是一个好的 N 时，我称赞它是一个 N。我并没有无理由地去称赞那些 N；相反，我在期待一些特定的性质。例如，我称赞那些甜的、红的、成熟的草莓，称赞那些有才智的、努力的、好奇心强的、思想上坦诚的、有创造力的学生，称赞那些锋利且好用的小刀。对不同种类的事物而言——草莓、学生和小刀——我期待不同的性质，这些性质决定了相应的东西中哪些是好的。这些不同的描述性性质或标准，被黑尔称作如下这些短语的不同的派生的、描述性的意义："好的草莓""好的学生"和"好的小刀"。因此，对黑尔来说，句子"x 是一个好学生"的原初意义是其表述行为性的意义，大概就是指"我称赞 x 是一个好学生"。但是，既然一个知道称赞学生的公认标准的人可以从这样一条言说中获得描述性信息，那么我的言说的描述性意义就是：x 是一个有才智的、好奇心强的、努力的……学生。

黑尔在如下段落阐明了这一点。

第六章　黑尔关于好的表述行为理论

"M是一辆红色的汽车"和"M是一辆很好的汽车"之间第一个相似之处在于，它们都可以而且经常被用来传达关于一种纯粹的实际性特征或描述性特征的信息。如果我对某个人说"M是一辆很好的汽车"，而他自己并没有看到M，也不知道关于M的任何事情，但另一方面他又的确知道我们一贯将何种汽车称为"好的"（知道人们所期待的、对汽车而言好的标准是什么），那么，他无疑从我的评论中接收到了关于这是一种什么汽车的信息。如果他随后发现M的时速从不超过30迈，或油耗过大，或锈迹斑斑，或顶上有个大洞，那么他会抱怨我误导了他。他抱怨的理由会与对如下事情进行抱怨的理由相同：如果我说这辆车是红色的而他随后发现它是黑色的。

……这是"意味"（mean）的一种意思（sense），如我们已经看到的那样，我们必须警惕这种意思……而因此，这是一种与"好的"和"红色的"都有关的步骤；在"红色的"这种情形下，我们可以称其为"解释那种意义"，而在"好的"这种情形下，则只能十分不精确地、在一种派生的意义上称呼它；为了清楚起见，我们必须称其为某种像"解释、传达或公布汽车中好的标准"这样的东西。①

这段话表明，黑尔可以顺应如下事实，即人们常常可以从大意为x是一个好的N这样的断言中获得描述性信息。但是，值得怀疑的是，他应当得出如下结论：这种描述性信息是 ***x 是一个好的 N*** 这个句子之意义的一部分。对于他可以提供的任何一个它是该句子意义之一部分的案例而言，我们都可以给出一个关于如下断言的相应案例：类似的描述性信息是 ***我称赞 x 是一个 N*** 这个句子之意义的一部分。但被我一般性地用来称赞N所适用的事物的描述性标准，似乎并不是那个句子之意义的一部分。一般而言，人们可以从一条言说中获得的信息，并非全都是被说出句子之意义的一部分。此外，那种黑尔所针对的、关乎"好"这个词用法的描述性信息，仅仅产生自一个人所拥有的关于

① *The Language of Morals*., pp. 112—114.

称某物为好的通常理由的附属信息（collateral information）。请设想这样一位女经理，她只会对自己的上司说"新年快乐！"。由于这种原因，当你听到她对某个你不认识的人说这句话时，你或许会得到如下信息：那个人在公司里是大佬。但这并不表明女经理说出的那些语词，将如下断言作为其意义的组成部分而包括进来：被寒暄之人是说话者的上司。

黑尔在《道德语言》第七章第三节处理了这种反驳。但是，他的回应是含糊其词的。

这些反对者或许认为，如下说法恰当地刻画了"好"的意义："好"被用来进行称赞，而且我们从它的使用中得到的任何信息都完全与意义无关。根据这种观点，当我说"M是一辆好车"时，我的意思是在称赞M；如果一个听者从我的评论以及他自己关于我在评估汽车优点时所惯常使用的标准的知识中，得到关于什么是对汽车进行描述的信息，那么这也并不是我意思的一部分；我的听者所做的事情不过就是做出了这样一种归纳推断：从"在过去黑尔通常称赞符合这种描述的汽车"和"黑尔称赞了M"，到"M是符合同样描述的汽车"。我怀疑，这种反对主要是语词上的，而且我不想站在与其对立的立场上。一方面，我们必须坚称，知道将语词"好的"运用于汽车的标准，这并不是知道——无论在其全部的还是原初的意义上——表达式"好的汽车"的意义；在这个范围内，必须赞同上述反对意见。另一方面，表达式"好的汽车"与其运用标准间的关系，非常类似于一条描述性表达式与其定义特征（defining characteristics）间的关系；而当我们问"你说好的意思是什么"并得到答案"我的意思是它时速可以到80迈而且从不抛锚"时，这种相似性也反映在我们的语言中。鉴于这种关于用途（usage）的无可置疑的事实，我认为最好是采用"描述性意义"这个词项。①

---

① *The Language of Morals.*, pp. 117—118.

在这段话中，如下事实给黑尔留下了深刻印象：当一个人被问到他称某物是一辆好的汽车是什么意思时，他可以通过说"我的意思是它速度很快而且从不抛锚"来做出回应。但对这种问题——**你说 x 是 F 的意思是什么**——的答案，则常常是对一个人把 F 谓述给某个特殊事物之理由的需求，而非对一个人的句子之语言意义的需求。例如，人们可能问道："你说如此这般的理论是错误的是什么意思？"——并得到回答："我的意思是它错误地预言说名称不是严格的指示词"；但该理论错误地预言了关于名称的事情这条断言，**并不**是"如此这般的理论是错误的"这个句子之意义的一部分。同样的要点也适用于黑尔关于语词"好"的例子。①

"x 是一个很好的 N"的原初的评价性意义

在维护了自己关于派生的、描述性意义的观念后，黑尔继续告诉我们，他将"好"的评价性意义称为其原初意义是什么意思。

> 现在是时候来辩护我的如下说法了：称"好"的描述性意义是其评价性意义所派生的。我这样说的理由有二。第一，评价性意义对该语词所用于的每一类对象来说都是恒常的。当我们称一辆汽车、一部计时器、一根板球棒或一幅图画是好的的时候，我们在称赞所有这样的东西。但因为我们出于不同理由而称赞它们，所以每种情形下的描述性信息都是不同的⋯⋯
>
> 称评价性意义为原初性的第二个理由在于，我们可以使用语词的评价性力量以**改变**任何种类对象的描述性意义。②

我会在稍后回到关于描述性意义的问题。现在，我只会认为，黑尔将"这是一个好的 N"分析为具有这样一种意义，该意义大致可以

---

① 在这段话及上一段话中，"N"和"F"被用作取值为谓词的元语言变量。

② *The Language of Morals*., pp. 118—119.

被改写为"我称赞这个 N"。① 根据这种观点,既然这两个句子都是表述行为性的,那么它们都没有表达一条描述性命题,尽管从事实上说,如果一个人知道该说话者的评价标准的话,那么他就常常可以获得关于被指涉项目的附属性描述性信息。这些句子自身——"这是一个好的 N"和"我称赞这个 N"——并没有在其原初意义上被用来断言任何事情,而因此它们并不受制于关于其为真或为假的评判。相反,它们被用来执行称赞的言语行动。

我们现在已经准备好将基奇 – 塞尔反驳运用于黑尔的立场。塞尔给出了如下例子:②

> 如果这是一条好的电热毯,那么我们或许应当为内莉姨妈买下它。
> 我想知道这是否是一条好的电热毯。
> 我不知道这是否是一条好的电热毯。
> 让我们期望这是一条好的电热毯。

上述每个例子都包括"这是一条好的电热毯"这个从句。此外,句子中的那些语词以其正常的字面意思出现在这些例子里。因此,如果"这是一个好的 N"的意义大致与"我称赞这个 N"的意义相同,那么塞尔的例子就应当大致等价于如下这些所谓的改写:

---

① 他另一篇回应批评的文章《意义和言语行动》("Meaning and Speech Acts")(*Philosophical Review* 79 [1970])发表于《道德语言》出版十八年之后;在这篇文章中,黑尔清楚地否认自己曾经认为"这是一个好的 N"与"我称赞这是一个 N"同义。但是,他承认,根据自己的看法,知道"好"的(原初)意义就是知道如下这点:称某物是一个好的 N 就是称赞它是一个 N。他做出这种难以分辨的区分的理由,与他对下述基奇 – 塞尔反驳的回应有关。无论根据他的观点这两个句子严格来说是否同义,他都很确定地将它们当作不确切的改写,这两种改写都是表述行为性的、非描述性的和不能评判真值的(non-truth-evaluable)。

② Peter Geach, "Ascriptivism", *Philosophical Review*, 69(1960), and John Searle, "Meaning and Speech Acts", *Philosophical Review*, 71(1962)。这些例子来自塞尔的文章,p. 425。

如果我称赞这条电热毯，那么我们或许应当为内莉姨妈买下它。

我想知道我是否称赞这条电热毯。

我不知道我是否称赞这条电热毯。

让我们期望我称赞这条电热毯。

当然，这些所谓的改写绝不等价于最初那些包含从句"这是一条好的电热毯"的句子。由于这一点，塞尔得出结论说——这种结论在我看来是正确的——黑尔关于此类句子意义的论题是不正确的。

上述论证不能通过摆弄黑尔所做分析的细节来加以回避。例如，假设有人想要这样来修订黑尔的论题："这是一个好的 N"并不意味着我称赞这个 N，而是意味着我**应当**称赞这个 N。这种修订会使得一些上述所谓的改写产生得更自然。例如，"我想知道这是否是一条好的电热毯"就会被改写成"我想知道我是否应当称赞这条电热毯"。这听上去稍微好一点。不过，这种建议不会成功。第一，这种修订性建议并不在所有情形下均产生出合理的改写。例如，"希腊人相信民主制是一种好的政府形式"并不等价于"希腊人相信我应当称赞民主制"。第二，更为重要的是，这种修订性分析不过是用一个评价性语词"应当"来替换另一个评价性语词"好的"。黑尔的任务是给出对所有这些语词的表述行为性的分析；因此，他不愿意将它们中的任何一个当作初始项。所以上述修订没能帮到我们。

另一种不同的可能的修订会是，声称"这是一个好的 N"与"这个 N 值得称赞"意思相同。但这种方案同样会使黑尔的目的落空。说某物值得称赞，这大概就是把它描述为拥有一种特定的性质。但根据其原初的解释，称某物是一个好的 N，除了在说它是 N 之外，完全**不是**在描述它，这是黑尔分析的核心。（如果说某物值得称赞并不是将其描述为具有一种特定的性质，那么值得称赞大概就是评价性的；而依据它来分析"好"，这便受制于我们刚刚做出的批评，即依据一个评价性概念来分析另一个评价性概念。）因此，如上所述，基奇-塞尔论证驳倒了黑尔的分析。似乎并不存在这样一种对黑尔分析的显而易见的重述：它既可以保留黑尔的核心想法，又能回避上述反驳。①

黑尔一般性的错误

黑尔关于"好"的错误，与斯特劳森关于"真"的错误类似。这两位哲学家都着手回答"这些语词的意思是什么"这个问题。因为他们都接受"意义就是用法"的口号，所以便将自己关于意义的问题当作如下问题："这些语词是如何被使用的？"但是，在尝试回答这个问题时，他们几乎仅仅关注这些语词如何在"x 是真的 / 好的"这种形式的简单句中被使用。他们问道："这些简单的句子是如何被使用的？"当他们注意到某个说出这些句子的人通常在执行特定的言语行动时，便错误地跳到如下结论：这些句子的意义仅仅在于这种事实，即它们被用来执行那些言语行动，而且因此，他们所感兴趣的那些语词的意义便被这种事实给出了。他们所忽略的东西是意义和用法的系统性本质。语言表达式在各种简单或复杂的语言环境中被使用。对一条表达式字面意义的表述，必须解释它对自己出现于其中的所有语言环境的贡献。包含"真"或"好"的简单句常常被用来执行特定的言语行动，这种事实并不提供给我们对它们意义的分析，因为它做不到这一点。

黑尔的反描述主义动机

基于这种理由，黑尔对语词"好"的表述行为分析失败了。话虽

---

① 如早先提到的那样，黑尔在他 1970 年的文章《意义和言语行动》中回应了基奇－塞尔反驳。他所做回应的主要任务是表明，当 S 是一个简单的陈述句——其意义（据说）是通过指明它通常被用来执行的那种言语行动（而非断言）而被给出的——时，S 可以如何出现在更复杂的语言环境中——疑问句、否定句、命题态度归属句、条件句等——即使说出一个这样复杂句子的人并没有执行所谈及的言语行动。黑尔试图以一种高度程式化（programmatic）的方法来概述如下问题：在各种类型的复杂句子中 S 的用法的意义，从原则上说如何可以依据它们所谓的原初的表述行为性用法而得到解释。在我看来，他所做回应中最显眼的瑕疵在于，他没有给出对命题内容的可行的分析，这些命题内容由包含"好"的简单从句贡献给包含它们的复杂句子。

如此，我还是想更进一步地看看，最初推动他寻找一种表述行为分析的东西是什么。或许可以找到一种方法来容纳这种动机，而又不赞同他肯定性的理论。毫无疑问的是，黑尔提供表述行为分析的一大部分动机来自他的如下信念：对语词"好"的纯粹描述性分析是不可能的。他在《道德语言》的第五章、第六章处理了这个问题，并试图表明，当语词"好"出现在短语**好的 *N*** 中的时候，它并不代表任何简单或复杂的性质。一旦表明了这一点，他就认为自己已经表明："好"不可能是描述性的，因而必定拥有另一种意义。他在第五章、第六章中做出的关键假定在于，如果"好"的原初意义是描述性的，那么它一定代表一种性质。此外，如果它代表一种性质，那么一个句子 ***x* 是一个好的 *N*** 一定等价于相应的断言 ***x* 是一个 *N* 并且 *x* 是 *C***，在此 *C* 指"好"所代表的那些性质。①

下述段落阐明了这种假定。

> 为了论证的需要，让我们假定，一幅好的图画有一些"定义特征"。它们是何种类，这无关紧要；它们可以是一种单一特征，或一些特征的合取，或一些可供选择的特征的析取。让我们把这组特征称为 C。那么，"P 是一幅好的图画"就与"P 是一幅好的图画并且 P 是 C"意思相同……
>
> 让我们来进行概括。如果"P 是一幅好的图画"被认为与"P 是一幅好的图画并且 P 是 C"意思相同，那么因为一幅图画是 C 而称赞它，这就变得不可能了；我们只可能说，它们是 C……
>
> 让我们用另一个例子来阐明这一点……请考虑"S 是一颗好的草莓"这个句子。我们可能自然会假设，它的意思不过是"S 是一颗草莓并且 S 是甜的、多汁的、坚实的、鲜红的和大的"。但这样一来我们就不可能去说那些我们在日常谈话中所说的事情。我们有时想说，一颗草莓是好的，因为它是甜的等。这——如果我们想象自己在说这件事的话，就立即会看到这一点——与如下事情的意思

---

① 在这里，"N"与"C"同样是一个元语言变量。

并不相同：说一颗草莓是一颗甜的……草莓，因为它是甜的……但根据上述被提出的定义，这就是它的意思。①

当然，这段话使人回想起 G. E. 摩尔的开放问题论证——如果你记得《道德语言》出版于《伦理学原理》四十九年之后的话，这就格外引人注目了。《道德语言》第五章的大部分内容都留给了黑尔版本的摩尔论证——他从该论证中得出结论说，"好"不能被定义，而且因此不能代表任何复杂性质。

在《道德语言》第六章，他给出了一种更为一般化的论证，这旨在表明：这个语词完全不可能代表任何性质。这种更为一般化的论证大致如下。请考虑对草莓、小刀、钟表、日出等而言，不同的成为-好的（good-making）特征。大致来说，某物是一颗好的草莓，当且仅当它是甜的、鲜红的、成熟的；某物是一把好的小刀，当且仅当它锋利且好用；某物是一只很好的钟，当且仅当它耐用且走得精确；某物是一次好的日出，当且仅当它很美丽且看上去令人愉悦。当考虑所有这些情形时，我们看到，对一类事物而言，成为-好的特征可能完全不同于对另一类事物而言的成为-好的特征。尤其是，没有这样一种性质存在：它是对所有种类事物而言的成为-好的特征。不过，当我们说"x 是一颗好的草莓"，"y 是一把好的小刀"，"z 是一只好的钟表"，"s 是一次好的日出"时，语词"好"的意义并未就事论事地发生改变。既然不能挑选出一种在所有情形中都存在的性质，那么"好"的意义就完全不是任何一种性质。但这样一来，既然"好"完全不代表任何性质，那么它的意义就一定不是描述性的。相反，它一定拥有另一种意义，即它的原初意义。它所谓的进行称赞的选择-指导功能给出了这种意义。

让我们沿着黑尔在《道德语言》第六章所做论证的道路进行追踪。他在该章开始处指出，我们使用语词"好"来评价所有不同种类的各

---

① *The Language of Morals*, pp. 84—85.

类对象。我们就所有种类的谓词 N 而言，都说 x 是一个好的 N。① 不过，"好"这个词有一种在所有这些情形中贯穿始终的共同意义。他将"好"是描述性的这种观点刻画为：该观点主张，这种共同的意义一定是一种所有类型的好的事物都共有的性质，就如同"红"的意义应当是所有红色的事物所共有的一种性质一样。② 他随后穿过我刚刚概述过的论证并到达如下结论：语词"好"的意义完全不是任何性质。

      对每个种类的对象而言，教给人们是什么使得任何一个类中的成员成为该类中一个好的成员，这都的确是一项新的课程；但语词"好"则拥有一种恒常的意义，该意义一旦被学会，无论所讨论的是何种对象，它都可以被理解。如我已经说过的那样，我们需要在语词"好"的意义和它的运用标准之间做出区分……
      ……总而言之：没有一种共同性质可以在一个类别——无论是怎样的类别——的成员被说成是"在工具性上是好的"（instrumentally good）的所有情形中被识别出来。③

      关于上述论证我们应该说什么呢？首先要说的是，黑尔关于"好"并不代表一种性质的结论是对的。问题出现在他从上述正确的主张走向下述结论的时候："好"的意义不是描述性的，而一定是由它在指导选择和称赞事物中所扮演的角色给出的。这种结论并不得自上述正确的主张，因为还有一种他未曾考虑到的描述性选择。例如，请考虑语词"大"。和"好"一样，我们将"大"与各种不同类型的对象联系在一起使用。对所有种类的谓词 N 而言，我们都说 x 是一个大 N——大跳蚤、大狗、大动物、大房子、大自行车、大城市、大人群等等。④

---

  ① "N"被用作元语言变量。

  ② *The Language of Morals*, p. 97。即便就"红"而言，这也是一种过度简化。当我们说某人有红色的头发（或者外出后皮肤被晒成了红色）时，我们通常在指这样一种颜色：在樱桃、血液或玫瑰那里，我们不会将上述颜色称为红色。

  ③ *The Language of Morals*., pp. 102—103.

  ④ 在本段及下一段中，"N"再次被用作元语言变量。

当然，语词"大"有一种共同意义贯穿于所有这些情形之中。但是，如果看看大跳蚤、大狗、大房子、大人群等的性质，我们不会发现，对每种对象而言，有任何一种单一的性质是成为 – 大（big-making）的性质。由此得出结论说"大"并不是一个描述性语词，这显然是错误的。那么它是如何起作用的呢？

"大"是这样一种形容词，它不可以独立地做谓语。***x* 是一个大 *N*** 这个陈述并不等价于 ***x* 是大的并且 *x* 是一个 *N*** 这种合取式。如果它们等价的话，那么从 x 是一只大跳蚤和 x 是一只动物这两个断言就可以得出，x 是一只大动物，而这显然是不成立的。那么"大"是如何起作用的呢？它是一个谓词修饰语（predicate modifier）。当这种修饰语被附着于一个谓词 N 时，便会形成一个复杂的谓词 **大** *N*，它适用于一个对象，当且仅当（i）N 适用于那个对象，而且（ii）该对象在某种相关的大小尺寸上，比 N 所适用的大部分其他对象都要大。其他此类型的描述性谓词修饰语还有"重""高""年轻""年老"。① 例如：x 是一个重的 N 当且仅当 x 是一个 N，并且 x 比其他大多数 N 都要重；x 是一棵高红杉当且仅当 x 是一棵红杉，并且 x 的高度超过其他大多数红杉；等等。②

假设："好"是一个描述性谓词修饰语

鉴于这一点，当被用于"好的 N"这种形式的表达式时，我们可以规定关于"好"的意义的另一种描述性选择，而黑尔则没有考虑到这种选择。"好"或许是一种描述性谓词修饰语。③ 根据这种观点，"x 是一个好的 N"的意思是这样的：（i）x 是一个 N 并且（ii）x 比大部分 N 在更高的程度上满足 N 所包含的那些语境相关的旨趣。如果这种

---

① 或许如第 165 页的脚注②所说的那样，"红"也是一个这样的修饰语。
② 在这个句子里我转而将"N"用作一个缩略字母。
③ 这个要点连同"好"与"大"的类比一道，在彼得·基奇的如下文章中得到了强有力的表达："Good and Evil", *Analysis* 17（1956）; reprinted in Philippa Foot, ed., *Theories of Ethics*（Oxford：Oxford University Press, 1967）。

观点是正确的，那么"好"就是一个描述性语词，即使它并不代表该语词被用于谓述一个对象的任何一种性质。

在此有几个进一步的要点值得注意。第一，如果这种观点是正确的，那么它就解释了黑尔如此感兴趣的、称某物是一个好的 N 与指导选择之间的联系，而又不导致他成问题的原则，即每种称某物是一个好的 N 的情形就其本质而言均指向指导某种选择。根据上面概述的观点，如果我说保罗二世是一位好的教皇，那么我就在说，他在一个很高的程度上满足教皇所包含的那些语境相关的旨趣。例如，如果这些旨趣是天主教会成员的通常旨趣，那么它们会包括：虔诚、明智、富于同情心、启发人心等。因此，在一场上述这一点被当作是理所当然的交谈中，你会假定，我认为保罗二世拥有很多这样的品质。于是，当我说他是一个好的教皇时，我所说的话与任何一个会处于做出关于教皇的选择的立场的人有关，即使在这个场合中，我对你说出的话并不意图影响你的任何实际或想象出来的选择。这保留了称某物是好的与指导选择之间的一般性联系，而又没有错误地主张：人们每次称某物是好的时候，都带有指导一种选择的意图。

第二，对于黑尔所说的"好的 N"这种形式短语的派生的描述性意义，上述观点提供了一种自然的解释。例如，根据这种谓词修饰语分析，句子"x 是一本好书"的意思是：x 是一本书，它在一个很高的程度上满足书所包含的那些语境相关的旨趣。如果这些旨趣是指包含丰富知识和令人愉悦，那么 x 是一本好书这个断言就包含如下信息：x 是包含丰富知识和令人愉悦的。根据这种谓词修饰语的表述，这种派生的描述性信息，产生自该句子的描述性意义同关于书所包含的语境相关旨趣的信息之间的相互作用。第三，驳倒了表述行为分析的基奇–塞尔论证，并未对谓词修饰语分析产生任何威胁。第四，这种分析也可以抵挡开放问题论证。因为这种分析所提出的交谈相关旨趣，在交谈中被人们一致认为是适于评价 N 的，所以"假定 x 比大多数 N 在更高的程度上满足我们一致认为是适于评价 N 的那些旨趣，那么 x 是否是一个好的 N？"这个问题是迟钝的；这是一个琐碎的、自身就带着答案的问题。

第五，谓词修饰语分析将人们导向对那些似乎将要诞生的语言事实的某些期盼。例如，它引导人们去期盼：当"好"与一个代表一类事物（没有人对它们有任何什么兴趣）——就像尘埃微粒——的谓词结合在一起时，其产生出的断言——例如 x 是一颗好的尘埃微粒——似乎就会是奇怪和难以理解的。此外，这种分析引导人们去期盼：当 N 代表一类人们的确感兴趣——但这种兴趣又是各不相同的——的事物时，我们可能难以确定复合谓词**好的** *N* 适用于什么东西。在此一个恰当的例子是"x 是一个好人"。我们很难得到一种对它的确定处理，其原因之一是：在一个给定的语境中，很难确定究竟哪些旨趣是与此相关的。在我看来，以上所有这些，至少使我们在某种程度上信任关于语词"好"的某些用法的描述性谓词修饰语分析。至于这种分析或它的某种细化是否最终被证明是正确的，以及它究竟适用于"好"的所有用法，还是仅仅适用于它们的一个恰当的子集，对这些问题我们都保持开放。①

关于第二部分的拓展阅读

讨论的主要一手文献

Geach, Peter. "Ascriptivism." Philosophical Review, 69, (1960): 221—225.

——. "Good and Evil." In Philippa Foot, ed., *Theories of Ethics*, (Oxford: Oxford University Press, 1967), originally published in *Analysis* 17 (1956): 33—42.

Hare, R. M. *The Language of Morals*. Oxford: Oxford University Press, 1952.

Ryle, Gilbert. *The Concept of Mind*. New York: Barnes and Noble, 1949.

---

① 在这个段落里，"N"被用作一个元语言变量。

——. *Dilemmas*. Cambridge: Cambridge University Press, 1953.

Searle, John. "Meaning and Speech Acts." *Philosophical Review* 71 (1962): 423—432.

Strawson, Peter. "Truth." *Analysis* 9, 6 (1949): 83—97.

补充性的一手文献

Austin, J. L. *How to Do Things with Words*. New York: Oxford University Press, 1965.

——. "Performative Utterances." In *Philosophical Papers* (London, Oxford, and New York: Oxford University Press, 1961).

Hare, R. M. *Freedom and Reason*. New York: Oxford University Press, 1965.

——. "Meaning and Speech Acts." *Philosophical Review* 79 (1970): 3—24.

Ryle, Gilbert. "Systematically Misleading Expressions." *Proceedings of the Aristotelian Society*, 1931—1932.

Strawson, Peter. "Truth." *Proceedings of the Aristotelian Society*, supplementary vol. 24, 1950.

进一步阅读的材料

Grice, Paul. "Logic and Conversation." Originally given as lectures at Harvard in 1967; published in his *Studies in the Way of Words* (Cambridge, MA: Harvard University Press, 1989).

Lemmon, E. J. "On Sentences Verifiable by Their Use." *Analysis* 22 (1962): 86—89.

Lewis, David. "Scorekeeping in a Language Game." Reprinted in his *Philosophical Papers*, vol. 1 (New York and Oxford: Oxford University Press, 1983); originally published in *Journal of Philosophical Logic* 8 (1979): 339—359.

Searle, John. *Speech Acts*. Cambridge: Cambridge University Press, 1969.

Stalnaker, Robert. *Inquiry*. Cambridge, MA: MIT Press, 1984.

Stanley, Jason, and Timothy Williamson. "Knowing How." *Journal of Philosophy* 98 (2001): 411—444.

PART THREE
第三部分

日常语言哲学的其他经典：对极端怀疑论的回应

MORE CLASSICS OF ORDINARY LANGUAGE PHILOSOPHY: THE RESPONSE TO RADICAL SKEPTICISM

第七章

马尔考姆的范例论证

本章提要

1. 摩尔对怀疑论的挑战
观点：怀疑论建基于其自身那些不能得到辩护的前提

2. 马尔考姆对扩展摩尔挑战的尝试
观点：怀疑论是弄巧成拙的；如果其结论是正确的，那么怀疑论者自己的语词就会是无意义的
重构马尔考姆的论证需要避免他对必然假（necessary falsehood）和自相矛盾的混同
这样的语词——其意义完全由它们在特殊情形下的正确运用所构成——所扮演的至关重要的角色
马尔考姆在表明"知道"是上述那样一个语词上的失败；这对他反对怀疑论的一般论证的影响

3. 范例论证的有限的反怀疑论教训
如下二者间的差异：在一种怀疑论观点中诊断出（语义上的）不融贯性，和在怀疑论者也必须接受的基础上反驳他
诊断某些有限形式的怀疑论中不融贯性和错误的各种版本的范例论证，其潜在的重要性

摩尔对怀疑论的挑战

在本卷第二部分，我们看到了日常语言哲学家们通过将日常语言分析的技术运用于那些包含"真""好"和各种号称指谓精神状态和感觉词项的句子，来消解关于真、好和心灵的哲学问题尝试。在第三部分，我们将考察这种尝试，即在日常语言的框架内处理极端的哲学怀疑论。我们的第一个话题是一个著名且非常有趣的、被称作"范例论证"（*paradigm case argument*）的论证，第一个给出它的人是诺曼·马尔考姆，这呈现在他最初发表于 1942 年的关于摩尔的文章《摩尔和日常语言》（"Moore and Ordinary Language"）中。① 马尔考姆是一位美国人，曾在英国跟随维特根斯坦学习。在这篇文章中，他讨论了 G. E. 摩尔处理极端版本的怀疑论的方式，并试图从摩尔那里提取出关于日常语言在回应怀疑论者中所扮演角色的一种教训——这种教训是摩尔自己从未提取出的。

我们从对摩尔在《外部世界的证明》（"A Proof of an External World"）② 中对怀疑论者回应的回顾开始。摩尔在这篇文章的开始之处指出，包括康德在内的很多哲学家，都把没有哲学家能够通过证明位于心灵之外对象的存在来成功驳倒怀疑论者这一点，当作"哲学中的一件丑闻"。摩尔由此得出结论说，很多哲学家一定认为，通过证明有一个外部世界存在来驳倒怀疑论者，这是哲学的工作。为了做到这一点，人们大概要提供一种关于位于心灵之外对象存在的证明，这种证明是即便一个怀疑论者也不得不接受的。记住了这一点，摩尔尝试准确地陈述哲学家们想要证明的东西是什么。这将他导向对如下问题的分析：他们所说的"一个位于我们心灵之外的对象"是什么意思。摩尔相信，其中的要点在于：如果一个对象位于我们心灵之外，那么它

---

① Norman Malcolm, "Moore and Ordinary Language", in *The Philosophy of G. E. Moore*, vol.1, ed. P. A. Schilp（La Salle, IL：Open Court, 1942），343—368.

② G. E. Moore, "Proof of an External World", *Proceedings of the British Academy*, vol. 25, 1939; reprinted in his *Philosophical Papers*. 进一步的讨论请参阅第一卷第二章。

一定是这样一种东西：即使没有人拥有任何种类的经验，且因此没有人经验或感知到它，它也依然会存在。在澄清了这就是很多哲学家想要证明其存在的东西后，摩尔接着给出了他自己的证明。他所提供的两项前提表述如下："这是一只手"和"这是另一只手"。随后他得出结论说，至少有两只手存在。既然手就是那种即使没有人经验到任何事情也会存在的事物，他就得出结论说：至少有两个位于心灵之外的东西存在。

在给出这种证明的时候，摩尔意识到，那些最初需求一种证明的哲学家会否认他成功地给出了一种证明。他则相信他们错了。他坚持自己的证明真的是一种证明，并列出了作为一种名副其实证明的三项标准，还声称自己的证明满足它们。第一，在任何一种名副其实的证明中，其前提必须在概念上蕴涵其结论。但摩尔的前提——被"这是一只手"和"这是另一只手"所表达——的确蕴涵至少有两只手存在。此外，我们理解如下这点：手是那种即使没人有任何经验也会存在的东西。既然这就是某种位于心灵之外的东西的含义，那么有两只手这条断言就蕴涵至少有两个位于心灵之外的对象存在这一点。所以，摩尔的证明满足作为一种证明的第一项标准。第二，在任何一种名副其实的证明中，前提是不同于结论的。他的证明也满足这项标准。既然即使没有手存在且因此前提为假，上述结论也可以为真，那么上述结论便不可能与前提等同。摩尔的第三项标准是，一种名副其实的证明的前提必须被知道是真的。好吧，如果他站在你面前给出这种证明，他会声称自己真的知道他正举着的东西是手。

这就是关键点。很多最初认为我们需要一种关于外部世界证明的人都会倾向于拒斥如下主张，即摩尔知道自己的前提为真。摩尔会怎样回应呢？首先，他会指出，他自己所声称知道的东西是如下东西的一种典型的例子：我们都满怀信心地认为自己知道这些东西。于是他会坚称，我们拥有一种很强的表面上的（*prima facie*）理由去接受它。尽管他并未解释这种辩护的基础何在，但他会坚持认为，如果一个人拒斥这种基础性常识信念的话，他就一定拥有一种对自己做法的极强的辩护。那么，摩尔会问，什么是怀疑论者对拒斥这种断言——他知道自己有手——所做的辩护呢？在这里，相对于怀疑论者摩尔已经占据了上风。怀疑论者在开始之处要求我们辩护我们自己的断言。但面对摩尔的论证，怀疑论者显然也有需要辩护的东西。怀疑论者拒斥摩尔断言——即他知道自己证明的前提为真——的理由大概是，怀疑论者拥有某种关于知识是什么的观念，而这种观念与摩尔声称知道自己有手这一点不相容。例如，怀疑论者或许认为，人们可以知道一条关于世界的经验性命题 p，仅当人们关于 p 的证据在概念上担保了它的真——比如，仅当一个人在概念上不可能拥有与自己在 p 为假时实际所拥有的经验同性质的经验。既然一个人似乎在概念上可能拥有与摩尔的经验在性质上无法分辨的经验，即便他是一个缸中之脑而且没有手，那么摩尔的经验就并未提供给他可以通过怀疑论者的知识测试的证据。因此，怀疑论者会否认摩尔知道自己有手。

  摩尔对此的回应是，怀疑论者关于知识在于什么的原则等于一种并不显然为真的思辨性的哲学理论，而其自身远远不是无可置疑的。于是，它需要辩护。我们如何辩护这类广泛的哲学理论呢——这些理论是关于如下事情的：知识是什么，什么叫一种行动是对的，如果一个句子是有意义的则必须满足哪些条件，等等。摩尔会说，我们用于测试任何这样的理论的一种做法是：我们已然确信有些特殊的例子是知识、正确的行动或有意义的句子的示例，然后让我们看看该理论对那些例子有何影响。我们将任何与太多我们关于特殊情形的最确信的直觉判断相抵触的一般性理论当作不可行的，这一点基于上述理由而得到了辩护。

  这种测试哲学理论的一般性方法，被（跟随着摩尔领导的）分析哲学家们一再使用。例如，当逻辑实证主义者们表述自己关于意义的不同版本的可证实性标准的时候，他们时常发现，自己表述的那些一般性原则，要么将很多看上去显然是有意义的句子刻画为无意义的，要么将很多看上去显然是无意义的句子刻画为有意义的。有鉴于此，他们最终希望拒斥自己最初那些听起来可行的原则，由此而阐明如下的摩尔主义论点：一般性的哲学原则，常常可以通过检测它们与我们关于一些特殊情形的前理论判断相一致的程度来加以测试。摩尔自己对这种方法的使用，集中于怀疑论者关于什么可以算作知识的理论。当我们将此方法用于这种情形时，令怀疑论者感到十分骄傲的那种后果——即几乎所有我们日常会认为自己知道的关于世界的事情的例子，对怀疑论者而言都不会取得作为知识的资格——不得不被理解为反对怀疑论者关于何为知识的理论的很强的、有说服力的证据。

这就是摩尔对关于外部世界的怀疑论以及对其他形式的极端哲学怀疑论所做回应的核心，而且这是一种十分有效的回应。但是，这种回应的确留下了一些开放性问题。一则，上述回应并未告诉我们，在接受关于得自日常生活知识的典型例子时，我们为何得到了表面上的辩护。二则，摩尔的回应并未决定性地证明，没有任何一种形式的怀疑论可以被接受。它所说的不过是，怀疑论的立场通常依赖于某种一般性的哲学论题，而该论题必须以某种方式得到足够强的辩护，以在分量上超过它的反直觉的后果。在摩尔主义的方法论中，并没有东西证明人们不可能找到那种辩护。在关于外部世界怀疑论的特殊情形下，他表达了自己对如下事情的自信：对任何一种关于知识的怀疑论观念而言，都不会有一种唾手可得的足够强的辩护——而这似乎是对的。但这种信心的来源是什么呢？是什么使得摩尔和我们中很多倾向于追寻他的人对如下事情如此地确信：没有一种导致了关于外部世界怀疑论的知识观可以得到辩护？是否有某种怀疑论所固有的错误保证了这一点？

马尔考姆对扩展摩尔挑战的尝试

实质上，这就是诺曼·马尔考姆在自己关于摩尔的文章中要着手回答的问题。他的答案是：怀疑论是错误的，因为它违背了日常语言。马尔考姆在一种可以被重构如下的论证中清楚表达了这一点：

P1. 如果关于外部世界知识的怀疑论是对的，那么不仅没有人会知道任何关于外部世界的命题，而且无论人们拥有多少关于一个这样的命题的证据，也没有人能知道该命题。因此，在怀疑论者看来，如果 S 表达了一条关于外部世界的命题，而 N 是某个人的名字，那么句子 *N 知道 S* 不可能被用来正确地描述任何可能的情况。（马尔考姆把不可能被用来正确地描述任何可能情况的句子称作是"自相矛盾的"。）

P2. 不过，这些句子——*N 知道 S*——是日常语言中拥有日常用法的、有意义的句子。

P3. 没有一个拥有一种日常用法的句子是自相矛盾的。这就是说，任何一个拥有一种日常用法的句子，都可以被说话者用来正确地描述某种可能的情况。

C. 因此，关于外部世界的怀疑论是不正确的。

上述论证中的关键步骤是 P3。下面这段话是马尔考姆对它的讨论。

所有这些理论之下的假定是：一条日常表达式可以是自相矛盾的。在我看来这条假定是错误的。我用"日常表达式"指这样一条表达式，即它可以拥有一种日常用法；也就是说，它可以被日常地用来描述一类特定的情况。我不用它指那种需要被频繁使用的表达式。它只需是一条会被用来描述一类特定情况的表达式，如果那种情况存在或被相信存在的话。①

请注意，马尔考姆在开始处将一个有日常用法的表达式描述为**被用来描述一类特定的情况**。但他很快便后退，并指出：为了使得一条表达式拥有一种日常用法，它事实上并不需要被使用。接着他告诉我们，一条有日常用法的表达式是"**会**被用来描述一类特定情况的表达式，如果那种情况存在或**被相信存在**的话"。

---

① Malcolm, "Moore and Ordinary Language", p. 358.

但我们现在就有了一个问题。P3 将一个有日常用法的句子刻画为**可以**被用来**正确地**描述某种可能情况。① 但严格来说这并不是马尔考姆所说的东西。在这段话里，他将一条有日常用法的表达式刻画为一条**会**被用来描述一些特定情况的表达式，如果它们存在或**被相信存在**的话。有鉴于此，马尔考姆在心中所想的第三条前提似乎是 P3* 而非 P3。

  P3*. 一个有日常用法的句子会被用来描述一种特定的情况，如果它存在或被相信存在的话。

但是，如果我们用 P3* 代替 P3，那么上述论证在逻辑上就不再是有效的。问题在于，新论证并未排除如下可能性：一些句子可以被说话者用来描述一类特定的情况，他们相信这种情况存在，但实际上它却不可能存在。结果，在如此刻画什么叫一个表达式拥有日常用法的情形下，可想而知，一个句子可以拥有一种日常用法，而同时又是被马尔考姆称为"自相矛盾"的那种东西。于是，这种版本的论证失败了。②

  为了得到一种其论证蕴涵结论的论证版本，我们需要坚持 P3 的最初版本。但现在我们需要找出某种令人信服的理由来认为 P3 为真。我们需要某种理由去相信，一个句子在一些特定情况中会被使用这个事实，以某种方式保证了它会被正确地用来描述那些情况。马尔考姆似乎的确认为一定有某种这样的保证存在。

---

① 在这里和以后所有地方，当讨论一个句子 S 是不是那样的句子——如果一种特定的反事实情况存在，那么如果 S 在那种情况下被用于描述它的话，S 就会为真——时，我们总是会将如下事情当作是理所当然的：在这种情况下，S 会准确地意味它实际所意味的东西——也就是说，当在一种反事实情况中考虑它的用法时，我们并不改变 S 的意义。

② 马尔考姆对词项"自相矛盾"的使用，暗示他在我们所熟悉的那种混同上犯了错误：将"逻辑上的自相矛盾"与"先天假""必然假"和"不可能"相混同。既然说话者一般可以辨别一个陈述何时是自相矛盾的，那么这种混同或许已经引诱他去得出如下结论：说话者们一般可以辨别一个陈述何时描述一种不可能存在的情况。某个屈从于这种诱惑的人，会倾向于漠视这种可能性，即说话者可能错误地认为某事是真正可能的，而实则不然。对这样一个哲学家而言，P3 和 P3* 之间的重要区别是容易被忽视的。

没有一条日常表达式是自相矛盾的理由在于，一条自相矛盾的表达式不会被用来描述任何一种情况。它的确没有一种描述性的用途。一条日常表达式会被用来描述一类特定的情况；而既然它会被用来描述一类特定的情况，那么它就的确描述了那种情况。相反，一条自相矛盾的表达式则不描述任何东西。①

马尔考姆在这里做出了两条令人意想不到的断言：（i）没有一个自相矛盾的句子——即这样的句子：它从不可能为真，而且因此不可能被用来正确地描述任何可能的情况——会被用来描述任何情况；以及（ii）一个有日常用法的句子会被说话者们用来描述一些特定的可能的情况，而且由于这一点，它会正确地描述那些情况。当被当作一种不受限制的概括时，这两条断言显然为假。如我们在本卷第七部分将会看到的那样，很多必然假——比如被"长庚星不是启明星"和"水不是H_2O"表达的命题——在概念上是融贯的，而且当被一个充分理解表达它们的句子，又错误地相信它们为真的人应用时，它们完全可以拥有日常用法。马尔考姆没有看到这一点的原因在于，他错误地将自相矛盾混同于逻辑上的不一致、分析假、先天假、必然假和真正的形而上学上的不可能性。如果想要挽救他的论证，我们对它的重构必须避免这些混淆在一起的等同。他所需要的是某种保证，即对任何特定种类的句子 S 而言，如果 S 是有意义的，那么 S 就表达了一条可以为真且因而并非必然为假的命题。

他所渴求的这种保证来自他所坚持的一种观点，该观点是关于特定语词如何获得自身意义的。在马尔考姆看来，一些语词的意义由那些它们所正确适用的典型例子给出。对这些语词来说，（i）学习它们的意义不过就是学习将它们运用于那些它们显然正确适用的个体，以及（ii）如果没有那些它们正确适用的个体存在，那么这些语词就不会有意义。这种语词公认的例子包括："红色的""在……的左边""比……早""比……晚"，等等。马尔考姆认为，对任何一个符合此图景的语

---

① Malcolm, "Moore and Ordinary Language", p. 359.

词 w 来说，**这是 *w*** 这个句子会有一些用法，在这些用法中该句子为真；因此它不会被他称为"自相矛盾"的——更恰当地说，它不会是必然假的。如果在这一点上他是正确的，那么关于**有一些 *w* 存在**之为真的极端怀疑论，就会与如下断言不一致：w 是上述那样一种有意义的表达式。

马尔考姆认为哪些表达式属于此范畴呢？他在如下段落中给我们提供了一条线索。

> 不同之处在于，你可以教给一个人语词"鬼魂"的意义，而不显示给他该语词正确运用的一个示例，但你不能教给一个人其他那些表达式的意义，而不显示给他那些表达式正确运用的示例。人们不可能学会表达式"在……左边"或"在……之上"的意义，除非他们实际上已经被展示了一样东西位于另一样东西左侧、一样东西位于另一样东西之上的一些示例……
>
> 一些表达式的意义必须被显示而不能——像"鬼魂"的意义那样——被解释，在所有这样的情形下，从它们是语言中的日常表达式这个事实可以得出结论，有很多它们所描述的那些情况存在；否则的话，很多人就不能学会那些表达式的正确用法。①

鉴于上述引文，马尔考姆的论证显然意图适用于如下这样的表达式：用他自己的话说，这些表达式拥有"必须被显示而不能被解释"的意义。我们最初的论证可以被如何重述，以反映出这一点？相应的想法或许是，语词"知道"有一种必须被显示而不能被解释的意义。或许它拥有这样一种意义：该意义只能通过认识某些它在其中正确地适用于一个施事者和一条命题的案例而被学会；而如果没有这种成对的施事者和命题的话，那么或许它就完全不会有意义。事实上，我们不得不说得更具体一些——即，(i) 任何复合谓词**知道 *S*** (在其中 S 表达一条关于外部世界的经验性命题) 都有这样一种意义：除非人们知

---

① Malcolm, "Moore and Ordinary Language", pp. 360—361.

道某个这种复合谓词正确地适用于一个施事者和一条关于外部世界的经验性命题，否则便不能学会这种意义；以及（ii）如果没有一个这样类型的谓词正确地适用于成对的施事者和经验性命题，那么就没有一个这样的谓词会是有意义的。

我们可以使用上述想法将新论证重构如下：

P1. 如果一个复合谓词**知道 S**（在其中 S 表达一条关于外部世界的经验性命题）在日常语言中有一种意义，那么该意义不可能在没有学习如下事情的情况下被学会：某些这种形式的复合谓词正确地适用于一个施事者和一条关于外部世界的经验性命题。

P2. 一些上述种类的复合谓词在日常语言中拥有可以被学会的意义。

C. 一些 **N 知道 S** 这种形式的句子为真，在其中 N 命名一个施事者而 S 表达一条关于外部世界的经验性命题。

在这里我们拥有了一种基于语言基础的、对关于外部世界怀疑论的反驳。它的进展会有多顺利呢？尽管上述论证是有趣的，但马尔考姆却无法确证被 P1 表达的那条语言学断言。请注意：说为了学习语词"知道"的意义，人们必须认知某些关于知识的真正示例，这是一回事；而说人们必须认识某些关于外部世界命题的知识的真正示例，则完全是另一回事。怀疑论者可以通过如下方法来回应上述论证：拒斥 P1，并坚称他认识了关于先天知识、关于他自身和自身经验的命题的知识的示例，但并没有认识关于外部世界知识的示例。

他或许还可以声称，为了理解语词"知道"，人们必须认识知识和其他事物之间某些特定的概念上的联系。例如，他可能坚称，如下的（i）和（ii）为真这一点是语词"知道"的意义的一部分：（i）如果有任何人知道 S，那么 S 必定是真的；（ii）如果一个人知道 S，那么那个人一定拥有一些相信 S 的很好的根据（也就是说，那些保证了 S 为真或使得 S 具有压倒性的可能性的根据）。有关于这种一般种类知识的概念上的真理存在，这种想法是极具说服力的。怀疑论者通过如下方法利用了这一点：用这些显而易见的真理来论证，与我们日常的想法相反，对知识而言的概念上必然的那些条件，并未通过所谓的关于外部世界的知识而被满足。人们可以赞同摩尔说，怀疑论者在辩护上述主张时永远不会成功；但马尔考姆试图提供一种比摩尔的陈述更为有力的对怀疑论者的回应。实际上，他在试图表明：怀疑论者使用语词"知道"并认为它是有意义的这种意愿，可以被用来制造一种对怀疑论的反驳，这种反驳是怀疑论者也不得不接受的。显而易见的是，他未能成功地确证这一点。

范例论证的有限的反怀疑论教训

诊断怀疑论中语义上的不融贯之处 vs. 拒斥怀疑论者

尽管范例论证在确证马尔考姆所渴望的结论这一点上失败了，但其背后的大意还有一些有趣的方面值得进一步探索。他的策略是扩展和深化摩尔对怀疑论的挑战。摩尔的挑战要求怀疑论者辩护自己的知识观。马尔考姆的挑战则要求怀疑论者去解释：如果怀疑论的结论是正确的，那么怀疑论者自己的语词如何可以拥有他假定它们所拥有的那些意义。让我们忘记马尔考姆没有成功证明怀疑论者绝不会满足上述要求的事实。让我们仅仅聚焦于这种要求本身。怀疑论者要能够说明，他的语词和思想如何获得他认为它们所具有的那些内容。这是一个怀疑论者常常忽视的问题。通常来讲，怀疑论者毫无疑问地将如下事情当作是理所当然的：他的语词和思想拥有特定的内容，而且他从未费心去解释或询问这是如何可能的。

一个说话者的语词和思想是如何获得其内容的，对这个问题的一种回答，在于那些语词和思想与说话者所处环境中诸多对象间的关系，以及那些语词和思想与更大的语言共同体——那个说话者是其中的一部分——的实践之间的关系。当然，很难看出关于外部世界的极端怀疑论如何可以诉诸任何这样的表述。但如果这种诉诸是不被允许的，那么怀疑论者就需要想出另外某种表述，而这是很不容易的。这种表述会是什么呢？一种可能性是：假定 w 是这样一个语词，其意义只能被显示而不能被解释，就像马尔考姆所说的那样。怀疑论者或许会赞同说，w 不是通过对与之相结合的性质的描述性解释而被学会的。同样，怀疑论者会说，在施事者已经运用或企图运用 w 的那些情形与施事者拒绝使用 w 的那些情形之间，有某些经验性的区别（这些区别纯粹位于施事者内部）。有鉴于此，怀疑论者可能声称，这些经验性的区别——而非任何 w 已经被正确地运用于其上的对象——将意义提供给 w；在怀疑论者看来，没有理由认为 w 曾经或可以被正确地运用于任何对象。

马尔考姆的任何讨论都没有驳倒这种对语词意义的纯粹内部主义（internalist）表述。① 当然，既然我们不是怀疑论者，就不太可能发现任何那种怀疑论的语义学故事是可行的。从我们日常的、非怀疑论的观点看，做出如下假设是非常合理的：很多表达式和很多精神状态，在很大程度上从如下事情来获得自己的内容：与世界中的事物处于一些特定的关系中。如果这是对的，那么当怀疑论者质疑这样一个世界的存在或我们关于该世界的知识的时候，他实际上就在质疑自己正在使用的那些词项的有意义性，或至少在质疑他或我们关于那种意义的知识的有意义性。由于这一点，我们这些非怀疑论者自然会得出结论说，怀疑论的立场是悖论式的或不融贯的。我们得出的结论可能是对的；他的立场可能是悖论式的或不融贯的，如同我们说它所是的那样。

---

① 对没有关于外部世界的全面怀疑论那么极端的怀疑论而言，上述怀疑论者的语义学故事可能就没有那么牵强附会了。这里有一种约翰·霍桑提出的关于怀疑主义语义学故事的可能性，这种故事可能伴随着如下怀疑论观点，即严格来说没有什么东西是平的：(a)"平"的语义学内容是一种日常事物所接近但从未满足的理想条件，(b) 尽管一条论述对象 o 的言说"x 是平的"严格来说总是为假，但当 o 足够接近于满足平的条件时，它可以在交谈中——出于这场交谈的目的——被接受。尽管没有关于平的怀疑论者会确定地对此提出异议，但这说明了某些受限制的怀疑论版本的拥护者可以如何回应类似马尔考姆那样的语义学挑战。

实际上，那个怀疑论者可以使用其意义依赖于如下这样的原则之为真的语词：他自己否认那些原则，或者否认我们可以知道那些原则为真。但是，这并不意味着我们已经向怀疑论者提供了合理的根据，他必须接受这些根据并放弃自己的怀疑论。如我们已经看到的那样，怀疑论者可能有自己的怀疑论语义学故事，而没有一种我们的说法会说服他相信自己错了。这里的教训是：诊断某种极端形式的怀疑论的（语义学上的）不融贯性是一回事；而在怀疑论者自己的根据之上驳倒他则是另一回事。在我看来，马尔考姆范例论证的有趣之处更多地在于它对前一项任务的贡献，而非对后一项的贡献。

案例的限定范围：在这种案例中，一种对语义学上不融贯性的诊断或许是正确的

即便在理解了这一点的时候，马尔考姆自己的讨论仍然不是完全成功的。如我们已经看到的那样，他并未成功表明，即便从一种明确的非怀疑论语义学的视角看，关于外部世界的极端怀疑论在语义上也是不融贯的。但是，他的范例论证的确建议了一条一般性的进攻路线，该路线在一些特定情形中或许还是值得追寻的。就这方面而言，我认为他触碰到某种潜在的重要的事情，尽管他未能充分地发展它。这一点可以通过考虑如下形式的怀疑论而被看到：这种形式比我们目前为止所说到的那种关于外部世界的极端怀疑论要受到更多限制。让我们看看一个受到高度限制的例子：假设某人接受了马尔考姆的如下论点：（i）语词"红色的"有一种不能在没有认识该语词所正确适用的某些例子的情况下被学会的用法，以及（ii）如果没有这种它所正确适用的例子，那么它就会是无意义的。① 这样一个人是否可以一致地使用"红

---

① 值得注意的是，（ii）并不是（i）自动的后承。请参阅我《超越严格性》（Beyond Rigidity）第十章中，在运用于"水""金""老虎"等这样的自然类别词项时，对这二者之间潜在区分的讨论。还请注意，在像"红色的"这样颜色语词的情形中，为了确证（i），一个哲学家需要处理如下反驳：人们可以通过被展示一些白色的对象——这些对象以非标准的方式被照射以显得拥有一种或另一种颜色——来学习它们的意义。感谢吉尔·哈尔曼引起我对这一点的注意。

色的"这个语词来否认有任何红色的对象存在？这样一个人是否可以一致地说"没有红色的对象存在"，而与此同时又假定他的语词是有意义的？是的，他可以，但仅当他赞同如下事情的时候：当他学习语词"红色的"意义时，有一些该语词所正确地适用的对象存在，或至少曾经有红色的对象存在。因此，即使他断然地说出"没有红色的对象存在"，他也不得不乐于赞成"过去曾经有红色的对象存在"。这说明了如下问题：如果这一点——语词"红色的"意义依赖于其正确地适用于某些对象——是对的，那么任何形式的否认有或曾经有红色对象存在的怀疑论，在语义上都是不融贯的；如果这样一种否认是正确的，那么被用来表达它的语词就会是没有意义的。

有的说法可能会更强。假设一个人既接受一种马尔考姆风格的对"红色的"表述，又乐于赞同自己知道自己对该语词的使用是有意义的。我们很难看出，这样一个人如何可以前后相融贯地去否认，自己知道自己的语词有一次正确地适用于那些特定的事物。相反，这样一个人会乐于说："既然我知道自己的语词'红色的'是有意义的，而且既然我知道情况不可能是这样的，除非曾经有一些它所正确适用的对象存在，那么我就知道曾经有一些红色的对象存在。"假设这是正确的，那么我们可以将关于语义不融贯性的诊断扩展到这些版本的怀疑论：它们否认任何人现在知道或曾经知道过去有红色的对象存在；如果这种否认是正确的，那么就没有人可以知道如下事情：被用来表达它们的语词是有意义的。

当然，这些结论既是依条件而定的（conditional），也是程式化的（programmatic）。尝试更精确地阐述马尔考姆风格的语言原则，评估其可行性，并尝试确定它们反怀疑论影响——如果有的话——的范围，将会是一项很有趣的工程。如下想法似乎的确含有一些正确的东西：一些特定的语词既不是通过依据其他语词来加以定义而被学会的，也不是通过满足某组被说话者与之结合在一起的描述性条件而被学会的，而是仅仅通过被运用于一些特殊种类的例子而被学会的。如果诚然如此，那么最终会有某些（受到限制）怀疑论形式存在，对它们来说，上述观察既构成了重要的挑战,也构成了有启示作用的对错误的诊断。

这种怀疑论的一个例子——在我们所研究的日常语言时代被实际讨论过——涉及一种怀疑论断言,该断言产生自如下观察:现代物理学所告诉我们的关于我们周遭日常对象的东西,有时与我们之前所相信的东西不符。例如,我们已经知道,我们所熟悉的、看上去是固体的物质对象,是由很多彼此间有距离的微小原子组成的。这已经将有些人引向一种有节制的怀疑论结论,即尽管我们通常认为砖、混凝土块和钢板是固体的,但实际上它们并不是固体的,因为它们占据的大部分空间是虚空的,这归因于组成它们的原子间的间隙。对这种怀疑论的恰当的马尔考姆风格的回应是:语词"固体"被我们的这种意图所定义,即它只适用于像砖、钢铁等这样的对象;而不是被任何关于在微观和亚微观层面上有多少虚空空间存在的抽象原则所定义。在此公认的语言事实是,该语词适用于那些对象这一点是语词"固体"之意义的组成部分;它所适用的事物必须满足抽象的、可以被现代物理学证伪的描述性原则这一点,则并不是其意义的组成部分。类似这样的例子使我们可以设想,马尔考姆试图说清楚的这类语言观察,有时或许会在确定特定怀疑论观点中的错误这个问题上扮演重要角色,即便这些观察并不构成一种马尔考姆似乎所期望的、一般性地反对怀疑论的撒手锏。

第八章

奥斯丁的《感觉与可感物》

本章提要

1. **奥斯丁的目标和达到目标的策略**
   艾耶尔的论点：外观陈述（appearance statements）构成了我们所拥有的关于相信外部世界的所有证据
   奥斯丁否定这一点的策略，以及他的目标：通过削弱上述论点来表明怀疑论是不融贯的

2. **论证：关于世界的知识并不总是要求证据**
   这样的一些情形：在其中我们知道一条物质对象陈述 p 为真，即使说我们拥有关于 p 的证据会是一种对语言的滥用；奥斯丁的如下结论为何是错的：在这些情形中我们并不拥有关于 p 的证据

3. **外观陈述：奥斯丁对感觉材料理论的批判**
   感觉材料理论的主要信条
   奥斯丁对艾耶尔使用来自错觉的论证的批判
   关于感觉材料的最强论证；使用日常感知句来报告极端非真实的（nonveridical）感知经验的内容
   对上述论证的批评；如何理解这些感知报告句

4. **论证：外观陈述在概念上依赖于非外观陈述的真**
   对如下事情的展望：表明外观陈述预设了一些物质对象陈述的真
   驳斥一些特定形式的怀疑论与表明它们在语义上不融贯之间的区别；

为何后者的前景比前者的前景更乐观

一种奥斯丁式的观点：作为一种对怀疑论有节制的回应的感知辩护

奥斯丁的目标和达到目标的策略

在上一章中，我们讨论了这种尝试，即通过论证被用来陈述怀疑论立场的那些重要语词是某种特殊类型的日常语词，来表明不同种类的怀疑论是不融贯的。在讨论了这种策略后，我们现在转向另一种尝试，即通过语言手段来削弱关于外部世界的怀疑论。约翰·奥斯丁的著作《感觉与可感物》(Sense and Sensibilia)① 陈述了这种尝试；他在 1947 年到 1959 年间做过几次一系列略有不同的讲座，并存有用于讲座的笔记，这本书正是于他死后的 1960 年由这些笔记整理而得。这本书谈及关于感知的哲学中的各种相关问题：我们是否感知到被哲学家称为"感觉材料"的依赖于心灵的对象？如果我们感知到感觉材料的话，那么感觉材料是否是我们直接感知到的仅有的东西？感知一张桌子、一把椅子或一辆汽车，这是否是一件关于直接感知以某种方式与一张桌子、一把椅子或一辆汽车相关联的感觉材料的事情？感觉材料陈述或关于事物如何显现给（appear to）我们的陈述，是否构成了关于我们对物质对象日常信念——就像我对自己办公室里有三把椅子的信念——的证据？这是否是可信的：我们关于物质对象的全部或几乎全部信念都可以为假，即使所有我们关于事物如何显现给我们的信念都为真？如果这是可信的，那么我们如何回应一个坚持如下观点的怀疑论者：如果不排除这种可能性，我们就不可能知道自己关于物质对象的日常感知判断为真？奥斯丁著作的一个特色之处在于，他并不总是直接来接近这些问题。事实上，他对表述这些问题时所使用的那些词项，以及产生这些问题的整个思想框架，都持极端批判的态度。说他认为框定上述争论的基本词项从根本上说是误导人的和令人困惑的，

---

① J. L. Austin, *Sense and Sensibilia*, ed. G. J. Warnock (New York: Oxford University Press, 1964).

第八章 奥斯丁的《感觉与可感物》

这并不为过。因此，他的方法是追踪他所反对的那些主要想法在其他哲学家的著作中是如何被发展的，并试图揭示位于他们著作基础中的那些错误。

尽管奥斯丁选择了一些目标，但他批判的主要对象是 A. J. 艾耶尔出版于 1940 年的著作《经验知识的基础》(*The Foundations of Empirical Knowledge*)①。在这本书中，艾耶尔概述了一种可以被总结为包含如下几个主要论点的观点。

1. 有这样一类外观命题，它们陈述如下事情：在一个给定的时间，在一个人于那个时刻的感觉经验的基础上，事物对那个人而言看上去是什么样子或是如何显现的。这些外观命题在概念上并不蕴涵如下主张的真：这些主张断言除了该施事者及其观念内容、经验内容或精神状态内容之外的任何东西的存在。尤其是，它们在概念上并不蕴涵如下陈述的真：这些陈述是关于物质对象或有别于该施事者的其他人的。不过，这些命题构成了我们所拥有的、关于对物质对象和其他人陈述的所有证据。

2. 这些外观陈述报告了一个施事者在一个给定时刻所感知到的感觉材料。感觉材料有如下特征：(a) 它们是我们直接看到、听到、闻到……的东西；(b) 我们由于感知到它们而感知其他东西；(c) 一个人所感知到的感觉材料对他自己而言是私人性的；不同的人并不感知相同的感觉材料；(d) 视觉感觉材料准确地拥有它们在显现中所拥有的颜色、形状和大小；(e) 感觉材料并非任何一种物理对象，它们是一个人的知觉的要素。

3. 物质对象陈述等价于关于感觉材料的定言陈述和反事实陈述的无限集合。当你断言一条物质对象陈述时，你在做的

---

① A. J. Ayer, *The Foundations of Empirical Knowledge* (New York: Macmillan, 1940).

事情是制造一个关于感觉经验的预言——如果一些特定的条件被满足，这些预言就会发生——的无限的、开放的集合。我们可以通过说物质对象是感觉材料的逻辑构造来表达这一点。

出于我们的目的考虑，第三条主张——关于逻辑构造的——可以被搁置。物质对象是感觉材料的逻辑构造这条原则在第一卷已经得到了充分的讨论和批判。[①] 它在《感觉与可感物》中并不扮演太多角色；奥斯丁的确在该书第六章和第十章谈了谈它，但这并不是他主要的关心之处，而且它可以与前两个要点相分离而又不失去任何本质性的东西。

就艾耶尔的三个要点而言，第一个是最重要的。如果有这样一种外观陈述存在，它们构成我们所拥有的、关于对外部世界陈述的全部证据，而且如果这些外观陈述做出了关于我们和我们知觉内容的断言，但并不在概念上蕴涵对外部对象的陈述，那么关于这些对象的怀疑论就变成了一种真实的、融贯的选择。奥斯丁的最终目标是削弱这种怀疑论的融贯性。他的意图并不仅仅是表明怀疑论是未得到辩护的、不可行的或是一种没有人可以合理接受的立场。相反，他的目标是通过否认怀疑论者的起点来阻止怀疑论起航。他相信，通过驳斥艾耶尔关于外观陈述为物质对象陈述提供证据的方式的主张，可以做到这一点。他手握两种主要的策略。一种策略是尝试表明：没有外观陈述可以仅仅做出关于我们和我们知觉状态的断言，而又不做出关于世界中其他对象的任何暗示。另一种策略是尝试表明：像被"这是一张桌子"——我此刻看着那张桌子并说出这句话——所表达的陈述，是我们完全无需任何关于它们的证据就知道的东西。对这些断言来说，在哲学上对证据的要求是说不通的。

[①] 参阅第一卷第七章。

论证：关于世界的知识并不总是要求证据

我们通过考察第二种策略来开始自己的讨论。在奥斯丁看来，只有当关于环境的某种特殊的东西提供了怀疑一个断言为真的理由时，我们才会说到拥有关于该断言的证据的问题。当没有理由进行怀疑时，当该断言完全显然为真时，没有人可以提出关于证据的问题。

首先，情况并不是如这条原则所暗含的那样，即无论何时，只要做出了一条"物质对象"陈述，那个说话者就必定已经拥有或可以制造关于它的证据。这听上去或许足够合理，但这涉及对"证据"这个概念的一种严重误用。那种在其中我可以被说成是拥有关于某个动物是一头猪这条陈述的**证据**的情况，是这样的：例如说，在这种情况中，那头牲畜自身并未被实际陈列出来，但我在它窝外的地面上可以看到大量像是猪留下的印记。如果我发现几桶猪饲料，这就是进一步的证据，而那些嘈杂声和气味也可以提供更好的证据。但如果那只动物随后出现并被清楚地看到站在那里，那么就不再有任何关于收集证据的问题了；它的到来并没有向我提供关于那是一头猪的更多**证据**，我现在只**看到**它是一头猪，问题也就解决了。在不同环境中，我当然可以在一开始便看到这种景象，并完全不必为搜集证据而费神。同样，如果我确实看到一个人射中另一个人，那么我或许可以作为一个目击证人向那些位置不好的人提供**证据**；但我并不拥有关于自己那条陈述——枪击发生了——的**证据**，我实际**看到了**它。那么，我们再次发现，你不仅必须斟酌那些被使用的语词，还必须斟酌它们被用于其中的那种情况；一个说"它是一头猪"的人有时会拥有这么说的证据，有时则不然；人们不能说，一个像"它是一头猪"这样的**句子**，在本质上是要求证据的。①

---

① *Sense and Sensibilia*, pp. 115—116.

奥斯丁上述说法的一部分可以用如下语言原则加以总结。

> E1. 如果 p 是一条关于某个外部对象的命题——就像一个特定的动物是一头猪这条命题——那么断言一个人拥有关于 p 的证据这一点是恰当的，仅当（a）他并没有处于确定 p 是否为真的最佳地位，而因此他并不认为自己知道 p 为真这个事实；以及（b）一个人援引的证据，使得 p 为真这种情况而非其他情况更为可能。

这一点——或其他接近这一点的观点——似乎是奥斯丁说法的重要组成部分；但这并不是他的全部说法。除了上述这条原则外，他似乎还接受一条与此相关但更强的原则。我们可以将此原则表述如下：

> E2. 如果一个人 x 处于一个很好的位置来判断 p 是否为真，而且如果 x 于那个位置上在没有执行任何特殊研究或从其他命题做出对 p 之为真的任何推断的情况下看到 p 为真，那么不仅 x 断言 x 拥有关于 p 的证据这一点会是不恰当的，而且任何人断言 x 拥有关于 p 的证据都会是不恰当的，甚至实际上是**错误的**。在这样一种情形中，x 并没有关于 p 的证据，尽管 x 当然知道 p。

我们无需担心这两条原则的细节，如果要完全一般性地被运用的话，这两条原则或许还需要一定数量的微调。其中的要点在于，它们符合奥斯丁不得不给出的关于他所选择的那个独特例子的说法。请注意两条原则间的关系。第一条原则大概说，在 p 是显而易见的那些环境中，一个人**断言**自己拥有关于 p 的证据是不恰当的。第二条原则说，在这些环境中，一个人**没有**关于 p 的证据。连接这二者的想法是：在相关环境中一个人断言自己拥有关于 p 的证据是不恰当的，这一点的理由在于，那样一种断言会为假。尽管这种想法当然是可以理解的，但也是成问题的。至于一种断言为何可以是不恰当的或不合适的，还可以有其他一些理由，而这些理由并不需要该断言为假。

艾耶尔在他回应奥斯丁的文章中阐述了这一点；该文发表于1967年，题为《奥斯丁是否驳倒了感觉材料理论？》("Has Austin Refuted the Sense Datum Theory？")。

> 当问题是关于一个我们在识别时没有任何困难的对象时，就像奥斯丁例子里的猪那样，我们通常并不经历一个对我们自己说"它看上去是如此这般的，它在感觉上是如此这般的，它拥有如此这般的气味，因此它大概或几乎肯定是一个如此这般的东西"的过程，这是千真万确的。我们只是直接确定这是一头猪或其他什么东西。在这样一种情况中，问某人他拥有什么关于自己看到一头猪的证据，这听上去是很奇怪的；以上这些也是真的。我们会这样说，仅当我们有某种理由不去相信他的识别……这里的要点在于，看到x的标志在某种程度上是与看到x**相对**的。在任何一种我正在看或操作一个物理对象的正常情形中，说我由此获得了关于它存在的证据，这是一种对语言的滥用，特别是当其中暗含的意思是这种证据不是决定性的时候。①

在此，艾耶尔表述了对我们第一条原则的赞同——这条语言原则是关于断言一个人拥有关于某物的证据这一点在什么时候是恰当的。但是，他随后拒斥了如下主张：在这些情形中，人们不可能拥有证据；而他因此找到了关于如下事情的理由：这种语言上的不恰当性，并不暗含该施事者拥有证明这条断言谬误性的证据。

作为一条关于日常用途的评论，所有这些都可以被接受。作

---

① A. J. Ayer, "Has Austin Refuted the Sense-Datum Theory?" *Synthese* 17（1967）; reprinted in *Metaphysics and Common Sense*（San Francisco：Freeman, Cooper, & Co., 1970）。所引段落见于第129—130页。其他引文亦出自此版本。

为一条一般性的规则，当一个人说到拥有关于命题 p 的证据时，他希望这被理解为：自己并不完全确信 p 之为真，而且自己并不担保它不仅仅是很可能的。当我认为自己知道 p 时，如果我所说的不过就是我拥有关于 p 的很好的证据的话，那么我会采取低调的举止以误导自己的听众。但是，在目前的语境下，强调这一点是轻率的，因为我知道 p 这一点，当然并不与我拥有关于它的很好的证据这一点不一致。相反，在非常多的示例中，我声称知道 p 不会是恰当的，除非我拥有那种证据。与通过断言有一种关于 p 之为真的很好的证据相比，通过直接断言 p 之为真，我只是使自己更强地做出对 p 之为真这一点的承诺；而当我们处于一种可以做出更强断言的地位时，我们的习惯是不去做出那种较弱的断言。但我们并不能由此得出结论说，当我知道 p 时我并没有关于 p 的证据；这样的结论就像如下事情一样是不成立的：当我认为自己知道某事时，仅仅说"自己相信它"是会误导人的，而我们从这个事实便猝然得出结论说，如果我的确知道某事，那么我并不相信它。① 于是，奥斯丁的例子就未能证明他的论点。②

请考虑艾耶尔的对比——断言 p vs. 断言有关于 p 的重要证据存在。与一个仅仅断言有关于 p 的重要证据存在的人相比，一个断言 p 的人使自己对更多的事情做出了承诺。一个断言 p 的人既承诺了 p，也承诺了拥有关于 p 的重要证据。后一种承诺产生自如下事实：一个人不能断言自己没有关于它们的重要证据的事情，这被我们当作好的交谈性

---

① 译者注：艾耶尔原文中的这句话容易引起误解且不易翻译，因此译者更多地采取了意译的方法，添加了一些原文中没有的语词、标点（如"自己相信它"在原文中并未加引号）并改写了相关的句式，以在汉语中避免歧义。如果读者对照原文进行研究的话，希望这种添加和改写不会带来不必要的麻烦。

② Has Austin Refuted the Sense-Datum Theory?, p. 130。如我们在下一章将会看到的那样，这种论证所建基于其上的那条隐藏的原则，被保罗·格赖斯在如下文章中表达："The Causal Theory of Perception", 1961, and "Logic and Conversation", 1967 年在哈佛作为威廉·詹姆斯讲座被讲授，二者均重印于 Studies in the Way of Words （Cambridge，MA and London：Harvard University Press，1989）。

公民资格（good conversational citizenship）的一条规则。但一个仅仅说有关于 p 的重要证据的人，并未对 p 做出承诺。所以，与仅仅断言一个人拥有关于 p 的重要证据相比，断言 p 涉及更大的交谈性承诺。现在让我们假设，一个人处于这样的一种交谈性的情景中：在其中，p 的为真或为假是有争议的。我们进一步假设，在此情景中，一个人仅仅说有关于 p 的重要证据存在。在这种情况下，这个人的听众在得出如下结论时会得到辩护：那个人之所以这样说而不是仅仅断言 p 的理由在于，他想回避那个会产生自对 p 做出断言的更强的承诺。在大多数交谈性情况下，想要回避这种承诺的最自然的理由会是：人们对 p 有些怀疑，而因此并不想让自己完全认定它。如果这种推理是正确的，那么当一个人断言自己拥有关于 p 的证据时，他通常就被认为暗含或暗示自己并不完全认定 p 为真。于是，当一个人完全认定 p 为真时，他就不会做出关于证据的那个较弱的断言。他之所以不会做出较弱断言的理由**并不**在于那样做是错误的；这不会是错误的。相反，做出较弱的断言自身是误导性的，而与关于 p 的较强断言一道做出那个较弱的断言，却又是冗余的。

如果诚然如此，那么提取自奥斯丁讨论的原则 E1 就为真，即使 E2 或奥斯丁试图从中得出的更大的哲学结论均未得到辩护。奥斯丁希望得出这样的结论，即我们做出的很多平凡的物质对象陈述，是即便我们在没有关于它们的证据时也知道它们为真的陈述。他希望得出这种结论的理由在于，该结论会剥夺怀疑论者的观点得以起航的能力。怀疑论者认为，如下事情是显而易见的：我们知道物质对象陈述为真，仅当我们能够拥有关于它们的证据时；怀疑论者还希望补充说，我们能够收集到的证据绝不会是足够的。人们无需在这一点上赞同怀疑论者以得出如下结论，即奥斯丁的论证并未剥夺怀疑论者的起点；奥斯丁关于我们何时征求证据以及何时不这样做的观察，并未确证如下事情：我们知道物质对象陈述这一点，有时是没有证据的。

外观陈述：奥斯丁对感觉材料理论的批判

现在让我们转向奥斯丁为了试图剥夺怀疑论者的起点而采取的另一种策略。该策略涉及外观陈述——关于事物在特殊的时间如何显现给一些特殊的观察者们的陈述——的本质和存在。奥斯丁希望能表明，没有这样一类命题存在，它们仅仅谈论个体和个体心灵的内容，但又构成了这些个体关于物质对象断言的证据。他关于这个问题的大部分讨论采取了批判感觉材料论证的形式。

对视觉感觉材料的标准处理，大致可以被总结如下：

(i) 感觉材料论者接受如下原则，即无论何时，当在我们看来自己似乎在看着某个具有特定颜色、形状或大小的东西时，我们都在直接看着那个具有那种颜色、形状或大小的东西。（想想这样的情况：凝视着一盏明亮的灯，然后转过头去面对一面空白的墙壁，并"看到一个金色的圆圈"在眼前浮现。上述主张是说，即便在类似这样的情形下，一个人仍然看到某个颜色是金色的东西。）

(ii) 持这种理论的人接着推理说，既然像小棍、树木和家具这样的日常物质对象，有时显得具有一种特定的颜色、形状或大小，而此时实际上并不具有那种颜色、形状或大小；那么，我们看到一个看上去如此这般的物质对象但它实则并不如此这一点，一定直接涉及看到另一个不是该物质对象的东西。我们直接看到的这另一个东西是一个视觉感觉材料，与我们所感知到的物质对象相区别。

(iii) 持这种理论的人得出了关于视觉幻觉的类似结论。当产生关于粉红色老鼠的幻觉时，我们直接看到某个粉红色的东西，即使并没有我们所看到的老鼠存在。在这些情形下，我也同样直接看到了感觉材料。

(iv) 既然在所有这样的情形下，一个人直接看到的感觉材料不会与任何物质对象相等同，那么感觉材料论者便得出结论说，它们并非物质对象,而是某种对一个人的心灵来说是私人性的东西。持这种理论的人以此得出结论说,我们在所有"非真实的视觉感知"的情形下直接看到了感觉材料;也就是说,在这种情形下,在我们的环境中,事物以一种特定的方式在视觉上显示给我们,而实际上它们并不是那样的。

(v) 接下来,感觉材料论者注意到,我们环境中事物的样子与我们感知到的样子是相同的这种情形,或许应当与事物与其所显示的样子不同的情形区别开来。感觉材料论者将如下情况当作是事实:对正确无误的视觉感知 p 来说,每当一个是 F 的外部对象被一个施事者看作是 F 的时候,都有这样一个可能的感知经验 p* 存在;它与 p 在质上相等同,即使在经验到 p* 时该施事者并未看到世界中任何一个是 F 的东西,因为该施事者的大脑正在受到人为的刺激以产生这种印象。

(vi) 既然感觉材料论者已经得出结论说,在"非真实的"情形下,施事者的视觉经验 p* 足以保证他直接看到一个感觉材料,那么他们现在就得出结论说,在"真实的"情况下,施事者的视觉经验 p 也保证了同样的事情。

通过上述手段,感觉材料论者得出了这样的结论,即无论在所谓"错觉"还是所谓"真实的"情形下,我们直接感知到的东西都是感觉材料。这两种情形在如下问题上是十分相似的:施事者在两种情形下都直接感知到类型完全相同的东西;两种情形的不同之处在于,在真实的情形下,施事者对感觉材料的直接把握到算作是对环境中他正盯着的对象的看(在一种相关的意义上),这些对象为他的感知经验负责。

奥斯丁拒斥了这幅图景,并反驳关于感觉材料的正面案例每个方面。我们可以通过回顾他在《感觉与可感物》第三章里对所谓"错觉论证"(argument from illusion)的批判,来说明其中的某些反驳。我们从他对这些案例的总结开始。

在艾耶尔的陈述里，该论证是这样进行的。它"基于这样的事实，即物质对象或许会对不同观察者或在不同条件下对同一观察者呈现出不同的外观，而且这些外观的特征在某种程度上被诸种条件的状态和观察者的状态因果性地决定"……

首先，折射——一根通常"显得是直的"棍子在水中被看到时会"看上去是弯的"。他做出了如下"假定"：(a) 当被放置在水中时，这根棍子并未**真正改变自己的形状**，以及（b）它**不可能**既是弯曲的又是直的。接着他得出结论说（"这意味着"），"至少有一种关于这根棍子的**视觉外观**是**不真实的**"。不过，即便当"我们所看到的东西并非**物质事物的真正性质**，我们也应当看到了什么东西"——这个东西就被叫做一个"感觉材料"。一个感觉材料是"我们在感知中**直接**知晓到的那个对象，如果它不是任何**物质事物**的**一部分**的话"……

接下来，海市蜃楼。一个说自己看到了海市蜃楼的人，"不是在感知任何物质事物；因为他认为自己感知到的那片绿洲**并不存在**"。但"他的**经验**并不是一种不关于任何东西的经验"；因此"这就是说，他正在经验到感觉材料——这些感觉材料在特征上类似于他在看到一片真正的绿洲时会经验到的东西——但这些感觉材料在如下意义上则是不真实的：**那个显得是被它们呈现出来的物质事物实际上并不在那里**"。

最后，映像。当我看着镜子中的自己时，"我的身体**显得是**位于玻璃后的某段距离的地方"；但身体不可能真的同时位于两个地方；因此，在此情形下我的感知"不可能是**真实的**"。但如果我的确看到了**某物**，而且如果"在我的身体显得是出现在的那个地方实际并没有那样一个事物，那么我看到的是什么？"答案——一个感觉材料。①

---

① *Sense and Sensibilia*, pp. 20—22.

第八章 奥斯丁的《感觉与可感物》

关于这些例子，奥斯丁提出了三个论点。（i）它们并不都属于错觉的情形。例如，没有人被水中的小棍愚弄，因为没有人愚蠢到会认为一根小棍无论在何种环境中看上去都必定一样。对艾耶尔的另一个例子而言，海市蜃楼或许是一种错觉，但镜子中的像则不然。（ii）镜子中的像并非某种私人性的感觉材料。相反，它是某种可以被拍下并被其他人看到的东西。（iii）在讨论这些例子时，艾耶尔混合了错觉与妄想（delusions）。例如，尽管所有情形都被认为应当是错觉的例子，但艾耶尔却将这些情形中的视觉经验刻画为"不真实的"。

错觉与妄想间的区别是什么呢，而且这种区别如何涉及"错觉论证"呢？

那么，什么会是错觉的真正例子呢？（事实是，艾耶尔所援引的任何一种情形，至少在不做延伸的情况下，几乎都不是关于错觉的情形。）好吧，首先，有一些非常明显的**视**错觉的情形——比如我们早先提到的那种情形，在其中，两条等长的线段被弄得看上去不一样长了。还有一些被如下这些人制造出来的错觉：职业"幻术家"、魔术师（例如舞台上的《无头女人》[Headless Woman]，其主角被弄得看上去是没有头的）或腹语术者的傀儡（它被弄得显得是在说话）。但如下这种情况——（通常）不是被刻意制造出来的——则非常不同：当一个轮子朝着一个方向足够快地旋转时，它看上去似乎在朝着相反方向很慢地旋转。另一方面，妄想则是一种与此全然不同的东西。典型的案例是受迫害妄想症（delusions of persecution）、自大狂（delusions of grandeur）。这些主要是关于极端错乱的信念（也可能是行为）的事情，而且可能与感知并没有什么特别的相关之处。但我认为，我们或许也可以说，看到粉色老鼠的那个病人拥有（染上了）妄想——毫无疑问，尤其当他并不清楚地意识到他的粉色老鼠并不是真实的老鼠时；而情况很可能就是这样的。

这里最重要的区别在于，"一个错觉"这个词项（在一种关于感知的语境中）并不暗示某个完全不真实的东西被**想象出来**

(*conjured up*)——相反，有的只是：纸上线条和箭头的排列，舞台上的女人将头放进一个黑袋子里，旋转的轮子；但"妄想"这个词项**的确**暗示某个完全不真实的东西，它完全不存在。①

在这段话里，奥斯丁以一种微妙和富于启发性的方式，细致地阐明了错觉和妄想间的区别。人们还想知道，这种区别会使得那种论证发生些什么变化？

他试图在如下段落里告诉我们这一点。

我认为，这就是"错觉论证"所积极利用的、未将错觉与妄想区别开的那种方式。只要我们被暗示说，我们注意到的那些情形是**错觉**的情形，那么（从语词日常用法的角度看）这就暗含，真的有某个我们感知到的东西在那里。而当这些情形开始被悄悄地称为妄想时，我们得到关于某种被想象出来的、不真实的或至少"无形体"的东西的非常不同的暗示。当这两种暗含被放在一起考虑时，它们可能微妙地影射如下意思：在所援引的那些情形中，真的有我们所感知到的某物存在，但那是一种无形体的东西；而这种影射，尽管就其自身而言并非决定性的，但它被精心地策划为去让我们稍微接近一点如下立场，即感觉材料论者希望我们所持有的立场。②

在我看来，奥斯丁对艾耶尔关于某些特殊情形讨论中特殊细节的批判，是合理的；而且他的如下不满是比较准确的：忽视错觉和妄想之间的差别，或许会具有按照感觉材料论者的喜好来暗中作弊的修辞效果（尽管我没有看到认为艾耶尔"精心策划"上述任何地方的理由）。但如同奥斯丁似乎认识到的那样，这些批评就其自身而言很难说是决定性的。任何对艾耶尔关于感觉材料立场的批判的核心，都应当涉及对如下原则的攻击：如果某样东西在一个人看来似乎是如此这般

---

① *Sense and Sensibilia*, pp. 22—23.

② Idib., p. 25.

的，那么这个人必定直接看到了某个如此这般的东西。毕竟，如果一个人赞同这条成问题的原则，那么就很难否认在有错觉、妄想和幻觉的情形下，我们看到了感觉材料；而如果有人赞同说，在那些"非真实的"情形下，我们感知经验的本质足以使得视觉感觉材料存在，那么在与日常"真实的感知"性质上相等同的示例中，他就会很难否认同类感觉材料的出现。

当然，奥斯丁的许多批判性讨论可以被视作对艾耶尔成问题的原则的攻击，而当情况诚然如此时，他的许多说法是具有说服力的。不过，在接受奥斯丁的结论前，我们需要关注那些被用来推动此项原则的最重要和最难以处理的情形。第一，请考虑幻觉。似乎有这样一种用日常感知动词来描述幻觉的根深蒂固的习惯存在。醉汉据说是**看到**粉红色的老鼠横穿过地板。麦克白说他**看到**自己面前有一把匕首。在这些情形下，主项似乎拥有一些视觉经验。在一个醉鬼看来他好像正看到粉红色的老鼠，但并没有一个在他看来像是一只粉红色老鼠的物质对象。所以，如果他看到任何像是一只粉红色老鼠的东西的话，那么认为这是一个对他而言是私人性的感觉材料，就没什么不合理的。我们乐于接受将醉汉描述为看到了某物，这种事实也因此在某种程度上向我们提供了对感觉材料理论的支持。第二，请考虑复视（double vision）现象。当我将自己的一根手指移到离眼睛很近的地方时，我会看到两根手指。如果你问我的意思是什么，我会倾向于说："我看到了自己手指的两个形象。"但这样你可能会问："你看到的这两个形象是什么？"这两个形象不会彼此相等同，否则它们就不会是两样东西了。但这样一来，似乎至少其中的一个形象并不与我的手指等同，因为没有一样东西（我的手指）可以与两个不同的事物相等同。此外，这个并不是我手指的形象并不与任何其他的物质对象等同。所以，我们可以获得它是一个感觉材料的初步证据（a prima facie case）。而如果这个形象是一个感觉材料，那么另一个为何不也是呢？第三，请考虑后像。当我凝视一盏明亮的日光灯并在随后看着一面空白的墙壁时，我会拥有如下这样一种视觉经验：在不经意间、不受哲学影响的时刻，我倾向于描述自己看到一个微弱的金色桶状物浮现在自己眼前。如果有我在一个类似这样的情况下看到的任何东西存在，它似乎就是一个私人性的感觉材料，而非一个物质对象。最后是缸中之脑，它受到刺激以产生在性质上与一个人在日常生活中所拥有的那些经验相等同的经验。我们会如何描述这个大脑的经验？如下说法似乎是很自然的：它拥有关于颜色、形状和大小的视觉经验，尽管它从未看到任何在自己环境中的对象。但如果它拥有关于颜色、形状和大小的视觉经验，那么可以说它**看到了**（在"看"的一种特定的直接的意义上）各种形状和大小的有颜色的形象。而如果诚然如此，那么似乎这些形象一定是私人性的感觉材料，而非物质对象。

依我所见，这些例子提供了相信如下事情的最有力的理由：至少在有些时候，我们的确（直接）看到了感觉材料；而如果在这些"非真实的情形"中拥有这些经验足以算作（直接）看到感觉材料的话，那么我们很难否认，拥有在性质上与"真实情形"中同样的感知内容相等同的经验，也可以算作（直接）看到了感觉材料。所以这是支持感觉材料理论的一种证据。但这最终说来是具有说服力的吗？幻觉、复视、后像和缸中之脑的这些例子是令人信服的吗？我并不这样认为。以幻觉的情形为例。尽管我们倾向于说，"醉汉看到了粉色的老鼠"，但我们知道并没有他所看到的粉色老鼠存在。我们知道，只是在他"看来"好像自己看到了粉色的老鼠。这——或与此类似的东西——是我们在说出句子"他醉得都看到粉色的老鼠了"时所试图传达的东西。这个句子自身就字面意思而言为假，尽管我们以一种宽松和扩展的方式来用它传达某种为真的东西——即他的视觉经验就像是一个看到了粉色老鼠的人的视觉经验。这类似涉及一个妄想自己身体被虫子覆盖的精神病患者的情形。在看到他反复进行将身体不同部位上的东西拂去的动作时，我们向一位主治医师解释道："他在把那些趁他睡觉时侵袭他的虫子弄掉。"既然在他睡觉时并没有虫子侵袭他，那么我们说出来的这个句子就字面意思而言就为假，尽管我们按照事情在那位患者看来的样子成功地用它解释了他的动作。在一种类似这样的情形下,如下假定几乎就没有什么诱惑力:动词"弄掉"有一种特殊的意义,根据这种意义,我们说出的那个句子是一条字面上的真理(literal truth),它报告了对那些对该患者而言是私人性的、侵袭他的虫子的清除。出于同样的理由,在谈论醉汉时,我们通过使用句子"他看到了粉红色的老鼠"来传达某种为真的东西的能力,不应当将我们引向如下结论:"看"有一种特殊的直接的意义,在此意义上,那个醉汉真的看到了自己特定的私人性观念。①

同样的评论也适合于其他的情形。例如,当我评论说自己看到手指的两个形象时,我真正在试图传达的是,我的手指在我看来同时出现在两个不同的位置。我当然知道它并不在两个不同的地方。既然我并不想给其他人造成这种印象,即我的手指或许真的在两个不同地方,或我认为它可能在两个不同的地方,所以我就说,我看到自己手指的**形象**。从语言上来看,事情是这样的:我从关于自己的手指显得是怎样的事实开始,然后依据关于外观的谈论来表达这些事实——就好像外观是我所看到的额外的对象。出于日常交谈性的目的,这足够清白了,因为这允许我们传达自己想传达的东西——某种关于我的手指显得是怎样的事情。但是,当我们从哲学上思考将外观处理为我们看到的特殊实体(entities)这一点究竟涉及什么时,拒斥真的有这样的实体存在的想法似乎就是合理的。所以我会说,我看到自己手指的两个形象这条断言在字面意思上为假,尽管我使用它来传达某种为真的东西。

我倾向于沿着同样的思路来处理其他那些例子。这涉及将说话者在某些不太常见的环境中日常地说出的那些事情处理为如下这样的:它们在字面意思上为假,尽管它们在传达另一些为真的事情上、在交谈性上是有用的。人们可以将我所论证的观点在如下意义上刻画

---

① 在这种情形下,那个醉汉并未看到任何东西,尤其是没有看到任何是或看上去是粉红色的东西;这种结论不应与如下主张相混淆:那个醉汉的视觉经验并未将是粉红色的这种性质表现为在当下的环境中被示例的。相反,尽管那个醉汉的视觉经验的确将环境表现为包含了某个粉红色的东西,但它不可能是这样一种视觉经验:在其中,有任何被看到的东西被表现为粉红色的。

为对日常语言的一种修正：在关于这些情形的哲学讨论中——我们在这时关心的是字面真理——我们不会按照与说话者在日常交谈中完全同样的方式来描述那些感知情况。另一方面，这种有限的哲学修正并不需要任何如下的暗示，即日常交谈性实践应当被改变或放弃。这种有时使用字面意思上为假的句子来传达某种为真的东西的实践，在语言中是很普遍的，这毫无疑问是因为它满足了重要的交际性（communicative）目的。因而，关于感知的日常交谈性谈论依然可以完好如初。

在这一段插叙中，我已经推进了自己的观点，而非紧贴奥斯丁的文本。不过我认为，我们所得出的观点已经相当接近他的观点了。我将会用摘自他著作第九章中的一段话来阐明这一点；在这段话里，他讨论了艾耶尔关于"去看"（to see）这个感知动词的意义或诸多意义的讨论。奥斯丁和艾耶尔都赞同，如下这种事情是具有某种意义的：说某人看到如此这般的东西，这在概念上蕴涵那个如此这般的东西存在，尽管这并不蕴涵那个如此这般的东西拥有它显得所拥有的那些性质。这便是"看"的日常意义，在这种意义上，我们谈论关于某人看到我的房子这件事，而且我拥有一栋房子这条陈述得自某人看到了它这条陈述。艾耶尔认为，除了这种意义外，动词"去看"至少还有另一种日常意义，在这种意义上，"有一个如此这般的东西存在"**并不得自**"x看到了如此这般的东西"。奥斯丁不赞同这一点；相反，他似乎认为，这个动词只有一种意义（此时它被用来报告一种感知）。

我想用以下这段来自奥斯丁的段落，同我已经概述的关于对幻觉、复视和类似东西的报告的观点相比对。

关于复视的这第三个例子，要更难处理。艾耶尔说："如果我说自己感知到两张纸，那么我不需要暗含那里真的有两张纸存在。"我认为，现在这只在某种限定条件下才为真。我料想，这是真的：如果我知道自己正经受复视，那么我可以说"我正在感知到两张纸"，而且在这样说的时候，我的**意思并不是**那里真的有两张纸；

但我想，虽然如此，我的言说的确在如下意义上暗含有两张纸存在：任何一个不熟悉这种情形的特殊环境的人，鉴于我的言说，会自然而恰当地假定我认为有两张纸存在……

但是否可以说，我们并未做出足够的让步，以辩护艾耶尔在此主张的主要观点？无论"真正地被感知到的"情况是怎样的，我们已经赞同如下这一点，即我或许可以恰当地说"我正在感知到两张纸"，且与此同时充分认识到在我面前并不真的有两张纸存在。而既然不可否认这些语词**也**可以被用来暗含真的**有**两张纸存在，那么我们岂不是必须赞同"感知"有两种不同的意义？

不，我们并不必须赞同这一点……因为在这种例外的情况中，尽管只有一张纸存在而在我看来则是两张，但我或许想退而求其次地说，"我正在感知到两张纸"（因为缺少更合适的语词），而与此同时又全然知道情况并不真的是这些语词所完全适合的。一种例外情况或许因此导致我去使用那些主要适用于一种不同的、正常情况的语词；但上述这种事实根本不足以确证如下事情：一般而言，我所使用的这些语词或它们中的任何一个语词，有两种不同的、正常的（"正确的和为人所熟悉的"）**意义**（*senses*）。①

在这段话里，奥斯丁暗中区分了如下二者：**我说出的那个句子的意思是什么**，和在一个特定的场合说出这个句子时**我的意思是什么**。我的句子的意思被我所使用语词的交谈性的或字面上的意义所决定。而在某些特定情形下，我的意思可能与此不同，或更要视情况而定。此外，奥斯丁暗示，当我用这个句子去描述一种复视的情形时，我知道环境是不寻常的，而且该句子的字面意义并不完全符合这些环境。在像这样一种情形下，我之所以使用这个句子，是因为它的意义足够接近我心中所想的东西。事情不过如此。我们在这里看到了奥斯丁最敏锐和最有洞察力的地方。

---

① *Sense and Sensibilia*, p. 89—91.

论证：外观陈述在概念上依赖于非外观陈述的真

有鉴于上述所有问题，让我们假定自己赞同奥斯丁的如下观点，即没有足够的理由去认为我们曾感知到感觉材料，更别说感觉材料是我们总是（直接）感知到的了。这涉及对上述要点 2 的拒斥，该要点取自艾耶尔的《经验知识的基础》——也就是说这种主张：关于事物如何显现给一个施事者的句子，报告了该施事者所感知到的感觉材料。但是，这仍然没有涉及艾耶尔的要点 1，无论如何它才是真正关键的问题。

  1. 有这样一类外观命题，它们陈述如下事情：在一个给定的时间，在一个人于那个时刻的感觉经验的基础上，事物对那个人而言看上去是什么样子或是如何显现的。这些外观命题在概念上并不蕴涵如下主张的真：这些主张断言除了该施事者及其观念内容、经验内容或精神状态内容之外的任何东西的存在。尤其是，它们在概念上并不蕴涵如下陈述的真：这些陈述是关于物质对象或有别于该施事者的其他人的。不过，这些命题构成了我们所拥有的、关于对物质对象和其他人陈述的所有证据。

目前为止我们所得到的结论是，外观陈述并不报告那个施事者所感知到的感觉材料；但这并不意味着没有这样一类外观陈述存在：它们与艾耶尔要点 1 所主张的那种物质对象拥有证据性的关系（evidentiary relation）。只要要点 1 还成立，关于外部世界的怀疑论就仍然是一种富于挑战性的、融贯的、可陈述的观点，而奥斯丁制造一种针对它的语言反驳或剥夺其起点的目标就仍未实现。

  例如，请考虑缸中之脑的情况。我们不能使用如下这样的外观陈述来描述那个大脑的感知经验吗："在时间 t 在这个大脑看来好像自己看到了一块上面有白色标记的黑板"；"在这个大脑看来好像自己听到了一个声音并看到一个穿着一件褐色衬衫的人坐在自己面前"，等等？

这些陈述均没有让我们对如下断言做出承诺，即这个大脑真的看到或听到任何东西；它只是拥有这样的经验：这些经验是它在看到或听到各种东西时会拥有的。现在请考虑关于这个大脑的所有这类为真的外观断言。有两件事初看上去是可能的。第一，似乎可能的是，这组描述事物如何显现给这个大脑的真断言，可以完全对应于那组描述事物如何显现给你的真断言。这就是说，无论何时，只要在这个大脑看来好像自己看到或听到如此这般的东西，那么在你看来就好像自己看到或听到如此这般的东西；反之亦然。所以，事物显现给那个大脑的样子，与显现给你的样子是完全一样的。第二件似乎可能的事情是，尽管有上述事实存在，但那个大脑从未真正地感知到任何一个他人或物质对象。

如果所有这些真的是可能的，那么怀疑论者就可以来规划自己的挑战。第一，他会坚称，那些关于事物如何显现给我们的陈述，向我们提供了关于那些我们认为自己知道的、关于他人和物质对象陈述的证据。第二，他会援引缸中之脑这种可能性，来表明这种证据的全体在逻辑或概念上与我们在这种证据的基础上认为自己知道的那些陈述的谬误性相容。第三，他会由此得出结论说，我们的证据并不保证我们认为自己知道的、关于他人和物质对象的那些陈述确实为真。最后，他会坚称，既然我们的证据并不保证那些陈述为真，那么我们就并不确实知道它们为真。这便是怀疑论的挑战。当然，我们可以规划这种挑战这一事实，并不表明它就是正确的。例如，人们可以拒绝怀疑论者的如下暗含的假定，即为了让一个人知道 p，他关于 p 的证据必须在逻辑或概念上蕴涵 p。但是，这并不是奥斯丁的策略。相反，他似乎希望表明，怀疑论是不融贯的、自我毁灭的或不可能起航的；而到目前为止，我们还没有得到任何有一点点接近这种结论的东西，即使我们赞同他对感觉材料的拒斥。

记住了这一点，我将会简单地考虑这样一种方式，奥斯丁试图以此方式将自己对感觉材料的攻击扩展为对并不提及感觉材料的外观陈述的攻击。他的想法是攻击如下这种观点，即外观陈述在认识论上先于物质对象陈述。艾耶尔和怀疑论者似乎都假定，外观陈述为物质对象陈述提供了证据，而它们自身则并不预设任何物质对象陈述的真。但是，假设我们可以表明，外观陈述自身以某种方式预设了某些物质对象陈述为真。这样一来，怀疑论者的挑战或许就真的无法起航了。

以下段落引自《感觉与可感物》第十一章，在其中奥斯丁批判了G. J. 瓦诺克（G. J. Warnock）关于贝克莱的著作①；这段话似乎表明，奥斯丁被上述那种思路所吸引。

> 此外，瓦诺克对这种情况的描画，不但使它扭曲了，而且使它倒置了。他对"当下感知"（immediate perception）的陈述，与那些我们从那里**前进**到更为日常的陈述的东西相距甚远；他的那些陈述实际是通过如下方法被达到的——根据他自己的表述也是这样被达到的——即从更日常的陈述**后退**或稳步地加以规避。（有一只老虎——**似乎**有一只老虎——**在我看来**有一只老虎——在我看来**现在**有一只老虎——在我看来现在**好像有**一只老虎。）如下说法是格外有悖常理的：日常陈述建基于这样一种语词形式——这种形式**开始于**并包含一条日常陈述——它以各种方式来限定自己和使自己规避危险。在你能够开始浪费东西之前，你的盘子里得有些什么东西。事情并不如瓦诺克的语言所暗示的那样，即在有一种直接适合它的很好的情形时，我们才能停止规避；事实是，我们并不**开始**进行规避，除非有某种特殊的理由来这样做，有某种有些奇怪和异常的关于一个特殊情况的东西让我们来这样做。②

尽管这段话是有提示性的，但这种想法在任何细节方面都行不通。在这里，奥斯丁心中所想的可能是一种赖尔如下断言的变体，即骗术（deception）只有在一种可以被发现的、不受骗的一般背景下才讲得通；

---

① G. J. Warnock, *Berkeley* (New York: Pelican Books, 1953; reprinted with a new preface by Peregrine Books, 1969).

② *Sense and Sensibilia*, pp. 141—142.

错误的可能性在概念上预设了可发现的真理的实在性；假币的可能性预设了真币的存在。如果这是奥斯丁所获得的东西，那么他的主张就如赖尔的一样是成问题的。

但是，他的想法或许可以以一种不同的方式被发展。这里便有一种思路。回想一下马尔考姆的范例论证。对一个句子"现在在我看来我正感知到一个如此这般的东西"的断然说出，或许预设了"如此这般"这个表达式的有意义性；而且或许至少在一些特定的"如此这般"这个表达式的情形下，它们之有意义这一点预设了在某个时刻或另一个时刻曾经有一些如此这般的东西存在。如果这是对的，那么这并不会排除所有的怀疑论。例如，这不会排除关于我们是否知道现在有一些如此这般的东西存在的怀疑论，但会排除某些形式的怀疑论。如果怀疑论者与我们合作，我们或许会做得更好。如果他承认（i）我们的外观陈述是有意义的，（ii）为了使得它们是有意义的，必须曾经有一些如此这般的东西存在，以及（iii）无论（i）还是（ii）都是可知的，那么他会不得不承认，我们可以**知道**一些如此这般的东西必定曾经存在。人们可以自己来判断找到这样一个肯合作的怀疑论者的机会——他不仅接受关于相关的表达式"如此这般"之意义的非怀疑论的故事，而且认可说这个故事是可知的。但是，即使我们的怀疑论者不那么乐于助人，事情也还没完呢。如果我们这些非怀疑论者可以通过自己正常的非怀疑论标准，来辩护关于"如此这般"之意义的相应的非怀疑论表述，那么我们或许就可以宣布那些桀骜不驯的怀疑论者的不融贯的罪名，尽管他们会提出抗议。

这会是一种多好的结果呢？在此，我认为我们需要给出一种混合的评价。在积极的方面，这会增强我们对怀疑论者的回应，并加深我们对某些极端形式的怀疑论错在何处的诊断。摩尔提出了这个问题，即极端怀疑论通常预设了这样一种哲学上的知识观：说得婉转一点，对这种观念的辩护是非常成问题的。马尔考姆 - 奥斯丁攻击思路的成功，至少会进一步说服某些怀疑论者，这些怀疑论者所提倡的那些论题的真，会剥夺他们假定自己的语词所拥有的那些意义。这种结果有助于解释不合理性的隐藏意义，甚至是解释这些形式的怀疑论在大多数非怀疑论者那里所唤起的那种不融贯性。另一方面，我认为，即使他们的攻击是成功的，将马尔考姆-奥斯丁攻击描述为对怀疑论的"驳倒"也是不正确的。至少可以说，如果这样一种驳倒被要求是一种辩证地具有说服力的论证——这种论证始自那些即便是怀疑论者也必须接受的前提，要达到极端的怀疑论者是不正确的结论——的话，那么上述描述是不正确的。问题在于，即使这种反对某些形式怀疑论的马尔考姆-奥斯丁风格的论证为真，而且即使它们对我们而言是可知的，还是几乎没有理由去认为，有一种非循环的、具有辩证效力的方式来说服那种怀疑论者。那些涉及关于意义断言的前提——即使它们为真——与那些关于手或知识本质的前提相比，也同样不能免于怀疑论的质疑。在这个意义上，即便我们所以为的、反对特定形式怀疑论的马尔考姆-奥斯丁风格攻击所取得的有限成功，或许也不能平息那些形式的怀疑论。

最后，有另一种关于我们物质对象陈述知识的观点存在，而奥斯丁关于日常对象陈述在认识论上对外观陈述在先性的简要评论或许可以被认为是暗示了这种观点。当那些评论与这样一种想法——该想法或许隐藏在他早先所表达的那种论点之后，即在一些特定情形中（比如直接看见自己面前的一头猪）人们在没有相应证据的情况下知道物质对象陈述为真——相结合时，我们可以构造一种关于我们对物质对象陈述的辩护的观点，这种观点与艾耶尔的要点1所表达的观点有所不同，而且值得进一步研究。这种观点是：我们的感知经验拥有将世界以各种方式呈献给我们的内容。例如，我的视觉经验此刻正呈现一棵特定的树，它位于我的窗外，拥有特定的大小、形状和颜色。在此经验的基础上，我形成了如下感知信念：t 拥有那种大小、形状和颜色。在这里，我的信念的内容——这是我所相信的东西——与我视觉经验的内容相同。在正常的、日常的情况中，当人们没有理由怀疑自己感知的准确性时，像这样的感知信念便自然而然地、不假思索地从共享它们内容的感知经验中出现。这些信念与它们产生于其中的那些感知享有共同的内容，这种事实为它们提供了辩护。因此，对这些信念的辩护，由感知经验自身提供，而不是由任何关于事物如何显现给我们的信念的更审慎的集合提供。在目前的情形下，我并没有做出 t 拥有性质 P、Q 和 R 的推断，这种推断源自更原初的信念，即实际上 t（或某物）显得是拥有 P、Q 和 R。通常来讲，我不会对外观命题有兴趣，除非我已经获得了某种正面的理由来认为自己的感知不应当被信任。因此，我们**并不**从外观命题前进到日常的物质对象陈述——我们既不首先推断它们，也不在事后辩护它们。相反，我们在一些特殊情形下后退到外观命题，此时我们有理由认为有什么东西或许出错了。

尽管这个故事的大部分并未在奥斯丁那里得到清晰的表述，但其总体的观点向我们提供了对他某些核心关切点的一种带有同情的处理。采取上述观点会在多大程度上改变他对极端怀疑论的回应，我认为，这是一个可以有不同解释的问题。既然在以上概述的那种关于感知的观点中，没有什么东西可以宣布怀疑论者在语义上不融贯的罪名，那么该观点的这个方面或许会让奥斯丁感到失望。此外我还看到，使用这种观点无从构造一种对怀疑论的回应，这种回应是即便怀疑论者也不得不同意说是具有辩证效力的。所以，如果奥斯丁期望的是这样一种回应，那么他也不会在这里找到它。不过，使用这样一种观点来构造另一种回应——该回应很好地论述了我们这些非怀疑论者所正确地找出的怀疑论的错误之处——的前景或许会对奥斯丁具有吸引力。产生自该观点的有希望的思想是，我们关于物质对象的那些最基本的感知信念，在它们产生自其中的那些感知中得到了初步的辩护。除非这种辩护被那些关于将这些信念当作为假的正面的理由所击败，否则这些信念应当算作知识（假定它们为真的话）。当然，在一些特定情形下——例如，当一个人在幻觉屋（House of Illusions）中时——有这样一些理由和感知经验存在，它们通常会导致与如上所述的知识不同的知识。但是，抛开这些特殊环境不谈，我们现在可以恰当地将极端怀疑论者视为面临着一项令他感到极其气馁的任务。为了确证自己的如下结论，即我们关于物质对象的感知信念均不能被知道或得以辩护，他必须提供一种关于将它们都当作为假的正面的理由。有鉴于此，仅仅指出如下可能性是不够的：即使没有任何物质对象正被感知到，外观仍然可以保持其原有的样子。①

关于第三部分的拓展阅读

讨论的主要一手文献

Austin, J. L. *Sense and Sensibilia*, ed. G. J. Warnock. New York: Oxford University Press, 1964.

Ayer, A. J. *The Foundations of Empirical Knowledge*. New York: Macmillan, 1940.

——. "Has Austin Refuted the Sense-Datum Theory?" In *Metaphysics and Common Sense* (San Francisco: Freeman, Cooper, & Co., 1970); originally published in *Synthese* 17 (1967).

Malcolm, Norman. "Moore and Ordinary Language". In *The Philosophy of G. E. Moore*, vol. 1, edited by P. A. Schilpp (La Salle, IL: OpenCourt, 1942), 343—368.

补充性的一手文献

Grice, Paul. "The Causal Theory of Perception", 1961, and "Logicand Conversation", given in 1967 as the William James lectures at Harvard University, both reprinted in *Studies in the Way of Words* (Cambridge; MA and London: Harvard University Press, 1989).

Moore, G. E. "Proof of an External World." *Proceedings of the British Academy*, vol. 25, 1939; reprinted in his *Philosophical Papers*.

---

① 使用上述那种对感知的论述来提供一种对怀疑论的回应，关于这一点的很好的讨论，请参阅 Jim Pryor, "The Skeptic and the Dogmatist", *Noûs* 34（2000）: 517—549。

进一步阅读的材料

Pryor, Jim. "The Skeptic and the Dogmatist." *Noûs* 34 (2000): 517—549.

Thau, Michael. "What Is Disjunctivism?" In *Proceedings of the Thirty-Fifth Oberlin Colloquium in Philosophy*, ed. Todd Ganson and Michael Martin, to appear as a special issue of *Philosophical Studies*.

Warnock, G. J. *Berkeley*. New York: Pelican Books, 1953; reprinted with a new preface by Peregrine Books, 1969.

PART FOUR
第四部分

保罗·格赖斯和
日常语言哲学的终结
PAUL GRICE AND THE END OF
ORDINARY LANGUAGE PHILOSOPHY

第九章

语言使用和交谈的逻辑

本章提要

1. **格赖斯对日常语言哲学的批评**
   日常语言哲学家的典范式方法；将意义与支配语言使用的其他要素区分开来的需要

2. **格赖斯的核心想法：交谈的逻辑**
   交谈性格言与交谈性含意（implicatures）；交谈性含意与约定性（conventional）含意之间的区别；特殊化和一般化的交谈性含意；取消（cancellation）与分离（detachment）；意义、断言与含意

3. **一些疑惑与悬而未决的问题**
   格赖斯的悖论：既然交谈性含意预设了说话者知道是什么被意指和断言了这一点，那么就如下问题来说，将几乎没有或根本没有什么严肃的争论存在：如何将上述二者与被交谈性地牵涉在一起的东西区别开来。但有一个有争议的例子存在，以及这样一种论证：交谈性含意有时是被断言的东西的一部分

4. **格赖斯式的想法对关于日常语言分析的重要性的一个例子**
   格赖斯对斯特劳森关于真的表述行为理论背后之错误的诊断

5. **日常语言学派的终结与另一种可供替代的哲学观的崛起**
   对关于意义的研究及其在哲学中角色的再思考；对将会出现的事情的预期

格赖斯对日常语言哲学的批评

在本章，我们将讨论保罗·格赖斯的重要著作《逻辑与交谈》("Logic and Conversation")的前三个讲座，它们最初于 1967 年在哈佛大学作为威廉·詹姆斯讲座被讲授。① 哲学家格赖斯于 1938 年到 1967 年间在牛津工作，随后转到加州大学伯克利分校，并在那里度过了接下来的二十年时光。他是第二次世界大战后牛津那场强调日常语言的重要性的哲学运动的领军人物，而且他与彼得·斯特劳森合写了重要且极具影响力的、关于分析/综合区分的文章。② 尽管在日常语言上颇具资格，但他对那种刻画了自己时代大多数哲学特征的隐含的哲学方法论，从不是教条式地或不加批判地来对待。到二十世纪五十年代后期和六十年代早期，对他所知道的那些哲学家落实"意义就是用法"这条口号的方式，他已经开始进行系统的质疑。③

他的《逻辑与交谈》的第一节，开始于对他的很多哲学同侪所采用的一种语言程序（procedure）的抽象描述。该程序是这样的：一个人对一条特定的表达式或表达式的集合感兴趣——例如，"对/错"，"好/坏"，"自主（voluntary）/不自主"，"真/假"，"知识/信念"，或其他任意多的东西。随后，他发现这些语词出现在某个范围内的简单句中。接下来，他考察这些句子的用法，并发现，无论何时，只要当这些句子以日常的、可接受的方式被使用时，一个特定的条件句 C 就被满足了。来自前些章所讨论的哲学家那里的关于这种条件句的例子有：(i) 一个人说某物是好的，仅当他在称赞它；(ii) 一个人说如此这般的情况是真的，仅当他在赞同之前某一条关于情况是如此这般的评

---

① Paul Grice, "Logic and Conversation", in *Studies in the Way of Words* (Cambridge, MA: Harvard University Press, 1989).

② Paul Grice and Peter Strawson, "In Defense of a Dogma", *Philosophical Review* 65（1956）. 参阅第一卷第十六章的讨论。

③ 参阅 Paul Grice, "The Causal Theory of Perception", *Proceedings of the Aristotelian Society* 35（1961）, reprinted in *Studies in the Way of Words*.

论；以及（iii）一个人说自己拥有关于 p 的证据，仅当他并非已经知道 p 确实为真。在发现了一个条件句 C——如果这个句子以正常方式被使用，那么 C 就必须被满足——之后，他接着将该条件句归属给自己正在研究的那条表达式的意义。那么，对 C 的满足就被说成是包含那个语词的句子之意义的一部分，或被这些句子表达的命题之意义的一部分。包含这个语词的简单句据说蕴涵或预设了 C 被满足这一点。

格赖斯概述这种语言程序的理由在于指出自己对它的质疑。尽管他承认像这样的事情有时会产生出正确的结果，但他也提出，它是一些重要的哲学错误的根源。因此他认为，我们需要找到某种标准，来区分对该过程合理的和不合理的运用。为此，我们需要发展出一种语言理论，该理论既不将意义等同于用法，也不将二者完全分离。我们需要认识到，尽管意义是支配一条表达式使用的最重要的因素之一，但并不是唯一的因素。格赖斯讲座的主要目的在于启动构造如下这样一种哲学理论的任务：该理论告诉我们这其中的其他一些因素是什么，以及它们如何与意义相互作用。

在此有两点要强调——对这种占统治地位的哲学方法的批评，以及对需要一种理论的认可。首先，格赖斯被如下想法所打动，即在日常语言哲学家所提供的很多分析中似乎有某种系统性的错误存在。在他看来，很多存在于这些分析中的错误的根源，可以被追溯到被采用的方法论，这种方法论直接反映出关于语言和哲学间关系的哲学观点。这些哲学家所赞同的一般性图景是：哲学问题产生自对日常表达式的误解和误用。这幅图景建基于如下想法：（i）哲学谈及的是关于概念上的必然性的问题，而非经验性的或偶然的事项，以及（ii）所有必然性都以某种方式起源于语言上的东西。因此，为了在关于哲学的概念谜题上推进，研究语言就被认为是必需的。此外，有一种关于如何贯彻这一点的十分明确的想法存在。意义就是用法这条主张被视作是对如下想法的拒斥，即句子的意义是可以被把握到的或可以在心灵之眼中被识别出的柏拉图式的实体。意义不能被当作是某种隐藏起来的、可以通过精致的理论讨论来解释的东西；也不能被当作是某种对于内省来说是清晰可见的东西。相反，语言意义被认为完全在于看法（view），在于我们使用表达式的样式，以及这些表达式彼此如何相关联。

这便是占据主流地位的、关于哲学及其与语言关系的日常语言图景。格赖斯绝没有全然拒斥它。他接受对必然性的语言学解释，以及语言研究之于哲学的核心地位。他所关心的问题是，对意义和用法的研究应当在理论化上更巧妙、更系统地来进行。一条表达式的意义不能被直接解读为如下这种情况：在其中，包含它的简单句被使用了——格赖斯明白这一点。他相信，通过沿着一种体系性的方法前进，我们会将语言使用看作一些相互作用的系统的产物——包括一个在交谈上对意义进行编码的系统，加上一些支配信息有效交换的交流系统。

关于格赖斯的工程需要强调的第二个要点是，对采取一种通向语言的系统化和理论化方法的需要。对该要点的认识，是对维特根斯坦如下想法的重大背离：在哲学中没有留给理论或解释的空间，而哲学家需要做的所有事情就是描述表达式的意义——它们已经在那里了，而且可以通过表达式如何被使用这一点而被完全揭示出来——或将这些意义带到舞台中心。人们已经对那种方法进行了近二十年的尝试，而其局限性越发明显。格赖斯的讲座是如下事情的清晰标志，即很多分析哲学家——无论在英国还是在美国——正在超越很多日常语言哲学家之前所遵循的那种反理论化的范式。

格赖斯的核心想法：交谈的逻辑

格赖斯主要的理论洞见是，有这样一些特定的自然原则存在，它们指导相互合作的语言使用者之间有效与合理的信息交换，而那些依赖于这些原则的说话者可以使用句子来传达信息，这些信息超越了被说出的句子的意义或它们在语义上所表达的命题所给出的信息。他在第二篇文章中，引入了一条关于信息的合理的、相互合作性的交换（cooperative exchange）原则的想法。

我们的谈话交流通常并不在于一连串无关的标记；如果它们真在于这一点的话，那么这也不会是合理的。至少在某种程度上，其特征在于，它们是相互合作的结果；从某种程度上讲，每个参与者都在这些交流中认出一种日常的目的或目的的集合，或至少一种彼此都接受的方向。这种目的或方向可以从一开始便被确定下来（例如，通过一种关于所讨论问题的初始的提案），也可以在交流中逐步形成；它可以是完全确定的，也可以不是那么确定，以（在一场临时的交谈中）为参与者们留出相当程度的自由。但在每个阶段，**某种**可能的交谈性动机，会因为在交谈上是不合适的而被排除。我们接着可以制定一条大致一般性的原则，（假设其他条件均不变）参与者们会被期望遵守这条原则，即：在你的交谈性贡献所出现的那个阶段，通过接受你所进行的那场谈话交流的目的或方向，来使得你的交谈性贡献符合要求。人们可以将其贴上合作原则（Cooperative Principle）的标签。①

他将合作原则所表达的大意分解为四组交谈性的格言。

量的格言

1. 使得你的交谈性贡献按照（当前的交谈性目的）所要求的那样提供信息。换言之，别说得太少。
2. 不要使得你的交谈性贡献提供比要求的更多的信息。别说得太多。

质的格言

1. 不要说你相信为假的东西。
2. 不要说你对之缺乏充分证据的东西。

相关性的格言

使得你的交谈性贡献与交谈的目的相关——也即相关的。

---

① "Logic and Conversation", p. 26.

方式的格言

1. 避免表达上的晦涩。
2. 避免歧义。
3. 简明扼要。
4. 井井有条。

格赖斯使用这些格言来定义一种"交谈性含意"(*conversational implicature*)的概念。基本的图景如下：一个人在一个特定语境中说出句子 S。由于 S 的意义，对它的言说在语义上表达了一条特定的命题。该命题通常是在该语境下**这个说话者所说出或断言的东西**。通常来说，它是该说话者在这种语境下所要传达的信息的**一部分**。但是，在很多情形下，它并未穷尽说话者要传达的信息。除了他所说的话外，该说话者还暗指了各种事情。格赖斯对"交谈性含意"的定义，刻画了一种尤其重要的含意的特征。该定义大致可以转述如下：

交谈性含意

一个说话者在交谈性上通过说 p 来暗示 q，当且仅当 (i) 该说话者被推定为在遵守那些交谈性格言，(ii) 为了使得他说出 p 这一点与他在遵守格言的假定一致，该说话者相信 q 这种假定是必不可少的，以及 (iii) 该说话者认为听众可以认识到这种要求，而且也可以认识到该说话者认为他们可以认识到它这一点。

格赖斯在《逻辑与交谈》第 31 页评论了这个定义。

一种交谈性含意的出现一定可以被算出；因为即使它实际上可以在直觉上被把握到，除非这种直觉可以被论证代替，否则这种含意（如果还是出现了的话）就不会算作一种交谈性含意；它会是一种约定性（conventional）含意。为了算出一种特殊的交谈性含意出现，听者会依赖于如下材料：(1) 被使用的那些语词的约定性含意，加上任何可能被涉及的指称的同一性；(2) 合作原则及其格言；(3) 那个言说在语言上或其他方面的语境；(4) 其他一些关于背景知识的事项；(5) 如下事实（或假定的事实）：所有归于之前标题之下的相关事项，对两个参与者而言都是可获得的，而且两个参与者都知道或假定情况就是如此。算出一种交谈性含意的一般样式，这一点或许可以被这样给出："他已经说了 p；没有理由假定他并未遵守那些格言，或至少没有遵守合作原则；他不能这样做，除非他认为 q；他知道（而且知道我知道他知道）我可以看到如下事情，即他认为 q 这种假定是必不可少的；他没有做任何事情来阻止我去认为 q；他打算要我去认为或至少乐于允许我去认为 q；而因此他已经暗指了 q。"①

这时，有必要说说我们已经考察过的交谈性含意与格赖斯在上一段话中提到的"约定性"含意之间的区别。这里有一些约定性含意的例子：对"她很穷但是很正直"的说出据说是约定性地暗指——由于"但是"的约定性意义——在贫穷和正直之间有某种对比；对"他是一个英国人并且因此是勇敢的"的说出据说是约定性地暗指——由于"因此"的约定性意义——"是勇敢的"是作为一个英国人的一种预期的后承；对"他现在并不在这里"的说出据说是约定性地暗指——由于"现在"的约定性意义——（在某个时间点）他被期待出现在这里；对"萨姆并不是解决了问题的那个人"的说出据说是约定性地暗指——由于附着于构造"……并不是……那个人"的约定性意义——某个人解决了这个问题。(请将最后这个句子与"萨姆并没有解决那个问题"相对比，后者并不暗示某个人解决了这个问题。)

在每种情形中，约定性含意都是对那个句子的说出所传达信息的一部分。在每种情形下，这种含意均由该句子意义的某个方面产生——要么是它所包含的一个语词的意义，要么是与其特殊的句法结构结合在一起的那种意义。但是，尽管事实上这种含意产生自该句子

---

① "Logic and Conversation", p. 31.

之意义的一个方面，但在格赖斯看来，被暗指的那个命题**并不是**对那个句子的说出**所断言的东西**的一部分，通常也不被它所断言的东西蕴涵。此外，当一个像"玛莎现在还没有到"这样的句子被植入一个像"说"或"断言"这样的动词并被用来报告其他人的断言时——比如"门旁的那个男管家说玛莎现在还没有到"——玛莎是被期待的这种约定性含意，通常就被理解为附着于那个说话者用于报告那个断言的完整的说出，而不被理解为那个男管家被报告为已经做出断言的东西之内容的一部分。① 那个男管家自己或许仅仅在被问道玛莎是否出现在宴会上时回应道，"不，她还没来，先生"，而他自己并不断言甚或暗示玛莎是被期待的。这种事实——即这算作是那个男管家已经断言了玛莎"现在"还没有到——支持了如下想法，即她是被期待的这种含意，并不是被句子"玛莎现在还没有到"在语义上所表达的那个命题的一部分（该句子被用来报告那种断言），而是这样一种额外的暗示，该暗示以各种方式附着于对那个句子的说出，或附着于对包含它的更大句子的说出。还请注意，即使那个说话者最终错误地认为玛莎是被期待的，他对那个男管家所说话语的报告仍然应该被认为是真的，尽管这误导性地暗示她被期待到来。所有这些均支持了如下这种论点，即约定性含意是某些表达式所拥有的一种十分特殊的意义的结果，而且句子的约定性含意通常并不是它们在语义上所表达命题的部分，或对它们的说出所断言的命题的部分。

在格赖斯看来，交谈性含意与约定性含意在某些方面有些相似，但在另一些方面又不然。与约定性含意类似，它们通常并不是所说话语的一部分，或被所说的话语蕴涵。而与约定性含意不同，它们并不

---

① 情况常常是这样，但也并不总是如此。例如，对"玛格丽特相信他是一个英国人并且因此是勇敢的"的说出，可以很容易地被理解为将如下暗指归属给玛格丽特而非那个说话者："是勇敢的"是作为一个英国人的一种后承。一个成分结构从句（constituent clause）的约定性含意是如何被纳入对一个包含它的更大句子的说出所传达的信息之中的，关于这一点，有很多语境相关的变体。含意的这个特点是十分特殊的，而且似乎将它们从一个句子（在一种语境下）在语义上所表达的命题的诸多方面中分离出来。

产生自与那些被使用的句子结合在一起的任何特殊的语言约定或意义。相反，它们产生自如下事项之间的相互作用：关于言说的那些特殊语境的特征，被言说的句子的意义，再加上调节交谈中信息的合理的、相互合作性交换的那些一般的交谈性格言。格赖斯所给出的关于交谈性含意的一些例子如下：

(i) A 站在一辆显然无法发动的汽车旁边，B 向他走来；如下交流便发生了：
A："我的汽油用完了。"
B："拐角那里有家修理厂。"
（评注：B 会违背"是相关的"这条格言，除非他认为那家修理厂是开着门的，或可能是开着门的，而且在出售汽油，或可能在出售汽油；因此，他暗指那家修理厂是开着门的，或可能是开着门的，等等。）①

(ii) A 与 B 正在计划在法国度假的日程。他们都知道 A 希望去看看自己的朋友 C，而且如果这样做的话并不会太耽搁他的旅程：
A："C 住在哪儿？"
B："法国南部的某个地方。"
（评注：没有理由假设 B 选择退出；如他所知道的那样，他的回答就满足 A 的需要而言是没有提供足够信息的。这种对关于量的第一条格言的违反只能被如下假定解释，即 B 察觉到，给出更多的信息会说出某种违背关于质的第二条格言的东西，"不要说你对之缺乏充分证据的东西"，所以 B 暗指自己并不知道 C 住在哪座城市。）②（在这个例子中，B 暗指自己并不知道 C 住在法国南部的哪个地方，因为如果 B 的确知道这一点的话，他会不得不提供与关于量

---

① Grice, "The Causal Theory of Perception", p. 32.
② Ibid., pp. 32—33.

的第一条格言——别说得太少——相符合的信息。)

(iii) A 正在为一个候选某个哲学工作的学生写一封推荐信，而他的信函如下："亲爱的先生，X 先生精通英语，而且他在我的课程上按时出勤。你的……"（评注：A 不可能选择退出，因为如果他不希望合作，那么他干吗还写信呢？他不可能出于无知而无法说得更多，因为这个人是他的学生；此外，他知道还需要更多的信息。因此，他一定希望透露这样的信息：他写这封信是不大情愿的。这种假定说得过去，仅当他认为 X 先生并不擅长哲学。那么，这就是他所暗指的东西。）[1]（在此，推荐信的作者显然没有提供对方所要求的信息。他说得太少了。他知道我们会看出这一点，而且他知道我们希望得出结论说，对那个学生他没什么太多好话可说，因为他认为那个学生并不优秀。所以这就是被暗指的东西。）

(iv) **反讽**。X 与 A 到目前为止关系亲密，但 X 将 A 的一条秘密出卖给了一个商业对手。A 和他的听者都知道这一点。A 说"X 可真是个好朋友"。[2]（在此情形下，那个说话者关于"X 可真是个好朋友"的评论显然为假。这个说话者一定在试图传达另外某种东西。一种自然的假设是，他意图传达相反的意思。请注意，该说话者并没有断言 X 可真是个好朋友这条命题，并暗指另外某种意思。他完全没有断言另外那条命题。还请注意，格赖斯的理论并未清晰地预言他试图传达的相关命题是什么。那必定来自另外什么东西。）

(v) **隐喻**。格赖斯给出了一个涉及隐喻的例子，"你是我咖啡

---

[1] "Logic and Conversation", p. 33.
[2] Ibid., p. 34.

里的奶油"。① (在这里,该句子在字面上为假,因为"你"指涉一个人。这是如此明显,以至于那个说话者不可能试图传达这种意思。他也不可能试图传达它的否定,这种否定的字面上的真也是如此明显,以至于不需要来传达。所以,假定该说话者希望传达如下想法或某种类似的想法就是很自然的了:你对我而言的重要性,就像奶油之于一杯好咖啡的重要性。)

所有这些例子——除了最后那个涉及我们所选择的特殊隐喻的案例外——均被格赖斯称为"特殊化的交谈性含意"(particularized conversational implicatures)。它们是这样的情形:在其中,对某个句子 S 的断然说出带有一种特殊的含意,这是由于这种言说的语境的一些独特特征。在这些情形下,同样的句子可能在其他正常的语境下被断然地说出,而与此同时并不带有它在之前的语境中所带有的那种含意。一个人可以说"他可真是个好朋友",而并不暗指相反的意思;可以在一场没有人正需要汽油的交谈中说"拐角那里有家修理厂",而并不暗指那家修理厂正在开门而且有汽油卖,等等。

格赖斯将特殊化的交谈性含意与**一般化的交谈性含意**(generalized conversational implicatures)相比对。后者为一个在任何正常语境中被说出的句子所带有;在这种正常语境中,说话者被认为是遵守了那些交谈性格言或合作原则的。一个很好的例子——这个例子就其自身而言在理论上也是很有趣的——涉及析取式,即 *A 或 B* 这种形式的句子。在形式逻辑中,析取通常被处理为一种严密的真值函项运算。尤其是,一个逻辑学家的 *A 或 B* 为真,当且仅当析取枝的一个或两个为真;它为假当且仅当两个析取枝均为假。但是,哲学家们有时会质疑,在日常语言中,"或"这个词是否拥有与在逻辑上同样的意义。他们质疑这一点的一条理由来自如下观察:当我们在日常语言中断言 A 和 B 的析取时,我们之所以这样做,这几乎从**不是**因为自己已经知道 A 为

---

① "Logic and Conversation", p. 34.

真，或已经知道 B 为真。相反，我们断言这个析取式，这是因为自己已经有某种理由认为，A 和 B 都不为真是不大可能的，甚至就是不可能的。在这些情形下，尽管我们并不知道 A 是否为真或为假，并且也不知道 B 是否为真或为假，但我们的确有根据相信，如果 A 最终为假的话则 B 会为真，而且我们也有根据相信，如果 B 最终为假的话则 A 会为真。我们可以通过如下说法来表达这一点：当我们断言被一个析取式在一场日常交谈中所表达的那条命题时，我们一般拥有关于这样做的非真值函项上的根据——即这样的根据，它们既是我们断言的根据，又不是断言那条被任何一个析取枝所表达的命题的根据。这是我们关于析取式的日常用法的一种无处不在的特征，该特征似乎构成了日常语言中"或"这个词的意义的一种独特特征，而这并不是该词项在形式逻辑中被使用时所拥有的意义的一部分。

格赖斯对这一点有异议。他论证中的重要组成部分是他对如下问题的解释："或"这个词日常意义的所谓的独特特征，实际上如何完全不是它意义的特征，而是一种析取式的一般化的交谈性含意。假设某人在一场交谈中断然地说出 *A 或 B*，在这场交谈中，他丝毫没有暗示自己并未依从合作原则和各种交谈性格言。请进一步假设，我们认为所谈及的语词"或"是逻辑学家的"或"，而且该析取式拥有逻辑形式所提出的标准的真值条件。在这些假定之下，那个说话者所做的陈述——被 *A 或 B* 所表达的陈述——比被 A 所表达的陈述更弱，提供的信息更少；这就像如下事实表明的那样：被整个析取式所表达的陈述被由析取枝 A 所表达的陈述蕴涵，但反之并不亦然。出于同样的理由，被 *A 或 B* 所表达的陈述比被 B 所表达的陈述更弱，提供的信息更少。关于量的第一条交谈性格言指导说话者去尽其所能地做出最强的、提供信息最多的陈述——假定该陈述会与交谈相关，而且为了做出该陈述，他不会违背其他的格言，包括那条告诉他不要断言自己缺乏充分证据东西的、关于质的格言。既然这个说话者已经选择去断言较弱的陈述——该陈述被那个析取式表达——而非断言被任何一个析取枝自身所表达的陈述，而且既然如果该析取式与交谈有关则每个析取枝大概也会是与之相关的，那么该说话者在遵守那些交谈性格言的假定，就要求我们得出如下结论：他缺乏充分的证据来断言被任何一个析取枝自身所表达的那条陈述。但既然他肯定有充分的证据来断言被该析取式所表达的陈述，那么他就一定拥有非真值函项上的根据来断言它——也就是说，这些根据既是我们断言的根据，又不是断言那条被任何一个析取枝所表达的陈述的根据。

简言之，某个断言了被 **A 或 B** 所表达的命题的人，通常在交谈性上暗指自己并不知道或没有充分的根据来断言那条被 A 表达的命题；他在交谈性上暗指自己并不知道或没有充分的根据来断言那条被 B 表达的命题；而且他在交谈性上暗指自己的确有充分的根据去认为它们二者不可能都为假。恰恰正是我们对"或"这个词日常用法的这个特征，使得一些哲学家质疑日常的语词"或"与逻辑上的"或"的意思是否一样。格赖斯则表明，没有理由怀疑它们的意思是一样的。即使从一种严密的逻辑上的析取观念出发，我们最后也会得出结论说，对这些析取式的断然的说出，在交谈性上恰恰暗指被那些日常析取式的说出所暗指的东西。因此，我们没有理由去认定一种与逻辑中的意义相区别的、日常语言中"或"这个词的特殊意义。格赖斯和其他哲学家所观察的关于析取式用法的这种特征，可以通过如下交谈性格言而得以说明：为了解释交谈的推动力量和信息的交换，我们还独立地需要这些格言。

我们刚刚已经论证了，对析取式断然的说出，在交谈性上通常暗指如下事情：那个说话者并不知道任何一个析取枝为真。但是，情况并不总是如此。如果那个说话者乐意的话，他可以**取消**正常的含意。某个举办寻宝游戏的人可以说："奖品要么在阁楼，要么在车库，但我并没有说究竟在哪里，否则的话游戏就被破坏了。"在做出这条评论时，说话者清楚地表明自己退出了那些正常的交谈性格言。尤其是，他并不试图尽可能地提供信息，因为这样做会挫败自己独特的目的。一个说话者既可以像上述情形这样清楚地指出这一点，也可以含蓄地来做，比如一个不肯合作的目击证人，尽管他或许如实地回答了问题，但显然在试图给出尽可能少的信息。当一个说话者显然退出了合作原则和通常的交谈性格言时，对那些通常带有交谈性含意的句子的说出，在这些特殊环境下将不会再带有这种含意。在这些情形下，交谈性含意可以说被"取消"了。相比之下，约定性含意——它们是带有它们的句子之意义的部分——据说是不能被取消的。

除了可取消性（cancelability）之外，交谈性含意的另一个特征被格赖斯称为**不可分离性**（nondetachability）。一个产生自对一个句子的断然说出的含意只在如下这种情形下是不可分离的：任何其他说出——也即断言——同样事情的方式，例如通过说出另外某个句子，也都会带有这种含意。如果一人翻阅格赖斯的例子，他会发现，其中大多数例子都涉及将关于质、量和相关性的格言运用于一个人所说或所断言的东西，这与将那些关于方式的格言运用于他所选择的表达自己所断言东西的方式这一点相对。产生自第一种方式的交谈性含意应当是不可分离的，而来自关于方式格言的含意则不然。① 例如，请比较下述两种情形：（i）说话者说"约翰脱掉自己的短裤并钻进被窝"；（ii）说话者说"约翰钻进被窝并脱掉自己的短裤"。有人可能会争论说，在两种情形下说话者**断言了**同样的事情，但**在交谈性上暗指**不同的事情。在第一种情形下，该说话者暗指约翰在钻进被窝前脱掉了自己的短裤；在第二种情形下，他暗指约翰在钻进被窝后才脱掉自己的短裤。这些含意可以被追溯到指导该说话者做到井然有序的那些关于方式的交谈性格言。这大概是说，这条格言指导说话者们在叙述一系列事件时去提供一种可理解的顺序。这或许意味着，在某种关于相反情况的标志缺失时，一个人提及这些事件的顺序会符合它们所发生的顺序。

所以，交谈性含意是可以取消的，而且它们中的很多——尽管不是全部——是不可分离的。格赖斯式交谈性含意的另一个特征是，通常来讲，它们不应当是所说话语的真值条件的组成部分。如果一个断然说出句子 S 的说话者在交谈性上暗指 Q，而且 Q 原来是假的，那么这并不意味着 S 为假，或该说话者已经断言了任何为假的事情，尽管这的确意味着他已经说了某种易于误导听众的东西。一种交谈性含意

---

① 格赖斯在 Studies in the Way of Words 的第 43 页阐明了这一点。

被认为是超出被说出句子的意义之上的,而且也是超出通过说出该句子而所说东西的真值条件之上的。交谈性含意常常部分地由被说出句子的意义所产生,而且为了计算这种含意,我们通常必须理解那种意义以及由此导致的断言;但根据格赖斯的理解,这种含意通常被认为是这些事项之外的某种东西。

一些疑惑与悬而未决的问题

交谈性含意对意义(以及所说东西的内容)的依赖性,引起了某种疑惑,而格赖斯在第三篇文章中讨论了这种疑惑。该疑惑产生自如下事实:在很多情形下,为了使用句子来产生交谈性含意,说话者们必须对这些句子所意味的东西以及通过说出它们所说或断言的东西,有一种很好的掌握。对格赖斯来说,没有什么可以算作一种交谈性含意,除非说话者和听者能够通过这样一种推理样式进行沟通:这种推理样式通常开始于被说出的句子所意味的东西,以及该说话者通过说出那个句子所说的东西,并结束于如果他遵守那些交谈性格言就必须相信的东西。有鉴于此,如下事情似乎应当是很明显的,而且并不受制于实质性的理论上的质疑:相对于得到传递的信息中有多少被交谈性地暗指来说,通过一个给定的言说而得到传递的信息中,有多少是被说出句子之意义的一部分,以及是该说话者所说东西之意义的一部分。

但是,事实上,这时常完全不是那么清楚的。致力于交谈性含意的理论家们已经产生了相当多的争论,这种争论关涉不同言说所传达的信息有多少被归因于意义,而又有多少被归因于交谈性含意。这里便有一个关于上述论战的例子。请考虑"我有两个孩子"这个句子。对该句子的断然说出通常会带有如下信息,即我恰恰有两个孩子。但这有多少是由于意义,又有多少是由于那种含意呢?是这个句子在字面上的意思是我恰恰有两个孩子,还是它在字面上的意思是我至少有两个孩子,而经由关于量和相关性的格言又在交谈性上暗含,我也至多有两个孩子？对这个问题的回答并不完全是显而易见的，而那些理论家在此争论不休也就不足为怪了。

在我看来，这是方向正确的一步。请考虑类似的句子"我在冰箱里有两瓶啤酒"。人们有十足的理由去相信（i）该句子在字面上的意思是，我在冰箱里至少有两瓶啤酒，以及（ii）我在冰箱里至多有两瓶啤酒这种含意，仅仅在这种情形下出现：在其中，关于我是否恰恰拥有两瓶啤酒这个问题在交谈上是相关的。尽管该问题有时或许是相关的，但并非总是如此。例如，一个在离开前有兴趣跟我快速喝一杯的人会问："你在冰箱里有两瓶啤酒吗？"在此情形下，这个人大概显然想知道我是否至少有两瓶啤酒。因此，当我回答说"是的，我在冰箱里有两瓶啤酒"，而且他走向冰箱并发现我有六瓶时，他不会指责我撒谎，甚或是误导了他。既然如果我的句子在字面上的意思是（而且我实际上也断言了）我在冰箱里正好有两瓶啤酒则他可以合理地指责我撒谎，那么就有理由相信该句子的意思并不是这样，而且在这种想象的情形下我并没有断言它。在一种不同的交谈性场景中，被传达的信息可以更为丰富。如果我的客人问道："你在冰箱里有多少瓶啤酒？"那么我自然会假定他希望知道冰箱中啤酒的准确数目。如果我回答说"我在冰箱里有两瓶啤酒"，那么我会期盼他理解：我在告诉他自己恰恰有两瓶。假定这种结论在原则上可以通过运用格赖斯式的原则来达到，那么人们可以将此情形中被传达的额外信息当作一种交谈性含意。

我们大概还可以讲述一个类似的、关于语言上相应的句子"我有两个孩子"的故事。它在字面上的意思是，我至少有两个孩子，即使对它的说出常常带有如下附加信息：我也至多有两个孩子，因而恰好有两个孩子。当我断然地说出上述句子时，这种额外的信息是否是我所断言东西的一部分，或者它仅仅是我在交谈性上所暗指的某种东西？如果它仅仅被暗指的话，那这对格赖斯式的模型来说就很方便了。但是，必须承认，我不能相信这一点。如果我问某人他有多少孩子，而他回答说"我有两个孩子"，那么在我看来，他已经**断言**了自己正好有两个孩子；如果结果是他有更多的孩子，那么我可以正当地指责他在撒谎或至少说了某种为假的事情。同样，如果我的客人问我："你在冰箱里有多少瓶啤酒？"而我说"我在冰箱里有两瓶啤酒"，那么在我看来，我已经**断言**了我正好有两瓶啤酒。依我所见，在这些情形中，一个人所断言的东西超出了被说出的句子的意义，也超出了该句子于语境中在语义上所表达的命题。格赖斯式的格言大概在这种额外信息的断言中扮演了某种角色。但是，由于格赖斯发展自己模型的那种方式，我们并不清楚它们扮演的角色究竟是什么。他趋向于将在交谈性上所暗指的东西与所说的东西相对比，在这种对比中，所说的东西常常被当作是被断言了的，而被暗指的东西则不然。出于这种理由，我们的例子并不十分符合他所阐明的图景。①

那么，这就是关于如下问题的例子：对于一个句子所意味的东西、对该句子的说出所断言的东西和这种说出在交谈性上所暗指的东西之间的关系，我们可以提出怎样的争论。如果我在对这种特殊争论的恰当解决这一点上是正确的，那么这种争论就表明，在格赖斯式的图景中有某种有差错或不完整的地方。但是，即使我们悬置对关于此例子争论之恰当解决的判断，单就存在着一种争论这个简单的事实而言，还是有一些令人费解的地方。如果格赖斯在交谈性含意这一点上是正确的话，那么这样一些含意的产生似乎就要求说话者们已经牢牢掌握了自己句子的确切意思，以及他们通过说出这些句子所说或断言的东西。大多数交谈性含意之下的基本的格赖斯式图景是这样的：一个说话者说出一个意味着（或表达了命题）p 的句子；说话者和听者都认识

---

① 我之所以使用"他趋向于将……相对比"这种比较模糊的陈述，是因为格赖斯自己对待"所说的东西"（what is said）和"他所说的东西"（what he said）这两个习语的内容的态度是很审慎的（而且说得不太清楚）。在被用于他的含意理论时，"说"（say）这个词应该是一个技术术语（参阅 Studies in the Way of Words 第 121 页），它应当与我们日常用"说"和"断言"所意味的东西具有某种相当紧密的关系。既然格赖斯从未充分澄清这种关系，那么他模型的内容以及关于它的可能的反例的确切本质，就仍然有些模糊不清。不过，上述所发展的例子构成了对理解他理论的一种常见而自然的方式的挑战。

到了这一点,并且看出说话者已经断言了 p;他们也看出,或至少能够看出,如果那个说话者在遵守那些交谈性规则,那么除非他也相信 q 而且希望听众也相信 q,否则他就不会断言 p。但如果日常称职的说话者们看出或能够看出所有这些,那么他们就看出或能够看出,究竟哪些信息是被说出的句子之意义(或被该句子表达之命题)的一部分,究竟什么东西被说或断言了,以及究竟哪些进一步的信息——这种信息不是该句子之意义(或被该句子表达之命题)的一部分,也不是已经被断言的东西的一部分——仅仅在交谈性上被暗指了。如果这就是全部的情况,那么我们可以如何提出严肃的理论上的论辩?

格赖斯在《对词语的研究》第 49 页表达了对这种难题的忧虑。

> 对关于一个语词的推定性意义(putative senses)之存在或不存在的直觉,我们当然必须给予适当的(但不是不适当的)重视(没有这些直觉的话,我们该怎么办呢?)。的确,如果我所提议的那种框架的方向是正确的,那么人们至少必须在某种程度上依赖这种直觉。这是因为,为了使得一种非约定性含意应当能够在一种给定的情形中呈现出来,我的表述要求一个说话者应当能够利用一个句子的约定性意义。如果非约定性含意建基于所说的东西,如果所说的东西与被使用语词的约定性力量紧密相关,而且如果这种含意的出现依赖于那个说话者关于这种含意之出台的可能性的意图,或至少依赖于他关于这种可能性的假定;那么,看起来这个说话者必定知道(在**知道**这个词的某种或另一种意义上)他所使用的那些语词的约定性力量是什么。这似乎确实导致了一种悖论:如果作为说话者的我们拥有关于自己用来进行暗指某物——在说出那些句子时,这个"某物"的暗含之意(implication)依赖于所谈及的那种约定性意义——的那些句子之约定性意义的必需的知识,那么作为理论家的我们,在上述那些情形下、在决定约定性意义的终结之处和在含意开始之处的问题上,如何可能会遇到困难呢?例如,如果一个说 **A 或 B** 的人真的暗指 A 或 B 的非真值函项上的根据的存在,那

么对于语词"或"是否拥有一种较强或较弱的意义这一点，如何可能会有任何疑问呢？①

我们可以这样提出一般性的问题：如果格赖斯对交谈性含意的叙述是正确的话，那么意义必须有多透明呢？此外，我们可以问，是否有留给某种含意的观念——或许与格赖斯的观念不同——的空间存在，在这种空间中，有一些理论上的理由将意义与含意区别开来，即使我们**并不**假定，那些说话者自身仅仅由于理解了自己的语言，就必定拥有了一些手段来将被言说所传达出的信息划分为归因于意义的信息和归因于其他东西的信息？我自己认为，一定有某种重要的含意观念符合这种更广阔的图景，因为我没有看出，仅仅作为一个称职的说话者，如何足够保证一个人总是可以区分归因于含意而被传达的信息和归因于意义而被传达的信息。但是，必须承认，我们对这个问题的理解即便在今天也是残缺不全和远远没有完成的。此外，无论我们能够获得何种进步，这都极大地得益于格赖斯所做的关于逻辑与交谈的原初性工作。②

格赖斯式的想法对日常语言分析的重要性的一个例子

我将说明他如何将自己关于交谈性含意的想法运用于对我们在之前章节所查看过的一个重要哲学概念的一种独特的日常语言分析，并以此来结束对格赖斯的讨论。格赖斯在《逻辑与交谈》第三篇文章的结尾处，评论了斯特劳森关于真的表述行为理论。这种评论说明了如下问题，即格赖斯关于含意的想法，如何允许他容纳这样一些特定的语言观察——在缺乏任何关于语言使用的系统性的理论时，这些观察

---

① Grice, *Studies in the Way of Words*, p. 49.

② 关于我对此问题的进一步讨论，请参阅我的 *Beyond Rigidity: The Unfinished Semantic Agenda of Naming and Necessity*（New York：Oxford University Press，2002），第三章；以及我的"Naming and Asserting", in Zoltan Szabo, ed., *Semantics vs. Pragmatics*（Oxford University Press, forthcoming）。

使其他一些日常语言哲学家误入歧途。

我希望表明，根据一个特定的此类理论 [在这种理论中，真是相应于事实的陈述或言说的一种性质] 是正确的假定，……我们可以容纳那种语言现象，该现象导致斯特劳森去制定言语-行动理论（the speech-act theory）的原初版本……

如果对……**是真的**的某个这样的表述是正确的话（或实际上任何将 p **是真的**表现为等价于说某种关于言说的东西的表述），那么我们就可以处理斯特劳森所指出的那些语言上的事实。说**斯密斯是高兴的**并不是（隐藏地）指涉一种特定的言说，而说**这是真的：斯密斯是高兴的**则是在做出这种指涉，尽管如下事情是理所应当的：如果斯密斯是高兴的，那么斯密斯是高兴的就是真的。如果我选择那种并不隐藏地指涉那些言说的形式，而且这是一种优先于那种更简单形式的复杂形式，那么如下假设就是很自然的：我之所以这样做，是因为一种大意是斯密斯是开心的言说已经被我自己或其他某个人给出了，或是可能被给出。像称赞、同意、确认、承认这些言语行动——斯特劳森（大概）假定它们被语词**真**的用法在约定性上标示出来——不过就是一个人在用话语回应某种"这是真的"的评论时会（不带有任何特殊的标示）执行的行动。假定没有人实际已经说了斯密斯是高兴的，那么如果我说"这是真的：斯密斯是高兴的"（例如，表示一种让步），则我会暗指某个人或许会这样说；而且当我并不希望这种含意出现时，我不会选择这种语词形式来进行如下这样一种询问：斯密斯是否高兴。①

我们在本卷第五章给出了对包含语词"真"的句子使用之特征——这种特征推动了斯特劳森关于真的表述行为理论——的解释，格赖斯在此给出的解释在本质上与此相同。格赖斯的说法是，尽管 S

---

① Grice, "The Causal Theory of Perception", pp. 56—57, 方括号中的内容为本书作者所加。

和 S 为真被用来做出在内容上等价的断言，但说出 S 为真带有一种额外的交谈性含意，即我们在回应某个人已经实际做出的或可能潜在地做出的陈述。它之所以带有这种含意，是因为关于方式的格言要求我们以最简单、最有效的方式来阐明自己的观点。如果我们在这种做法中感兴趣的不过就是传达斯密斯是高兴的这一点，那么尽管这可以通过说出"斯密斯是高兴的"或说出"这是真的：斯密斯是高兴的"来传达，但我们还是应该说出前者，因为这是更简单和更直接的。（要简要！）因此，在说话者选择后一个句子的那些场合中，"他在遵守那些格言"这条假定要求人们去寻找他这样做出评论的某种额外的理由。既然更复杂的形式"这是真的：斯密斯是高兴的"谓述了一条陈述的真，那么我们就自然假定该说话者意图将自己的评论作为对那条陈述的一种回应——如果那条陈述在之前已经被做出的话，那么就作为对它的一种赞同；如果人们假想它被做出，那么就作为对它的让步。因为我们可以通过诉诸一般性的交谈性原则来解释上述事实，所以我们不需要关于包含语词"真"的句子之意义的一种特殊的表述行为理论。这样一来，对一种在意义和含意之间区分的清晰观念的拥有，会帮助我们提防哲学错误。

日常语言学派的终结与另一种可供替代的哲学观的崛起

至此我们便结束了对第二次世界大战后在英国兴盛了二十年的哲学日常语言学派的讨论。指导其方法的核心原则是（i）哲学问题产生自对语言的误用，而且应当通过厘清语词的意义来解决，（ii）哲学分析较少地在于揭示隐藏的逻辑形式和形式化地表述一个语词或概念运用的准确的必要条件和充分条件，而更多地在于适时地聚集关于在哲学上重要的语词如何在日常场景中使用的那些暗示，（iii）意义就是用法，（iv）对意义的哲学钻研应当通过非正式的、个案式的研究来进行，以及（v）关于意义的系统化理论不是必需的，而且不应当被追寻。到格赖斯做出自己题为《逻辑与交谈》的讲座的时代，这些想法已经油尽灯枯了。日常语言哲学家们反理论化的方法，不能维持对发现关于意义的真理的强调，而这种强调是他们的哲学观所要求的。格赖斯对这一点的认识来自日常语言学派自身，并指向一个超越其之上的方向。在大西洋彼岸的美国，其他一些在根本上不同的观点正在酝酿——这些观点是关于意义、理论的重要性和哲学问题本质的。

在接下来几章，我们会查看其中的三种观点。首先，我们会考察威拉德·范·奥曼·蒯因对关于意义和指称的观念的攻击——这封装在他关于翻译不确定性（indeterminacy of translation）和指称的不可测知性（inscrutability of reference）的原则中，这些原则呈现在他出版于1960年的著作《语词和对象》以及于1968年在哥伦比亚大学杜威讲座上讲授的《本体论的相对性》（"Ontological Relativity"）中，后一篇文章发表于1969年。① 蒯因的攻击最初萌发于他对分析性的拒斥和对逻辑实证主义者证实主义的重新表述，这种攻击试图消除我们关于意义和指称的日常观念，并将之替换为在科学上更可接受的替代选项。他将日常所理解的意义和指称视为前科学的概念，这些概念在科学和哲学中均不扮演什么实质性的角色。由此他提议，哲学问题在本质上并不是语言问题，而是体现了抽象的、高度理论化的问题，这些问题出现在对一种关于世界的统一的经验性理论的构造中。

在讨论了蒯因之后，我们会转向唐纳德·戴维森通向真理和意义的方法。在保留蒯因对日常理解下的意义的一些怀疑论的同时，戴维森还认为，关于语言如何被用来表现世界的一种理论上成果丰硕的研究，对哲学来说既是可能的又是重要的。在他看来，通向这样一种理论的关键在于，将伟大的逻辑学家阿尔弗雷德·塔尔斯基所引入的、用来定义形式化语言之为真的那些方法，运用于英语这样的自然语言。② 对戴维森来说，一种对自然语言进行解释的理论的核心任务是，发展

---

① Quine, *Word and Object* (Cambridge, MA: MIT Press, 1960), and *Ontological Relativity and Other Essays* (New York and London: Columbia University Press, 1969).

② Alfred Tarski, "The Concept of Truth in Formalized Languages" (1935), translated and reprinted in Tarski, *Logic, Semantics, Meta-Mathematics*, 2d edition (Indianapolis: Hackett, 1983).

如下这样一种体系化的理论：从关于对语言中无限多原初表达式进行解释的公理中，得出关于语言中无限多的句子之真值条件的陈述。在阐明这种观点时，戴维森将逻辑、哲学逻辑、语言哲学中欣欣向荣的形式化传统——暂时被日常语言哲学家们弃之不理——与更大的哲学主流重新联系起来。尽管戴维森的观点在分析哲学的世界中影响广泛，但这些观点在英国得到了尤其充分的认可。当人们想起如下事情时，这其中的理由就显而易见了：英国哲学家长期相信哲学进步的关键在于对意义的恰当理解，而且日常语言学派已经由于缺乏一种在理论上成果丰硕的追求此目标的方式而陷入失败。因此，当唐纳德·戴维森出现时，很多年轻的英国哲学家感到自己已经恰恰发现了前辈们极度渴求的东西，这就不足为奇了。

最后，我们会通过考察索尔·克里普克的著作《命名与必然性》来结束我们对这个时代的讨论；这本书最初于 1970 年 1 月在普林斯顿大学作为三场讲座的讲义被讲授。① 在这些讲座中，克里普克将对必然性与可能性的传统形而上学观念的蒯因式批评一扫而光，并清楚地将形而上学必然性同认识论上的先天性区分开来，又重新将本质和本质属性（essential properties）作为哲学探究的合法主题而引入进来，还打破了作为所有哲学理论化思考之根源的语言模型的统治地位。尽管在关于意义、概念上的分析性和分析等问题上没有对手，但克里普克开启了二十世纪分析哲学通向一组更广阔的哲学关切点的大门。

关于第四部分的拓展阅读

讨论的主要一手文献

Grice, Paul. "The Causal Theory of Perception." *Proceedings of the Aristotelian Society*, 35, 1961, reprinted in *Studies in the Way of Words*.

——. "Logic and Conversation." Given in 1967 as the William James

---

① Saul Kripke, *Naming and Necessity* (Cambridge, MA: Harvard University Press, 1980).

lectures at Harvard University; reprinted in *Studies in the Way of Words* (Cambridge, MA: Harvard University Press, 1989).

补充性的一手文献

Grice, Paul, and Peter Strawson. "In Defense of a Dogma." *Philosophical Review* 65 (1956).

Strawson, Peter. "Truth." *Analysis* 9, 6 (1949): 83—97.

进一步阅读的材料

Soames, Scott. Chapter 3 of *Beyond Rigidity*: *The Unfinished Semantic Agenda of Naming and Necessity* (New York: Oxford University Press).

——. "Naming and Asserting." In Zoltan Szabo, ed., *Semantics vs. Pragmatics* (Oxford University Press, forthcoming).

Thau, Michael. Chapter 4 of *Consciousness and Cognition*. New York: Oxford University Press, 2002.

PART FIVE
第五部分

威拉德·范·奥曼·蒯因的哲学自然主义
THE PHILOSOPHYICAL NATURALISM OF WILLARD VAN ORMAN QUINE

第十章

翻译的不确定性

本章提要

1. 《语词和对象》之路

   蒯因的哲学观；他对分析/综合区分的拒斥；格赖斯、斯特劳森和卡尔纳普的批评；作为蒯因回应的《语词和对象》

2. 蒯因的核心论题和他确证它们的策略

   材料对翻译的非充分确定性（The underdetermination of translation by data）以及翻译的不确定性

3. 关于非充分确定性（Underdetermination）论题的论证

   翻译理论，作为材料的刺激意义，以及翻译理论制造的经验性预言
   彻底的翻译：蒯因关于"兔子"和"gavagai"的例子
   说同一种语言的不同说话者的"翻译"
   这为何是可行的：关于翻译的一些"不相容的"理论可以与关于刺激意义的所有材料以及关于语言使用的其他观察性事实相容
   非充分确定性论题为何不应该是令人吃惊的

4. 蒯因关于翻译不确定性的一些论证

   来自行为主义的令人半信半疑的论证
   富于挑战性的论证：该论证来自物理主义加上所谓的关于物理学真理翻译的非充分确定性

5. 评估蒯因关于不确定性的案例

在确定性关系（determination relation）上含糊其词的危险

对确定性关系的不同释义；根据一些释义，物理主义是可行的，根据一些释义，物理学对翻译的非充分确定性是可行的，但根据任何释义，以上二者不可能都是可行的；将必然性等同于先天性上的错误，如何影响了如下这种错觉：蒯因的论证是强的；蒯因论证的失败

《语词和对象》之路

本章的主题是蒯因的《语词和对象》，该书写于二十世纪五十年代后期并出版于六十年代，被广泛地认为是他最系统、最重要的作品。① 我们在此所展示的蒯因是与之前讨论过的日常语言哲学家们非常不同的另一种哲学家。他拒斥哲学问题产生自关于语词或句子意义之混淆的原则，也拒斥将哲学的核心任务视为提供会解决或消解哲学问题的对意义的分析的哲学观。之所以拒斥这些观点，是因为他拒斥它们的如下两条前提——语词和句子在先前的哲学家所假定的那种意思上拥有意义，以及我们可以将关于意义或语言约定的事实从所有经验性事实的总体中分离出来。对蒯因来说，哲学与科学是连续的。它并没有自己独特的主题，也并不在任何特殊意义上涉及语词的意义。与关于逐日进行的科学的日常问题相比，哲学问题仅仅更抽象、更基础罢了。

在第一卷第十六章，我讨论了蒯因在文章《经验论的两个教条》中对分析/综合之分的著名攻击。② 我在那里论证道，尽管他的攻击在一些重要方面推进了关于这种区分的讨论，但他并未确证自己那些核心的结论。我在此不会详细回顾他的论证或我对之所做批评的细节。但是，我会一般性地讲讲他在《语词和对象》中所做工作的背景，而他的这些工作是我们将会详加考察的。

在《两个教条》中，蒯因将被自己当作是一个族群的概念孤立出

---

① W. V. Quine, *Word and Object* (Cambridge, MA: MIT Press, 1960).

② W. V. Quine, "Two Dogmas of Empiricism", *The Philosophical Review* 60 (1951).

来，包括分析性（或由于意义而为真）、必然性和同义性（意义的相同性）。他论证说，这个族群中的概念可以依据彼此而相互定义，但不能使用此族群之外的词项来加以定义或解释。这是至关重要的，因为他认为，如果所有这些概念要被合法地应用的话，那么它们都是不清楚、靠不住和需要解释的。既然相信我们不能对之给出必需的解释，他便得出结论说，没有作为分析性的东西存在，没有作为必然性的东西存在，也没有作为同义性的东西存在。尽管影响很大，但他的结论在二十世纪五十年代中期引起几位重要哲学家有力的驳斥。例如，保罗·格赖斯和彼得·斯特劳森合写了一篇批判蒯因的文章，在其中概述了在他们看来是荒谬极端的结论，这种结论建基于一种关于什么构成了对一个词项或概念之恰当解释的、令人无法接受的受限制的观念。[1] 至于蒯因结论的极端本质，他们指出，如果谈论一个语词或一个句子意味什么讲得通的话，那么谈论两个语词或句子意思相同——并因此是同义的——就一定也是讲得通的。于是，蒯因关于谈论语词或句子之为同义是无意义的的结论，便显然带有如下推论：说一个语词或句子意味任何事情都是完全讲不通的。如果没有一些表达式可以是同义的，那么就没有表达式可以拥有意义，而且因此没有表达式可以是有意义的。这种结论在格赖斯和斯特劳森看来，理所当然是荒谬和极端到令人无法接受的。

另一个拒斥蒯因在《经验论的两个教条》中观点的哲学家是他的朋友兼老师鲁道夫·卡尔纳普，《语词和对象》正是题献给他的。在二十世纪五十年代中期，卡尔纳普写下了本质上是回应蒯因对意义观念的拒斥的东西。这些文字作为附录 D 被重印于他的著作《意义和必然性》(*Meaning and Necessity*)中，题为《自然语言中的意义和同义性》("Meaning and Synonymy in Natural Languages")。[2] 卡尔纳普试图表明，关于一个词项之意义的观念，在其指称之外，可以在关于语言

---

[1] H. P. Grice and P. F. Strawson, "In Defense of a Dogma", *Philosophical Review* 65 (1956). 参阅第一卷第十六章。

[2] Rudolf Carnap, *Meaning and Necessity* (Chicago: University of Chicago Press, 1956).

使用者的经验性理论化中扮演重要的角色。他论证说，尽管在确证一个词项的意义是什么或其指称是什么的问题上有一些经验上的不确定因素存在，但有合理的经验性方法来从证据上支持上述两个问题；结果，关于意义和指称的假说便是同病相怜的。如果卡尔纳普是对的，那么蒯因在如下问题上就是错误的：他摒弃了像意义和同义性这样的概念，而与此同时又显然保留了像指称这样的概念。与蒯因相反，卡尔纳普坚称，从科学的角度讲，上述两方面概念都是不相上下的，都是必需的，也都是得体的。

《语词和对象》可以被视作蒯因对这些批评的回应。在这本书中，他试图阐明一种在科学上可接受的对语言用法的表述，在这种表述中，语言被视为一组对言语（verbal）和非言语（non-verbal）刺激的言语反应。作为两种在科学上可接受的对世界的描述中没有地位的、不合法的前科学概念，关于意义和指称的日常观念被拒斥了。在蒯因看来，我们不能给关于意义和指称的主张以经验上的支持，而这种支持正是辩护对它们的接受所需要的。此外，他还认为，即使以某种方式获得了由一种理想的物理学所提供的事实的完全的总体，我们还是不会有任何方式来做出将意义和指称分配给表达式的正确、确定的分配。这种物理学事实的总体在如下问题上保持开放：特殊的语词可以拥有哪些相当大量的不同的意义，以及它们可以指涉哪些相当大量的不同的对象。在蒯因看来，问题并不在于我们面临永远不了解关于意义和指称的事实的危险。问题在于没有我们所不了解的真正的事实存在。如果这种物理学真理的总体没有确定一个特定语词是否意指如此这般的事情（或指涉如此这般的东西），那么它的确意指如此这般的事情（或指涉如此这般的东西）这条断言，就不是一条真正的真理。既然没有关于意义和指称的重要真理存在，那么关于意义和指称的日常观念在对世界的科学描述中就没有地位，并因此应当被在科学上可接受的替代物替换。这便是蒯因所描绘的总体图景。

蒯因的核心论题和他确证它们的策略[1]

蒯因试图通过如下方法来确证自己的观点：从一种意义观念在其中扮演重要角色的经验性理论开始，并表明（i）关于这样一种理论的所有可能材料的类，从根本上说未充分确定它所做的关于意义的那些断言，以及（ii）即使我们可以获取所有的物理学事实，这种不确定性仍然不能被解决。他选择来进行处理的那些经验性理论，是关于翻译的理论——这些理论试图将一种语言中的语词和句子翻译成另一种不同语言中的语词和句子。和所有的科学理论一样，翻译理论要接受观察性材料的检验——在这种情形下，就是指对讲这两种语言的说话者的语言行为的观察。

在《语词和对象》的第二章，蒯因的第一个任务是准确地规定这种材料相当于什么，以及它如何影响翻译理论。接下来，他论证道，所有这种可能的材料的类，从根本上说未充分确定对一种翻译理论的选择。这就是说，他试图确证一种我们可以称之为"材料对翻译的非充分确定性"（*the underdetermination of translation by data*）的论题。

材料对翻译的非充分确定性

假定 L_1 和 L_2 是任意的语言，且假定 D 是关于两种语言间翻译的所有观察性真理（已知的或未知的）的集合。对任何一种关于 L_1 和 L_2 的翻译理论 T 而言，都有一种与 T 不相容的理论 T' 存在，它与 D 相容且同样得到 D 很好的支持。

应该注意的是，在蒯因看来，得到所有可能材料同样支持的不同理论间的不相容性，并不局限于关于诗意内涵（poetic connotation）的事项，或关于风格的微妙的事项。相反，可供选择的翻译之间的不同

---

[1] 关于本章其余部分材料早先的一种简略版本，见我如下文章的第一节："The Indeterminacy of Translation and the Inscrutability of Reference." *Canadian Journal of Philosophy* 29（1999）: 321—370。

据说是很广泛的，深入到语言和讲这些语言的人所共享的世界观的核心。更糟糕的是，蒯因坚称，即便加入所有的物理学事实，也不能化解这种不相容性，而这些事实就是他所认为的关于自然（nature）的所有真理的总体。① 表达上述观点的原则就是他的翻译不确定性论题。

翻译的不确定性

翻译并不被关于自然的所有真理（已知的或未知的）的集合 N 所确定。对任何一对语言和关于它们的翻译理论 T 来说，都有一些可供选择的翻译理论存在，它们与 T 不相容，但同样很好地与 N 相一致。对这些事实而言，所有这些理论都同样为真；没有一种它们对之持不同看法的客观事项（objective matter）存在，也没有一种在其中一种理论为真而另一种不为真的客观意义（objective sense）存在。

在本章，我们的任务是（i）重构蒯因给出的对此论题的论证，以及（ii）评估该论证在确认自己结论的问题上是否有说服力。在下一章，我们会继续讨论，（iii）追溯蒯因如何将该论证扩展到将指称和意义的不确定性包括在内，（iv）概述他拒斥这两种概念的基本理由，以及替换它们的所谓的在科学上更可接受的替代物，（v）提取出他立场进一步的极端后承，以及（v）论证这些后承可以以一种表明蒯因的立场是自我毁灭的方式，被反过来用于反对蒯因自己。

关于非充分确定性论题的论证

我们的起点是这些理论的本质，以及用来检验它们的材料。首先，请考虑翻译理论。一种关于两门语言的翻译理论将一门语言中单个的语词与另一门语言中的语词或短语关联起来；这种关联接着被用来关

---

① 参阅 Quine, "Reply to Chomsky." D. Davidson and J. Hintikka, eds., In *Words and Objections*（Dordrecht：Reidel, 1969），303；以及 Quine, "On the Reasons for Indeterminacy of Translation," *Journal of Philosophy* 67（1970）：178—183。

第十章 翻译的不确定性

联两门语言中的句子。任何确证这些关联的体系可以算作一种翻译指南或理论。我们可以将这样一种理论当作是产生出了（无限多的）如下形式的定理：

L_1 中的语词或短语 w_1 与 L_2 中的语词或短语 w_2 意思相同。

L_1 中的句子 S_1 与 L_2 中的句子 S_2 意思相同。

此类理论做出了哪些经验性的预言？用来检验它们的材料是什么？显然，它们做出了关于各种表达式所意味的东西的断言。但是，在发现这些表达式在另一个人的语言中意义的时候，我们会遇到一种困难。我们不能让那个外国人告诉我们他语词的意义，因为在拥有一份翻译指南前，我们不可能理解他，而他也不可能理解我们。蒯因认为，我们可以做的所有事情，就是观察他在其中使用那些特定表达式的情况，并将之与我们在其中使用自己的各种表达式的情况相比对。①

例如，假设 L_1 是英语，而 L_2 是某种讲英语的人之前从未遇到过的土著语言。（蒯因将这些语言间的翻译称为"彻底翻译"。）还假设我们可以以某种方式发现当地关于"是"和"否"的语词，也可以识别出该土著语言中问题和断言被表达的方式间的区别。（我们将在随后回到这一点。）那么，我们似乎可以发现，土著人在回应一个只有一个词的疑问句"*Gavagai*？"的说出时，回答道"是"；而在基本上相同的情况中，我们会对一个只有一个词的疑问句"兔子？"回答说"是"。据此，将这两个句子互相翻译成对方，似乎是合理的，而将那个只有一个词的惊呼"*Gavagai*！"翻译为"兔子！"或"看哪，一只兔子！"，也似乎是合理的。那么我们可以在一系列其他情形下做同样的事情。例如，我们或许会发现，自己将土著语言句子"*Gleep*！"翻译为"红的！"或"看啊，某个红色的东西！"

---

① 蒯因在此论述了卡尔纳普在《自然语言中的意义和同义性》第二节和第八节中的建议。蒯因的目标是表明，在本质上相当于卡尔纳普自己经验性程序的东西，从根本上说并没有充分地确定外延（指称）和内涵（意义）。

应当注意的是，尽管这种程序在启动我们的翻译系统时会起作用，但有一些真实的限制存在。有两件事情使其发挥作用。

(i)"*Gavagai*！"和"兔子！"是这样的句子：说话者会部分地根据他们在那个时刻所观察到的东西来赞同或不赞同这些句子。就这方面而言，它们不同于如下句子："地球是圆的"，"哥伦布发现了美洲"，"分子由原子构成"。说话者会独立于他们在那个时刻所观察到的东西来赞同或不赞同后面那些句子。因此，在将"*Gavagai*"翻译为"兔子"中起作用的那种技术，并不在翻译所有句子时都起作用。

(ii) 赞同还是不赞同"*Gavagai*！"和"兔子！"，这依赖于观察加上一种最低限度的补充性的背景信念（a minimum of supplementary background beliefs）。例如，请比较如下二者：一方面是只有一个语词的句子"*Gavagai*！"和"兔子！"，另一方面是句子"单身汉？"和"哲学家？"从直觉上说，赞同还是不赞同后两个句子，这依赖于观察、对语词的理解和关于被观察个体的相当多的背景信息。因此，更改说话者可获得的背景信息，或许会导致在赞同还是不赞同这个问题上的重大改变。由此，为了将其中一方翻译为另一方，如下要求是不合理的：那个土著人对"*Leepus*？"的赞同（此时他被询问关于任意一个个人的事情）总是要符合我对"单身汉？"的赞同（此时我被询问关于同一个个人的事情）。

我们可以在如下定义的帮助下将上述这些论点整合起来。

刺激意义（STIMULUS MEANING）

一个句子 S（对一个说话者在一个时刻）的刺激意义是这样一对类——如果被询问的话会促使该说话者赞同 S 的那些情况的类（S 的肯定性 [affirmative] 刺激意义），以及如果被询问的话会促使该说话者不赞同 S 的那些情况的类（S 的否定性 [negative] 刺激意义）。

（蒯因并不认为 S 的肯定性和否定性刺激意义可以穷尽当说话者被询问关于 S 的事情时的所有情况；它们并不包括该说话者保留或悬置判断的情况。）①

场合句（OCCASION SENTENCES）

S 是一个（对一个说话者而言的）场合句，当且仅当该说话者对 S 的赞同或不赞同（部分地）依赖于该说话者所观察到的东西。②

观察句（OBSERVATION SENTENCES）

S 是一种语言 L 中的观察句，当且仅当 (i) S 是一个对讲 L 语言的说话者而言的场合句，而且 (ii) S 的刺激意义对讲 L 的不同说话者而言几乎没有改变。（在 (ii) 背后的想法是，S 的刺激意义在一群人中的相同性，是最大程度上的赞同或不赞同 S 的合理的近似值；这仅仅依赖于观察，而且摆脱了对每个特殊的说话者而言的因人而异的那些实质性的背景性假定。）③

使用这些概念，我们可以给出蒯因关于检验翻译理论的经验性材料的类的观念。在他看来，与翻译理论相关的经验性材料是关于句子刺激意义的陈述。④翻译理论做出的经验性预言被如下原则所概括：

翻译理论的经验性预言

(i) 对观察句的翻译必须保留刺激意义。如果一种翻译理论陈述说，在 L_1 中的观察句 S_1 与 L_2 中的一个句子 S_2 意思相

---

① *Word and Object*, pp. 32—33.
② Ibid., pp. 35—40.
③ Ibid., pp. 41—46.
④ 关于刺激意义的陈述，被基于被观察到的赞成或不赞成的样式中的规律（regularities）的归纳和概括所确证。尽管严格来讲，这些陈述的内容超出了被用来辩护它们的那些观察，但我还是会继续指涉这些关于刺激意义的事实，并将它们作为翻译理论的"观察性材料"（这里在一种有些宽松的意义上使用"观察性"一词）。

同，那么该理论便预言 S_1 与 S_2 在它们各自的语言共同体中具有同样的刺激意义。①

(ii) 翻译必须保留一对场合句在刺激上的同义性（stimulus synonymy）。如果 S_1 和 S_2 是 L_1 中的场合句，而且如果一种翻译理论陈述说，S_1 在 L_1 中与 P_1 在 L_2 中意思相同，且 S_2 在 L_1 中与 P_2 在 L_2 中意思相同，那么该理论便预言说：对讲 L_1 的说话者而言，S_1 与 S_2 具有相同的刺激意义，当且仅当对讲 L_2 的说话者而言，P_1 与 P_2 具有相同的刺激意义。②

(iii) 真值函项算子——"且""或""非"等等——的翻译对刺激意义有可识别的影响。例如，如果一种理论将语言 L 中的一条表达式 e 翻译为与英语中的"非"具有相同的意思，那么该理论便预言，将 e 加在 L 的句子之上会反转刺激意义；而且如果它将 e 翻译为与英语中的"或"具有相同的意思，那么使用 e 来联合一对句子 A 和 B 所得出的 L 中的那个句子，会在 A 被赞同或 B 被赞同之时得到赞同，且在 A 和 B 均不被赞同之时也不被赞同。同样的断言适用于其他真值函项算子。③

第二条原则背后的基本理由可以来这样阐明。请考虑两个英语句子"单身汉！"和"未婚的男人！"。我们已经注意到，这些句子不会是观察句，因为它们的刺激意义对不同说话者而言是不同的，这依赖于该说话者可获得的、关于被观察到的个体的背景信息。但是，它们仍然是场合句——也就是说，对这些句子的赞同或不赞同部分地依赖于观察（而且通常因被观察对象的不同而不同）。此外，即使这些句子的刺激意义对不同说话者而言是不同的，它们还是会作为一对组合而共同改变。因此，我们可以期待，对每个单个的说话者而言，"单身

---

① *Word and Object*, P.44.
② Ibid., pp. 46—51.
③ Ibid., pp. 57—61.

汉！"和"未婚的男人！"会具有相同的刺激意义。① 这对翻译施加了一种经验性限制。如果土著语言中的"*Leepus*！"被翻译为英语中的"单身汉！"，而"*Lap nox*！"被翻译为"未婚的男人！"，那么这两个句子必定在土著语言中在刺激上是同义的（stimulus-synonymous），因为它们被翻译成的那两个句子，是英语中两个刺激上同义的场合句。这便是第二条原则告诉我们的东西。

第三条原则就目前来说是直截了当的。但是，其中还是有某些潜在的问题，而我已经通过以一种更弱的形式来陈述关于翻译不同真值函项算子之规则的方法——即将它们翻译成条件式而非更强的充分必要条件式——回避了这些问题。在《语词和对象》中，蒯因给出了那些更强的形式，但在认识到它们是站不住脚的之后便后退了。这一点在《指称之根》（*The Roots of Reference*）中得到了承认；在那里，该问题被归属给包含那些说话者对之保留判断（因此既非赞同亦非不赞同）的分句的逻辑复合句。② 例如，请考虑析取式。尽管讲英语的说话者们真的会在自己赞同 A 或赞同 B 时赞同一个析取式 *A 或 B*，而且会在不赞同这二者时不赞同该析取式，但没有一条一般性的规则来决定他们在如下情形中对 *A 或 B* 的裁定：他们悬置对 A 和 B 的判断。在某些情形下，他们会悬置自己对析取式的判断，而在另一些情形下则会赞同该析取式。至于哪些情形归于哪个范畴，这依赖于被询问到的那些特殊的析取式和特殊的说话者。在《指称之根》中，蒯因指出，这种关于析取式刺激意义的观察，既适用于将直觉主义解释分配给通常逻辑算子的共同体，也适用于将经典真值函项解释分配给它们的共同体。③ 从

---

① 当然，这是一种过度简化。根据蒯因在第 46 页一个脚注中的观察，与年龄、离异、文学士和其他事项有关的各种复杂化，导致了那些个体——很多日常说话者希望称这些个体为"单身汉"而非"未婚的男人"——间某种相对较小的差异。为了简单起见，蒯因提议我们忽视这些复杂之处，就像我们在这里将会做的那样。一般而言，在像（i）—（iii）这样的原则之下，当我们谈论刺激意义的相同性时，我们心中真正想到的是差不多相同的刺激意义。

② W. V. Quine, *The Roots of Reference* (La Salle, IL: Open Court, 1974).

③ 直觉主义者与经典逻辑学家的不同之处尤其在于，他们不接受 *A 或 ~A* 的所有示例。

这种观察以及类似的观察考虑，他得出结论说，被直觉主义者和经典逻辑学家分配给逻辑算子的意义的不同，并不仅仅在刺激意义的基础上被确定。① 尽管如此，他仍然继续论证说，这两种解释间的相似性可以通过诉诸刺激意义而被捕捉到，而且直觉主义者和经典逻辑学家都接受的那些逻辑真理的集合，实际上可以被解读为共同体范围内的赞同或不赞同的倾向。不幸的是，即便这项主张最终说来也是非常成问题的。② 一般而言，从共同体范围内的刺激意义中得出对逻辑算子之解释的任务，是充满困难的，而且对逻辑真理的基础给出一种纯然行为性的分析的总体目标，似乎差不多是难以达到的。既然这其中的细节会让我们离题千里，我们就还是通过坚持（iii）的较弱版本来避免这种问题为好。

现在我们已经拥有了三组经验性材料，我们可以认为翻译理论做出了关于它们的预言。在蒯因看来，这几乎穷尽了用来判断翻译理论的所有经验性材料。他自己仔细考虑过的唯一的补充，涉及基于刺激分析性（stimulus analyticity）和刺激矛盾（stimulus contradiction）概念的限制。③

刺激分析性和刺激矛盾

S 在 L 中是刺激分析的，当且仅当基本上所有讲 L 的说话者在所有刺激情况下都赞同 S。

S 在 L 中是刺激矛盾的，当且仅当基本上所有讲 L 的说话者在所有刺激情况下都不赞同 S。

---

① *The Roots of Reference*, p. 78.

② 关于蒯因论点中诸多问题的精彩讨论，请参阅 Alan Berger, "Quine on 'Alternative Logics' and Verdict Tables." *Journal of Philosophy* 77（1980）: 259—277。尤其值得注意的一个问题是，在提出对如下关键概念解释上的困难：这些概念在关于刺激意义的定义中被涉及——即什么是不赞同一个句子——而该定义正是对否定的经典理解和直觉主义理解之间的中立角色。Berger 在第 276—277 页讨论了这个问题。

③ 参阅 *Word and Object*, 第 55 和 66 页。

蒯因考虑加入原则（iv），作为一条对翻译的可能的经验性限制。①

(iv) 翻译必须保留刺激分析句和刺激矛盾句。如果 S_1 是 L_1 中的一个刺激分析（矛盾）句，而且如果一种翻译理论将 L_1 中的 S_1 陈述为与 L_2 中的 S_2 意思相同，那么该理论便预言 S_1 在 L_1 中是刺激分析（矛盾）的，当且仅当 S_2 在 L_2 中是刺激分析（矛盾）的。

不过，蒯因意识到，这种潜在的要求是有问题的，因为它或许难以区分被普遍相信的土著人的谬误与英语中的真理（反之亦然）。② 例如，上述标准会允许我们将"曾经有黑狗存在"翻译成这样一个土著句子，该句子可以更自然地被理解为"日神是孔武有力的"。更糟糕的是，该标准会阻止我们将"日神是孔武有力的"翻译成一个土著语言中的句子，该句子会被人们在直觉上认为是在说日神是孔武有力的，这仅仅是因为讲英语的说话者与那些土著人相比，并不拥有同样的关于宇宙的信念。

出于类似的理由，(iv) 的身份就有些悬而未决。此外，我们或许还想对这些原则进行一些其他的调整。一般而言，我们应当对这些关于翻译的恰当的条件半信半疑。基于赞同和不赞同之上的刺激意义，在这些条件所顾及的那些区分中是非常粗糙的。如我们在对格赖斯的研究中已经看到的那样，被一条言说所传达的信息应被归因于各种特殊化或一般化的因素——包括被说出句子的（真值函项）意义、它的约定性含意和交谈性含意。所有这些都可能是导致了赞同或不赞同的因素。③ 这产生出如下可能性，即两个句子可能在意义上不同，即使对它们的说出一般会传达同样的信息（并因此导致同样的赞同或不赞同），而这一点是由于如下事实，即对其中一个句子的说出一般会暗指

---

① *Word and Object*, p. 68.

② Ibid., p. 69.

③ 感谢约翰·霍桑提示我这一点对蒯因关于翻译的恰当条件的重要性。

（而非蕴涵）一个是另一个句子意义之一部分的命题。① 在这些情形下，两个句子在意义上的不同，对蒯因的彻底翻译者来说则不那么起眼，而蒯因对翻译之经验恰当性的限制，会允许这些句子被彼此同化。同样，如果有这样一些句子存在，它们拥有相同的字面（真值条件）意义，但在含意上有所不同，那么它们或许在刺激意义上有本质的不同——在此情形下，蒯因对经验恰当性的限制会排除将这些句子翻译为意思相同的情况。鉴于上述这些可能性，人们或许会试图去改进对刺激意义的表述，或改进对依据这些可能性而被陈述的关于翻译之恰当条件的表述，以使得这种表述对如下微妙的差异敏感：这些差异标记了我们处理不同的格赖斯式范畴中被传达信息的方式。（比如，请想想涉及取消和可分离性的格赖斯式的测试。）但是，在蒯因对彻底翻译的完全行为主义的视角下，我们可以获得多少这种改进，这还是非常不清楚的。在某个时刻，人们必定认识到他强加在自己身上的苛刻限定，以及他关于翻译的恰当条件的尝试性的、近似性的特征。我们要关注的要点，并不在于对这些条件的准确表述，而是当与产生自这些条件的翻译理论相对比时，关于刺激意义的行为性证据的贫乏。对蒯因来说，这就是我们所拥有或可以拥有的、与翻译理论的真假有关的全部材料。他的第一条主要断言是，所有这种证据的总体，未能在完全不同的翻译理论间做出决定。

他著名的"兔子/gavagai"例子说明了这些理论间可以有怎样的不同。我们已经看到，我们可以将只有一个语词的土著句子"*Gavagai*！"翻译为只有一个语词的英语句子"兔子！"。这或许会鼓励人们去认为，可以将出现在很多英语句子中的英语语词"兔子"，翻译成我们可以猜想其出现在很多土著语言句子中的土著语词

---

① 格赖斯很擅长找出这样的案例，并将它们用作针对日常语言哲学家们的反例。一个我们在本卷第九章已经讨论过的此类案例，涉及我们所熟知的、来自经典逻辑的日常真值函项"或"，以及所设想的日常语言哲学家的"或"；后者的意义中被置入了这种条件，即某个说出一个包含它的析取式的人并不拥有关于自己断言的非真值函项上的根据。既然与这两个算子有关的析取式，会基本上展示出同样的赞同和不赞同的样式，那么它们的刺激意义基本上就会是相同的，即使它们的意义显然不同。

"gavagai"。但是，这种想法是错误的。在蒯因看来，这样做会制造一条超出所有可获得证据的断言。

比如，请考虑"gavagai"。有谁能知道，该词项所适用的那些对象压根儿就不是兔子，而仅仅是兔子的某些阶段或它在某个短暂时刻的身体部分（brief temporal segments）呢？无论上述哪种情况下，导致了对"gavagai"赞同的那些刺激情况，与导致了对"兔子"赞同的那些刺激情况都是相同的。或者，也许"gavagai"所适用的那些对象是兔子的所有的、各种未经分离的部分；而此时刺激意义也不会有任何不同。当那个语言学家从"gavagai"和"兔子"之刺激意义的相同性跳跃到这种结论——即一个gavagai就是一整只持续存在的兔子——时，他就把如下事情当作是理所当然的了：在拥有一个关于兔子的简单通名（brief general term）而又没有一个关于兔子之阶段或部分的简单通名这一点上，土著人与我们足够相似。

另一种与同样老的刺激意义相容的、进一步的选项是，把"gavagai"当作一个命名古德曼（Goodman）意义上关于所有兔子的融合物（fusion）的单称词项：在时空中单一且不连续的、由兔子组成的那个部分（portion）……而在"gavagai"的案例中另一个更进一步的选项是，将它当作一个命名了不断出现的、普遍的兔性（rabbithood）的单称词项。具体对象和抽象对象的区别，与通名和单称词项之间的区别一样，都独立于刺激意义。

这种在兔子、兔子的阶段、兔子的主要组成部分、兔子的融合物和兔性之间的所设想的犹豫不决，是否一定仅仅是由于我们对刺激意义的表述中有某种特殊的错误，而且这是否可以通过一些微小的、补充性的指向（pointing）和提问来解决呢？那么，请考虑我们该怎么做。如果你指向一只兔子的话，那么你便已经指向了兔子的阶段、兔子的主要组成部分、兔子的融合物和兔性被显示出来的那个地方。如果你指向兔子的主要组成部分，那么你同样已经指向了余下的四种东西；对其他东西来说也是如此。对刺激意义中任何没有被区别出来的东西而言，它都不能通过指向什么而被区别出来，除非这种指向伴有关于同一性和多样性的问题："这个 gavagai 与那个是相同的吗？""我们在这里有一个还是两个 gavagai？"①

在此，蒯因列举了一些关于土著语词"*gavagai*"的所意味和指涉东西的几种非常不同的假设，这些假设似乎与我们可以收集到的关于他对该词项的使用的所有行为性证据都相容——或许，除了如下东西：我们可以通过问土著人涉及同一性或多样性之观念的问题来收集的信息。

有了这些以后，蒯因接下来开始处理如下这些问题："我们如何提出那些关于同一性的属于土著人的问题？"以及"我们如何在刺激意义的基础上，将任何土著的表达式翻译成我们用严格的、数量上的同一性所意味的那种意思？"以下便是他的回应：

> 我们或许会遇到这样的反驳：在认出丛林土著人甚至不能言语的动物那一方对同一性的判断上，并没有任何实质上的困难。对质的同一性来说，或更准确地说是对相似性来说，这诚然是真的。就一个生物体对反应条件的敏感性方面而言，我们的确有充足的标准（criteria），来界定它的刺激之间相似性的规格（standards）。但与我们之前所述的反射有关的，是数量上的同一性。两次指向，可以都是指向数量上同一的一只兔子，也可以指向数量上不同的兔子的部分，或数量上不同的兔子的阶段；这种难以预料之处并不在于相似性，而在于对那些句子的剖析。我们可以将一条土著的表达式等同于任何那些迥然不同的英语词项中的一个，比如"兔子""兔子的阶段""未经分离的兔子的部分"等等，但通过补充性地篡改对数量同一性和与之相结合的冠词的翻译，这些都可以保留与场合句之刺激意义之间的一致性。②

---

① *Word and Object*, pp. 52—53.

② Ibid., pp. 53—54.

蒯因的论点是：土著语词"*gavagai*"是否与我们的语词"兔子"——而不是我们的这些表达式，即"一只兔子在空间上未经分离的部分""一只兔子在时间上的阶段"或"兔子融合物"——意思相同并因此指涉相同的事物，这个问题与如下问题无关：土著语言中的什么东西（如果有这种东西的话）与我们的如下说法意思相同，即"与……是完全相同的东西"或"与……相等同"。他相信，问题在于，关于刺激意义的行为性证据并没有确定上述问题。请想象"*squiggle*"是土著语言中的一个语词，可以被选择用来表达同一性概念。在指向同一只兔子的不同空间部分或时间阶段时，我们可以问"*Gavagai*（指向着它）*squiggle gavagai*（指向着它）？"，并设想：如果那个土著人对此表示赞同，那么我们就可以知道他的语词"*gavagai*"与我们的"一只兔子在空间上未分离的部分"或"一只兔子在时间上的阶段"的意思**并不**相同，因为我们所指向的空间或时间上的部分是不同的。在蒯因看来，这种想法的问题在于，即使那个土著人赞同而非不赞同这一点，我们还是不会获得关于自己的问题的答案；因为就证据而言，表达式"*squiggle*"可以被翻译为"与……相等同"，"是同一个延伸整体的未经分离的空间部分"，"是同一个持续着的复合物的一个时间上的阶段"，或其他各种短语。在蒯因看来，对语词"*gavagai*"译法的选择，依赖于对"*squiggle*"译法的选择，反之亦然。如果喜欢的话，我们可以将"*gavagai*"译为"兔子"并将"*squiggle*"译为"与……相等同"，或者可以将"*gavagai*"译为"空间上未经分离的兔子的部分"并将"*squiggle*"译为"是同一个延伸整体的未经分离的空间部分"，还可以做出任意数量的选择，这只需总是将"*gavagai*"和"*squiggle*"的译法作为一对东西来调整。蒯因说，在这些事项上做出不同选择的不同翻译理论，彼此之间会是**不相容的**，但却都与关于刺激意义的所有行为性证据相容；而他认为，这种行为性证据就是与翻译理论相关的证据的总体。尽管说他确证了这个论题有些言过其实，但他对之提供的案例的确有某种可行性。

在这里，我要澄清某种有时会成为混淆之源头的东西。非充分确定性论题告诉我们，不同的和彼此**不相容的**翻译理论，得到所有观察性材料集合的同样的支持。那什么叫做两个这样的理论是不相容的呢？这里有一种潜在的问题存在。我们会倾向于说：对两个将 L_1 中的表达式翻译为 L_2 中表达式的理论而言，如果其中一种理论将 L_1 中的某一条表达式 α 翻译为 L_2 中的一条表达式 β，而另一种理论将 α 翻译为表达式 γ，且 β 和 γ 意味和指涉某种不同的东西，那么上述两种理论就是不相容的。但是，这种刻画还是有如下问题：它理所当然地认为，有关于 L_2 中的不同表达式是否意味或指涉同样东西的确定事实存在。既然即便当 L_2 是我们自己的语言时，蒯因随后也会质疑上述这一点，那么我们便渴望获得某种对什么叫做翻译理论是不相容的其他刻画。

蒯因心中所想的似乎常常是这些理论**在逻辑上不相容**。① 但是，尽管在我们的使用中，"兔子""空间上未经分离的兔子的部分"和"一只兔子在时间上的阶段"在直觉上有明显的不同，但如下断言并不是**在逻辑上**不相容的：

(i) 词项"gavagai"与词项"兔子"（按照我们现在对它的使用）意思相同。

(ii) 词项"gavagai"与短语"空间上未经分离的兔子的部分"（按照我们现在对它的使用）意思相同。

(iii) 词项"gavagai"与短语"一只兔子在时间上的阶段"（按照我们现在对它的使用）意思相同。

这些断言的形式是"α 与 β 意思相同"，"α 与 γ 意思相同"，"α 与 δ 意思相同"；而与 aRb、aRc 和 aRd 一样，这些形式都不是逻

---

① 参阅 Quine, p. 179 of "On the Reasons for Indeterminacy", 还请参阅 p. 322 of "On Empirically Equivalent Systems of the World", *Erkenntnis* 9（1975）：313—328。我用"逻辑上的不相容性"指的是（而且我想蒯因的意思也是这样）逻辑学课本中通常（在模态理论上 [model-theoretically] 或在替代性上 [substitutionally]）定义的那种关系，不同于更宽松的"概念的不相容性"或"分析的不相容性"的观念。

辑上不相容的陈述的形式。(i)—(iii)这些陈述或许以其他某种方式不相容，但并不是**在逻辑上**不相容的。于是，做出这些不同断言的翻译理论不需要彼此在逻辑上不相容。但是，如果这些翻译理论被嵌入包含如下断言的更大的背景理论之下，逻辑不相容性便会产生出来：

(a) 兔子并不是空间上未经分离的兔子的部分，空间上未经分离的兔子的部分并不是兔子在时间上的阶段，而且兔子并不是兔子在时间上的阶段。

(b) "兔子"（按照我们现在对它的使用）指涉一个对象当且仅当它是一只兔子 & "空间上未经分离的兔子的部分"（按照我们现在对它的使用）指涉一个对象当且仅当它是一个空间上未经分离的兔子的部分 & "兔子在时间上的阶段"（按照我们现在对它的使用）指涉一个对象当且仅当它是兔子在时间上的一个阶段。

(c) 如果两个语词指涉不同的东西，那么它们的意思就不同。

(d) 如果一个语词或短语 w 与一个语词或短语 x 意思相同 & w 与一个语词或短语 y 意思相同，那么 x 与 y 意思相同。

假定 T1 是一种包含陈述（i）的翻译理论，而 T2 是一种包含陈述（ii）的翻译理论。T1、T2 与一个包含（a）—（d）的集合的并集，在逻辑上是前后不一致的。有鉴于此，我们或许会将蒯因关于不相容的翻译理论的谈论，当作关于如下这种理论的谈论：当被类似（a）—（d）这样的背景性断言增强时，这些理论彼此在逻辑上就是不相容的。对诉诸这些辅助性断言的辩护是，(a) 陈述了一条关于世界的显然没有争议的事实，而（b）—（d）是做出对意义和指称观念重要使用的任何总体理论的公理。

让我们来总结一下。有了蒯因与翻译相关的观察性证据的观念后，我们便已经得到了这样的结论，即翻译理论并未被关于它们的所有观察性证据的集合所确定。接下来要注意的事情是，该论点并不仅限于将土著语言翻译为我们自己语言的那些理论。它同样适用于我们自己彼此间相互理解的尝试。我如何知道你在使用语词"兔子"时的意思？我的想法自然是：因为你使用和我同样的语词，所以你的意思也一定和我相同。但是，这其中并没有必然性。就我所知，你使用语词"兔子"的意思可能与我使用"兔子在时间上的阶段"的意思相同。我如何可以发现哪个是你真正的意思？好吧，我必须找到某种基础来将你的语词翻译成我的语词。但这样一来，蒯因关于翻译的所有论证便都会开始起作用。他会坚持说，我和你之间的关系类似于我和土著人之间的关系。尤其是，关于将你的语词翻译成我的语词的行为性材料的总体，与各种不同的、彼此不相容的翻译系统都同样相容。事情还没完；在将我过去使用的语词翻译为我现在使用的同样语词的问题上，我们可以得出一样的结论。关于所有这些翻译的行为性材料，破坏了建基于它们的那些翻译。①

  人们在这里或许会问，蒯因关于对翻译而言可获得的材料的观念是否准确。我自己的观点是，他将翻译的证据与关于刺激意义的断言相等同的主张过于严格了，而且没有穷尽相关的观察性证据。与现实生活中的翻译案例相关的其他潜在的证据，还包括任意数量的不同情况类型的特征——例如这样一些情况：语词被引入语言当中（语词定义 [verbal definitions] vs. 实指定义），个体获得一个语词并变得有能力使用它（语词解释 vs. 典型案例 [paradigmatic examples]），以及语词在没有任何提示的情况下被自发地使用（例如，讲英语的说话者发现，使用"兔子"是很自然的，这是一种常见现象 vs. 他们会自发地使用"一只兔子在时间上的阶段"，这是一种极其罕见的现象）。在我看来，所有这些考虑，甚至更多其他因素，都会适当地影响现实生活中翻译者的翻译结果。

  对这种额外的观察性材料的增加会不会改变蒯因论证的总体结论

---

① 蒯因在如下文章中给出了这种论证（我们将在本卷第十一章处理该论证）："Ontological Relativity", in *Ontological Relativity and Other Essays*（New York：Columbia University Press，1969）。尤其请参阅 p. 47—48。

第十章 翻译的不确定性

呢？并不显然如此。问这个问题，其实就是在问：通过扩展超出关于刺激意义的陈述之外的观察材料陈述的集合 D，我们是否排除了如下这种可能性，即两种不相容的翻译理论可以与 D 同样相容，并得到 D 的同样支持。这种疑问提出的一个问题是，如何准确地确定如下说法的意思：一个理论与一组材料陈述 D 是**相容的**。而一个进一步的问题是，如何确定什么叫做 D **支持** T。尽管蒯因并未太深入其中的细节，但他的想法似乎是：当 T 可以被用来做出被 D 表明为真的观察性预言（且没有做出被 D 表明为假的预言）时，D 支持了 T。[1] 尽管还有很多可说的东西，但还是让我们就此离开关于支持的讨论。至于相容性，我已经给出了一种对蒯因友好的、关于如下断言的重构：两种理论是彼此不相容的。在下一节，当我们转向他关于翻译不确定性的论证时，我会探究刻画事实和理论之间确定性关系的不同方式。一般而言，对每个这样的方式来说，都有一种理论和材料间相容的相应的意义存在，该意义可以被用于此处。为了不事先抢占这个即将到来的结论，让我们现在仅仅在可能的最宽泛的意义上处理理论和材料间的相容性。让我们说，一种翻译理论 T 与我们关于观察材料陈述的扩展集合 D 是相容的，当且仅当 T 的否定并不是 D 的一个必然后承——也就是说，当且仅当 T 可以在如下情况下为真：D 的每个成员都为真。那么，我们的问题就是：当 D 以上述方式被理解时，是否有这样两个彼此不相容的翻译理论 T 和 T' 存在，它们都被 D 支持，以至于（i）在有了 D 的情况下它们都可以为真，而且因此（ii）T 和 T' 都不是 D 的必然后承。

那么，我们应当把在关于刺激意义的真陈述之外的哪些观察陈述当作 D 的成员？在认识到对该问题的回答在某种程度上是可以争论的之后，我们在此或许会假定，D 包含那种已经被提到的附加的观察性真理——也就是说，那些描述了如下东西的观察性真理：（i）语言中语

---

[1] 进一步构建"支持"这个概念会如何影响蒯因的观点，关于这个问题的有价值的讨论，请参阅 Gilbert Harman, "Meaning and Theory", *Southwestern Journal of Philosophy* 9（1979）: 9—20。

词用法的历史,包括这些用法是何时和怎样被引入的,以及它们如何被传递给其他人,(ii)它们通常和自发地被使用的情况,以及(iii)关于非语言环境的所有相关的观察性事实。有了这种对 D 特征的刻画,让我们假定 T 和 T' 是这样两种翻译理论:它们都被 D 支持,但是彼此不相容。这是否是清楚明白的呢:其中至少一种理论是这样的,即在假定 D 之为真的情况下,它不可能为真?

我并不这样认为。如我们所假设的那样,如果 D 仅限于日常的、乏味的观察性陈述,那么它大概不可能包括任何关于如下东西的陈述:(a)不同语言使用者的信念、意图和其他认知状态,(b)这些施事者希望、渴望和动机性状态(motivational states)的内容,(c)他们感知经验的内容,(d)不同认知、动机性和感知状态之间的因果关系,或那些状态、施事者的行为和环境中事物之间的因果关系,抑或(e)一个施事者的内部神经系统状态,以及这些状态相互间的因果关系,它们与该施事者行为或外部事物间的因果关系。当然,关于这些事项以及它们与语言意义和翻译的事实间的相关性,不同的哲学家会持有不同的观点。但是,如下想法似乎是合理的:如果我们关于材料陈述的集合 D 中没有任何这些类型的事实性陈述,那么就会有这样两种彼此不相容的理论存在,它们中的每一个都能够做出关于 D 中相关的观察性陈述的正确预言,即使 D 中陈述的真并不排除任何一种理论可能为真,而因此没有任何一种理论是 D 的必然后承。

出于这种理由,我不仅倾向于接受蒯因的如下断言,即翻译理论并未被关于刺激意义的材料所确定,而且也乐于接受他如下暗含的断言:即使人们对于与翻译相关的所有观察性材料采取一种更为宽松、更富包容性的立场,情况也依然会如此。尽管这种立场最初听上去似乎是相当令人担忧的,但深思熟虑之下,它并不显然就应当如此。对蒯因来说,材料对理论的非充分确定性,大致相当于该理论的否定与关于该理论的材料陈述的全体集合间的相容性;只有在如下情形下,材料对一种理论才是非充分确定的:即便该理论并不为真,所有这些材料陈述也可能为真。① 在给出这种特征刻画时，如同在其他关于非充分确定性和不确定性的讨论中一样，蒯因自己并不总是清楚地阐明，他自己说"可能""相容"和其他相关概念的意思究竟是什么。尽管不久便会回到这一问题，但现在还是让我们先把它放在一边。有如下说法就足够了：当观察性证据和理论间的关系是我们所追问的问题时，对这些概念有一些合理的、自然的理解；根据这些理解，不仅翻译理论，而且所有种类的经验性理论通常都未被关于它们的观察性证据所充分确定。于是，如下断言就不是一种新奇或激进的想法：翻译理论**也**未被材料所充分确定。这就是蒯因认识到的要点。使得这条关于材料对翻译的非充分确定性原则变得引人注目和重要的地方在于，他将它用作自己真正极端的关于翻译不确定性原则的基础。

蒯因关于翻译不确定性的一些论证

回忆一下我们对蒯因关于翻译不确定性论题的陈述。

翻译的不确定性

翻译并不被关于本质的所有真理（已知的或未知的）的集合 N 所确定。对任何一对语言和关于它们的翻译理论 T 来说，都有一些可供选择的翻译理论存在，它们与 T 不相容，但同样很好地与 N 相一致。对这些事实而言，所有这些理论都同样为真；没有一种它们对之持不同看法的客观事项（objective matter）存在，也没有一种在其中一种理论为真而另一种不为真的客观意义（objective sense）存在。

在蒯因的行文中，有两条通向不确定性论题的主要路线。第一条依赖于蒯因的行为主义前提：既然我们通过观察其他人的语言行为来

---

① 参阅"On the Reasons for Indeterminacy"第 179 页，以及"On Empirically Equivalent Systems of the World"第 313 页。

学习语言，那么与确定语言意义相关的唯一事实，一定就是公共可观察的行为事实——尤其是关于刺激意义的事实。我们可以认为，蒯因关于材料对翻译的非充分确定性的讨论表明，这些事实并不确定如下问题：对我们语词的哪些翻译是正确的。① 既然只有确定了意义的事实才可以确定翻译，那么其他东西就也不能确定翻译。因此，蒯因能够从他的行为主义加上材料对翻译的非充分确定性中，推导出翻译的不确定性。

但是，在依赖行为主义这一点上有如下这样一些问题。一则，行为主义是极富争论的，而且有着潜在的问题。在经验研究的其他领域内，我们通常赞同（countenance）非观察性事实，这些事实的存在被我们做出的观察所支持，但在逻辑上或必然性上并不被它们所保证。为了在我们关于心灵和语言理论的情形中排除上述这些东西——在确证他的不确定性论题之前——蒯因还得拥有一种关于如下事情的令人信服的、**独立的**论证，即我们所询问的这些领域中仅有的事实就是行为性事实（我们可以假定它们是可观察的）。既然根据我们可以看到的情况，他并没有这种论证，那么我们就有理由不去将他关于翻译不确定性原则的案例建基于行为主义之上。②

另一条不去建基于作为翻译不确定性论证前提之一的行为主义的理由是，即使从行为主义的视角看，蒯因的刺激意义概念也是成问题的。当然，刺激意义依据赞同和不赞同而被定义。但从行为主义的观点看，什么是赞同和不赞同呢？赞同或不赞同并不仅仅是说出英文单

---

① 如果有人没有被蒯因富于想象力的例子说服，那么请想想在本卷第二章中所讨论的更单调的场景，那些场景涉及本地人和海岛居民，他们所在的两个地方有不同但看起来一样的像兔子的物种。在这样的场景中，"兔子"对这两组人而言或许具有同样的刺激意义，即使情况是这样的：当被海岛居民使用时，"兔子"适用于所有且只适用于一个物种的成员，而与此同时，当被陆地居民使用时，"兔子"适用于所有且只适用于另一个不同物种的成员。

② 关于蒯因阐发和解释自己对关于语言的行为主义承诺的段落，请参阅《语词和对象》前言的第一段，他的论文《本体论的相对性》（"Ontological Relativity"）第26—29页，以及《自然化的认识论》（"Epistemology Naturalized"）第87页，二者均载于《本体论的相对性》（*Ontological Relativity*）。

词"是"或"否",因为还有其他进行赞同或不赞同的方式,而且我们还可以在其他语言中进行赞同或不赞同。有人或许认为,自己可以将赞同和不赞同定义为说出对英文单词"是"或"否"的恰当译文。但是,这样一种策略对蒯因来说是毫无用处的,因为根据他的观点,关于什么可以算作一种正确翻译的事实,依赖于关于刺激意义的在先的事实,并因此依赖于关于赞同和不赞同的事实。①

从直觉上说,人们认为对一个句子的赞同就是在表达自己对该句子为真的信念,而对一个句子的不赞同就是在表达自己对该句子为假的信念。当然,我们也认识到,赞同和信念之间的关系并非完备的,因为各种方式的因素都可能闯入特殊的案例中——例如,约定性或交谈性含意,对礼貌的考虑,不冒犯他人的愿望,或隐藏自己真实意见的愿望。蒯因使用赞同和不赞同来刻画关于翻译理论证据的特征,这种用法只在如下范围内有效:我们抽离出这些复杂的因素。但当这样做的时候,我们关于一个句子对一个说话者而言的刺激意义的观念,

---

① 在《语词和对象》的第29、30页,蒯因讨论了产生关于如何确认土著语言中赞同和不赞同表达式的"起作用的假设"的方法。请注意,这种"起作用的假设"的模型,预设了如下事情:赞同和不赞同的观念含有我们已经理解了的内容——唯一的问题是哪些语词表达了其中的哪个方面。但是,这些方法并不构成行为性的或其他类型的定义,而且蒯因并不将它们当作是决定性的。因此,它们并没有回答如下问题:"对行为主义者来说赞同和不赞同可以意味着什么?"它们也没有表明,一个彻头彻尾的行为主义者可以如何在自己的理论中使用这些概念。当然,蒯因可以赞同这一点,并坚称,考虑到关于刺激意义的事实,我们在此所拥有的是一种位于翻译不确定性之上的额外的不确定性——这种额外的不确定性是关于什么算作赞同和不赞同的,以及因此是关于涉及刺激意义的事实的。但是,如果人们沿着此路线前进,就必须承认,在不援引一种会篡改关于刺激意义的断言的一般性行为主义前提的情况下,可以给出关于翻译不确定性的论证。无论蒯因的行为主义真正允许的是何种真正事实的集合D,他都可以论证说,即使某些潜在有争议的事实被加入D之中,关于翻译的事实也不会被确定。我认为,这是他的论证可以被重构的最好方式。如果诚然如此,那么如蒯因认识到的那样,没有必要将加入D中的事实限定为关于刺激意义的事实。鉴于这种信念,他无需援引行为主义——这只会引起不必要的争论。此外,如果即便刺激意义也超出行为主义可以承认的东西的范围,那么它自身就是一种反对它的强有力的论据。考虑到不确定性论题对蒯因的重要性,以及刺激意义在构造他对我们前理论的意义观所提出的替代中扮演的角色,他在坚持任何严格意义的行为主义这一点上,都是得不偿失的。

在本质上就变成了由如下两个集合构成的一个对子：说话者在其中相信该句子表达了一条真理的那种环境的集合，以及说话者在其中相信该句子表达了一条谬误的那种环境的集合。如果我们以这种方式来理解关于刺激意义的主张，那么认为它们提供了关于翻译理论的证据就是合理的。但这样一来，关于这些理论的证据自身并不在严格的意义上是行为主义的，而是涉及一种特定的信念。人们想知道，如果一类信念被接受并被当作是理所当然的，那么其他信念为何不应该获得类似的地位。当然，严格的行为主义并不允许这种事情发生。

无论如何，我不会关注于蒯因成问题的行为主义。① 相反，我会聚焦于一条更有力、影响更广泛的通向他翻译不确定性论题的路线。蒯因认识到，很多哲学家也许会同意他的如下断言，即关于刺激意义的（准行为主义的 [quasi-behavioral]）事实的集合 D，并没有解决关于意义的那些潜在的不确定性；而与此同时，这些哲学家又不赞同他的如下论点，它们是仅有的决定意义的事实（meaning-determining facts）。实际上，他对这些哲学家发出了挑战——也就是说，他表明了，通过在 D 中加入一个人所喜欢的任何其他物理学事实，我们可以如何来解决那些不确定性。② 蒯因相信，即便关于刺激意义的（准行为主义的）事实的集合被加入了所有其他的物理学事实，关于一个给定的语词是否与"兔子""未经分离的兔子的部分"或"一只兔子在时间上的阶段"意思相同的那些不确定性，还是会存在。可以理解他为何会这样想。如果我不能从一个土著人的行为中推导出他的语词 "gavagai" 与我的语词 "兔子" 意思相同，那么加入在他使用这个语词时自己脑子里的特定的神经元活动，又会有什么帮助呢？我们不能从关于神经元的生理学断言中读出一个人语词的内容，就像不能从关于他在一些特定环境中发出的噪音的陈述中读出他语词的内容一样。于是，如果我

---

① 对蒯因依赖于自己行为主义的、关于翻译不确定性论证的进一步批判，请参阅迈克尔·弗里德曼（Michael Friedman）如下文章的第 III 节："Physicalism and the Indeterminacy of Translation", *Noûs* 9（1975）: 353—373。

② 参阅蒯因的 "Reply to Chomsky" 和 "On the Reasons for Indeterminacy of Translation"。

们不能从一种对语言行为的非意向性描述中推导出一种确定的意义，那么加入关于神经元的事实似乎也无济于事。在蒯因看来，对人们可以诉诸的其他任何纯粹的物理学事实而言，也同样如此。

我们现在可以陈述他通向翻译不确定性的第二条路线了。根据这条路线，他将翻译不确定性当作物理主义的附属性原则和物理学对翻译的非充分确定性的一种后承，而这两种东西大概可以表述如下：①

物理主义

所有真正的真理（事实）都被物理学真理（事实）所确定。

物理学对翻译的非充分确定性

翻译并不被所有（已知的或未知的）物理学真理的集合所确定。对任何一对语言和关于这两种语言的翻译理论 T 来说，都有另一些可供选择的翻译理论存在，它们与 T 不相容，但与所有物理学真理（事实）同样一致。

在考虑这些原则时，我们需要某种关于什么算作是一条物理学真理的标准。这个问题并不是微不足道的，而且在本卷第十一章末尾我们还会回到这个问题。在那之前，我们会遵循蒯因的引导。他对物理学或物理学理论的谈论，常常将其当作是向我们提供了那些真理的。一般而言，他似乎大致将物理学真理当作所有以一种理想化的物理学语言表述出来的（已知的或未知的）真理的类——某种差不多像是已经消除了不一致性、填补了间隙的我们实际的物理学。② 有了这种粗略的、可利用的特征刻画，我们便可以来鉴赏他的翻译不确定性论证。如果上述两条原则是正确的，那么关于我们语词的意义是什么的

---

① 参阅我如下文章的第 IV 节："The Indeterminacy of Translation and the Inscrutability of Reference"，在那里可以看到另一些可供选择的对物理主义的表述，以及这些表述与蒯因论证之间的相关性。

② 例如，请参阅蒯因的"Reply to Chomsky"，第 303 页，以及他的"On the Reasons for Indeterminacy of Translation"。

断言——例如，像"你所使用的'兔子'与我所使用的'兔子'意思相同"这样的断言——就没有被一种理想化的物理学中的真理所确定。因此，这些断言从未陈述真正的事实，也从不能算作真正的真理。我相信，这就是蒯因对翻译不确定性最具影响力的、最富于挑战性的论证。

评估蒯因关于不确定性的案例

我们该怎样评价上述论证呢？第一个需要澄清的要点是，其前提和结论的内容是不清楚的。在物理主义原则、物理学对翻译的非充分确定性和翻译的不确定性中，他所援引的那种确定性关系究竟是什么，这是尤其不清楚的。（和蒯因一样，我到现在都在回避这个问题。）不幸的是，蒯因从未令人满意地澄清这一点。但是，有一些阐明这种确定性关系相当于什么的可能性，而由于这一点，还有一种含糊其词的危险存在。接下来，我会建议：有一些对确定性关系的解释存在，根据这些解释，物理主义是可行的；还有一些解释存在，根据它们，物理学对翻译的非充分确定性是可行的；但却没有这样一种解释存在，根据此解释，物理主义和物理学对翻译的非充分确定性都是可行的；且因此没有这样一种解释存在，根据此解释，翻译的不确定性论证可以得到维持。

那就让我们来看看吧。什么叫做一组断言确定了另一组断言？这并不是说，第二组中的断言是第一组中断言的**逻辑后承**。当然，翻译理论并不是所有物理学真理集合的逻辑后承。但这是微不足道的，因为只要当任何一种令人感兴趣的经验理论包括了没有出现在物理学真理中的词汇时，该理论就不会是那些真理的逻辑后承。例如，并非所有的生物学真理都是一种理想化物理学语言中真句子集合的逻辑后承。但生物学被蒯因设想为被物理学所确定的，所以这种确定性关系不可能是逻辑后承这样的关系。如果诚然如此，那么物理主义为假这一点就是不证自明的。

让我们考察一种不同的确定性关系概念。某人或许会说，一个断言的集合 P 确定了一个集合 Q，当且仅当在给定了 P 中断言的情况下，一个人在原则上可能仅仅通过诉诸逻辑和那些显然是先天的原则或定义，来证明 Q 中断言的真。这种想法的意思是：说 P 确定 Q，就是说 P 提供了一种确证 Q 的理论基础，该基础是完全决定性的，且排除了任何关于谬误的可能性。实际上，确定性在这里被解释为**先天后承**。

根据这种解释，物理学对翻译的非充分确定性既是令人感兴趣的，又是可行的。考虑到关于蒯因所鉴定的那些刺激意义的行为主义证据的全部集合，我不能完全确证一个说话者使用自己词项的意思与我现在使用"兔子"的意思相同，而不是与我现在使用"未经分离的兔子的部分"或"一只兔子在时间上的阶段"的意思相同。关于一个说话者的意思是其中一种而非另一种断言，并不是关于蒯因式刺激意义的断言的全部集合的先天后承。此外，我们很难看出，附加的行为性事实或物理学事实——关于我们大脑之内的神经系统事件或与我们环境的（过去、现在和将来的）物理上的相互作用——就其自身而言会改变这种情况。因此，最终的结果可能是：在这种意义上，翻译理论未被所有物理学真理的集合所确定。

但如果确定性关系被当作是先天后承的话，那么仅当物理主义为真时，这才会导致翻译的不确定性。这是如何可行的？是否有某种理由让人相信，所有真正的真理必定是所有物理学真理之集合的纯然的先天后承？就我的所知而言，这并不是我们的前理论信条之一；也没有任何人给出一种关于它为什么必须被坚持的、令人满意的前理论解释。此外，如下事情是完全不清楚的：被蒯因当作是完全合法而且能够陈述关于世界的真正真理而接受下来的那些科学准则中的理论，其自身是所有物理学真理之集合的先天后承。为了从物理学真理的集合中得出任何一种经验性理论 T，人们必须诉诸理论上的识别句（theoretical identifications）或桥接原理（bridge principles），这些识别句或原理将 T 的词汇与隐藏其下的物理学词汇联系起来。如果 T 会是物理学真理的先天后承，那么这些识别句或原理自身必定是先天的。但是，理论还原的日常示例——例如，将生物学上的基因概念还原为一种涉及 DNA 概念的物理学构造——所需要的那些桥接原理，似乎并不满足上述条件。相反，将基因概念与 DNA 概念联系起来的那种相关的理论上的同一性陈述（theoretical identity statement），似乎是一条经验性的、后天的真理。上述二者可以以这种方式被关联在一起，这是一种经验发现，而并非一种关于书本上的概念分析或哲学思辨的事项。因此，如果将生物学词汇与物理学词汇联系在一起的那些桥接原理仅限于**先天定义**，那么我们涉及基因和 DNA 的理论上的同一性陈述就会被排除在外，而且从物理学理论中导出遗传学这一点也会身处险境。当然，没有人会由此得出结论说，具体而言的遗传学或一般而言的生物学，并没有陈述真正的真理；相反，如果必须做出一种选择，那么我们会拒斥产生自将确定性关系解释为先天后承的那种版本的物理主义。

通过聚焦于关于普通人生活的常识真理，我们可以用一种更平凡的方式得出同样的结论。这里便有一条这样的真理："我拥有一辆蓝色的汽车。"该真理是否可以从一种理想化的物理学的真理集合中得出？只有在如下情况下答案才是肯定的：人们可以依据一种理想化物理学的理论化词汇，来定义什么叫做我、一辆蓝色的汽车和拥有某物。无需多言，压根儿没有人知道怎么做到这一点，而且也没有兴趣这样做。这里至关重要的问题是，必需的定义或桥接原理会允许我们表述先天可知（无需得到观察和经验辩护）的条件陈述，即使它们的前件是物理学真理而后件是像"我存在""一辆汽车存在""我拥有一辆汽车"和"我拥有一辆蓝色的汽车"这样的英语句子，这些句子拥有自己正常的、惯常的意义。很难想象任何这样的原则，它们可以被用来从关于基本物理粒子和一种理想化物理学中提及的其他对象的理论化陈述中，得出关于我、蓝色汽车和所有权的日常谈论。但是，如果这些原则可以被表述，那么它们当然也不会是先天可知的。因此，我拥有一辆蓝色汽车这条断言，就并不是基本物理学真理之集合的一种先天后承。既然该断言是真正为真的，那么产生自将确定性关系解释为先天后承的那种版本的物理主义，就显然是不正确的。

有鉴于此，我们可以考虑一种不同的——尽管亦非蒯因式的——

理解确定性关系的方式。① 假设我们说，一个陈述的集合 P 确定了一个陈述的集合 Q，当且仅当如下情况是不可能的：P 中的所有陈述都为真，而无需 Q 中的所有陈述都为真——也就是说，当且仅当 Q 是 P 的一个（形而上学上的）必然后承。根据这种解释，物理主义——在某种接近我们陈述它的那种形式的东西中——是十分可行的；它陈述说，所有真正的真理（事实）伴生于物理学真理（事实）。例如，如果我们拥有一组生物学事实，而且如果我们考虑世界的这样一种可能的状态——相对于这种可能状态而言，那些事实中的一些是不同的——那么这种情况可能发生的唯一方式就是，某些隐藏其下的物理学事实在世界的这种状态中也是不同的。拥有完全相同的物理学事实的、世界的任何两种可能状态，都具有同样的生物学事实。一般而言，不可能有这样两种世界的可能状态存在：它们在所有时空中关于电子、质子、中子、原子、分子和类似东西的事实上都一致，但在如下事情上又有所不同，即在一种世界状态中有狗存在，而在另一种状态中则没有，或在一种世界状态中我在普林斯顿教书，而在另一种状态中我在麻省理工教书，或在一种世界状态中我最喜欢的颜色是绿色，而在另一种状态中则是蓝色。根据这种对物理主义的解释，任何后面这些种类的差异，都会伴随着在隐藏其下的物理学层次上的某些差异。当以上述方式被解释时，物理主义原则大概是说，对任何拥有同样物理学事实的世界的两种可能状态而言，其中的所有事实都是相同的——如果这太强了的话，我们或许还可以换一种方式，即对任何一种其中的物理学事实完全符合世界实际状态中物理学事实的可能的世界状态来说，它其中的所有事实都符合实际的事实。既然这似乎绝对是可行的，那么当以上述方式被理解时，物理主义或许就是可接受的。

但是，根据这种对确定性关系的解释，物理学对翻译的非充分确定性就变得不可行了。无论我们中的任何一人用"兔子"意指什么，

---

① 当然，蒯因拒斥先天性（aprioricity）和必然性的观念。一些可供选择的、对他使用了这些观念的论题的理解方式是值得考虑的，这是因为他的很多读者并不拒斥它们，而且它们是否可以被成功地用于翻译不确定性的论证这一点，是值得去了解的。

如下假定都是自然而然的：我们所做事情的意义最终依赖于物理学事实。例如，我们可以问，一对在物理上完全相同的双胞胎，是否可以用"兔子"意指我通过说"未经分离的兔子的部分"所实际意指的东西——（在一种物理上完全相同的可能的世界状态中）这对双胞胎的言说、行为、大脑状态、与环境间因果和历史的关系、与其他说话者（这些说话者自己与实际世界中的说话者在物理上是等同的）之间的相互影响与（在实际世界中）我的上述这些事项完全地、准确地符合。在我看来，对该问题的回答一定是"否"——这出于与如下事情同样的理由，即根据这种解释，物理主义自身似乎是可接受的。这暗示说，无论意义最终说来是什么，它都与其他东西一样是伴生于物理的东西。但如果诚然如此，那么我们就有理由拒斥物理学对翻译的非充分确定性。

会有人反对这种论证吗？我想是的；但是，为了使得这种反对能够保留蒯因的目的，这个反对者既需要维护那种反对，还需要根据关于确定关系是（形而上学上的）必然后承的解释，来给出一种对物理主义之为真的论证。很难看出该怎样去做到这些。为了确证翻译的不确定性，关于意义的怀疑论者仅仅做如下事情是不够的：假定物理主义，否认意义伴生于物理的东西，并要求我们（根据他的意愿）证明相反的情况。相反，这个反对者必须通过某种**独立的**论证来证明，要么没有一种作为意义的东西存在（在此情形下，蒯因关于翻译不确定性的整个讨论都变得悬而未决了），要么有这么一种东西存在，但它**并不伴生于物理的东西**（即便物理主义为真）。既然压根儿没有人知道该怎样做到这一点，那么这条通向翻译不确定性的路线就显然是没有希望的。我认为，更好的做法是：根据确定关系是必然后承的那种解释来接受物理主义，并拒斥如下论题，即翻译并未被物理学真理所确定。

当然，如果我们可以表明如下两件事情，那么该论题便可以被挽救：（i）翻译理论并不是物理学真理集合的先天或概念上的后承，以及（ii）由于这一点，它们也不是这些真理的必然后承。我们已经看到，上述第一条断言是非常可行的——我们可以设想翻译理论并不是物理学真理集合的先天的或概念上的后承。因此，如果人们认为必然性和先天性是一回事，或至少是同外延的，那么他们或许就会错误地得出结论说，当确定性被当作必然后承时，物理主义和物理学对翻译的非充分确定性都为真。

这里的错误在于对必然性和先天性的鉴别。蒯因自己不接受其中的任何一个观念。但是，在他写作《语词和对象》的时代，以及其后很多年，很多哲学家的确都接受这些观念，尽管他们通常将二者等同起来。这些哲学家尤其容易受到他对翻译不确定性论证的影响。在看待物理主义和将确定性关系解释为必然后承时，他们正确地将物理主义看作是可行的。在看待物理学对翻译的非充分确定性以及将确定性关系视为先天后承时，他们正确地将非充分确定性视为可行的。但在理所当然地认为必然后承和先天后承是一回事的情况下，他们错误地认为，蒯因的翻译不确定性论证是十分有力的。他们推理中的问题在于如下未经争辩的而且我认为是假的预设：关于意义和指称的陈述是物理学真理的必然后承，仅当它们是那些真理的先天后承。在本卷第七部分，当讨论到克里普克的《命名与必然性》时，我们会更详细地考察必然性和先天性应当被如何区分，以及它们为什么应被区分。而现在，我们要抓住的要点是：如果我们不假定它们是一回事，那么根据确定性被理解为必然后承的那种解释，我们就没有得到任何可行的理由去接受物理学对翻译的非充分确定性。

到目前为止，我们还没有想出一种对确定性关系的解释，以支持蒯因对不确定性论题论证的两个前提都为真。当确定性是逻辑后承或先天后承时，物理主义不成立。当它是必然后承时，物理学对翻译的非充分确定性似乎不成立，或至少变得不可行或缺乏支持。无论根据关于确定性关系的哪种解释，对翻译不确定性的论证都是行不通的。此外，蒯因自己也不会对我们所考虑的那些解释感到高兴。既然他官方的观点是，没有先天或必然的真理存在，那么他不会满足于依据先天或必然后承来刻画确定性关系。既然他认识到了被物理学真理确定的真正案例——在其中，确定的真理包含那些在物理学中找不到的词汇——那么在没有补充进依据物理学词汇的对非物理学词汇"定义"

的情况下，他就不会将确定性关系与逻辑后承等同起来。那么，我们或许应当认为，蒯因式的确定性关系涉及逻辑后承加上一组定义。为了使得这一点对他来说是可接受的，而且不会坍塌为先天后承，我们一定不能要求那些定义去表达先天真理。那么，这种提议就是说：将 P 刻画为确定 Q 的，当且仅当 Q 是如下东西的逻辑后承：P 加上由任何将 P 与 Q 的词汇联系起来的真理——这些真理属于偶然的、后天的或其他种类——所构成的桥接原则或理论上的识别句。这本质上就是理论化还原的经典概念（它被罗素所提议的将算术还原为逻辑的那种还原所阐明，我们在第一卷第六章讨论过这个问题）。根据这种弱化的对确定性的设想，将基因的观念还原为 DNA 的那种通常的还原，就不会再给物理主义设置任何困难。那么，蒯因或许会认为，当以这种方式被解释时，物理主义是可行的，而且翻译理论显然不能被还原为物理学真理的集合。

如果这样的话，他就错了。我们关于确定性的弱化的设想对他的目的来说太弱了；根据这种设想，即使翻译理论最终也会令人乏味地被物理学真理的集合确定。为了看清这一点，让我们假定 Sx 是某个式子，它规定了一组被我且只被我满足的物理学事实——所以 Sx 相对于一种将我赋值为 x 的值的赋值来说为真，相对于其他赋值为假。至于这种式子看上去像什么样子，这是无关紧要的——它是否是复合物，我们是否可以将它确定为仅仅适用于我，等等。唯一相关的事情是，它存在（或可以存在）。出于完备性的考虑，我们可以假定，它包括一套关于我对语言使用的所有关于我的物理学事实的规定。假定 Lx 是一个类似的式子，它仅仅适用于一个特定的讲西班牙语的说话者路易斯（Luis）。（出于简单性的考虑，假定我只会说英语而路易斯只会说西班牙语。）现在设想一条如下种类的断言，它完全列出了将我的语言中有限多的单个语词翻译成他的语言中语词和短语的译法。[①]

[①] 在这种讨论中，我忽略了某些实际上的复杂因素，比如如下这些事实：某些说话者讲不止一种语言，一种语言中的语词或许是有歧义的，有时一种语言中的语词可能无法被翻译为另一种语言中的语词或短语。尽管这些是翻译中真实存在的因素，但它们对蒯因关于翻译的哲学主张来说是次要的。

TSL. ∃x ∃y [Sx & Ly & 对所有（英语的）语词 w 和所有（西班牙语的）语词或短语 w* 来说，x 使用 w 的意思与 y 使用 w* 的意思相同，当且仅当（i）w = "人"而且 w* = "hombre"，或（ii）w = "头痛"而且 w* = "dolor de cabeza"，或……

一种相应的断言列出了将他的语言中有限多的单个语词翻译成我的语言中语词和短语的译法；对每对实际的语言使用者来说，都可以想象类似的断言——无论过去、现在还是将来。既然可以设想只有有限多的这种成对的说话者，那么如下假定似乎就是合理的：存在着（或可以存在着）如下种类的相当长的、相当复杂的一般性的式子，该式子囊括了所有那些单个的案例。

GT. 对所有说话者 x 和 y 而言，以及对所有 x 语言中的语词 w 和 y 语言中的语词或短语 w* 而言，x 使用 w 的意思与 y 使用 w* 的意思相同，当且仅当（i）Sx & Ly & （w = "人" & w* = "hombre"，或 w = "头痛" & w* = "dolor de cabeza"，或……；或（ii）Lx & Sy & （w = "semaforo" & w* = "信号灯"，或……；或（iii）Sx & Gy &……；或……

GT 可以被当作一条桥接原则，它提供了与在翻译理论中适用于语词和短语的谓词"与……意思相同"同外延的物理主义对应物。接下来，我们需要这样一种桥接原则，它囊括了将各个部分的译法合并为对整个句子的译法的那种翻译理论所使用的那些规则。对每对说话者而言，大概只有有限多的这种合并规则存在。如我们所假设的那样，如果只有有限多的这种说话者的对子，那么这些规则从原则上说是可以被完全列出来的。所列出的清单与 GT 一道，可以被用来表述另一条桥接原则，该原则提供了与在翻译理论中用于句子间的谓词"与……意思相同"同外延的物理主义对应物。但这样一来，翻译理论就可以从所有物理学真理的集合加上这些桥接原则中得出，而因此在我们新的、弱化的意义上就可以算作是被物理学确定了的。

蒯因是否会在如下基础上反对这些推导呢：桥接原则 TSL 和 GT 并不为真？他当然可能这样做，但其基础是什么呢？作为一种实际上的事实，被上述东西所编码的、英语和西班牙语的表达式之间的一组翻译对（translational pairings），被知道这两种语言的说话者当作是准确无误的。对这些通常被接受的观点，蒯因是否拥有一种原则性的反驳？如果是这样的话，那么这种反驳是什么？他不可能诉诸翻译的不确定性来作为任何这种反驳的基础，因为在没有一种关于这些桥接原则为假的独立证明的情况下，他便没有一种对不确定性原则的论证。因此，即便根据那种对他友好的关于确定性关系的解释，蒯因也没有建立自己的论点。

此种练习的目的是表明，依据这种对确定性的解释，P 确定 Q 当且仅当有某些真理 T 与 P 一同在逻辑上蕴涵了 Q，但这种解释对支持蒯因的不确定性论题来说太弱了。是否可以找出一些更强的条件来服务于他的目的？我们很容易想到几种可能性。首先，可以主张，我们想要的东西并不仅仅是将翻译理论还原为物理学真理，而是一种将所有使用像意义、指称这样的语义学概念的理论还原为物理学真理集合的单一的（single）还原。当然，如果这些概念是合法的，那么它们就会拥有重要的理论上的用法，这些用法超出了我们在此所考虑的那种狭义上的翻译理论。当翻译理论被孤立地考虑时，一种索然无味的还原在理论上是可能的，但这种事实并不表明，在一种实际上更具包容性的语境中，上述那样一种还原是可能的。

这种论点是很容易达到的。但其中的问题是，它将我们带得离蒯因自己的讨论太远了，而且进入了未知水域。一种对语义概念的所有合法的用法的单一的物理主义还原在理论上是否可行？在能够在此问题上取得任何进展之前，我们需要一种相当精确和全面的特征刻画，来刻画语义概念理论用法的范围。蒯因并未尝试提供这样一种刻画；直到拥有这样一种刻画之前，我们都不能评价关于意义（以及指称）的怀疑论的案例，因为并没有一种关于对这些概念的怀疑论的表达清楚的案例被给出。

对我索然无味的还原的第二种可能的回应是，坚持一种仅仅针对翻译理论的物理主义还原，但在其中加入如下限制：这种还原必须提供一种关于被那些理论所报告的意义事实（meaning facts）的**解释**。尽管我的索然无味的还原并未开始从事这项工作，但理论还原的经典例子则这样做了——比如将生物学家的基因观念还原为关于 DNA 的事实。蒯因论点中的一部分或许是说，对于所谓的关于意义和翻译的事实，我们不应当期待同样种类的还原论的物理主义解释。这当然是一种合理的想法。但是，这并不足以支持他整个的论证目的。一则，我们并没有一种关于什么构成了一种解释的明确、清晰和一般性的观念。尽管在看到特殊的解释时，我们非常善于认出它们，但我们没有那种准确的、有说服力的定义或一般性理论，这种定义或理论是关于在所有如下语境中是什么构成了一种解释的：如果我们要在定义在物理主义、非充分确定性论题和不确定性论题中被使用的确定性关系时诉诸解释的观念，那么我们就需要这些语境。例如，假设我们要推行这种要求：一组真理的集合 P 算作是决定了一个集合 Q，仅当将 Q 还原为 P 的还原**解释了** Q 中的真理。那么根据这种释义，我们应当如何考虑物理主义以及物理学对翻译的非充分确定性论题呢？

在这里，如下做法是很有帮助的：将关于翻译的事实与没有人希望宣布放弃的那些事实领域——例如，关于经济学的事实，或关于常识的事实（比如我拥有一辆蓝色的汽车这个事实）——相比对。提供一种将这些事实还原为关于基础物理学的事实的真正的解释性还原，这是否是有希望的呢？当然，并没有一种触手可及的希望存在。这样一种解释在原则上或许是可能的，但我们很难确定这一点。我们或许同意说，经济学事实（以及常识事实）是物理学事实的必然后承，并因此伴生于物理学事实。但就我们目前对关于这两组事实间的关系以及什么算作是一种真正的解释的所知而言，我们还是没有方法来查清，一种将前者还原为后者的**解释性**还原是否可能。在当前这个阶段，如下推测简直是天方夜谭：经济学（以及关于拥有一些蓝色汽车的常识事实）会被证明是可以依据纯粹的物理学事实而得以解释的，但关于翻译的事实则不然。如果这些事实都不能被证明是可以用这种方式而得以解释的，那么我当然不会放弃自己对经济学的信念，或放弃我对自己心爱的蓝色沃尔沃的断言。为什么关于意义和翻译的事实要以不同方式被对待呢？毕竟，如果它们是物理学事实的必然后承，那么无论我们是否能够——即使从原则上说是否能够——给出一种针对它们的解释性物理主义还原，它们也都是事实。因此，尽管依据解释来定义确定性关系，会从我索然无味的、非解释性的还原所做的篡改之下挽救物理学对翻译的非充分确定性论题，但这种做法不会提供给我们一种对蒯因核心论题的释义，而我们已经有很好的理由来接受这些论题。

对我索然无味的还原的第三种可能的回应是，通过如下做法来加强确定性关系：要求在从物理学真理 P 里得出断言集合 Q 的推导中所使用的那些桥接原则去提供如下这样的定义：这些定义在所有（在形而上学上可能的）反事实环境中，将 Q 中的词项跟与这些词项同外延的物理学式子联系起来。我索然无味的还原中的那些桥接原则并不满足这种要求，且因此并不满足那种对确定性关系的、强化模态（strengthened modal）的限制，这种限制无异于如下这种要求，即语义学谓词必然与特定的物理学式子是同外延的。尽管我对这种强化的要求没什么意见，但还是有两点应当注意。首先，与蒯因不同，如果我们赞成这些模态概念的合法性，那么我们就可以直接依据必然后承来刻画确定性关系的特征。但这样一来，如我之前提到的那样，我们有理由相信翻译理论**是**被物理学真理所确定了的。其次，如果有人坚持依据强化的还原关系来刻画确定性的特征，而这种关系要求与正在进行的还原的理论中所使用的谓词必然是同外延的那些物理主义式子，那么我们就并不清楚，自己对最终的物理主义和物理学对翻译的非充分确定性的强化版本应当持何种态度。是否有这样的物理主义式子存在，它们与一种翻译理论所采用的相关的语义学谓词必然是同外延的？我们并不清楚这个问题。蒯因当然没有给出令人信服的论证，以让我们认为没有这种式子存在。因此，根据这种释义，关于物理学对

第十章　翻译的不确定性

翻译的非充分确定性的案例并没有被给出。

类似的要点也适用于物理主义。根据现在对确定性关系的强化的释义，我们不知道应该如何看待这条原则。我已经赞成了一种较弱版本的物理主义的真，它陈述说，所有真理必定都是物理学真理的必然后承。有鉴于此，我们并不是显然应当加入如下进一步的要求，即它们是物理学真理加上如下这些定义的逻辑后承：这些定义提供了对在陈述任何真理中所使用的所有语汇词项（vocabulary items）的、必然同外延的物理学译法。假设一些特定的断言是所有物理学真理集合的必然后承，很难看出，如果最终一种理想化的物理学语言中没有有限长的式子是与相关的非物理学问题必然同外延的，那么我们为何应当否认如下事情，即这些断言陈述了真正的事实？既然这种较强的要求既是成问题的，又得不到论证的支持，那么在现在这种对确定性关系的释义中，不确定性论题的两项前提都不能被认为是安全的。有鉴于此，我们得出的结论是：蒯因对翻译不确定性的论证并未提供一种令人信服的、对我们关于意义和翻译基本信念的挑战。这种结论自身并未排除如下可能性，即我们可以做某些事情来加强或复苏他的怀疑论挑战。但毫无疑问的是，证明的重担落在了如下那些人身上：他们希望说服我们对自己最基本的、似乎必不可少的语言信念去采取极端的怀疑论态度。

第十一章

蒯因极端的语义消除主义

本章提要

1. **消除主义和指称的不可测知性（Eliminativism and Inscrutability of Reference）**
   对不可测知性原则的表述和推导；一种关于没有语词指涉任何东西的论证

2. **蒯因自己的消除主义论证**
   蒯因在《本体论的相对性》中对关于日常指称的消除主义的论证

3. **替代性的指称（Ersatz Reference）：蒯因提出的对我们日常指称观念的替代**
   一个人自己现在语言中去引号化的（Disquotational）指称；翻译，加上其他人的指称的去引号化

4. **无节制的（Unbridled）消除主义：信念、断言、真理和其他"意向性习语"（Intentional Idioms）**
   蒯因在《语词和对象》中关于信念、断言和其他命题态度的消除主义；扩展到我们关于真理的日常观念，并将这种观念替换为一个人自己现在语言中的塔尔斯基真理（Tarski-truth）

5. **评估蒯因的立场：一种自我毁灭的论证**
   蒯因的困境：要么是，他的核心论题陈述了某种关于日常意义上的物

理学真理之总体的东西，在此情形下这些论题与他被推向的那种极端消除主义不一致；要么是，它们陈述了某种仅仅是关于他现在语言中塔尔斯基真理之总体的东西，在此情形下这些论题并不拥有蒯因所意图的那种哲学要义。

6. 蒯因、日常语言学派和哲学中意义的命运

在上一章，我坚称蒯因的论证并未确证他关于翻译不确定性的原则。在本章，我们会返回如下问题，即该原则是否为真。我会论证它并不为真。我的策略是，首先概述一种关于指称的伴随性观点，这是蒯因出于同接受翻译的不确定性本质上同样的理由而接受的观点；然后，再提取出这两种观点的后承以及他用来推动这两种观点的前提——这些后承是如此的极端，以至于它们不仅仅是完全不可行的，而且是自我毁灭的。如果这种策略取得了成功，那么我们就可以安全地得出如下结论：蒯因关于意义和指称观点的联合是不可接受的。一旦这一点被澄清，我想，他的翻译不确定性原则和相关的断言指称不确定性的原则，可能都非走不可了。不管怎样，这就是我的论点。①

消除主义和指称的不可测知性

我们从蒯因关于翻译不确定性立场的一条似乎很明显的后承开始。这得自他的如下立场：土著人使用的词项"*gavagai*"的意思与我使用的语词"兔子"的意思相同，这条断言并未被所有物理学真理的集合确定为真。更一般地讲，这意味着，对我语言中的每条表达式 α 来说，土著人使用的语词"*gavagai*"的意思与我使用的 α 的意思相同这条断言，并未被所有物理学真理的集合确定为真。但这样一来，既然这些断言都没有被物理学真理确定为真，那么蒯因的物理主义原则就

---

① 本章中的材料扩展和细化了最初呈现在我如下文章第 II 节和第 III 节中的想法："The Indeterminacy of Translation and the Inscrutability of Reference"。

告诉我们,这些断言都完全没有表达一条真正的真理。因此,从蒯因的不确定性立场加上他对物理主义的承诺,我们便得到了 C1。

C1. 这样的断言——土著人使用的语词"*gavagai*"的意思与我使用的 α 的意思相同——均不为真(其中 α 是我语言中的任意一条表达式)。

我们可以重复同样的推理以表明:根据蒯因的观点,这样的断言——土著人使用的语词"*gavagai*"与我使用的语词"兔子"**指涉**相同的东西——并未被物理学真理确定为真。事实上,如蒯因自己所认识到的那样,别说使用我的语词"兔子"了,这里甚至根本没有必要提及它。根据他的观点,土著人使用语词"*gavagai*"指涉兔子这条断言,并没有被物理学确定为真。此外,这意味着,对我语言中的每条表达式 α 来说,句子**土著人使用"*gavagai*"指涉 α** 并未被物理学确定为真。但这样一来,既然这些断言均没有被物理学确定为真,那么物理主义原则就告诉我们,这些句子均没有表达真理。我们便获得了 C2,它是蒯因所谓"指称的不可测知性"原则的一个示例。

C2. 任何**土著人使用"*gavagai*"指涉 α** 这样的句子均没有表达一条真理。

蒯因对指称不可测知性的理解和论证,平行于他对翻译不确定性的理解和论证。这里有一段摘自他的文章《本体论的相对性》的文字,其中透露了他观点的气息。

此外,在哲学上有意思的是,在这个人造的例子(*gavagai* 的案例)中,没有被确定的东西不仅仅是意义,还有外延,以及指称。我对不确定性的评论,作为一种对意义间相似性的挑战而出现。我让大家设想"一条这样的表达式,它可以用两种方式中的任何一种被同样可辩护地翻译成英语，而其译文在英语中的意义不同"。当然，意义间的相似性是一个模糊的（dim）概念，受到反复的挑战。对两个在外延上相似的谓词来说，我们从来不清楚，何时应当说它们在意义上相似，而何时不应这样说；如下东西已经是老生常谈了：两足无毛的东西和有理性的东西，或等角三角形和等腰三角形。指称、外延是稳固的东西；意义和内涵则是不稳固的。但是，我们现在面对的翻译的不确定性，同样贯穿于外延和内涵。词项"兔子""未经分离的兔子的部分"和"兔子的阶段"不仅仅在意义上不同；它们也适用于不同的东西。指称自身被证明在行为上是难以捉摸的。①

这里有两个要点需要注意。第一，蒯因原初涉及"兔子"和"*gavagai*"的、对翻译不确定性的论证，可以很容易地被改写成一种对如下论题的论证。

指称相同的不确定性（THE INDETERMINACY OF REFERENTIAL SAMENESS）

指称的相同并不被所有关于自然的、已知的还是未知的真理的集合 N 所确定。对任何一对语言和关于指称相同的、将这两种语言中的表达式联系在一起的理论 T 来说，都有另一些可供选择的关于指称相同的理论存在，它们与 T 不相容，但都同样与 N 相一致。所有这些理论都同样忠实于那些事实；没有一种它们对之持不同看法的关于事实的客观事项存在，而且也没有如下这样一种客观的意义（sense）存在：在这种意义上，一种理论为真而另一种不为真。

正如蒯因对翻译不确定性的论证依赖于关于物理主义和物理学对

---

① "Ontological Relativity", in *Ontological Relativity and Other Essays*（New York：Columbia University Press，1969），第 34—35 页。该文最初于 1968 年在哥伦比亚大学的讲座上被讲授。

翻译的非充分确定性的论题一样，他对指称相同的不确定性的论证也依赖于物理主义和物理学对指称相同的非充分确定性。

物理学对指称相同的非充分确定性

指称相同并不被所有已知或未知的物理学真理的集合所确定。对任何一对语言和关于这两种语言指称相同的理论 T 来说，都有另一些可供选择的关于指称相同的理论存在，它们与 T 不相容，但都同样与所有物理学的真理（事实）相一致。

显然，对翻译不确定性的论证和对指称相同的不确定性的论证是息息相关的。

第二，在上述引文中，蒯因自己并不满足于断言指称相同的不确定性（或不可测知性），而是直接谈论指称自身的不确定性（不可测知性）——这是他在这篇文章中所做的大部分讨论的特征。这暗示了对他关于指称不可测知性原则的如下表述。(在表述这条原则时，当我说到对一种语言的指称分配 [reference assignment] 理论时，我心中所想的是这样一些理论，它们将所指归属给该语言中的表达式，并导致了与如下断言同类型的一些断言："土著语言中的 '*gavagai*' 这个词项指涉一个对象 o 当且仅当 o 是一只兔子。")

指称的不可测知性

指称分配并不被所有关于自然的、已知的还是未知的真理的集合 N 所确定。对任何一种语言 L 和关于对 L 中表达式的指称分配的理论 T 来说，都有另一些可供选择的关于指称分配的理论存在，它们与 T 不相容，但都同样与 N 相一致。所有这些理论都同样忠实于那些事实；没有一种它们对之持不同看法的关于事实的客观事项存在，而且也没有如下这样一种客观的意义（sense）存在：在这种意义上，一种理论为真而另一种不为真。

这种指称的不可测知性应当被视为得自指称相同的不确定性加上如下自然的假定：（i）如果对一种语言来说，指称是（可理解地）确定的，那么对所有语言来说它都是（可理解地）确定的；以及（ii）如果物理学真理确定了如下事情：L 中的一条表达式 α 指涉一个对象 o 当且仅当 o 是 A，而且 L' 中的一条表达式 β 指涉一个对象 o 当且仅当 o 是 B；那么如下事情就是确定的：是否所有的 A 都是 B，而且只有 A 是 B，且因此 α 和 β 是否完全指涉相同的东西。① 假定（i）反映了如下事实：对一种语言——例如英语——来说，并没有这样一种特殊的东西存在，它使得其表达式的指称成为某种被物理学真理的总体所确定的东西，除非其他语言的表达式的指称也以同样的方式被确定。假定（ii）则表达了如下想法：如果指称是确定的，那么被指涉的对象的同一性就也是确定的。尽管（i）是显然正确的，但（ii）或许是可疑的。但是，既然蒯因甚至没有流露出任何注意到这条假定的迹象，更别提怀疑它了，而且既然他仅仅假定自己对翻译不确定性的论证毫无困难地适用于指称的不可测知性，我们在此就还是遵循他的思路，也将上述事情当作是理所当然的。考虑到这种假定，人们可以否认指称的不可测知性，仅当人们也否认指称相同的不确定性。既然蒯因认为，他对后者有一种很好的论证，他也就可以放心地接受前者。

在将他对物理主义的承诺、翻译的不确定性和指称的不可测知性牢固地放置在各自的位置上之后，我们现在的任务便转向抽取出这些主张的后承。我们之前已经得出了 C1 和 C2。

C1. 这样的断言——土著人使用语词"*gavagai*"的意思与我使用 α 的意思相同——均不为真（其中 α 是我语言中的任意一条表达式）。

C2. 任何**土著人使用"*gavagai*"指涉 α**这样的句子均没有表达一条真理。

---

① （ii）并不真的是一条假定，而是一种假定模式（assumption schema），其中的缩略字母"A"和"B"代替任意的谓词。该模式代表是其示例的假定的类。

按照推导出 C2 的推理，我们可以获得 C3。

C3. 没有这样的一个对象 o 和变量 v 存在，使得**土著人使用 "*gavagai*" 指涉 v** 相关于一种将 o 分配给 v 的赋值而为真。

走到这一步之后，我们接下来诉诸蒯因关于逻辑算子的标准语义学，以做出如下推理：

C4. 既然 **∃v Φ** 为真当且仅当有这样一个对象 o 存在，以使得 Φ 相关于一种将 o 分配给 v 的赋值而为真，那么 **∃x**（"土著人使用'gavagai'指涉 x"）就不为真。（得自 C3）

C5. 既然 **~S** 为真当且仅当 S 不为真（假定 S 是有意义的），那么 **~∃x**（"土著人使用'gavagai'指涉 x"）就为真（假定它是有意义，而且它也当然是有意义的）。（得自 C4）

C6. 既然我们可以从 **"S" 为真** 中推断出 S，那么我们可以正确地断言：**~∃x**（"土著人使用'gavagai'指涉 x"）——也就是说，我们可以正确地断言，土著人并不使用 "*gavagai*" 指涉任何东西。（得自 C5）

C7. 既然对土著人或语词 "*gavagai*" 来说没有什么特别的东西存在，那么我们就必须得出结论说，没有任何人使用一个语词来指涉任何东西。（得自 C6）

据我所知，蒯因从未清楚地表达上述这样彻底和毫不含糊的说法。但是，考虑到我们对物理主义、翻译的不确定性和指称不可测知性的表述，加上关于逻辑算子的通常的蒯因式叙述，人们很难看出自己可以如何避免上述结论。因此，他的立场似乎会导致如下观点，即没有指称这样一种东西存在；也就是说，没有任何人指涉任何东西。如果这是对的，那么他就不仅在我们通常理解的意义上是一个关于意义的消除主义者，而且还是一个关于指称的消除主义者。

蒯因自己的消除主义论证

尽管蒯因并未清楚地考虑上述论证,但他的确在《本体论的相对性》中给出了一种与此有关的论证。他在那里考虑到,自己关于指称不可测知性的原则是否适用于我们自己,而如果它适用的话,那么这是否使得"指称这个概念是一种胡说"。在文章中提出这个论点之前,蒯因已经指出,翻译的不确定性与指称的不可测知性密不可分。他论证道,如果一个土著人的语词"*gavagai*"与我的语词"兔子"是否意思相同这一点是不确定的,那么土著人的语词"*gavagai*"是否指涉兔子这一点就也是不确定的。他还指出,如果土著人的语词"*gavagai*"是否指涉兔子这一点是不确定的,那么我的邻居是否使用语词"兔子"来指涉兔子这一点就也是不确定的。

在此,蒯因考虑到将同样的主张用于自身的可能性:

> 我在维护杜威的行为主义语言哲学时曾力主,指称的不可测知性并不是一个事实的不可测知性;没有关于这种事项的事实存在。但如果真的没有关于此种事项的事实存在,那么与邻居的案例相比,指称的不可测知性可以被更切近地带入你的家中;我们可以将它运用于我们自身。如果即便这样谈论自己也是讲得通的:一个人在指涉兔子和式子,而非指涉兔子的阶段和哥德尔配数(Gödel numbers);那么这样谈论其他人也同样会讲得通。毕竟,如杜威所强调的那样,没有私人语言存在。
>
> 我们似乎使自己陷入了如下荒谬的立场:对任何词项而言——无论它们是语际的(interlinguistic)还是语内的(intralinguistic),是客观的还是主观的——在指涉兔子和指涉兔子的部分或阶段之间,都没有区别;或者说,在指涉式子和指涉它们的哥德尔配数之间没有区别。这当然是荒谬的,因为这暗含:在兔子及其每个部分或阶段之间没有区别,而且在一个式子及其哥德尔配数之间没有区别。

指称现在似乎变成了一种胡说，不仅在彻底的翻译中是这样，而且在家中也是这样。①

这段话所包含的论证可以被重构如下：

蒯因在《本体论的相对性》中的反证法（Reductio）

R1. 土著人是否使用"gavagai"指涉兔子、兔子在时间上的阶段或未经分离的兔子的部分等等，这是不确定的（因此没有关于此种事项的事实存在）。

R2. 如果R1，那么我的邻居是否使用"兔子"指涉兔子、兔子在时间上的阶段或未经分离的兔子的部分等等，这是不确定的（因此没有关于此种事项的事实存在）。

R3. 因此，我的邻居是否使用"兔子"指涉兔子、兔子在时间上的阶段或未经分离的兔子的部分等等，这是不确定的（因此没有关于此种事项的事实存在）。

R4. 如果R3，那么我是否使用"兔子"指涉兔子、兔子在时间上的阶段还是未经分离的兔子的部分等等，这是不确定的（因此没有关于此种事项的事实存在）。

R5. 因此，我是否使用"兔子"指涉兔子、兔子在时间上的阶段或未经分离的兔子的部分等等，这是不确定的（因此没有关于此种事项的事实存在）。更一般地说（将此结论与R1、R3相结合，并进行概括），一个（被任何人使用的）语词是否指涉所有兔子且仅仅指涉兔子，而不是指涉所有兔子在时间上的阶段且仅仅指涉兔子在时间上的阶段，或不是指涉所有未经分离的兔子的部分且仅仅指涉未经分离的兔子的部分，等等，这些总是不确定的。

R6. 如果一个语词是否指涉所有兔子且仅仅指涉兔子，而不是指涉所有兔子在时间上的阶段且仅仅指涉兔子在时间上的

---

① "Ontological Relativity", pp. 47—48.

阶段，或不是指涉所有未经分离的兔子的部分且仅仅指涉未经分离的兔子的部分，这些总是不确定的；那么在如下事情之间就没有区别：指涉所有兔子且仅仅指涉兔子，指涉所有兔子在时间上的阶段且仅仅指涉兔子在时间上的阶段，指涉所有未经分离的兔子的部分且仅仅指涉未经分离的兔子的部分——也就是说，一个语词 w 指涉所有且仅仅指涉兔子，这一点为真，仅当如下事情同样为真：w 指涉所有且仅仅指涉兔子在时间上的阶段，以及指涉所有且仅仅指涉未经分离的兔子的部分。

R7. 如果在如下事情之间没有区别：指涉所有且仅仅指涉兔子，指涉所有且仅仅指涉兔子在时间上的阶段，指涉所有且仅仅指涉未经分离的兔子的部分——也就是说，如果一个语词 w 指涉且仅仅指涉兔子这一点为真，仅当如下事情同样为真：w 指涉且仅仅指涉兔子在时间上的阶段，以及指涉且仅仅指涉未经分离的兔子的部分——那么，在兔子、兔子在时间上的阶段或未经分离的兔子的部分之间就没有区别——也就是说，某个东西是一只兔子，当且仅当它是兔子在时间上的一个阶段，当且仅当它是一个未经分离的兔子的部分。

R8. 因此，在兔子、兔子在时间上的阶段和未经分离的兔子的部分（等等）之间没有区别。

既然结论 R8 显然为假，而且上述论证在逻辑上是有效的，那么前提 R1、R2、R4、R6 和 R7 中至少有一项一定是不正确的。问题在于确定出错的究竟是哪一项。

在攻击这个问题时，重要的是澄清蒯因不确定性和不可测知性论题的本体论本质。这些论题声称，所有物理学真理的集合并没有确定关于意义、翻译和指称的那些陈述的真。现在毫无疑问的是，所有物理学真理的集合在这个方面并没有区分土著人、我的邻居和我。如果对我们中的任何人而言，物理学真理都确定了指称的话，那么对我们所有人而言，物理学真理就都确定了指称。所以，考虑到不确定性和不可测知性论题的本质，人们不可能通过拒斥前提 R2 或 R4 来避免该论证的结论。如果我们主张有关于土著人的不确定性存在，那么就必须接受对我们自己而言的不确定性。简言之，阻止荒谬结论 R8 的唯一方式就是拒斥 R1、R6 或 R7。既然 R1 对蒯因的立场来说是必不可少的，那么他唯一的选择就是拒斥 R6 或 R7。

那么，从蒯因的观点看，这些假设错在何处呢？请回想一下引自《本体论的相对性》的段落。该段落最后一段话的头一个句子可以被当作对 R6 的评论：

> 我们似乎使自己陷入了如下荒谬的立场：对任何词项而言——无论它们是语际的还是语内的，是客观的还是主观的——在指涉兔子和指涉兔子的部分或阶段之间，都没有区别；或者说，在指涉式子和指涉它们的哥德尔配数之间没有区别。

蒯因在此指出，该论证之前的步骤——从 R1 到 R5——似乎让我们别无选择地去接受 R6 荒谬的后件。该段话中的下一个句子是对 R7 的一种表述，被蒯因用来阐明这种"荒谬性"。

> 这当然是荒谬的，因为这暗含：在兔子及其每个部分或阶段之间没有区别，而且在一个式子及其哥德尔配数之间没有区别。

最后，蒯因在该段话的最后一个句子中总结了这种论证的要义。

> 指称现在似乎变成了一种胡说，不仅在彻底的翻译中是这样，而且在家中也是这样。

在此我们面临一个解经式的问题。从 R1 到 R8 的论证是一种归谬法。蒯因开始于自己相信其是一条真理的东西，并以看起来无可争辩的步骤前进到一种他显然认识到其为假的结论。当一个哲学家这样做时，他有义务告诉我们，论证中的哪个或哪些步骤应当被拒斥，并尝试解释为何如此。蒯因却并没有做这些。毫无疑问的是，他拒斥了 R8。同样显而易见的是，他接受 R1—R5，而他仅有的选择是去拒斥 R6 或 R7。但是，他并未告诉我们哪条前提是错误的，也没有解释对其中某一条前提的拒斥会如何引导我们得出如下结论，即指称是"胡说"。在紧跟着上述引文中的两个段落中，他的确说，"从绝对的角度"考虑，指称真的是胡说，但如果与一种背景理论相关联来考虑，它却并不是胡说。这真是太不清楚了。然而，还是有一种弄清楚它的方式。

请再考虑一下 R6 和 R7。

> R6. 如果一个语词是否指涉所有兔子且仅仅指涉兔子，而不是指涉所有兔子在时间上的阶段且仅仅指涉兔子在时间上的阶段，或不是指涉所有未经分离的兔子的部分且仅仅指涉未经分离的兔子的部分，这些总是不确定的；那么在如下事情之间就没有区别：指涉所有兔子且仅仅指涉兔子，指涉所有兔子在时间上的阶段且仅仅指涉兔子在时间上的阶段，指涉所有未经分离的兔子的部分且仅仅指涉未经分离的兔子的部分——也就是说，一个语词 w 指涉所有且仅仅指涉兔子，这一点为真，仅当如下事情同样为真：w 指涉所有且仅仅指涉兔子在时间上的阶段，以及指涉所有且仅仅指涉未经分离的兔子的部分。

> R7. 如果在如下事情之间没有区别：指涉所有且仅仅指涉兔子，指涉所有且仅仅指涉兔子在时间上的阶段，指涉所有且仅仅指涉未经分离的兔子的部分——也就是说，如果一个语词 w 指涉且仅仅指涉兔子这一点为真，仅当如下事情同样为真：w 指涉且仅仅指涉兔子在时间上的阶段，以及指涉且仅仅指涉未经分离的兔子的部分——那么，在兔

子、兔子在时间上的阶段或未经分离的兔子的部分之间就没有区别——也就是说，某个东西是一只兔子，当且仅当它是兔子在时间上的一个阶段，当且仅当它是一个未经分离的兔子的部分。

蒯因由于自己对 R5 的接受而承诺了 R6 的前件。可 R6 的后件呢？鉴于他关于物理主义、不确定性和不可测知性的观点，他真的不可能拒斥它。对蒯因来说，所有的真理都被物理学真理所确定。但既然与一个语词指涉兔子在时间上的阶段或未经分离的兔子的部分这条断言相比，该语词指涉兔子这条断言与物理学真理之间的关系是相同的，那么这些指称断言中的某一条可以为真的唯一方式就是：如果其他那些断言也为真。因此，蒯因不仅承诺了 R6 的前件，也承诺了 R6 的后件，并因此承诺了 R6 本身。

如果这是对的，那么他避免对自己立场归谬的唯一的希望，就是找到一种拒斥 R7 的方法。请注意，既然 R7 的后件为假，那么 R7 会为假，当且仅当其前件为真。所以我们现在就可以问问自己，R7 的前件如何可以为真？R7 的前件自身是一个条件式。

对 R7 的接受

一个语词 w 指涉所有且仅仅指涉兔子这一点为真，**仅当**如下事情同样为真：w 指涉所有且仅仅指涉兔子在时间上的阶段，以及指涉所有且仅仅指涉未经分离的兔子的部分——也就是说，如果一个语词 w 指涉所有且仅仅指涉兔子这一点为真，那么如下事情同样为真：w 指涉所有且仅仅指涉兔子在时间上的阶段，以及指涉所有且仅仅指涉未经分离的兔子的部分。

我们在尝试使 R7 的前件为真，这样我们便可以将 R7 作为一个整体加以拒斥，并阻止自己得出荒谬的结论 R8。从原则上说，R7 的前件有两种可以为真的方式：（i）它可以拥有一种为假的前件，或者（ii）

它可以拥有一种为真的后件。但是，我们知道其后件不可能为真。在我们的假定中它就为假。那么 w 会指涉所有且仅仅指涉兔子在时间上的阶段，也会指涉所有且仅仅指涉（空间上）未经分离的兔子的部分。记住了这一点，我们假设 RP 是某个未经分离的兔子的部分——比如一只兔脚。那么 w 指涉 RP。但既然我们知道 w 指涉所有且仅仅指涉兔子在时间上的阶段，那这就意味着，持存的兔脚 RP 一定是兔子在时间上的一个阶段。但 RP 并不是兔子在时间上的一个阶段。因此，R7 前件的后件不可能为真。这是因为，如果它为真的话，那么在（空间上）未经分离的兔子的部分和兔子在时间上的阶段之间就没有区别了——每个（空间上）兔子的部分就会是一个时间上的阶段，而且每个时间上的阶段就会是一个（空间上）兔子的部分。既然这是荒谬的，那么 R7 前件的后件就为假。

　　这意味着，R7 的前件可以为真，而 R7 作为一个整体则可以为假，仅当 R7 前件的**前件**为假——也就是说，仅当如下事情为假：w 指涉所有且仅仅指涉兔子。换言之，蒯因可以阻止自己得出荒谬的结论 R8，但只能通过如下方式：否认有任何语词指涉所有且仅仅指涉兔子。所以，这就是他必须做的事情。他必须否认任何语词指涉兔子（且仅仅指涉兔子）。既然我们可以对任何其他种类的事物重复同样的论证，蒯因就必须否认任何语词会指涉任何东西。因此，该论证表明，蒯因必须是一个关于指称的消除主义者。我相信，这是对他立场最准确、最直截了当的释义。①

---

① 　我们可以通过一种略有不同的释义路线来达到同样的结论。在上述释义中，R6 为真，因为其后件——"一个语词 w 指涉所有且仅仅指涉兔子，这一点为真，仅当如下事情同样为真：w 指涉所有且仅仅指涉兔子在时间上的阶段，而且指涉所有且仅仅指涉未经分离的兔子的部分"——空洞地为真（vacuously true）；R7 为假，因为其前件——与 R6 的后件相同——空洞地为真，而后件为假。一种对该论证略有不同的呈现，可以通过如下方法给出：在 R6 的后件（以及 R7 的前件中）植入如下存在性断言，即某条表达式的确指涉了所有且仅仅指涉兔子。在这种解读下，根据蒯因的观点，R6 最终为假，而 R7 则为真。有利于这种解读的一个要点是，它符合蒯因的如下评论：R6 的后件是"荒谬的"。

这也十分符合他在上述引文后随即做出的正面评价，在其中他着手处理这种归谬。如我已经指出的那样，他从上述论证中明确得出的教训是，"指称现在似乎变成了一种胡说，不仅在彻底的翻译中是这样，而且在家中也是这样"。在紧跟着这条评论的段落中，他试图解释，提出一种指称和本体论之间相关性的原则，其意思是什么。该原则的关键特征应当是，如果"从绝对的角度"考虑，则指称**是**胡说；如果与一种背景性的理论或语言相关联来理解，则它**并不是**胡说。其中的一个问题是，蒯因从未准确地澄清什么叫做"从绝对的角度"考虑指称。但无论其意思是什么，他都似乎在说，如果我们以这种方式来理解指称，那么就没有那种作为指称的东西存在——没有表达式（在那种意义上）指涉一个对象。换言之，他主张，阻止显然为假的结论 R8 的方法是，欣然接受关于一种特定指称观念的消除主义。但是，只有在指称观念——一个人是关于这种指称观念的消除主义者——是出现在上述论证较早的 R1—R5 步骤中的观念时，这种策略才会成功。既然出现在那里的观念是我们日常理解的那种指称，蒯因就是一位关于我们日常指称观念的消除主义者。

替代性的指称

蒯因提出了一种怎样的指称观念作为他所拒斥的"绝对的"指称观念——也即日常的指称观念——的替代选择呢？尽管他在《本体论的相对性》中对此问题的讨论是粗略的和有些含糊的，但他在自己后来的著作中填补了其中的某些细节。结果，我们可以相当清楚和融贯地表述他的立场。根据他对指称的正面表述，我所做的关于其他人的指称，与某种背景性的释义或翻译指南有关。概言之，在使用蒯因提议的对我们日常指称观念替代物的情况下，当我说 x 的表达式 α 指涉那些 F 时，我的意思是，根据我正在使用的某种未充分确定的翻译系统 T，x 的表达式 α 指涉那些 F。此外，当我声称相对于一种翻译指南 T 而言 x 的表达式 α 指涉那些 F 时，我的意思是，在我目前满足如下两个条件的语言中,有某个语词或短语 p 存在:(ⅰ)根据 T,α 与 p 意思相同(T 将 α 映射到 p 上 [T maps α onto p]),以及(ⅱ)按照我现在的用法,p 指涉那些 F。①

这招致了进一步的问题。说我现在语言中的一条表达式 p 指涉那些 F——也就是说,按照我的用法,p 指涉那些 F——这是什么意思呢?答案就是,在我现在的语言中,我所说的指称的意思,大概被所有相关的去引号化的公理的总和给出:**按照我现在的用法,"N"指涉一个对象 o,当且仅当 o 是(一个)N**。这种公理的例子有:

> 按照我现在的用法,"兔子"指涉一个对象 o,当且仅当 o 是一只兔子。
> 按照我现在的用法,"狗"指涉一个对象 o,当且仅当 o 是一条狗。
> 按照我现在的用法,"威拉德·范·奥曼·蒯因"指涉一个对象 o,当且仅当 o 是威拉德·范·奥曼·蒯因。

在定义对我现在语言来说的指称时,对于我语言中每个指称性语词,我都使用一条像这样的去引号化公理。对复合的指涉短语(compound referring phrases)来说,有这样一些规则存在:它们依据其组成部分的指称来给出复合表达式的指称。作为一个整体来看,这些去引号化公理和规则,定义了我通过说自己语言中的一个语词或短语指涉一个或一些对象所意味的东西。所以,根据这种观点,有两种指称存在:(ⅰ)对我自己现在语言中语词和短语而言的去引号化指称,以及(ⅱ)翻译,加上对被我现在使用的那些语词和短语之外的语词和短语而言的去引号化的指称。

在《真之追求》(*Pursuit of Truth*)中,蒯因似乎明确地支持这种观点,并且澄清和修订了自己在《本体论的相对性》中最初的讨论。

---

① 在这里,"p"和"α"是元语言变量,而"F"是一个缩略字母。

第十一章 蒯因极端的语义消除主义

与我之前在此题目下所做的讲演、所写的文章和著作相比，现在我可以更简明地谈论与本体论的相对性相关的东西。它与一种翻译的指南有关。说"gavagai"指谓兔子，就是选取一种翻译指南，在其中"gavagai"被翻译成兔子，而不是去选取任何其他可供选择的指南……这种不确定性或相对性是否也以某种方式扩展到家用语言（home language）的领域？在《本体论的相对性》里，我说它的确如此，因为通过实质上背离单纯的同一性转换（mere identity transformation）的置换（permutations），家用语言可以被翻译成自身……但如果我们选择同一性转换作为自己的翻译指南，并因此采取家用语言字面上的含义，那么相对性问题就被解决了。这样一来，指称就以类似于塔尔斯基真范式的去引号化范式而得到阐明（参阅第33节）；因此，"兔子"指谓兔子，无论它们是什么，而"波士顿"指定（designates）波士顿。①

在我看来，理解蒯因观点的最佳方式是，将其当作是在提议将我们日常的指称观念**替换**为两种相关的观念——对一个人自己现在语言而言的去引号化指称，和翻译加上对其他所有东西而言的去引号化。②

---

① W. V. Quine, *The Pursuit of Truth* (Cambridge, MA: Harvard University Press, 1992), p.51—52.

② 认为蒯因使用自己的两种指称观念，给出以一种对我们日常使用的"指涉"的意思的表述；做到这一点的另一种选择，是将如下从日常观点看显然为假的东西归属给蒯因。当说另外某个人的表达式指涉兔子时，我不是在说任何关于我自己或我现在的语言的东西。这一点被如下事实表明：（i）我说的话可以在这样一种反事实情况下为真，在其中，我并不存在，或完全没有讲任何一种语言；（ii）一个人可以相信我使用"按照玛丽的用法，α 指涉兔子"所表达的那条命题，而与此同时并不相信关于我或我的语言的任何事情，这一点被如下事实证明，即我的评论"约翰相信，按照玛丽的用法，α 指涉兔子"，即便在约翰没有任何关于我或我的语言的信念的情况下也可以为真。即使不考虑反事实的情况，也不考虑涉及命题态度归属句的情况，只要我的语言中的"兔子"与 α 同外延，我关于某个人的表达式 α（在日常的意义上）指涉兔子的评论，就仍然可能在如下情况下为真：我的语言中没有一条表达式的意思与 α 相同。

可以想象，一个像蒯因这样的怀疑论者或许不会为这些考虑所动，因为从他的观点看，在分析我们日常使用"指涉"的意思和提供一种对我们日常指称观念的替换之抛开技术细节不谈，人们可以将一个人现在语词的去引号化指称，当作是以如下类似塔尔斯基的方式被定义的。①

我现在语词的去引号化指称

对所有我自己现在语言中的名称 n 和对象 o 来说，n 指涉 o 当且仅当 n = "阿尔弗雷德"且 o 是阿尔弗雷德，或者 n = "威拉德"且 o 是威拉德，或者……（对我现在语言中的每个名称来说都是如此）。

对所有我自己现在语言中的谓词 P 和对象 o 来说，P 指涉（适用于）o 当且仅当 P = "兔子"且 o 是一只兔子，或者 P = "狗"且 o 是一条狗，或者 P = "白色的"且 o 是白色的，或者……（对我现在语言中的每个谓词来说都是如此）。

当指称以这种方式被定义时，如下去引号化断言：

(i) 对所有对象 o 来说，在我自己现在的语言中"兔子"指涉一个对象 o，当且仅当 o 是一只兔子。

如此便拥有如下内容：

(ii) 对所有对象 o 来说，要么"兔子"＝"兔子"且 o 是一只兔子，要么"兔子"＝"狗"且 o 是一条狗，要么"兔子"＝"白色的"且 o 是白色的，要么……当且仅当 o 是一只兔子。

间，似乎并没有什么重大的区别。但是，对我们这些试图理解和评估他观点的人来说，似乎没有理由来采取这种立场。（稍后，我们会更多地来谈谈如下二者间的区别：对我现在案例而言的去引号化指称，和我使用日常的指称观念所做的关于自己指称的断言。）

① 将我们的日常指称观念替换为一种琐碎的、通过去引号化而被定义的指称观念的想法，应被归于阿尔弗雷德·塔尔斯基。对这种想法的以及塔尔斯基对其使用的解释，请参阅我 Understanding Truth 一书第三章的第 67—81 页。

第十一章 蒯因极端的语义消除主义

如果我们假设，物理学真理的集合包含——或可以被加入如下东西——关于基础句法规则（elementary syntax）的琐碎的同一性和非同一性陈述，比如"兔子" = "兔子"、"兔子" ≠ "狗"、"兔子" ≠ "白色的"，那么如下假定就是合理的：(ii) 是物理学真理集合的一个后承，并因此被确定为真。①

所以，我——使用蒯因的去引号化替代物来代替我的日常观念——所做的关于自己现在指称的平常断言，最终被确定为真。那么，在使用蒯因对这些案例的替代物时，我所做的关于其他人的指称的断言又如何呢？这里的情况并不清晰。假设我通过断然地说出（iii）而做出一条关于其他某个人的指称的断言。

(iii) 按照 x 的用法，α 指涉（所有且仅仅指涉）兔子。

沿着蒯因式的思路来领会它的一种方式是，将其看作是做出了断言（iv）。

(iv) 按照 x 的用法，α 的意思与我预言中某一条（去引号化地）指涉（所有且仅仅指涉）兔子的表达式的意思相同。

根据这种理解，我关于 x 的词项指称的断言带有一种关于意义的断言（得自我暗中采用的一种翻译指南），根据蒯因的观点，该断言因此是不确定的。据我所见，这对他来说非常合适。在此情形下，他关

---

① 被"x 是一只兔子"——相关于一种将一只特殊的兔子分配给"x"的赋值而言——表达的那条断言，情况又如何呢？它是否被物理学真理确定为真？出于论证的目的，在此我会假定，它的确是如此——要么是因为，我们采取了一种关于什么是物理学真理的扩展的观点（该观点并不将这些真理限定在一种理想化的物理学中所发现的那些断言的范围内），要么是因为，我们已经选定了某种确定性观念（出于我们这里的目的考虑，这种观念究竟是什么，这并不重要），根据这种观念，理想化的物理学真理的确确定了它为真。当对我现在的语言而言"指涉"是被去引号化地加以定义时，同样的要点适用于我通过说"'兔子'指涉 x"——相关于一种将一只特殊的兔子分配给"x"的赋值而言——所表达的断言。

于指称的替代性观念的优点就在于，该替代性观念使得如下问题变得清楚明白：关于其他人的指称的断言为什么一定是不确定的。

但是，这并不是蒯因唯一的选择。我的评论（iii）也可以被分析为具有内容（v）。

> (v) 有一种翻译理论或指南 T 存在，我已经用它将 x 的语词翻译成我的语词，而且在我现在的语言中有这样一条表达式 r 存在：(a) 根据 T，α 与 r 意思相同，而且 (b) r（去引号化地）指涉兔子。

在这里，说我已经采用了一种翻译指南 T，并不需要意味着我赞同由 T 将 A 映射到 B 之上而产生的如下形式的断言："A 与 B 意思相同"。蒯因大概认为，人们可以采用一种翻译指南作为一种处理其他说话者的实践工具，而与此同时并不承诺该指南中（暗含的）关于意义的断言的真。如果这是对的，那么即便一种关于这些断言是不确定的证明，也不会表明（v）是不确定的。①

根据蒯因的观点，（v）最终是否是不确定的，这依赖于那个人是否乐于赞成如下事情：物理学真理确定了如下事情为真，即根据我已

---

① 应当注意，就目前来看，（v）并不是十分可行的。根据目前的表述，它并不要求我已采用的翻译指南 T 满足经验适当性（empirical adequacy）的任何条件。例如，如果我已经采用了一种翻译指南 T 来将你的语词"兔子"翻译成我的短语"质数"，那么根据（iii），我的评论"你使用'兔子'来指涉质数"就会算作是真的。但这似乎是不合理的。人们或许可以通过如下方法来解决这个问题：对（v）做出修订，以使得它要求我已采用的翻译指南 T 满足蒯因式的关于经验适当性的条件——也就是说，与所有关于刺激意义的相关事实相容。但是，这样就产生了另一个问题。假设 T 将你的语词"兔子"映射到我的语词"兔子"之上，但同时也将你的语词"狗"映射到我的短语"质数"之上。请进一步假定，由于这种将你关于狗的谈论与我关于数字的谈论联系在一起的离奇联系，T 并未符合蒯因式的关于经验适当性的条件。那么，根据我们提议的对（v）的修订，这个事实自身便足以保证我的断言"你的语词'兔子'指涉兔子"为假。在此，我对如下问题保持开放：这些问题是否可以从一种蒯因式的视角得到解决。非常感谢阿尼尔·笈多（Anil Gupta）引起我对这些问题的注意。

经采用的那种翻译指南,对我语言中某一条去引号化地指涉兔子的表达式 r 来说,α 与 r 意思相同。认识到如下事情是重要的:在这种关联中,尽管在推进(v)的时候,我**并不**需要对任何关于 α 意思的断言做出承诺,但我已经阐述了可以提取自该翻译指南的定理之一的意义或内容。这自身就是一条关于意义的断言。因此,对蒯因来说(v)可以有资格算作是确定的,仅当他赞成说,物理学真理确定了那些特定的关于语言内容的断言的真。人们禁不住会去想,从蒯因的视角看,如下事情是可疑的:物理学真理会确定一种翻译理论所说东西的准确内容,就像它们会确定我或土著人所说的东西的内容一样。因此,根据这种理解蒯因对我评论(iii)的解释(v)的方式,以他的观点看来,像(iii)这样关于被其他人所使用的表达式之指称的断言,似乎最终就是不确定的,即使被涉及的去引号化的指称观念是他提议作为我们日常观念替代物的那种东西。

可以想象,可以将(v)替换成(vi)以作为对(iii)的分析,而消除关于意义或内容的隐含的谈论,以此来避免上述结果。

> (vi)我已经采用了一种系统 T,它将 x 的语词与我的语词联系在一起,并满足涉及刺激意义的所有蒯因式的经验性限制,而且对我现在语言中某一条去引号化地指涉兔子的表达式 r 来说,T 将 α 映射到 r 之上。

这种提议的一个问题在于如下离奇的结果:如果我所采用的系统 T 并不十分符合蒯因的所有限制,那么根据 x 的用法,我关于 α 指涉(指涉所有且仅仅指涉)兔子的评论,与我所做的其他所有关于 x 的指称的评论一样,最终都会为假。这似乎是很极端的,但是,如果我们将这种忧虑抛在一边,并聚焦于如下问题:当被分析为(vi)时,(iii)是否是那种或许被蒯因当作是被物理学真理所确定的东西;那么,该问题便可以被归结为,他是否乐于将关于我所采用的那种关于相关性的系统的心理学断言,当作是能够被物理学真理所确定的。尽管这种论点是有争议的,但让我们假定他会这样想。根据这种释义,关于我自己的指称和关于其他人的指称的断言,都可以被当作是完全确定的——此时被涉及的指称观念是蒯因式的、对我们日常观念的替代物。①

我们现在处于一种应当总结自己对蒯因立场表述的地位。我们已经看到,按照日常的理解,物理主义、翻译的不确定性和指称的不可测知性将蒯因导向了关于意义和指称的消除主义。但是,我们必须记住,正如关于日常意义的消除主义与他对构造一种有限的、在行为主义上可接受的关于意义的替代观念(也即刺激意义)的努力是相容的一样,关于日常指称的消除主义与构造一种有限的、在行为主义上可接受的关于指称的替代观念——即去引号化的(或塔尔斯基)指称——也是相容的。去引号化的指称比日常指称严格得多。对蒯因来说,它仅仅适用于一个人现在的语言,而日常的指称则是一种据说是存在于表达式、对象和各种各样的语言 L 之间的关系。此外,我们将日常的指称观念当作一种存在于特定表达式和与之相应的特定对象(那些表达式指涉这些对象)间的关系,这是由于说话者们使用这些表

---

① 根据蒯因式的替代分析,关于其他人的指称的那些评论是否最终是确定或不确定的,这个问题依赖于这种分析的细节,而且从原则上说,无论如何都可以在基本上不影响他总体立场的情况下被决定。例如,请设想蒯因会采取一种使得它们是不确定的的分析。根据这样一种观点,我所做的关于其他人指称的断言是不确定的,而某些关于我自己目前指称的断言则确然为真。这是否与蒯因的如下原初陈述相抵触:对我而言的指称的不确定性,与对其他人而言的指称的不确定性相同? 并非如此。蒯因原初的不确定性主张是关于涉及日常的指称观念的陈述的。当"指涉"的意思是日常的指称时,蒯因的观点是,没有一条具有如下意思的断言是确定的:按照一个给定的言说者的用法,一个给定的语词指涉一个给定的对象;因此没有一条这样的断言为真,无论这个说话者是我还是其他任何人。但是,如果这种对"指涉"的日常释义被关于我自己现在语言的、去引号化的或塔尔斯基释义所代替,那么与一种将一只特殊的兔子分配给 x 的赋值相关的、由"按照我现在的用法'兔子'指涉 x"所做的断言,就**不是**如下这样的断言:按照"指涉"的日常意义,相关于同样的赋值的同样的式子所做的断言。既然这两条断言是不同的,那么在如下假定中就没有矛盾:其中一条是琐碎的、被物理学真理所确定的,而另一条则不然。同样,当我关于自己指称的断言被理解为纯粹去引号化的时候,而与此同时我关于其他人指称的断言被分析为涉及关于从其他人的语词翻译成我的语词的断言,在坚持如下观点时就没有什么紧张之处存在:前者可以被物理学真理的集合所确定,即便后者并非如此。

达式的方式。**因为**说话者们以自己所使用的方式使用一个语词，所以该语词指涉它自己所指涉的东西。相反，语词"兔子"去引号化地指涉（即塔尔斯基-指涉）兔子而非狗，这**并不是**因为我如何使用它。根据这种去引号化定义，这种事实：

(i) 对所有对象"兔子"来说，按照我现在对它的用法，它指涉一个对象 o 当且仅当 o 是一只兔子，而且情况并非是如下这样的：对所有对象 o 来说，按照我现在对它的用法，"兔子"指涉一个对象 o 当且仅当 o 是一条狗。

实质上不过就是如下事实：

(ii) 对所有对象 o 来说，"兔子"="兔子"且 o 是一只兔子，当且仅当 o 是一只兔子并且情况并非是如下这样的：对所有对象 o 来说，"兔子"="狗"，并且 o 是一条狗当且仅当 o 是一只兔子。

既然（ii）是一种逻辑-句法-生物学（logical-syntactical-biological）事实，它并不依赖于我对语言使用的任何方面，那么当指称被去引号化地理解时，对（i）来说也同样如此。①

无节制的消除主义：信念、断言、真理 和其他"意向性习语"

我们已经看到，蒯因的物理主义、翻译的不确定性和指称的不可测知性论题是如何将他引向一种关于我们日常的意义观念——包括一个句子的意思是 P 这样的观念——和日常的指称观念（包括指称的特

---

① 关于这些论点的解释，请参阅我的 *Understanding Truth* 一书第四章的第 107—116 页。

殊类型,比如指谓 [denotation] 和运用 [application])的消除主义的。这还没完。导致了关于意义和指称的消除主义的那些考虑,也同样导致了关于命题态度句的消除主义,比如相信 P,声称 P,想知道是否是 P。① 蒯因在《语词和对象》的第 45 节指明了这种情况;他承认,如果日常的意向性观念——包括那些被"相信"和"声称"这样的命题态度动词所表达的观念——可以被用来陈述关于施事者的客观事实,这些事实被物理学真理确定为真,那么翻译自身就会是确定的,而这当然不符合他的观点。他的结论是,关于施事者们所相信和声称的东西的断言,与关于施事者们在日常意义上所意味和指涉东西的断言,具有同样的地位。这些断言均没有陈述真正的真理。正如实际上没有日常的意义和指称这样的东西存在那样,也没有日常的信念和声称这样的东西存在。因此,在一种对世界真正客观的、科学的描述中,并没有留给这些观念的空间。

以下是一段引自第 45 节的阐释性——尽管可能有些修饰过度——文字。

> 因为,在使用意向性语词"相信"和"归属"时,人们可以说,一个说话者的词项应当被解释为"兔子",当且仅当该说话者倾向于将它归属给所有且仅仅归属给那些他相信其为兔子的对象。那么,一种与非独特的分析性假设系统的相关性(这产生出不确定性),显然不仅被给予翻译的同义性,还被给予一般的意向性观念。布伦塔诺关于意向性习语不可还原性(不能被还原成非意向性观念)的论题,和翻译的不确定性论题是相一致的。
>
> 人们或许会接受布伦塔诺的论题,要么是因为它表明了意向性习语的必不可少和一种关于意图的自主科学的重要性,要么是因为它表明了意向性习语的**无根据性**(baselessness)和一种关于意图的科学的**空洞性**(emptiness)。与布伦塔诺不同,我的态度是后一项。我们看到,在表面意义上接受意向性的用途,就是将翻译关系

---

① "P"在此被用作一个关于句子的缩略字母。

设定为某种程度上在客观上有效，但从原则上说则相对于言谈倾向（speech dispositions）的总体来说是不确定的。与语义和意图的方言土语所预设的那些假定的翻译关系相比，如果对这些假定的前提来说没有更好的根据的话，那么它们在科学上就几乎毫无洞见。

我并不是要发誓放弃意向性习语的日常用法，也不是要坚称它们在实践上是可有可无的。但我认为，它引起了规范记法中的分岔（bifurcation in canonical notation）。我们最终选择分岔中的哪一项，这依赖于一种规范记法的各种目的中的哪一个在那时碰巧驱动了我们。如果我们在勾画实在的、真实的、终极的结构，那么对我们来说经典的框架就是这种素朴的（austere）框架，它不知道任何除直接引语之外的引语，而且除了有机体的物理构造和器官的行为之外，不知道任何命题态度句。①

这里基本的想法是，如果关于命题态度的断言（包括信念）是确定的，那么翻译就也会是确定的。既然翻译不是确定的，那么关于命题态度的断言自身就是不确定的。严格来说，没有关于像信念和声称这样的命题态度的事实存在，就像没有关于翻译的事实存在一样。无论这些观念有怎样的实践效用，它们在一种对世界恰当的科学描述中都没有位置。

这真的是一种令人吃惊的结论。但事情还不止于此，最后一块拼图还虚位以待。有理由认为，这种蒯因式的消除主义全部可以站得住脚，仅当他欣然接受一种关于我们日常真观念的进一步的消除主义——也就是说，仅当他拒斥日常的真观念，并代之以一种精简过的、净化过的替代物。无可否认的是，蒯因在《语词和对象》中并未讲清楚这一点。但是，他显然不能接受也知道自己不能接受我们当作是理所当然的关于真理——按照我们对真理的日常理解——的大部分东西。例如，他不能接受对那些为真的事物的平淡无奇的观察。初看上去，按照我们日常的理解，语词"真"可以被运用于大量的事物。在这些

---

① *Word and Object*, pp. 220—221，着重号和附释为本书作者所加。

事物中，有我们通常刻画为真或假的陈述、信念、断言、声称、假定、假设、命题、句子和言说。但是，这种关于多样性的印象或许是误导人的。在这些实体可以被确定的范围内，人们无需担心不同种类的真理承担者。

让我们从陈述开始。我所说的陈述的意思是某人所陈述的东西（which someone states），而不是他对它的陈述（his stating of it）。这二者是不同的。如果某个人陈述说，所有权力都会腐败，那么他所陈述的东西是：所有权力都会腐败。而如下说法则会是荒谬的：这——所有权力都会腐败——是他所做的事情，或是一种他所进行的特殊行动。他所做的是陈述所有权力都会腐败这一点，而这件事情是其他很多人所做的事情。他陈述这一点的特殊行动发生于一个特定的时间和地点。而他所陈述的东西既不是被做的那件事情，也不是发生的那件事情。用平常话讲，语词"陈述"有时被用来指涉一个人所陈述的东西，就像在这个句子中一样："玛丽和马丁做出了相同的陈述，而这都是鲍勃所抵触的。"在另外一些时候它被用来指涉一个人对某件事情的陈述，就像在这个句子中一样："玛丽的陈述持续了一分钟还多。"当我们谈论一个陈述之为真或假的时候，我在以第一种方式使用"陈述"，与"所说或所陈述的东西"不相上下。在此意义上，一个陈述被很多哲学家称为一条命题。①

当然，陈述一件事情是如此这般的，这不同于假定、相信、猜测或主张事情是如此这般的。但是，被陈述的东西也可以被假定、相信、猜测或主张。因此，陈述可以等同于假定、信念、猜测、主张或声称，假如这些词项被当作是指涉被假定、相信、猜测、主张或声称的东西，而非进行假定、相信等之类的行动或陈述它们。既然谈论信念、假定和其他东西之为真是完全正确的，那么那些最初似乎是诸多不同的真理承担者的东西，实际上就可以被还原。在所有这些情形中，我们都

---

① 对这些关于真理承担者的要点的富于启发性的讨论，请参阅理查德·卡特莱特（Richard Cartwright）的经典文章《命题》("Propositions"), 载于 *Analytical Philosophy*, 1st series, ed. R. J. Butler（Oxford : Basil Blackwell, 1962）; reprinted in his *Philosophical Essays*（Cambridge, MA : MIT Press, 1987）。

谓述命题的真。既然命题是句子的意义或内容，是信念或声称的对象，而且既然蒯因是一个关于日常的意义、信念和声称的消除主义者，那么他就会拒斥命题。因此，按照我们对这些观念的日常理解，他拒斥真理和谬误的主要承担者。当然，我们也将自己关于真的日常观念运用于句子和言说，而他赞成这些东西的存在。然而依然还有两条关于他为何不能接受被我们运用于句子和言说的日常真观念的理由。

第一，当我们说一个句子或一个言说为真时，我们通常的意思是：它所说或被用来表达的东西为真。如果一个句子并不意味任何东西，如果它不能被用来说或表达任何事情，那么它在日常意义上就不可能为真。既然蒯因认为，句子在日常意义上不能意味任何事情，既然他认为，严格来说，它们不被用来说或声称任何事情，而且既然他还进一步地认为，它们不表达任何信念，那么他的立场就导向如下结论：它们在日常意义上也不为真。第二，我们关于一个句子之为真的日常观念，在概念上与蒯因所拒斥的、我们关于指称的日常观念联系在一起。假定 P 是一个谓词，假定 t 是一个单称词项，且假定 S 是得自二者结合在一起所产生的那个句子，那么 S 在日常意义上为真，当且仅当在日常意义上 P **符合**（*true of*）t 所**指涉**的那个对象。但一个谓词**符合**一个对象这种日常关系，不过就是蒯因所拒斥的、谓词**指涉**或适用于一个对象的这种关系。既然他认为，在日常意义上没有语词指涉或适用于对象，那么他就必须坚称，在日常意义上没有谓词符合任何对象，且因此没有包含这样谓词的句子在该词项的日常意义上可以**为真**。①一个不是关于一个包含日常意义上的谓词的句子**为真**这种观念的消除主义者，不可能成为一个关于一个谓词**符合**一个对象这种日常观念的消除主义者。所以，除了作为一个关于日常意义和指称的消除主义者，蒯因还必须被解释为一个关于我们日常真观念的消除主义者。严格来讲，根据他的看法，在日常意义上没有句子为真。

---

① 译者注：在这里的"符合"(true of) 一词与"真"(true) 密切相关,也可以被理解为"相对于……而言为真"；因此原文中两个词之间的过渡看上去十分自然。译为"符合"主要是为了行文的需要。

蒯因意识到了这一点，而且没有为它感到太困惑。其中的主要原因之一是，他拥有一种柔化所有这种消除主义所带来的打击的系统策略。他的策略是提出一种替换我们日常的意义、指称和真观念的建议。日常意义被刺激意义取代，日常指称——在一个人自己现在的语言这种特殊情形下——被塔尔斯基指称取代，而日常真——也在一个人自己现在的语言这种特殊情形下——也被塔尔斯基真所取代。塔尔斯基指称和塔尔斯基真在精神上是去引号化的，而且从原则上说可以用完全形式化的、清单式的定义来加以维护，而无需诉诸任何日常的语义或心理现象的观念。我们会在本卷第六部分对唐纳德·戴维森关于真和意义的讨论中更多地来谈谈这一点。① 现在，我们只需注意：一个我自己现在语言中的句子 S 是塔尔斯基真的，这条断言索然无味地等价于 S 自身。于是，S 是塔尔斯基真的这条断言，就会被物理学真理确定为真，当且仅当原初的句子 S 被物理学真理确定为真。因此，一个我语言中的句子是塔尔斯基真的，这条断言从未引入任何新的不确定性。

评估蒯因的立场：一种自我毁灭的论证

我们就应当像上述这样来理解蒯因的立场。接下来的问题是，我们该怎么看待它？要记住的第一件事情是，蒯因对我们理解自身和我们语词的日常方式之核心信条的批量拒斥，并没有任何坚实的基础。他关于我们日常意向性观念——意义、指称、信念等——的极端怀疑论，建基于他对翻译不确定性的论证，以及随后对该论证的扩展。如果我在本卷第十章中对这种论证的呈现是正确的话，那么一旦在确定性关系上的含糊其词被化解，他所诉诸的那组前提就丧失了自己独立的可行性。实际上，我们被要求在最不牢靠的基础上放弃自己概念框架中核心的、必不可少的那些要素。这已经足够糟糕了，但还不是最糟的。最糟的是，蒯因的立场有一些后果，它们是令人难以接受的，

---

① 也请参阅我 *Understanding Truth* 一书的第三章和第四章。

以至于我们可以将这种立场当作是自我毁灭的。

其中的第一个或许也是最不麻烦的一个后果，涉及蒯因提议的对所有日常语义观念的消除，这些观念可以被人们用来识别语言和使语言个体化，并且详细说明一个人所说的语言。我们通常认为语言是一组拥有一些特定语义性质的表达式。我们通过如下东西识别语言：（i）它们表达式的发音，（ii）它们语词、短语和句子的句法和形态学结构，以及（iii）它们语词的意义和指称、它们句子的真值条件和那些句子所表达的命题。如果关于意义、指称、真和被表达的命题的日常语义观念被消除了的话，那么我们并不清楚一个人是否可以给出对自己和其他人所讲语言的特征刻画，这些刻画提供了足够的信息，以准确地澄清这些语言是什么，以及它们彼此之间有什么不同［以超出（i）和（ii）的方式］。我可以给出关于句子是**在我现在的语言中是塔尔斯基真的**那些条件，但这些条件没有提供任何关于我语词意味或指涉什么的信息，没有提供任何关于我的句子表达了什么命题的信息，也没有以任何提供信息的方式识别我所说的语言是什么。① 只要关于翻译的日常观念预设了对不同语言的识别——这部分地基于它们的语义性质——那么这种观念也会变得难以把握。对蒯因主义者来说，这或许只是更进一步的消除主义或修订主义；对我们其他人来说，这是又一条抗拒该观点的理由。

蒯因立场的第二个也是更严重的一个令人难以接受的后果是，他极端的消除主义处于如下危险之中：使得他自己的不确定性和不可测知性论题变得为假、枯燥无味或站不住脚。例如，请考虑蒯因的如下断言：生物学是被物理学真理确定了的，但语义学和非行为主义心理学则不然。这里，在谈论真理的时候，蒯因必须谈论现在的蒯因语言中的塔尔斯基真理。所以，我们便拥有了一条大意如下的论题：一组特定的、现在蒯因语言中的物理学句子，确定了另外一组特定的、现在蒯因语言中的生物学句子，但并没有确定第三组现在蒯因语言中的、关于语义学和心理学的句子。对蒯因来说，确定性大概必须涉及如下

---

① 关于这一点的解释，请参阅 *Understanding Truth* 一书的第 102—107 页。

东西：现在蒯因语言中的物理学句子加上在该语言中扮演定义角色的句子，对该语言中的一组句子的塔尔斯基蕴涵。

这是否真的捕捉到了蒯因的意图？有理由认为情况并非如此，因为结果或许是，我们现在的物理学、生物学等等，在缺乏一种对世界的精确、广泛的科学描述所需的那些特定概念的意义上，**是十分不完备的**。如果能够以现在的蒯因语言表达的物理学概念的总体，在上述意义上是不完备的，那么某组断言并不被蒯因现在语言中的塔尔斯基真句子确定这个事实，就不会带有人们所渴望的那种本体论上的暗含之意。假设三百年前，在我们拥有原子理论或现代生物学之前，某个人声称他那会儿的现在语言中的塔尔斯基真的物理学句子的集合，并没有确定他语言中塔尔斯基真的生物学句子的集合。即便这是真的，我们当然也不会从中得出什么有意思的哲学结论。

有两种情形需要考虑：第一，如果相关的物理学在概念上是贫瘠的，那么某一条断言 Q 没有被真的物理学句子的集合确定这一点，就不会向我们提供任何令人信服的理由去怀疑 Q 真正为真，因为以诉诸一种在概念上贫瘠的物理学语言的方式而得到表述的物理主义原则，不会让任何人想要去接受。（请注意，问题并不在于，我们在一个给定时间所采用的物理学理论的定理会遗漏某些物理学真理；问题实际上在于，该理论在其中得到表述的那种物理学语言，不能够表达所有的物理学事实。）第二，如果要被确定的理论是贫瘠的，那么即使 Q 最终的确是被确定的，也不会带给我们所需要的那种保证，即没有如下这种进一步的事实存在：一种正确的、不贫瘠的理论会包括这种事实，但这种事实却未被物理学确定。出于这些理由，如果仅仅用限于他现在语言的语义观念来陈述的话，那么蒯因关于物理主义、非充分确定性、不确定性和不可测知性的论题，不可能获得它们所意图的那种力量。

人们感到，他的论题关系到关于如下两方面东西之间关系的断言：一方面，是物理学真理的总体——这是在关于物理学题材的真命题之总体的意义上说的，或是在某种理想语言中为真的物理学句子的总体

第十一章　蒯因极端的语义消除主义

的意义上说的；另一方面，是关于其他任何事情的真理的总体。但对蒯因论题的这种表述，预设了被谈及的问题并不仅限于那些可以在一个人现在的语言中被表达的东西——而这与他极端的语义消除主义不相容。问题在于，在不诉诸这些论题打算消除的那些语义或意向性事实的情况下，我们似乎没有办法将他的论题所需的一般性给予它。如果诚然如此，那么他的立场就可以被批评为遭受到了一种严重的困境。要么是，他关于物理主义、非充分确定性、不确定性和不可测知性的论题，陈述了某种关于日常意义上的物理学真理之总体的东西，这时它们与自己所导致的彻底的消除主义不一致；要么是，他的论题陈述了某种仅仅关于他现在语言中的塔尔斯基真理之总体的东西，这时非充分确定性论题并不具有它们所意图的那种哲学要义，而物理主义、不确定性和不可测知性论题则是不可能成功的。

当然，面对这种困境，顽固的蒯因主义者可以仅仅通过法令来采取他的极端消除主义，但他不能给出这样做的蒯因式的理由。即使他的物理学真的是完备的——尽管这是天方夜谭——他也不能在他所喜欢的物理主义语言中、在不援引自己已经发誓戒除的那些语义观念的情况下，表述如下重要的问题：该语言是否是完备的？既然蒯因自己显然并不发誓戒除它们——即便在尝试陈述重要的真理时——那么我认为，他应当已经接受了自己所暗含的承诺的含义，并发誓戒除了自己极端的消除主义。

最后，蒯因立场中还有另一种自我毁灭的方式。请考虑如下说明。

(i) 蒯因说或断言了某个东西——即物理主义和他不确定性论题的合取——它拥有这种后果，即没有人说或声称任何东西。
(ii) 同样，蒯因相信某个具有如下后果的东西，即没有人相信任何东西。
(iii) 蒯因通过制造一系列具有如下后果的、有意义的句子来支持某个东西（即他的不确定性论题）：没有有意义的句子存在。

这些说明意味着，蒯因自己的声称、信念和论证的存在，足以否证他所声称、相信和支持的东西。他所声称、相信和支持的东西具有如下特征，即声称、相信和支持它的行动本身，就足以否证它。

　　蒯因能否避免这种自我毁灭？好吧，他可以**断言**，他并未声称、相信或支持自己的论题。尽管这或许会令他满意，却很难让我们满意，因为如果他断言了这一点，那么就已经断言了某事，而这足以否证他的论题。对我们来说，问题是这样的：蒯因写下了一本包含很多句子的书。我们看到这本书并想知道它说了什么。所以我们便来阅读。为了赞同或不赞同他，我们必须了解他所说或试图说的东西。但是，所有这些我们会在日常中用来描述这一点的概念，都被他的消除主义论题所禁止。我们是否可以发明某些技术性的观念来取代这些被消除的东西，以允许我们回答自己的问题，而又不重新引入我们日常观念的所谓的令人不悦的特征呢？我看不到任何这样想的理由。所以，除了将蒯因的立场当作是悖论式的和自我毁灭的之外，我们似乎已经别无选择。①

　　那么，这是否是一种即使蒯因式的怀疑论者也不得不接受的反驳呢？我想，如果他真的准备好去接受如下观点，即没有人（包括他自己）意味、说出、相信或断言任何事情，那么答案就是否定的。事实上，我并不认为任何人可以或能够前后一致地接受这样一种观点。②

---

　　①　关于如下问题，请参阅我 "The Indeterminacy of Translation and the Inscrutability of Reference" 的第 IV 节：试图将这些蒯因式的核心论题进一步地精炼为物理主义的，以及探索他的怀疑论版本可以在多大程度上、从一种通过对他基本立场的带有同情的重述而进行的反驳之下得到挽救。

　　②　如果任何人接受这种观点的话，那么我认为他就会犯下暗含不融贯性的过失，因为尽管他会提出异议，但我不得不将他视作也相信该观点的否定。我们在这里会回想起 G. E. 摩尔在文章 "A Defenseof Common Sense"（*Contemporary British Philosophy*, 2nd series, ed. J. H. Muirhead, 1925; reprinted in G. E. Moore, *Philosophical Papers*, Collier Books, 1962, 32—59）中的经典评论："一些哲学家认为，'关于世界的常识观点'在一些基本特征上是**完全**为真的，我正是他们中的一员。但必须记住的是，在我看来，**所有**哲学家都毫无例外地在如下观点上赞成我（也就是说，他们都相信这为真）：真正的不同——通常以这种方式被表达——仅仅是如下两种哲学家之间的不同，

然而，被这种怀疑论者清楚地陈述的立场并不是自相矛盾的，而且我们可以想象一个怀疑论者会采纳它（而当然，与此同时还要否认他做了任何这样的事情）。但是，即使人们忽略怀疑论者所陈述的东西和他对它的陈述之间的不匹配，在他必须坚持的不同说法之间还是有相当大的张力存在的。我们已经看到，在没有我们关于赞同和不赞同一个句子的日常非行为主义观念的情况下，一个蒯因主义者不可能蒙混过关。人们想知道，一个坚称没有人可以说出、声称、断言、相信或否认任何事情的人，可以赋予这些观念以怎样的意义？①

蒯因、日常语言学派和哲学中意义的命运

如我们已经看到的那样，语言的意义是第二次世界大战后头二十年主要的英语哲学家长期关注的核心问题。一方面是日常语言哲学家，他们相信（ⅰ）所有哲学问题均产生自对我们语词意义的误解，以及（ⅱ）可以通过一种对我们通常如何使用语词的非正式的研究来获得对意义的恰当理解，这在本质上没有得到任何关于意义的抽象逻辑理论或科学理论的帮助。另一方面是蒯因，他认为（ⅰ）这些问题并不是关于语词意义的问题，而且哲学理论应当与关于世界的逻辑理论和科学理论是相连续的，以及（ⅱ）我们日常的语义观念，包括意义和指称，在本质上是前科学的遗物，没有任何科学的用法，而且不对应于真实世界中的任何东西。很难有什么对比能够比这更为强烈，也很难有什么观点会比这些观点更为极端。我已经论证了，这两方面都走过了头。日常语言哲学家们并没有证明，哲学问题从根本上说都是关于意义的问题。此外，他们对意义的研究——在一些特定情形下是有价值和富于启发性的——由于缺乏关于意义的系统性理论的指导，而深深陷入错误的泥潭中。而蒯因则清楚且正确地认识到对这种理论的需要，而

即那些**也**持拥有与'关于世界的常识观点'中的特征不一致的观点的哲学家，和那些**不**持这些观点的哲学家。"参阅本书第一卷第一章。

① 感谢约翰·霍桑提出了最后这个问题。

且他很快认识到在哲学上可疑的对意义的诉求；一方面是关于心灵和语言的理论，另一方面是关于基础物理实在的理论，他关于这两方面之间恰当关系的设想，是一种服务于不切实际的哲学视野的、非常不受限制的思辨。在蒯因和日常语言哲学家之后，我们需要的是一种严肃对待意义并对之进行理论化研究的方式。我们的下一位哲学家唐纳德·戴维森恰恰致力于这种基本的需要。

关于第五部分的拓展阅读

讨论的主要一手文献

Quine, W. V. "On the Reasons for Indeterminacy of Translation." *Journal of Philosophy* 67 (1970): 178—183.

——. "Ontological Relativity." In *Ontological Relativity and Other Essays* (New York: Columbia University Press, 1969).

——. "Reply to Chomsky." D. Davidson and J. Hintikka, eds., In *Words and Objections* (Dordrecht: Reidel, 1969).

——. *Word and Object*. Cambridge, MA: MIT Press, 1960.

补充性的一手文献

Carnap, Rudolf. "Meaning and Synonymy in Natural Languages." In *Meaning and Necessity* (Chicago: University of Chicago Press, 1956).

Grice, H. P., and Peter Strawson. "In Defense of a Dogma." *Philosophical Review* 65 (1956).

Quine, W. V. "Epistemology Naturalized." In *Ontological Relativity and Other Essays* (New York: Columbia University Press, 1969).

——. "On Empirically Equivalent Systems of the World." Erkenntnis 9 (1975): 313—328.

——. *The Pursuit of Truth*. Cambridge, MA: Harvard University Press, 1992.

——. *The Roots of Reference*. La Salle, IL: Open Court, 1974.

——. "Two Dogmas of Empiricism." *Philosophical Review* 60 (1951).

进一步阅读的材料

Berger, Alan. "Quine on 'Alternative Logics' and Verdict Tables." *Journal of Philosophy* 77 (1980): 259—277.

Cartwright, Richard. "Propositions." In *Philosophical Essays* (Cambridge, MA: MIT Press, 1987); originally published in *Analytical Philosophy*, 1st series, ed. R. J. Butler (Oxford:Basil Blackwell, 1962).

Friedman, Michael. "Physicalism and the Indeterminacy of Translation." *Noûs* 9 (1975): 353—373.

Harman, Gilbert. "Meaning and Theory." *Southwestern Journal of Philosophy* 9 (1979): 9—20.

Soames, Scott. "The Indeterminacy of Translation and the Inscrutability of Reference." *Canadian Journal of Philosophy* 29 (1999): 321—370.

——. Chapters 3 and 4 of *Understanding Truth*. New York: Oxford University Press, 1999.

PART SIX
第六部分

唐纳德·戴维森
论真和意义
DONALD DAVIDSON
ON TRUTH AND MEANING

第十二章

作为意义理论的真理论

本章提要

1. **戴维森在分析哲学中的地位**
   他在如下事情上所起的作用：将通向分析的语言哲学中意义的正式和非正式的方法融合在一起

2. **戴维森哲学的核心信条和"戴维森主义工程"**
   关于自然语言的塔尔斯基风格的真理论，作为一种如下这样的意义理论：它可以通过自己分配给句子的那些真值条件和说话者们认为自己的句子在其中为真的那些条件的对比来加以证实

3. **是什么辩护了将关于真的理论当作关于意义的理论**
   戴维森的第一个回答：关于 L 之有限的、综合式的（composi-tional）真理论所陈述东西的知识，对于理解 L 而言是足够的；这种回答的错误之处
   戴维森的第二个回答：关于"L 陈述了……"之"翻译性的"（translational）真理论的知识，对于理解 L 而言是足够的（省略号的内容指一种翻译性的真理论的公理的合取）；关于该断言论证中的一处错误

4. **结论**
   对戴维森如下论点的质疑：真理论是意义理论，以及一种当代的、在戴维森主义工程中的技术工作和对该工程的戴维森主义哲学辩护之间的分离

戴维森在分析哲学中的地位

　　戴维森对很多哲学话题的重要贡献是众所周知的,包括(ⅰ)事件、行动、对行动的解释以及行动句的逻辑形式,①(ⅱ)精神本质及其与物理的关系,② 以及(ⅲ)意义在哲学中的角色和研究意义的恰当的理论化方法。尽管他的观点对这些领域有重大影响,但他关于意义的观点可以说是他哲学观点最核心的组成部分,也是最广为人知和影响深远的。这就是我们将要关注的东西。

　　戴维森因为维护关于如下事情的一种系统化、影响广泛的观念而为世人所知:一种对语言来说的意义理论是什么?我们应当如何着手构造这些理论?哪些证据辩护了对它们的认可,以及我们可以合法地期望在它们中得到怎样的哲学收益?他在这些问题上对自己观点的发展发生于二十世纪六十年代早期到七十年代后期之间;在这个时期,他首先是斯坦福大学的教授,然后在普林斯顿大学、洛克菲勒大学和芝加哥大学,最后则到了加州大学伯克利分校。尽管他的观点在这一时期被发展并首先被呈现出来,但它们的影响持续了很长一段时间,直至今日。

　　在深入细节之前,我要先谈谈他所应对的这些传统,以及他的著作之所以动人心弦的一些原因。首先,在我们对第二次世界大战后英国哲学的研究中,从维特根斯坦经奥斯丁到格赖斯,我们已经看到语言意义是如何被放置在中心舞台的。哲学问题被认为产生自语言误解,并且可以通过对语词意义的小心关注而被化解。但是,随着时间的推移,如下事情变得越来越清楚:什么是一个语词意义的一部分,以及什么不是它的一部分,这并不是一种显而易见的事项。由于这一点,

---

　　① 例如,参阅 Donald Davidson, "Actions, Reasons, and Causes", originally published in 1963, and "The Logical Form of Action Sentences", originally published in 1967, both reprinted in *Essays on Actions and Events*(Oxford: Clarendon Press, 1980)。

　　② 参阅 Donald Davidson, "Mental Events", originally published in 1970, and "The Material Mind", originally published in 1973, both reprinted in *Essays on Actions and Events*。

关于意义的问题只能在某种系统化理论的帮助下才能被有益地加以研究。对日常语言学派的哲学家们来说这是个问题，因为他们几乎没有想过，一种对语言来说的意义理论应当是什么样子，或者该如何着手去构造这样一种理论。因此，到二十世纪六十年代早期，很多哲学家都有一种对通向语言意义的系统理论化方法的明确、迫切的需要。

与此同时，在另一种不同的分析传统下工作的哲学家们，已经收集了一组引人注目的逻辑工具，用来研究和解释逻辑和数学的形式化语言。在二十世纪三十年代中期，波兰逻辑学家、哲学家阿尔弗雷德·塔尔斯基表明了该如何给出他称之为对一种符号逻辑语言来说的"真定义"——这些语言可以被用来表达标准数学、元数学和（甚至可以说）自然科学。塔尔斯基还表明了，如何以一种精确的、在数学上易于驾驭的方式去定义对这些语言来说的逻辑真理和逻辑后承。[①] 他工作的主要目的之一是，提供一种对不同形式化语言的释义。给出对其中一种语言的释义，就是列出该语言被用来对其中的对象做出断言的对象域，列出该语言中的每个名称（在这个域内）所指涉的对象，分配给该语言中的每个函项符号（functionsign）以一种从（在这个域内的）对象到（在这个域内的）对象的映射，分配给该语言中的每个一元谓词以一组（在这个域内的）对象——该谓词被理解为适合于这些对象的——的集合，对每个二元谓词分配给其来自这个域内的对象对——该谓词被理解为适合于这些对象对的——的一组集合，而且对所有 n 元谓词都以此类推。所有这些做法，提供了一种对该语言中词汇的释义。对句子的释义，随之便通过所谓塔尔斯基真定义中的从句而从对语词的释义中得出。

实际上，当塔尔斯基的逻辑机械被用来为语言提供一种释义时，它**不**应当被视作是提供给我们一种真的**定义**。当以这种方式被使用时，

[①] Alfred Tarski, "The Concept of Truth in Formalized Languages", in *Logic, Semantics, Meta-Mathematics*, translated by J. H. Woodger, 2d edition (Indianapolis, IN: Hackett, 1983), originally published in Polish in 1933; "On the Concept of Logical Consequence", in *Logic, Semantics, Meta-Mathematics*, originally published in Polish in 1936.

它给予我们这样一种理论：对该语言中有限多的每个句子而言，该理论都分配给其一种当且仅当该句子为真时成立的条件——在其中，真是某种我们自己已经事先理解了的、无需定义的东西。这种释义的最终结果是，对被释义语言中的每个句子得出至少一个（1）这种形式的陈述——在其中替代"P"的句子应当是替代"S"的句子的一种改写。（连接词"当且仅当"是实质充分必要的 [material biconditional]。当充分必要条件算子两侧的句子在真值上不同时，一个这种形式的陈述为假。在所有其他情形下——也就是说，当两个句子都为真或都为假时——该充分必要陈述为真。）

1. "S"是 L 中的一个真句子，当且仅当 P。

这种形式的句子被称为"T-句子"。它们列出了自己左侧所引句子的真值条件。（2）是一种可能的 T-句子的例子。

2. "∃x（爱 f_m(x)，f_f(x)）"在 L 中为真，当且仅当至少有这样一个人存在，他的母亲爱他的父亲。

（"爱"适用于 <a, b> 当且仅当 a 爱 b；"f_m"指谓一个函项，该函项将一个人的母亲分配给他；"f_f"指谓一个函项，该函项将一个人的父亲分配给他。）对整个语言的一种释义，是如下这种陈述的有限可列举的集合（finitely specifiable set）：这些陈述允许我们对该语言中的每个句子得出某种类似（2）这样的东西。①

这种对形式化语言释义的设想，在二十世纪四十年代到六十年代，为那些相信逻辑研究对我们对语言和一般而言对哲学的理解大有裨益的哲学家来说，是耳熟能详的。在这种传统下工作的哲学家包括：鲁道夫·卡尔纳普、阿隆佐·邱奇、鲁斯·马库斯、亚瑟·普赖

---

① 关于技术细节的阐发和对塔尔斯基关于真的形式化理论可以被用于哲学目的的解释，请参阅我 *Understanding Truth* 的第三章和第四章。

尔（Arthur Prior）、理查德·蒙太古、大卫·卡普兰和索尔·克里普克。该时期得到发展的一条主要的研究思路涉及如下事情：让服从塔尔斯基技术的关于符号逻辑的形式化语言变得更丰富，以使得这些语言可以表达更多在自然语言中起核心作用的那些概念——例如，被像"现实""必然""可能""可以""将会"和"或许"所表达的**模态概念**，被我们在自然语言中找到的不同的时态算子所表达的**时间概念**，像"我""我们""你""他""现在""那是""今天"和"昨天"这样的**索引式表达式**，以及像"相信"和"知道"这样的**命题态度动词**。到二十世纪六十年代早期，我们已经可以想象，像英语这样的自然语言，会在某种接近其整体的东西中被塔尔斯基开创的逻辑技术的派生物所治愈。

这就是戴维森登上舞台的时刻。对那些长期对自然语言感兴趣、但相对而言是形式化传统和逻辑传统门外汉的哲学家来说，他主要的贡献之一是，使得形式化语言所使用的某些最简单的技术变得易懂和与他们密切相关。戴维森采取的方法已经被证明在一种专业化的领域中是卓有成效的，而且他以一种构造关于自然语言的经验性意义理论工程的形式来实现该方法。此外，他还论证到，我们可以期待这种方法产生重要的哲学收益。他的这种做法有助于确证分析哲学中两种不同的哲学次文化间的重要联系。其中一方由如下这些哲学家构成：他们相信关于意义的问题处于所有哲学的核心，但事先缺乏一种对意义进行系统化思考的理论化框架。第二种次文化则由如下这些形式化主义者（formalists）构成：他们忙于将人工语言用于模仿自然语言的各个方面，但并不主要关注于（当然有一些例外）将这种形式化工作与关于传统主题的广泛的哲学理论联系起来。戴维森影响力的很大一方面，就来源于如下事实：他使得这两组人更多地关注对方。

他也向如下那些人发出呼吁：他们对蒯因的自然主义和蒯因对必然性、可能性这样的模态观念的摈弃印象深刻，但对他由于青睐彻底净化的行为性替代物而拒斥意义的日常观念这一点感到不安。戴维森看上去精明而冷静地坚持将真理和指称作为一种关于意义的科学理论的核心观念,他还解释了这样一种理论如何可以被视作一种关于说话者行为的、在经验上可验证的假设;所有这些许诺了一种使得那些似乎显然不可或缺的语义观念得以维护和变得合法的方式。对这两组哲学家来说,至少在一段时期内,戴维森的方案似乎就是医嘱。

戴维森哲学的核心信条和"戴维森主义工程"

在这种背景就位之后,我们就可以转向戴维森最重要的那些观点,其中最重要、最核心的三个如下:

C1. 如下事情是可能的:对自然语言构造有限的可公理化的(finitely axiomatizable)真理论,它们的逻辑后承囊括了那些给出了被研究语言中每个句子真值条件的 T- 句子。这些 T- 句子得自列出了出现在该语言中语词和短语的指称性质(referential properties)的真理论的公理。因此,对每个句子真值条件的陈述,得自关于构成该句子的那些语词的指称性质的、更基本的陈述。

C2. 一种对这种语言来说的真理论,给出了该语言中每个句子的真值条件,且因此有资格作为一种对该语言来说的意义理论或释义。

C3. 我们通过如下方法,在经验上证实一种被提出的真理论——该理论是对一组给定的说话者的语言而言的——是正确的:比较那些说话者**认为**自己语言中特殊的句子在其中为真的那些条件或情况,和被我们所测试的理论**分配**给那些句子的真值条件。在所有其他因素相同的情况下,对一个给定共同体的语言来说的正确的真理论是这样的,即根据该理论,说话者实际上认为句子在其中为真的那些条件,最接近于符合如下条件:在这些条件下,该理论与我们关于世界的理论的联合,预言这些句子为真。概言之,正确的理论是这样的:与依据其他任何对该语言的释义时相比,在依据这种理论时,讲这种语言的说话者都更频繁地成为讲出真理的人

(truth tellers)。①

我们会从对第一个断言——构造一种戴维森心中所想的、对自然语言而言的真理论是可能的——的观察开始我们的研究。在一开始就认识到如下这点是很重要的：该断言并不是对一项业已完成的任务的陈述。自然语言是十分复杂的，而且没有人已经制造出一种对任何自然语言的整体而言的戴维森风格的真理论。戴维森在二十世纪六十年代早期开始呼吁的，是一种为达到上述目标的系统化努力。为了这个目标，他自己写下了一些尝试解释如下问题的文章：从原则上说，在英语中发现的各种各样的语言构造，可以怎样被他心中所想的那种真理论加以对待。他在自己文章中所处理的这些构造包括：像"说"和"相信"这样的命题态度动词，被用在对行动的描述中的那些副词修饰语，甚至还有引文这种构造。②从他的例子中得到启示的其他哲学家则试图表明，不同的自然语言构造可以如何被处理成符合这幅图景的样子。戴维森及其追随者的合作企业开始作为"戴维森主义工程"而为人所知。从本质上说，这项工程是一种提供真理论的尝试，这些真理论符合他对日渐增大和更具包容性的自然语言片段（fragments）的要求。③

戴维森总体观点的这个方面，可以被视作一种技术性工程。当被这样看待时，它具有某种时至今日仍然存在的实质性的成功，但却并未达到自己的最终目标。此外，戴维森对自己理论施加的技术性限制

---

① 当然,一个理论满足此条件（对说话者们是在最大限度上宽容的）的程度,并不是确定其正确性的唯一因素。例如，我们也期待这些理论是系统综合的、适宜且简单的,等等。在我看来，戴维森会认为，一种正确的理论要达到在这些德性上的恰当的平衡。

② 例如，请参阅 Davidson, "On Saying That", in D. Davidson and J. Hintikka, eds., *Words and Objections*（Dordrecht：Reidel, 1969）, and "Quotation", *Theory and Decision* 11（1979）：27—40；both reprinted in *Inquiries into Truth and Interpretation*, 2nd ed.（Oxford：Clarendon Press, 2001）。还请参阅 "The Logical Form of Action Sentences", originally published in 1967, and reprinted in *Essays on Actions and Events*。

③ 关于最近一种制造戴维森风格的自然语言理论的最系统的尝试，请参阅 Richard Larson and Gabriel Segal, *Knowledge of Meaning*（Cambridge, MA：MIT Press, 1995）。

是非常严格的。它们有这样的效果：排除了大多数更现代的、复杂巧妙的逻辑技术，自塔尔斯基开始，这些技术的发展被用于模仿自然语言的不同特征。① 有鉴于此，一方面，很多语言哲学家和语言学家赞同戴维森的如下主张：一种关于自然语言的、卓有成效的经验性理论，可以用最初被发展用于数学形式化语言和符号逻辑的那些概念、技术来加以构造；但他们却不同意他对为了此目的而被发展出来的最初的，也是最基础的逻辑概念的奉献。既然这件事超出了我们在此可以有益地讨论的范围，我就只想说，遵守戴维森主义工程，在今天更多地代表了一种小众的立场，而非语言哲学中的一种共识。

是什么辩护了将关于真的理论当作关于意义的理论②

比戴维森主义哲学工程所提出的技术问题更重要的事情，是他对自己的方法所做的哲学断言。尤其重要的是 C2——对一种语言而言的戴维森的真理论有资格作为一种意义理论，因为它给出了该语言中每个句子的真值条件。该断言初看上去是令人吃惊的。一方面，人们会认为，对一种语言而言的意义理论应当告诉我们该语言中的句子是什么意思。另一方面，一种真理论仅仅告诉我们它们的真值条件是什么。但对真值条件的陈述比对意义的陈述要弱。例如，模式 M 的示例：

  M. "S" 在 L 中的意思是 P。

与模式 TM 分析的、先天的示例：

  TM. 如果 "S" 在 L 中的意思是 P，那么 "S" 在 L 中为真当且仅当 P。

---

① 在尾声部分，我们将简单谈及这些问题。
② 本节中的材料主要基于我的 "Truth, Meaning, and Understanding", *Philosophical Studies* 65（1992）: 17—35。

第十二章　作为意义理论的真理论

共同蕴涵模式 T 相应的示例：

> T. "S" 在 L 中为真当且仅当 P。

但是，没有如下这样的真正的原则存在，更别说分析的、先天的原则了：这种原则与模式 T 的示例一道，允许人们得出模式 M 的示例。① 因此，与那些是模式 T 示例的、关于真值条件的陈述相比，那些是模式 M 示例的、关于意义的陈述是更强的、提供更多信息的。这说明了在将真理论当作意义理论时一个固有的问题。如果真理论**仅仅**提供对真值条件的陈述，而且如果这些理论并不蕴涵指示句子意思的陈述，那么这些真理论就并没有告诉我们一个语言中的句子意思是什么。那么，一个人如何可以辩护将它们当作是意义理论？

戴维森对此问题的回答见于他原初发表于 1967 年的文章《真理和意义》（"Truth and Meaning"），以及原初发表于 1973 年的文章《彻底的释义》（"Radical Interpretation"）。② 他最初的回答是，对一种语言 L 而言的真理论有资格作为一种意义理论，如果该真理论所陈述的知识从原则上说对理解该语言是**充分**的的话。以下是引自《彻底的释义》的段落。

> 我们现在可以更多地来谈谈是什么起到了使得这种释义变得可能的作用。释义者必须能够理解说话者可能说出的无穷多的句子中的任何一个。如果我们要清楚地陈述，释义者知道的哪些东西会使得他能够这样做，那么我们就必须以有限的形式处理它们。如果要满足这种要求，那么对一种普遍方法的释义的希望就必须被放弃。我们可以期望的至多是，解释一个释义者如何可以释义一个只讲

---

① 这些示例通过如下方式获得：将字母 "S" 替换为 L 中的一个句子，并将 "P" 替换为该理论语言中的一个句子。

② Donald Davidson, "Truth and Meaning", originally published in *Synthese* 17（1967），and "Radical Interpretation", originally published in *Dialectica* 27（1973），both in *Inquiries into Truth and Interpretation*。引文页码依据的是后面这部论文集。

一种语言（或有限多的语言）的说话者的言说：寻求一种会对任何（可能的）语言中的任何言说产生出清晰释义的理论，这是讲不通的。

当然，我们还不清楚，什么叫一种理论对一种言说产生出清晰的释义。对这个问题的表述，似乎要求我们将这种理论当作一种关于函项的明细说明，该函项把言说作为变量，将释义作为值。但这样一来，释义就不比意义好到哪儿去，而且无疑就像是某种神秘的实体。明智的做法似乎是，在不明显指涉意义或释义的情况下，像下面这样来描述该理论所需要的东西：**某个知道这种理论的人，可以释义该理论所适用于的那些言说……**

紧跟着的是对如下断言的维护：一种得到修订以被用于一种自然语言的真理论，可以被当作一种释义理论来使用。这种维护在于回答如下三个问题的尝试：

1. 认为对一种自然语言而言，以上所描述的这样一种真理论可以被给出，这是合理的吗？
2. 在没有任何关于被释义的语言的预先知识的情况下，在一个释义者可获得的证据的基础上，辨别这样一种理论是正确的，这是可能的吗？
3. 如果我们知道这种理论为真，那么释义讲这种语言的说话者的言说是可能的吗？

第一个问题被用于如下这种假设，即对一种自然语言可以给出一种真理论；第二个和第三个问题则在询问，这样一种理论是否满足我们对一种释义理论的进一步要求。①

所以，假定**如果**一个人知道这种理论陈述的东西**则**他就能够释义或理解这种语言的话，那么，一种真理论可以算作一种意义理论。这

---

① Davidson, "Radical Interpretation", pp. 127—131，着重号为我所加。

种标准并非是不可行的。如果一种理论告诉了你为了理解一种语言中的句子所需要知道的所有事情的话,那么就有理由将它算作是详细列出了关于意义的所有本质上的事实,即使它并未提供"**S**"在 L 中的意思是 P 这样的定理,这些定理逐一陈述了单个句子的意义。

记住了这一点,让我们暂且接受这种主张,即提供了这种信息——关于此种信息的知识足以理解一种语言——的理论,可以算作一种意义理论。困难之处在于,看清一种真理论如何可以满足这项条件。戴维森在《真理和意义》中最初的想法是,一种恰当的真理论会给出他所谓的对意义的"整体论的"叙述,如果情况是如下这样的:该理论从对该句子在语义上重要的结构——包括其语义上重要部分的指称——的表述中,得出关于每个句子真值条件的适当陈述。根据戴维森的图景,一个句子的意义依赖于其最终组成部分的意义,或更恰当地说,依赖于其所指。这些东西反过来(即那些部分的所指)被他认为不过就是它们对自己出现于其中的所有句子的意义(真值条件)所做的贡献。他由此得出结论说,意义,即一个称职的说话者所把握到的东西,应当是这样一种结构:该结构只能在整体中被揭示。我们从一种意义理论中想要得到的东西,是一种对复杂的关系网的明细说明,对这种关系网的掌握足以赋予一个说话者语义上的称职性。我认为,这就是戴维森将那种适当的真理论当作意义理论的借口,即使它未能提供那些陈述了任意单个句子意思的定理。

戴维森在如下引自《真理和意义》的段落里实质上表达了这种观点。

> 我们不久前决定,不去假定句子的部分拥有意义,除了如下这种情况:在本体论中立的意义上,它们对自己出现于其中的句子的意义做出了一种系统性的贡献……(这种洞见)所指向的一个方向,是一种整体论意义观。如果就句子的意义来说,句子依赖于自身的结构,而且我们仅仅将该结构中每个项目的意义,理解为一种得自它位于其中的句子总体的抽象,那么,我们就只能通过给出该

语言中每个句子（和语词）的意义来给出任何一个句子（或语词）的意义。①

由此所导致的图景似乎是这样的：我们在知道一个句子的各个部分之意义或指称的基础上知道一个句子的意义。这一点在真理论中反映在如下事情上：从关于句子部分之指称的公理中，得出给予我们句子真值条件的 T 句子。但这些关于单个语词指涉什么的公理，并不陈述相应于实在中的任何事情的事实。世界中并没有"在那里"（out there）这种指称关系，该关系将语词和对象联系在一起。相反，详述了单个语词指称的真理论的公理，不过是被机械地用来得出 T 句子的理论化机械的零部件，这些 T 句子是该理论的定理。一条这样的指称性公理，并不从相应于世界中的任何事情那里获得自己的内容，而是从自己在如下事情中所扮演的角色那里获得自己的内容：将关于包含公理中提及的语词的句子之真值条件的定理彼此联系在一起。例如，一条公理说，在西班牙语中语词"azul"适用于一个对象当且仅当该对象是蓝色的；该公理的内容仅仅在于，它在得出对包含语词"azul"的不同西班牙语句子而言的 T 句子中所扮演的角色。于是，当你在知道句子"La camisa es azul"各个部分指称的基础上知道该句子的真值条件时，你所知道的东西就是：该句子的真值条件与所有其他包含语词"azul"或短语"La camisa"的句子的真值条件系统地关联在一起的那些方式。一个讲某种语言的人所知道的关于意义的东西，并不是一组不相关的真理，而是扩展到该语言中每个语词、短语和句子的一套错综复杂的关系系统。戴维森认为，当一个人知道对一种语言而言的真理论时，这就是他所知道的东西。

他在引自《真理和意义》的一段话中进一步精炼了这种观点；在这段话里，他讨论了异常的、非翻译性的但却为真的 T 句子 S。

S．"雪是白的"为真当且仅当草是绿的。

---

① Davidson, "Truth and Meaning", p. 22.

第十二章 作为意义理论的真理论

在考虑 S 时，重要的是记住，由戴维森主义真理论所产生的 T 句子中的连接词"当且仅当"，是实质充分必要的。因此，当 A 和 B 具有相同真值时，且只有在 A 和 B 具有相同真值时——即当二者同为真或同为假时——*A* **当且仅当** *B* 为真。既然"'雪是白的'为真"和"草是绿的"都为真，那么这个非翻译性的 T 句子 S 就为真，即使草之为绿和句子"雪是白的"之为真之间，并没有什么必然的、概念上的关联。这阐明了戴维森的真理论所详述的句子真值条件的那种较弱的意义。它们**并不**详述如下事情：如果它们据说要释义的句子为真的话，那么情况**会**是或**必定**是什么；相反，对每个真句子而言，它们仅仅详述了某些事实上成立的事态，并且对每个假句子而言，仅仅详述了某些并不成立的事态。①

由于这些作为他真理论定理的 T 句子太弱了，戴维森不得不考虑如下可能性：对一种语言而言的真理论，或许蕴涵像 S 这样为真但异常的 T 句子，而不是蕴涵像 ST 这样标准的 T 句子。

ST．"雪是白的"为真当且仅当雪是白的。

我们应当如何看待这些理论？戴维森的回答是，我们不应当认为，一种蕴涵 ST 的理论比一种蕴涵 S 的理论更加正确：

> 当然，假定我们确信 S 的真，就像确信它更驰名的前辈 ST 一样。那么 S 或许并不鼓励我们对如下事情有同样的信心：一种蕴涵它的理论值得被称为一种意义理论。
>
> 我们或许可以这样来克服这种危险的胆识上的缺乏。S 的怪诞之处是自身并没有任何东西来反对一种 S 是其后承的理论，假定该理论（在每个句子结构的基础上，且没有其他的方式可以这样做）

---

① 一种通向意义理论的不同途径——所谓的"可能世界语义学"（我们在尾声中会简单讨论到它）——意图提供更强意义上的真值条件。戴维森分享了大部分蒯因对模态概念的怀疑论，他认为不使用这些东西是一种德性。

对每个句子都给出正确结果的话。我们不太容易看出 S 如何可以加入这项工程，但如果情况是这样的话——也就是说，如果 S 得自一种对谓词"为真"的特征刻画，这种刻画导致了真理与真理、谬误与谬误之间不变的配对——那么我认为，对那种仍然有待追寻的关于意义的想法来说，就没有任何本质性的东西存在。

当"s 为真当且仅当 p"这种形式的句子是一种真理论的后承时，出现在这个充分必要条件式右侧的东西，在不通过冒充同义词而通过如下方法来确定 s 的意义中发挥了自己的作用：在那幅被当作一个整体的、告诉我们关于 s 的意义要知道些什么的图景中，再添上一笔；这一笔是由于如下事实而被添加的：替换"p"的那个句子为真，当且仅当 s 为真。①

我认为，这里表达的观点是这样的，即对一种语言中句子的意义来说，与如下这样一种真理论所陈述的东西相比，没有更多东西需要去知道了：该理论基于句子在结构上重要的部分，而对每个对象语言（object-language）句子系统地得出一个为真的 T 句子。戴维森建议说，关于这些派生（derivations）的要求——它们要是系统的，而且基于句子的结构——或许会消除那些导致了像 S 这样为真但却异常的 T 句子的理论。这种想法大概是说，为了从对句子"雪是白的"之结构的综合叙述中得出 S，一种理论必须包含如下这样的公理：它们将草表述为"雪"的指称，而将绿色的东西表述为谓词"是白色的"所适用的对象。但有了这些公理，人们会在得出像 S 这样"意外为真"的 T 句子之外，最终还会得出像"'雪是草'为真当且仅当草是草"和"'粉笔是绿色的'为真当且仅当粉笔是白色的"这样为假的 T 句子。因此，人们认为：既为真又拥有恰当结构的真理论，最终会得出模式 T 的示例；在其中，右侧的句子足够接近成为对左侧引号中句子的改写，这样一来，一个知道该理论所陈述东西的总体的说话者将未能把握到对

---

① "Truth and Meaning", p. 26。在这段话里，戴维森将小写的"s"用作一个缩略字母，其示例是句子的名称（names of sentences）；而将"p"用作一个缩略字母，其示例是句子。

第十二章 作为意义理论的真理论

意义来说是必不可少的东西。有鉴于此，戴维森似乎认为，关于被对一种语言来说可接受的真理论所陈述东西的知识，对理解这种语言来说真的会是足够的。那么，这便是他对如下挑战的最初回答："真理论如何可以被当作意义理论？"

这种回答的错误之处

不久，即便戴维森自己也意识到，他在这个问题上显然是错误的。一种真理论基于在语义上重要的结构而得出它的 T 句子，这种要求**并未**阻止人们得出像 S 这样的可以被称为非翻译性的 T 句子。为了得出这些句子，在给定一种恰当的简单语言的情况下，人们需要做的所有事情就是，拿出自己最喜欢的真理论中详述了该语言中单个语词指称的那些从句，并代之以通过使用不同概念而最终将同样的所指分配给那些语词的其他从句。如果原初真理论中的那些定理为真，那么被修订的真理论中的定理就也会为真，尽管关于后面这些定理所陈述东西的知识，事实上不足以让人们理解对象语言中一个单独的句子。

例如，对西班牙语中一个外延性片段（extensional fragment）而言的原初的或标准的真理论，或许包括定理（3）。①

  3. "Los pantalones son verdes" 在西班牙语中为真当且仅当那些短裤是绿色的。

在这里，右侧的英语句子是对左侧西班牙语句子的一种保留意义的改写。假设我们拥有对西班牙语的一个外延性片段而言的一种真理论，该理论产生了（3），加上对该片段中其他所有句子而言的类似的 T 句子。进一步假设我们真理论中的所有定理都为真，而且每个 T 句子均得自如下这样为真的公理：这些公理是关于如下语词之指称的，这些语词被包含在 T 句子对之给出真值条件的句子中。简言之，假设我

---

① 一种语言中的一个片段是外延性的（extensional），当且仅当该片段中的所有句子都是这样的：在它们之中对那些指涉相同事物的词项的替换，从不改变真值。

们恰恰拥有戴维森正在找寻的那种真理论。在任何这样的情形下，如下事情**总是**可能的：构造一种可选择的真理论，它满足戴维森的所有要求——包括只产生出为真的定理的要求——但对西班牙语句子"Los pantalones son verdes"而言，却派生出一个不同的 T 句子。例如，我们可以构造一种可选择的真理论，以使得它不产生（3），而是产生（4）。

  4. "Los pantalones son verdes" 在西班牙语中为真，当且仅当那些短裤是绿色的并且所有一致的、可公理化的、一阶的算术理论都是不完备的。

  此外，我们可以构造一种可选择的真理论，以使得对该理论所使用的西班牙语片段中的每个句子而言，都会有一个类似的、为真却异常的 T 句子被派生出来。显然，只产生出像（4）这样的非翻译性的 T 句子的任意一种真理论，都不可能被当作一种正确的意义理论。①

  当这种事实被广泛地意识到的时候，它便提出了一个显而易见的问题。人们需要在对一种语言而言的真理论之上添加什么样的限制——这超出了它们定理的真，而且超出了从详述了该语言语词指称的那些公理中对这些定理的系统派生——以保证该理论最终产生像（3）这样的翻译性 T 句子，而非像（4）这样离奇的句子？在一段时期内，戴维森及其追随者们聚焦于这个问题，并试图想出一些限制，这些限制将对一种语言而言的真理论的类缩减到如下这样的真理论的范围内：它们的逻辑后承总是包括这样的 T 句子，在其中出现在充分必要条件式右侧的句子是对左侧引号内句子的一种改写。我们无需深入他们所提议的这些限制的细节，也无需评估它们有多么成功或有多么不成功。出于自己的目的考虑，我们可以仅仅假定这个问题已经得到了解决，而且我们已经以某种方式做到了如下这点：将作为意义理论候选者的真理论的类，限制在那些会产生我们称之为"翻译性的 T 句

---

① 对这个问题及相关论点的重要讨论，请参阅 J. Foster, "Meaning and Truth Theory" in *Truth and Meaning*, ed. G. Evans and J. McDowell（Oxford：Clarendon Press, 1976）。

子"的范围内。

这里要强调的论点是，即使我们将自己的注意力限定于翻译性的真理论——也即产生出像（3）这样 T 句子的理论——关于被这些真理论陈述的东西的知识，对理解这种语言来说仍然是**不充分的**。概言之，这样的知识是不充分的理由在于，人们可以在不知道该理论是翻译性的情况下，知道被一种翻译性的真理论所陈述的是什么。例如，某个知道一种将（3）当作一条定理的翻译性真理论的人，或许仍然相信（5），假定他相信所有一致的、可公理化的、一阶的算术理论都是不完备的话。

  5. "Los pantalones son verdes"在西班牙语中的**意思是**，那些短裤是绿色的并且所有一致的、可公理化的、一阶的算术理论都是不完备的。

此外，一个这样的人可以对我们所关注的西班牙语片段中的其他每个句子都持同样的立场。这个人会将关于真值条件的为真的信念与关于意义的为假的信念联合起来，且因此不会理解这种语言。于是，即便是对被最有前景的真理论所陈述的东西的知识，对理解一种语言来说也是不充分的。这意味着，戴维森对将真理论当作意义理论的最初辩护，是不成功的。

戴维森对将真理论当作意义理论的第二种辩护尝试

到二十世纪七十年代中期，这个问题被广泛地意识到了，而且人们开始尝试想出一种不同的标准，它会为将某些真理论当作意义理论提供辩护。我会略过大部分不必要的细节，并聚焦于如下这样一种尝试：它是戴维森和他的某些主要批评者最终都接受的。根据这种提议，对一种语言 L 而言的翻译性的真理论 T，是一种对 L 而言的意义理论，这是由于如下事实：人们可以以某种方式用它来详述对理解 L 来说充分的那种知识。这种对理解 L 来说应当充分的知识，是关于如下断言

的知识，即在下述句子省略号部分填充进 T 公理的合取所表达的断言：①

"某种对 L 而言的、符合恰当限制的真理论，陈述说……"

在考虑这种提议时，至关重要的地方在于，我们将一种理论符合恰当的限制这条断言理解为：对 L 中的每个句子 S 而言，它保证了在该理论的逻辑后承中至少有这样一个翻译性的 T 句子存在——即至少有一个 T 句子"***S***"***在 L 中为真当且仅当 p*** 存在——在其中 p 表达与 S 同样的命题，且因此是对 S 的一种改写。② 在像（3）这样的翻译性 T 句子的情形下，这种想法的意思是：我们应当知道它陈述什么，而且我们也应当知道被这样陈述的那个命题被如下这样一个充分必要条件句所表达：它右侧的东西是对其左侧引号内西班牙语句子的一种改写，且因此与其表达了相同的命题。由此我们应当能够推导出（6）。

6. "Los pantalones son verdes"在西班牙语中的**意思是**那些短裤是绿色的。

这种推导背后的想法大致如下：假设我们知道某种符合恰当限制的真理论陈述说……（我们在省略号部分填充进 T 理论公理的合取）。进一步假设，我们可以从这些公理中得出作为其逻辑后承的（3）。那么我们知道，某种真理论陈述说：某个蕴涵命题"Los pantalones son verdes"的东西在西班牙语中为真，当且仅当那些短裤是绿色的。此外，既然我们知道这种真理论符合恰当的限制，那么我们就知道该命题被一种翻译性 T 句子——让我们称之为 TT——所表达。既然 TT 是翻译性的，那么我们就知道：其左侧引号内的句子"Los pantalones son

---

① 这种提议被福斯特（Foster）在"Meaning and Truth Theory"一文中所讨论，而戴维森在《真理和意义》的"Reply to Foster"一文中对此表达了赞同。

② "S"和"p"在这里被用作元语言变量。

verdes"与其右侧句子表达了同样的命题。但被其右侧句子表达的命题必定是那些短裤是绿色的这个命题，因为TT是一个充分必要条件式，它表达的命题是：那个西班牙语句子为真当且仅当那些短裤是绿色的。于是，那个西班牙语句子的意思就是——也即表达的命题就是——那些短裤是绿色的。

这种推导中主要的阶段可以被表达为六个步骤。

步骤1. 某种翻译性真理论陈述说……（省略号部分被一种真理论公理的合取所填充）。

步骤2. 所以，某种翻译性真理论陈述了某种蕴涵如下事情的东西："Los pantalones son verdes"在西班牙语中为真当且仅当那些短裤是绿色的。

步骤3. 所以，某种翻译性真理论拥有一个作为其逻辑后承的T句子，它陈述说："Los pantalones son verdes"在西班牙语中为真当且仅当那些短裤是绿色的。

步骤4. 因为这种真理论是翻译性的，所以步骤3提及的T句子是这样的：其右侧的东西与其左侧提及的句子"Los pantalones son verdes"意思相同。

步骤5. 因为这个T句子陈述说："Los pantalones son verdes"在西班牙语中为真当且仅当那些短裤是绿色的；所以T句子右侧的东西和它左侧所提及的那个西班牙语句子的意思都是：那些短裤是绿色的。

步骤6. 所以，"Los pantalones son verdes"在西班牙语中的意思是那些短裤是绿色的。

这种推导中有两点引人注目。[①]首先，真理论通过关注句子的结构而综合地得出自己的T句子这个事实，在这种推导中并**没有**扮演什

[①] 关于这种推导中所含问题的更详细的讨论，见于我的"Truth, Meaning, and Understanding", *Philosophical Studies* 65（1992）。

么不可或缺的角色。对那些 T 句子自身所做的断言的真来说也同样如此。对这种推导而言，我们所需要的全部东西，都被句子**"S"是 F 当且仅当 p** 所提供，在其中，p 被保证是对 S 的一种翻译。除此之外，该理论中被使用的谓词 F 是什么，这并不重要；同样不重要的还有：这些句子是如何得出的，它们说了什么，甚或它们是否为真。事实上，人们可以系统地将一种翻译性真理论中的谓词"为真"替换为谓词"为假"，而并不影响这种推导。因此，根据这种提议，真理论在详述那种对理解句子来说应当是充分的知识中的角色，在本质上就是启发式的（heuristic），而且在原则上是可有可无的。对我来说，这暗示我们：戴维森在此所采取的关于什么东西可以算作一种意义理论的标准太弱了。如果真理论满足这项标准，那么各种其他从直觉上说都不应算作是意义理论的理论也都会满足该标准。①

关于这种推导的第二个要点更为基本。这种推导是有谬误的，而且因此戴维森的真理论**并不**满足他对什么算作意义理论的标准的修订。主要的问题出在步骤 4 上。我们在步骤 3 应当确证如下这一点：一个特定的 T 句子是一种翻译性真理论的一个后承——也就是说，一条真理论在它的逻辑后承中包含这样的 T 句子，其右侧的东西是对其左侧引号中句子的翻译。为了到达步骤 4，我们需要确证，那个陈述说"Los pantalones son verdes"在西班牙语中为真当且仅当那些短裤是绿色的独特的 T 句子，在这种意义上是翻译性的。但这种提议并没有说出任何保证了这一点的东西。这种真理论是翻译性的，这种事实确保了它对西班牙语句子"Los pantalones son verdes"而言所产生的 T 句子中的**一个**句子是翻译性的，但却并没有告诉我们是**哪个**句子。如果我们知道，对我们片段中的每个西班牙语句子而言，这种真理论

---

① 该论点有较强和较弱两种版本。我所中意的较弱的版本是：即便一种 T 理论使得关于被**对 L 而言的某种符合恰当限制的理论陈述了 T** 所表达的东西的知识足以理解 L，这种结果仍然不足以表明 T 应当被当作一种意义理论。我相信，这显然是正确的。该论点较强的版本是：即便被谈及的知识足以理解 L，这种结果仍然**不**足以表明：**对 L 而言的某种符合恰当限制的理论陈述了 T** 自身应当恰当地被当作一种对 L 而言的意义理论。尽管我相信这也是正确的，但它可能有更多潜在的争议。

会允许得出恰恰一个 T 句子，那么我们就会确信，我们所感兴趣的那个 T 句子是翻译性的，而且我们会直接走向步骤 4。但是我们不能确信这一点，因为一般而言，真理论为片段中的每个句子提供了很多 T 句子。

例如，假设某个 T 句子 **"S" 为真当且仅当 P** 是一种真理论的逻辑后承。进一步假设 Q 是 P 的任意一个逻辑后承，或 Q 是这种真理论自身的任意一个逻辑后承，抑或 Q 是 P 和这种真理论的合取的任意一个逻辑后承。那么，T 句子 **"S" 为真当且仅当 P** 就也是这种真理论的一个逻辑后承。但是，对 Q 的很多选择来说，P 和 Q 的合取**不会**与 P 意思相同。因此，这些 T 句子不可能都是翻译性的，即使它们都是该理论的逻辑后承。但这意味着，我们不能保证那个陈述说"Los pantalones son verdes"在西班牙语中为真当且仅当那些短裤是绿色的独特 T 句子，是翻译性的。结果，我们不能到达步骤 4，而这种推导也就行不通了。

结 论

出于这些理由，我们不能接受戴维森对辩护如下断言的最终提议：他所青睐的那种真理论可以算作意义理论。于是我们并没有获得对上述断言的辩护。有两种主要的可能性可以考虑。要么是，对该断言来说没有令人满意的辩护存在，而因此它应当被拒斥；要么是，这条断言是正确的，而且有某种其他的、我们未曾想到的辩护存在。一种自然的想法是，这种辩护可以通过将人们的注意力限制在由一种真理论所产生的、我们可称之为"经典的 T 句子"的东西之上而被找到——在这种真理论中，这些经典的 T 句子并不包括所有是该理论逻辑后承的 T 句子，而只包括那些以某种受限制的、被明确规定的方式被得出的句子。这种想法是要规定这样一种样式的派生：当被运用于那种正确的真理论时，这种派生会仅仅产生出翻译性的 T 句子。如果这样一种规定被准确地给出并加以落实的话，那么从步骤 1 到步骤 6 的推理就不再会是行不通的了。假设我们可以做到这一点，那么我们实际上会获得什么呢？抛开技术上是否可行的问题不谈，人们想知道，这样一种推理的基本理由会是什么。越来越明显的是，被真理论自身所做出的那些实际的断言是不重要的，而且它们在意义理论中的角色也不过就是启发式的。为了采用被上述步骤1—6所说明的那种一般性的推理，人们所需要的只是某种机制，该机制将被研究的那种语言中的句子与该理论的语言中对它们的改写相配对。如果这种机制可以被准确地表述并被贴上"翻译性的"标签，那么它就可以被用来得出那些陈述了句子意义的定理。

但如果有一种这样的机制存在，那么就大概会有很多这样的机制存在。因此，即使那些被补充上经典派生之规定的真理论被证明的确在它们中间，我们大概也需要某种进一步的标准来从各种候选中选出真正的意义理论。一种想法或许是，正确的意义理论是讲这种语言的正常的说话者们会在制造和理解言说时不知不觉中应用的。但如果主张戴维森主义的真理论满足此标准的话，那么就等于是在从事那种我认为戴维森自己会正确地将其当作是过度的、缺乏根据的心理思辨。因此，这条断言——他所提倡的真理论可以被恰当地当作意义理论——仍然未被证明。尽管戴维森主义者们仍然继续尝试对此断言提供一种有说服力的基本理由，但它仍然是有争议的。于是，我们只好将它当作一个尚未解决的问题。①

但是，在我们结束这个话题前，还有另一个要点需要澄清。我早先曾提到，有一种技术性的工程——戴维森主义工程——仍然持续到今天。这项工程试图为越来越大的自然语言片段写出戴维森主义的真理论。其中大部分已完成的工作，其目标是构造有限多可公理化的、综合的真理论，其中的所有定理都为**真**。这种目标比制造**翻译性**真理

---

① 戴维森式的真理论可以扮演意义理论的角色，辩护这种想法的策略可以在如下文章中找到：Martin Davies, *Meaning, Quantification, and Necessity* (New York: Routledge, 1981), and in Richard Larson and Gabriel Segal, *Knowledge of Meaning* (Cambridge: MIT Press, 1995).

论的目标要弱得多。此外，当看看那些已经完成的工作时，人们会发现，其中的很多东西涉及那些**并非是**翻译性的分析。① 结果，在这个领域中有某种断裂存在。在推行这种**技术性**工程时，很多研究者默默地预设了戴维森对该问题最初的陈述——这种陈述仅仅要求为真的真理论的产生。但是，当被要求面对是什么辩护了一个人将真理论当作一种意义理论这个**哲学**问题时，戴维森和其他人就转向了翻译性理论的较强的要求。但如果这种东西或类似的东西就是人们要面对的要求的话，那么就几乎没有什么技术性工程会接近于对它的满足。

---

① 对这种问题的一个示例的讨论，见于我如下的文章："Truth and Meaning: The Role of Truth in the Semantics of Propositional Attitude Ascriptions", in *Truth, Rationality, Cognition, and Music: Proceedings of the Seventh International Colloquium on Cognitive Science*, ed. Kepa Korta and Jesus M. Larrazabal (Dordrecht: Kluwer, 2003).

第十三章

真、释义和可替代的概念框架的所谓的不可理解性

本章提要

1. **戴维森反对可替代的概念框架（Alternative Conceptual Schemes）论证的结构**

   翻译成英语要求我们世界观上的一致。所以，如果有可替代的概念框架存在，那么它们在其中被表达的那种语言就必定不能被翻译成英语。但这种语言是不可能的。既然任何可设想的语言中的句子都必定拥有真值条件，那我们关于真的观念就一定可以适用于它们；但它不可能被可理解地运用于一种不能被翻译成英语的语言中的句子

2. **翻译和一致**

   关于翻译的正确的理论，为何将意义分配给那些制造出被说话者接受为真的句子的句子，除非我们可以给出关于它们为何应当是错误的的解释；在戴维森对关于释义理论和翻译理论的证据的刻画中，一种能说明问题的关于真的错误观念

3. **真、可理解性和不可翻译的句子**

   对戴维森工程所要求的真观念的一种基础性混淆，以及它与那些可以被塔尔斯基式的技术所定义的真观念之间的关系；我们日常的真观念为何可以被运用于那些不能被翻译成英语的句子

4. **总结和最后的评定**

戴维森反对可替代的概念框架论证的结构

在前一章，我们审查了戴维森辩护如下断言的尝试：某些真理论可以扮演意义理论的角色。现在我们转向另一个不同但与之相关的话题，即他在《论概念框架这种想法》("On the Very Idea of a Conceptual Scheme")中的如下论证：考虑到我们的真观念及其在提供对其他语言共同体言语的释义中所扮演的角色，除了拒斥如下可能性之外我们别无选择：可以有这样的说话者存在，他们关于世界的观点与我们自己关于世界的观点有深刻的、系统的分歧。① 戴维森的论证基于两样东西：他对是什么使得那样一种释义理论正确的设想，以及他关于在这些理论中被采用的真这个概念的观点。

在第十二章，我对他关于如何确定一种对释义理论的提议是正确的观点的陈述大体如下。

> 释义理论是真理论。我们通过如下方法，在经验上证实一种被提出的真理论——该理论是对一组给定的说话者的语言而言的——是正确的：比较那些说话者**认为**自己语言中特殊的句子在其中为真的那些条件或情况，和被我们所测试的理论**分配**给那些句子的真值条件。在所有其他因素相同的情况下，对一个给定共同体的语言来说正确的真理论是这样的，即根据该理论，说话者实际上认为句子在其中为真的那些条件，最接近于符合如下条件：在这些条件下，该理论与我们关于世界的理论的联合，预言这些句子为真。概言之，正确的理论是这样的：与依据其他任何对该语言的释义相比，在依据这种理论时，讲这种语言的说话者都更频繁地成为讲出真理的人。

---

① Donald Davidson, "On the Very Idea of a Conceptual Scheme", *Proceedings and Addresses of the American Philosophical Association* 47（1974）; reprinted in *Inquiries into Truth and Interpretation*; 引文出自此书。

第十三章 真、释义和可替代的概念框架的所谓的不可理解性

戴维森认为从上述标准可以得出：我们释义另一组人的言语的能力，涉及将他们视作是与我们共享所有被我们当作为真的信念。他大概认为，这涉及如下事情：将他们视作是与我们共享了更多的真信念，而不是采取任何其他可以归属给他们的可供选择的释义（假定所有被考虑的释义都恰如其分地是综合的，并且遵从简单性的惯常原则 [routine principles] 和好的科学方法论）。这与他的论证的相关之处如下：如果其他概念框架（看待世界的基本方式）可能与我们自己的完全不同，那么——假设它们能够在某些语言中被表达——要么那些语言可以被翻译成我们的语言，要么不可以。如果它们可以翻译成我们的语言，那么在我们和讲那些语言的说话者之间一定有大量的共识存在，在此情形下，他们不可能拥有与我们迥异（radically at variance）的概念框架。所以，如果有与我们迥异的概念框架存在，那么我们将无法释义或翻译那些分享它们的人的语言。假定 L 是这样一种语言。和所有丰富到足够表达系统的世界观的语言一样，L 会包含大量的真句子——其中的大部分将可以被翻译成我们的句子，仅当作为一个整体的 L（大部分）是可翻译的。这意味着，如果 L 并不是可翻译的，那么它必定包含很多我们不能翻译的真理。但戴维森坚称，这种想法是不融贯的。他论证道，我们对被运用于另一种语言中句子的真这个观念的把握，与我们将那种语言翻译成我们语言的能力紧密相连。因此，他认为，一种对真这个概念的恰当理解，揭示了如下假设是不融贯的：在任何一种（大部分）不可以翻译成我们语言的语言中，有很多真句子存在。他因此得出结论说，有理性的施事者们可以拥有与我们迥异的基本信念——可替代的概念框架——的想法是不融贯的。

上述论证有两个基本步骤。步骤 1：翻译成英语，这涉及与我们世界观之间基本的一致。所以，如果某样东西可以被翻译成英语，那么它不可能是那些拥有迥然不同的概念框架的说话者的语言。步骤 2：如果说话者们可能拥有一种与我们迥然不同的概念框架（他们在一种 [大部分] 不可能被翻译成英语的语言中表达它），那么我们应当能够弄清楚如下这种想法，即他们的很多句子拥有真值条件——即便我们完全

不知道这些句子的意思是什么,也因此不知道如何翻译它们,或为了表明它们为真我们需要确证什么。但戴维森认为,当"真"这个词被运用于类似这样的情况时,我们没有关于这个词的意思可能是什么的观念。因此,他相信,我们对真这个概念的把握使得如下假设是不融贯的:可以有这样一种与我们如此不同的概念框架存在,以至于不可能将其翻译成我们的语言。既然他也排除了如下想法,即可能有一种完全不能在任何语言中被表达的概念框架存在,他便得出结论说:一种与我们全然不同的概念框架或信念系统的观念是讲不通的。该论证中的两个步骤都是很有趣的,但也都带来了严重的问题。我们将从第一个步骤开始——该步骤应当表明,进行翻译这一点要求与我们之间大量的一致。

翻译和一致

论 证

我早先曾说过,戴维森关于在经验上证实释义理论的标准,要求这些理论把讲其他语言的说话者与我们在信念上相一致的程度**最大化**。这有些太强了。更准确的说法是,他的标准要求我们去接受这样一种释义理论:只在我们可以合理地解释他们为何持有那些为假的信念时,该理论才引导我们将自己显然当作为假的信念归属给这些说话者。在此引述戴维森关于此问题的一些段落是很有价值的。

> 我们仍然要谈谈什么是一个释义者可以获得的证据——我们现在看到,是T句子为真的证据。这种证据不可能在于对这个说话者信念和意图的详细描述,因为态度归属句——至少在需要微妙之处的地方——需要这样一种理论:该理论一定与释义依赖于差不多同样的证据。信念和意义的相互依赖性在如下方面是显而易见的:一个说话者因为一个句子(在他语言中)的意义、他相信的东西而认

第十三章 真、释义和可替代的概念框架的所谓的不可理解性

为它为真。知道了他认为这个句子为真而且知道了意义，我们就可以推断出他的信念；获得了关于他信念的足够信息后，我们或许就可以推断出意义。但彻底的翻译应当依赖于如下这样的证据：它并不假定关于意义的知识或关于信念的详细知识。

一种好的起点，应当带有认为一个句子为真、接受它为真的态度。当然，这是一条信念，但这是一种可以适用于所有句子的单一的态度，且因此并不要求我们能够在信念之间进行精细的区别对待。在一个释义者可以进行释义之前，我们可以合理地认为他能够识别出这种态度，因为他或许可以在没有任何关于这是**什么**真理的想法的情况下，知道一个人在说出一个句子时意图表达一条真理……

那么，假设可获得的证据只是：讲那种要被释义的语言的说话者们，在特定时间和指定的环境下认为各种句子为真。这种证据如何可以被用来支持一种真理论？一方面，我们有如下形式的 T 句子：

> (T) "Es regnet" 被 x 在时间 t 说出时在 – 德语中 – 为真，当且仅当在 t 时刻 x 附近在下雨。

另一方面，我们有如下形式的证据：

> (E) 库尔特（Kurt）属于德语言语共同体，而且库尔特认为 "Es regnet" 在周六中午为真，而且周六中午库尔特附近在下雨。

我认为，我们应当将（E）考虑为（T）为真的证据。既然（T）是一条全称的量化条件式，那么第一个步骤就应当是收集更多的证据以支持如下断言：

> (GE) $(x)(t)$（如果 x 属于德语言语共同体，那么 [x 在时间

t 认为"Es regnet"为真当且仅当在 t 时刻 x 附近在下雨])。①

戴维森在此给出了他所寻找的那种匹配的例子,这种匹配发生在如下二者之间:被真理论所做出的关于真值条件的预言,以及被观察到的、在其中讲该语言的说话者认为各种句子为真的条件。② 原则(T)(E)和(GE)间的关系说明了这种匹配。

(T) "Es regnet"被 x 在时间 t 说出时在 – 德语中 – 为真,当且仅当在 t 时刻 x 附近在下雨。

(E) 库尔特属于德语言语共同体,而且库尔特认为"Es regnet"在周六中午为真,而且周六中午库尔特附近在下雨。

(GE) (x) (t) (如果 x 属于德语言语共同体,那么 [x 在时间 t 认为"Es regnet"为真当且仅当在 t 时刻 x 附近在下雨])。

戴维森继续考虑一种显而易见的反对意见。

显而易见的反对意见是,库尔特或其他任何人或许都可能在自己附近是否在下雨这件事情上出错。这当然是不把(E)当作(GE)或(T)的决定性证据的一条理由;也是不去期待像(GE)这样的推广不只是一般性地为真的一条理由。上述那种方法是最适合的方法。我们想要这样一种理论,它满足对一种真理论的形式化限制,并在如下意义上使得一致性最大化:使得库尔特(和其他

---

① "Radical Interpretation", pp. 134—135.

② 也许值得注意的是,戴维森关于接受或认为一个句子为真的观念,比他给出的被认识到的印象略微理论化一些。当人们严肃地对待格赖斯的观察——对该句子的说出所传达的信息或许包括并非该句子意义或真值条件之部分的含意——时,他就会认识到,在日常意义上接受一个句子并不总是涉及相信它为真这一点(反之亦然)。在以后的讨论中,我不会考虑戴维森方法论中这块明显的短板。

人)——就我们所知的来说——尽可能多地正确。最大化这个概念在此不能就字面意思来理解,因为句子是无限多的,而且**无论如何,一旦这种理论开始成形,接受一种可以理解的错误和谅解各种错误的相对的可能性,这就是讲得通的了**……

这种方法意图通过如下办法解决信念和意义的相互依赖性问题:在解决意义问题时尽可能地保持信念恒常不变。这可以通过如下办法来完成:**在所有合理的可能的时候**,当然要根据我们自己对什么是正确的看法,将真值条件分配给陌生的句子,而这些句子使得说话者是正确的。①

我从中得到的教训是,戴维森关于会证实一种释义理论的经验性证据的观念,指导我们去**依据自己的信念尽可能地将意义分配给那些会制造出被说话者们相信为真的句子的句子,除非我们可以对它们为何会是无知或错误的这一点做出合理的解释**。

我们的任务是理解如下问题:这条原则或某种接近它的东西为何似乎是合理的。戴维森坚持认为,该原则反映了意义和信念的相互依赖性。在面对一种其中的施事者讲着与我们不同语言的新文化时,我们需要想出一种方法,它不仅能释义他们语词的意义,而且可以释义他们信念的内容。这两项任务彼此是不可隔离的。我们对两种任务使用相同的证据,而且我们对其中一项任务做出的决定对另一项有直接的影响。戴维森在如下段落中解决了这个问题,即对一种新的文化同时构造出一种可行的意义理论和可接受的信念理论。

解决这个问题的方式,最好在平淡无奇的例子中来领悟。如果你看见一艘双桅帆船(ketch)经过,而且你的同伴说,"看那艘漂亮的小艇(yawl)",你可能就会面临一种释义的问题。一种自然的可能性是,你的朋友将双桅帆船误认为小艇,并且已经形成了一条错误的信念。但如果他视觉很好而且视线良好,那么情况甚至可能

---

① "Radical Interpretation", pp. 136—137,着重号为本书作者所加。

是,他对语词"小艇"的用法和你不同,而并没有弄错关于那艘驶过船只上后桅杆(jigger)的位置的任何事情。① 我们一直都在进行这种即兴的释义,决定支持对语词的重新释义,以保留一种合理的信念理论。作为哲学家,我们特别能容忍对系统的词语误用(malapropism),并且着手释义这种结果。其过程是,从被认为为真的句子中,构造出一种切实可行的信念理论和意义理论。

……在不那么琐碎的情形下被涉及的原则一定也一样。重要的是:如果我们知道的所有事情是,一个说话者认为哪些句子为真,而且我们不能假定他的语言是我们的语言,那么在不知道或不假定大量关于该说话者信念的情况下,我们甚至不能采取通向释义的第一步。既然关于信念的知识只与释义语词的能力相伴随着出现,那么在开始之处唯一的可能性就是:假定在信念上一般性的一致。我们通过如下方法第一次接近了一种完成的理论:将仅仅在一个说话者认为那些句子为真时(在我们自己看来)才成立的真值条件,分配给他的句子。我们的方针是,尽可能地做到这一点,并服从如下东西:对简单性的考虑,对社会条件作用之影响的预感,当然还有我们的常识、科学或关于可说明的错误的知识。②

这里有一个适当的要点是简单且正确的。(请注意在这些段落中该论题是受到何其高度的限制的。)假设我们拥有关于被说话者认为为真的句子的证据。如果我们已经准备好去将意义归属给那些使得它们为假的句子,那么我们就面临不能给出关于哪些因素导致说话者错误信念的可行理论的危险。一种释义理论带来的错误性越明显,寻找一种对错误的解释越麻烦,则我们对外国人的释义就越可能是不正确的。这并不导致任何关于我们可以将多少错误信念归属给那个外国人的硬

---

① 译者注:双桅帆船和小艇都有两根桅杆,但位置不同——双桅帆船的后桅杆位于舵柱之前,而小艇的后桅杆更小,且一般放置得更为靠后,位于船的尾部。因此,桅杆状况的不同会影响人们对这艘船属于什么类型的判断。参阅:http://en.wikipedia.org/wiki/Yawl#Yawl_versus_ketch。

② "On the Very Idea of a Conceptual Scheme", p. 196.

第十三章　真、释义和可替代的概念框架的所谓的不可理解性

性的、苛刻的规则。但是，如下想法是合理的：将这个说话者视作一个有理性的施事者的需要，对以如下方式释义他这一点施加了**某种**压力——这种方式使得他的信念是**合理的**，而且在这个范围内来说，使得他的信念至少具有某种为真的可能性。①

我认为，戴维森可以安全地断言这条有正当理由的、很弱的原则。它的一项优点是，为把讲其他语言的说话者释义为拥有大量我们认为是错误的信念这一点留出了空间，假定我们可以表述他们为何拥有这些信念的话。在实践中，这也许常常意味着，我们在一种包含一定数量的与我们之间一致性的背景中，来看待其他说话者的错误。戴维森强调了被涉及的一致性的数量。他认为，如果我们能够表述和证实任何一种关于其他说话者语言的释义理论的话，则我们需要将他们视为拥有合理的信念；而这种需要确保了我们一定把他们视作是在表达真理的，且因此在出奇的多的情形中与我们一致。我在他的讨论中没有看到任何确证这一点的东西，而且我相信，他夸大了我们需要归属给那些说话者以发现他们的信念和其他态度是可解释的真相的总量。当然，我们可以接受这条原则，即我们释义另一组人的言语的能力，要求他们与我们之间在信念上的某种一致性。这是一种何其悬而未决的问题。此外，隐藏于其下的想法并不像人们最初所想的那样与一致性有多大关系。重要之处并不在于被释义者相信释义者所相信的东西，而在于释义者可以对被释义者的信念给出合理的解释。既然常常很难解释那些显然为假的信念，人们就应当期望找到某种一致性。但对此并没有某种一般性的规则存在；我们应当期待多少一致性，这一点大

---

① 该原则的可行性，并没有被涉及小艇和双桅帆船的不完善的例子——戴维森用它来推动这种原则——所损害。人们可以在满足胜任语言的最低标准的意义上来理解语词"小艇"，但仍然不能将小艇同双桅帆船或其他船只区别开来。在戴维森的例子中，说话者很可能错误地相信某艘双桅帆船是小艇，无论他的视线多么好，他对细节多么注意。既然他是一个讲日常语言的说话者，那么根据他的用法，语词"小艇"就有其标准的意义和指称，即使在某些场合中这个说话者在使用这个语词时指涉的并不是一艘小艇，而是一艘双桅帆船。（在我看来，那些错误地拒斥一种日常语言观念的人，或许像戴维森一样未能被这种观察所打动。）

概要在个案分析的基础上被决定。

有鉴于此,关于如下事情很难得出任何较强的结论:说话者们在可以被我们释义的同时,又可以与我们有怎样的不同。我认为,简短的回答是:他们可以是相当不同的。不同到他们足以不"与我们共享概念框架"吗?既然共享概念框架这种想法是模糊的,那么这个问题或许就没有确定的答案。但我确实认为,在我们和讲另一种语言的说话者之间的确可以有一些非常实质性的差异,这些差异相对独立于我们在信念上有多少一致或不一致这一点。这里有一个例子。请考虑这样一些说话者的信念,他们看待世界的自然的、不假思索的方式,并不涉及识别在时间中持存的对象,而是涉及识别彼此间具有接近关系(proximity relations)的对象的时间上的阶段。这些说话者与我们拥有一种不同的概念框架吗?是否可以设想,我们能够释义他们?只要这种异域文化中的说话者们希望乐于赞成说,有一些随着时间推移的时间阶段的总和可以被当作持存的对象——在他们看来这些对象是奇怪和不自然的("这样的对象当然存在,但为何有任何人会对它们感兴趣?")——而且只要我们乐于(假定我们将持存的对象加上时间中的时刻作为起点)赞成时间阶段的存在——在我们看来它们是奇怪和不自然的——那么,在这两种文化之间或许就没有关于何种对象存在这一点的根本上的不一致。这两种文化都不需要将另一种文化所做的核心断言当作是假的。相反,每一种文化都可以将被另一种当作是最值得注意的实体视作是奇怪、不自然和派生性的;而且由于这一点,每种文化或许都发现,很难解释或理解另一种文化如何会把这样一些不自然的实体当作是基本的。但这两种文化的说话者们不必在存在的各种对象甚至它们的性质上有什么不一致的地方。因此,为了构造一种戴维森主义释义理论而去假定一致性的需要,与如下可能性并无什么重要的关系:这样一种异域文化或许存在,我们甚至可以对其中的成员们进行释义。

当然,人们或许想知道,什么事实会**确定**如下事情:将一种异域文化的成员释义为在谈论时间阶段而不释义为在谈论持存的对象,这是否是正确的。这是一种回荡在戴维森主义释义理论中的、关于翻译不确定性和指称不可测知性的蹒因式问题。尽管戴维森自己大概会将这种情形界定为涉及真正的不确定性，但就我所知，他的讨论既未确证也不要求这一点；因此，尽管事实上他们的"概念框架"似乎与我们的十分不同，但没有什么东西排除了如下这种想法，即一种时间－阶段的文化可以存在，而且可以被我们释义。

一种能说明问题的关于真的错误观念

在此，我想暂时偏离一下我们的主题，转而关注我认为表明了戴维森更大的混淆之处的细节问题。这个问题关涉他对释义理论和翻译理论证据的讨论。如我们已经看到的那样，在这些讨论中，他通过例子（T）（E）和（GE）来阐明自己的观点。

(T) "Es regnet" 被 x 在时间 t 说出时在－德语中－为真，当且仅当在 t 时刻 x 附近在下雨。

(E) 库尔特属于德语言语共同体，而且库尔特认为"Es regnet"在周六中午为真，而且周六中午库尔特附近在下雨。

(GE) (x) (t)（如果 x 属于德语言语共同体，那么 [x 在时间 t 认为"Es regnet"为真当且仅当在 t 时刻 x 附近在下雨]）。

请注意（T）中的真谓词。戴维森在其中使用了连字符——"在－德语中－为真"。这样做的结果是，将一个短语变成了某种应当作为一个单个语词起作用的东西。从语义上说，这具有如下影响：将关于一种**二元关系**（当 S 是在 L 中的或 L 的一个真句子时，句子 S 和一种语言 L 间的关系）的讨论，变成了关于一类**一元谓词**——"在 -L_1 中 - 为真"，"在 -L_2 中 - 为真"，"在 -L_3 中 - 为真"，等等——的讨论。

这里有三个要点要讲：第一，当我们的日常语词"真"在英语中被用来谈论句子——而不是用来谈论句子说出或表达的东西——时，它被用来表达一种关系。当我们说，S 是英语、日语、印地语等语言中的一个真句子时，我们在使用这样一种构造，即"＿＿是＿＿的一个真句子"；它在如下意义上是真正关系性的：它的两个变量位置都可以被填入任意的单称词项——包括名称、限定摹状词或约束变元。我们可以谈论被成百上千人说的语言中的真句子，没有人记得的语言中的真句子，二十二世纪首位美国总统（无论他或她是谁）所讲的本地语言的真句子，等等。给出对这一点的令人满意的表述的唯一方法是，将"是……的一个真句子"视为关系性的——与"在……北边""是……的父亲"等一样。第二，在哲学中使用连字符"在 -L 中 - 为真"的这种习语，其源头似乎是阿尔弗雷德·塔尔斯基在表述自己形式化定义的真谓词时对它的使用。他对这种连字符形式的使用，被他的如下观点所推动：我们日常真谓词的未受限制性（unrestrictedness）——这种未受限制性指如下这样的事实，即它可以适用于任何语言的句子，包括一种包含真谓词自身的语言——是说谎者悖论的根源；他相信，这种悖论表明，我们日常的真谓词是不融贯的，且必须被一类受到限制的真谓词代替，其中的每个真谓词都适用于单一的语言（摆脱了其自身的语义谓词）。这些受到限制的、对不同语言而言的真谓词，以一种真正的关系性谓词所不符合的方式彼此在概念上相独立。塔尔斯基对这些谓词的定义，不得不提及它们所适用的对象语言中的每条表达式，且与此同时使用该语言中所表达的每个概念，加上逻辑和集合论观念。① 这意味着，为不同语言所定义的真谓词的内容，也必定是不同的——因为任何两种不同的语言，要么拥有不同的表达式，要么以不同的意义来使用同样的表达式。所以，对塔尔斯基来说，谓词"在 -L_1 中 - 为真"的意思与"在 -L_2 中 - 为真"非常不同。对其中一个谓词所表达东西的把握，必定与对另一个谓词所表达东西的把握不同，并在很大程度上独立于后者，而且这两个谓词通常会适用于不同种类的事物。关于戴维森对（T）这样断言的陈述，值得注意的第三个也是最后一个要点是，他对受塔尔斯基启发的连字符记号的使用，暗示了他的如下想法：**他的理论所采用的那些真观念，类似于塔尔斯基所定义的观念。**

---

① 参阅我 *Understanding Truth* 一书的第三章和第四章。

我相信，这暴露了一种严重的混淆。如果关于真值条件的知识要对我们如何理解一种语言有所贡献，那么被涉及的真观念不可能是塔尔斯基的观念。① 对不同语言而言的释义理论，当然不应当要求不同的真观念。一种释义理论的全部要点在于，向我们提供一种理解任意语言的方式，我们在最初对这种语言或许是几乎无所了解或全然无知的。如果我们处于这样的地位，那么在知道自己在处理的是何种语言以及它的语义性质是什么之前，我们不会知道应当选取哪种受到限制的真谓词。但这就是一种释义理论应当告诉我们的东西。为了避免这种困难，我们需要已经拥有某种关于真的一般性观念，该观念可以被运用于任何语言，以制定我们释义性假设的框架。的确，这只是我们日常的、关系性的真观念。但如果诚然如此，那么戴维森就不应当对其加上连字符。当然，就其自身而言，这种混淆可以被轻易地矫正——只需去除（T）中的连字符即可。但是，有理由认为，这种错误与一种更大的混淆相关，而这种混淆对戴维森关于可替代的概念框架论证的第二步有影响；这就是我们现在将要转向的话题。

真、可理解性和不可翻译的句子

戴维森论证中的第二步试图排除这种可能性，即有如下这样一种文化存在，其中的信念与我们的信念如此不同，以至于我们不可能翻译其说话者的语词。他的想法是要表明，如果不能将他们的语言翻译成我们的话，那么我们就不可能融贯地将这些施事者刻画为拥有信念的。好吧，让我们来看看。想象一下，一组来自外太空的外星人在地球登陆，而我们尝试与他们交流。我们注意到，他们发出的声音似乎允许他们彼此间相互交流。我们还注意到，他们似乎通过盯着他们身上有符号的屏幕而获得了信息；而且似乎像是计算似的在处理着他们的符号且与同类间相互交换计算的结果，这些似乎允许他们在相隔很远的距离时协调自己的活动，并以相当成功的方式与自然的力量相互

---

① 参阅 *Understanding Truth* 第四章，pp. 102—107。

作用。尽管如此，他们的符号对我们来说仍然是无法解释的。他们似乎拥有一种语言，但我们似乎无法释义它。既然不能够释义他们的语言，我们就不能确信他们是否否认我们关于世界的大部分基本信念，或他们是否拥有一种与我们如此不同的概念系统，以至于我们不能将我们的系统和他们的系统相互对应起来。

这种场景是否可能？从表面上看，它似乎并不是绝无可能的。不过，戴维森给出了一种旨在排除它的论证。

> 我们对依据适合某种实体的观念来刻画语言或概念框架的尝试，便被归结为如下简单的想法：如果某个东西为真，则它是一种可接受的框架或理论。或许我们最好是说**在很大程度上**为真，以允许共享一种框架的人在细节上有所不同。而关于一种概念框架与我们自己框架之间有所不同的标准，现在变成了：在很大程度上为真，但不可翻译。这是否是一条有用的标准的问题，不过就是如下问题：我们可以在什么程度上理解被用于语言的、独立于翻译这个概念的真观念。我认为，答案就是，我们完全不能独立地理解它。①

戴维森认为，任何概念框架一定都是这样的：在其中，表达其信条的句子在很大程度上为真。有多少句子必须为真这个问题又出现了，而且我们并不清楚答案应该是什么。让我们谨慎一些，并仅仅假定相当数量的句子必定为真。那么，我们需要弄清楚的就是如下这样一种概念框架的可能性：它的某些重要的部分为真，但其（大部分）句子不能被翻译成英语。戴维森认为，他可以揭示这种想法是不融贯的。

> 我们承认，像"'雪是白的'为真当且仅当雪是白的"这样的句子是琐碎地为真的。而这种英语句子的总体独一无二地确定了对英语来说的真这个概念的外延。塔尔斯基对这种观察进行推广，并使它成为一种对真理论的测试：根据塔尔斯基的约定 T，一种对语

---

① "On the Very Idea of a Conceptual Scheme", p. 194.

言 L 而言的令人满意的真理论，对 L 的每个句子 s 来说，必定蕴涵一种具有"s 为真当且仅当 p"这种形式的定理，其中，"s"被一个关于 s 的摹状词所代替，而如果 L 是英语的话，则"p"被 s 自身代替，如果 L 不是英语的话，则"p"被一种将 s 译为英语的译文所代替。当然，这并不是一种关于真的定义，而且这也并不提示说，有一种一般性地适用于语言的单一定义或理论存在。不过，约定 T 暗示了——尽管它不可能明说——一种所有特殊的真概念共有的重要特征。它通过实质性地运用翻译成我们知道的语言这一观念，而成功地做到了这一点。既然约定 T 体现了我们对于真这个概念是如何被使用的最佳的直觉，那么，如果一种关于概念框架是否与我们完全不同的测试依赖于我们可以将真观念同翻译观念分离开的假定，则这样一种测试似乎的确没有什么希望。①

戴维森的论点似乎是：我们理解适用于英语句子的真观念，这是由于我们接受了模式 T 的示例，像"'雪是白的'为真当且仅当雪是白的"。他似乎也暗示说，我们**扩展了**真这个概念，以通过如下方法来囊括另一种语言 L 的句子：想出一种将 L 的句子翻译成英语的译法，然后用这些翻译来构造塔尔斯基模式 T 的示例，以固定对适用于 L 的那些句子的真谓词的特殊释义。走到这一步的时候，他注意到，这没有给不能翻译成英语的句子的想法留出任何空间。

这种想法中有某种真正离奇的地方。假定说话者们在数百或数千年前已经想出了一种支持这种观点的论证，即如下假定是不融贯的：未来的科学家们会拥有一种科学的世界观，表达它的语言是专业化的，其中多数句子（大部分）不能翻译成较早的语言。如果他们这样想的话，他们就应当是错了。同样，如果我们现在要论证，如下这种假设在概念上是不融贯的——即未来的科学家们或许会发明一些与我们目前的理论完全不同的理论，以至于我们不能将新理论翻译成现在的语言——那么我们大概就错了。但这似乎是戴维森的论证所指向的方向。

---

① "On the Very Idea of a Conceptual Scheme", pp. 194—195.

所以，该论证中似乎一定有某种错误之处。我们需要把它找出来。

戴维森提到了塔尔斯基的约定 T。他说："根据塔尔斯基的约定 T，一种对语言 L 而言的令人满意的真理论，对 L 的每个句子 s 来说，必定蕴涵一种具有 's 为真当且仅当 p' 这种形式的定理，其中，'s' 被一个关于 s 的摹状词所代替，而如果 L 是英语的话，则 'p' 被 s 自身代替，**如果 L 不是英语的话，则 'p' 被一种将 s 译为英语的译文所代替**。"（着重号为本书作者所加。）至于这条评论为何是不恰当的，有两条理由。第一，与戴维森的任务不同，塔尔斯基的任务**并不**是给出一种采用我们日常的、之前所把握到的真观念的释义理论。相反，他的任务是表明，在考虑到一种形式化语言 L 的情况下，我们如何可以在**一种元语言 M 中定义**一种特殊的**受限制的**真谓词，在被运用于语言 L 时，该谓词可以**替代**我们日常的真观念。约定 T 在塔尔斯基计划中的角色，与戴维森构造释义理论的工程中对真的使用没有可比性。塔尔斯基使用约定 T 来确定，人们在元语言中定义的观念是否真的适用于所有且仅仅适用于对象语言中的那些真句子。如果人们的定义对 L 中的每个句子 s 来说，在逻辑上的确蕴涵模式 T 的一个示例——在其中右侧的元语言句子是对 s 的翻译——那么人们就可以确信，自己已经定义了一项适用于所有且仅仅适用于 L 中真理的谓词。其中的理由在于，我们日常真观念的一个本质特征是，无论何时，只要 P 与一种语言 L 中的某个（非索引式的）句子 S 意思相同，则 **"S" 是 L 中的一个真句子当且仅当 P** 这条断言就会为真。因此，如果 "T-in-L"① 是对 L 而言的一项受限制的真谓词，它被一种满足约定 T 的形式化的塔尔斯基式定义所引入，那么当 P 与 L 中的某个句子 S 意思相同时，我们就既会拥有 **"S" 是 L 中的一个真句子当且仅当 P**，也会拥有 **"S" 是 T-in-L 当且仅当 P**，而由此可以得出 **"S" 是 L 中的一个真句子当且仅当 "S" 是 T-in-L**。有鉴于此，人们可以确信，"T-in-L" 适用于所有且仅仅适用于 L 中的那些真句子，且因此——为了塔尔斯基的目的考虑——在

---

① 译者注：意为"在 L 中为真"。

谈论 L 中的句子时它可以替代日常的真观念。①

这就是塔尔斯基。与此相对，那些戴维森式的释义理论并不意图去**定义**特殊的受限制的真观念，该观念适用于英语之外的语言。相反，这些理论**采用**我们已经理解的、日常的真观念来释义那些语言。如果我们无法将这种语言翻译成一种我们所理解的语言，那么就不能构造一种塔尔斯基式的定义，并证实它适用于所有且仅仅适用于那种语言的真理；这种事实至多表明，我们不能将日常观念**替换**为一种塔尔斯基式的、限于那种语言的观念。它并没有表明，日常观念未能适用于那种语言；也没有表明，我们并不知道说一个我们无法翻译的句子为真是什么意思。我们并不使用约定 T 来**计算出**如下事情：当这个句子被运用于我们自己的语言或其语言时，"真"是什么意思。相反，我们之所以事先知道模式 T 的任意一个示例——在其中被用于右侧的句子改写了在左侧被提及的句子——必定为真，是因为我们已经知道了"真"是什么意思。

这将我们带向戴维森上述引文的第二个失策之处——即根据塔尔斯基的理解，错误地陈述了约定 T 的内容。在塔尔斯基看来，在元语言 M 中所提议的对谓词 T 的定义满足约定 T 且因此算作是对 L 而言的真定义，当且仅当该定义对 L 中的每个句子 s 而言，在逻辑上蕴涵 s 是 **T-in-L 当且仅当 p**，其中 p 是将 s 翻译**成在其中那种定义被构造出来的那种元语言**的译文。请注意，我们所要求的是翻译成元语言，而不必然是英语。塔尔斯基构造受限制的真谓词定义的方法，具有如下后果：人们可以在一种元语言 M 中构造一种对语言 L 而言的形式化的真定义，并表明它满足约定 T，仅当 L 是能够翻译成那种元语言的。在塔尔斯基那里并没有这种要求，即有一种可以被用来对所有对象语言定义真的、单一的元语言存在。

但是，假设有人认为，英语就是这样一种普遍的元语言。② 他或

---

① 参阅我 *Understanding Truth* 一书的第三章。

② 众所周知，塔尔斯基自己相信某种沿着这些思路的东西。因此，在《形式化语言中的真概念》("The Concept of Truth in Formalized Languages")第一节的第 164 页，他

许会倾向于认为，我们在英语中的语词"真"不过就是对各种不同语言而言的所有塔尔斯基风格真谓词——我们可以在英语中定义这种谓词并表明它满足约定 T——的逻辑总和。根据这种看法，我们在英语中表达的真观念，是如下观念的联合："英语－的－真－句子"，"西班牙语－的－真－句子"，"意大利语－的－真－句子"，等等；在其中，所有这些受限制的真观念在英语中被给出满足约定 T 的塔尔斯基那样的定义。如果有人这样想，那么他会发现如下想法是不融贯的：有这样一种语言存在，它包含很多不能被翻译成英语的真句子。在写作《论概念框架这种想法》时，戴维森自己或许相信某种遵循这些思路的东西。但如果诚然如此，那么他应该对之更了解。

　　相较于其他任何人而言，他更应当意识到，我们在英语中表达的真观念**不可能**只是可以在英语中被定义的塔尔斯基风格真谓词的总和。以一个像 "'Los pantalones son verdes' 在西班牙语中为真当且仅当那些短裤是绿色的" 这样的 T 句子为例。如果该句子中的真谓词被一种在逻辑上蕴涵模式 T 的这个示例的塔尔斯基式定义所给出，那么，这个 T 句子大概就是一条索然无味的明显的、先天的和必然的真理。之所以如此，是因为全部事情不过就是：它被一条定义在逻辑上蕴涵。但是，这个 T 句子不可能是必然的，因为这些语词拥有自己所拥有的意义和真值条件这一点是一个关于西班牙语的偶然事实；而且它也不可能是先天的，因为如果是这样的话，那么它在不诉诸任何经验证据的情况下就应当是可知的。但人们不可能在没有获得关于它们如何被讲西班

说："一种口语（colloquial）语言（与各种科学语言相比对）的独特特征是它的普遍性。如果在另外某种语言中出现一个不能被翻译成这种口语语言的语词，那么这不会与该语言的精神和谐一致；我们可以主张，'如果我们毕竟还是可以有意义地谈论任何事情的话，那么也就可以在口语语言中谈论它'。"但是，(i) 我们并不完全清楚塔尔斯基的意思是什么（当然，被发明的新语词总是能在无法依据旧语词而加以定义的时候被发明出来）；(ii) 无论他的意思可能是什么，都完全与如下事情相分离：他用约定 T 来陈述自己关于真的形式化定义的适当条件；(iii) 他并没有沿着如下路径走下去：将我们日常的语词"真"实际上视为可以使用英语作为元语言而加以定义的、所有受限制的观念的总和。

牙语的说话者使用的信息的情况下，学会那些西班牙语句子的意义或真值条件。关于真值条件的陈述提供了关于意义的信息，这是戴维森观点的核心。为了发现语词或句子在不同语言中的意思，你必须收集关于语言及其说话者的经验性信息。因此，如果关于真值条件的知识要以戴维森所设想的那种方式提供关于意义的信息，那么真谓词就不可能以一种将 T 句子当作逻辑后承的方式而**被定义**。因此，我们日常的真谓词不可能是一种像是可以在英语中被定义的塔尔斯基式真谓词的总和的东西。

我稍后会更详细地阐释关于塔尔斯基真谓词的这个要点。但这种阐释的核心可以马上被把握到。按照戴维森的设想，**如果**我们要用模式 T 的示例来提供关于对象语言句子意义的信息，那么我们就**不可能**断言说，那些示例是我们用来给予那个真谓词内容的东西。我们可以做其中的一件事情，但不能两样都做。如果我们的计划是塔尔斯基的计划，那么就可以把对对象语言句子的元语言改写当作是理所当然的，并使用它们来将内容给予被那些形式化地定义的真谓词。如果我们的计划是戴维森的计划，那么就必须预设一种在先被把握到的真观念，它可以在获得对 L 而言的模式 T 的翻译性示例之前，被运用于任意的语言 L。①

我会用一个简单的例子来说明自己关于塔尔斯基的论述。尽管这个例子是人造的，但它所阐明的要点对普通的、更复杂的塔尔斯基式定义具有十足的效力。假定 L 是一种只有两个句子的语言——"Los pantalonesson verdes" 和 "La camisa es azul"。我们可以定义一种满足约定 T 的、对 L 而言的塔尔斯基式真谓词 T：

> 对 L 的所有句子 s 来说，s 是 T 当且仅当 s="Los pantalonesson verdes" 且那些短裤是绿色的，或 s="La camisa es azul" 且那件衬衫是蓝色的。

---

① 我认为，戴维森认识到了这一点。参阅他的 "The Structure and Content of Truth"（The Dewey Lectures, 1989），*Journal of Philosophy* 87（1990）: 279—328。

现在请考虑 T 句子。

"La camisa es azul"是 T 当且仅当那件衬衫是蓝色的。

既然我们拥有了一种关于 T 的定义，那么就可以将真谓词替换为它的定义，而与此同时保留那个 T 句子的意义。这样我们会得到：

（["La camisa es azul" = "Los pantalonesson verdes"并且那些短裤是绿色的，或"La camisa es azul" = "La camisa es azul"并且那件衬衫是蓝色的]当且仅当那件衬衫是蓝色的）

鉴于这个充分必要条件式左侧的第一个析取枝显然为假，我们可以将其简化如下：

（"La camisa es azul" = "La camisa es azul"且那件衬衫是蓝色的）当且仅当那件衬衫是蓝色的

当一个人知道被那个塔尔斯基式 T 句子所表达的东西是什么时，他所知道的关于"La camisa es azul"这个句子的东西是索然无味的。显然，这种信息完全没有告诉人们关于意义的任何事情。因此，如果关于真值条件的知识要提供关于意义的无论任何信息的话，那么被涉及的真观念就不可能以塔尔斯基的方式被定义。

所以，我们日常的真观念并不是塔尔斯基那样的受限制的真观念的总和。那什么是我们日常真观念的内容，我们如何可以获得它呢？粗略的图景是这样的。我们学会了大量的语言。在已经学会了某种语言的情况下，那种使用我们已学会的语言的真观念被介绍给我们。某人告诉我们，如果有人说或相信妈妈在工作，而且妈妈在工作，那么他所说或所相信的东西就为真。同样，如果有人说或相信爸爸在睡觉，而且爸爸在睡觉，那么他所说或所相信的东西就为真。此外，如果有人说或相信爸爸在睡觉,但爸爸并没有在睡觉,那么他所说或所相信的东西就不为真。诸如此类。基于像这样的构造,我们开始认识到,无论何时,只要一个人接受或相信一条命题,他就有资格推断出该命题为真这条断言,反之亦然。无论何时,只要一个人否认或不相信一条命题,他就有资格推断该命题不为真。对人们对一条命题可以采取的其他态度而言,也是如此。

我们获得了作为适用于命题的性质的真概念——当我们真诚地、断然地说出句子时,我们声称和相信这些命题。在获得了真概念的时候,我们认识到,自己并不熟悉这里的每一条命题。如果来思考一下这一点,我们或许会意识到,自己绝不会熟悉每一条命题。但我们已经准备好去同意某些自己尚未遇到的命题为真。如果的确碰到一条新的命题,我们会按照与将真概念运用于自己已熟悉的命题同样的方式,将它运用于这条新命题。既然我们知道,无论在有根据地对一条命题采取什么态度的情况下,我们都会同样有根据对它为真这条断言采取同样的态度;那么,我们就只在如下情形下准备好去接受和断言一条新的命题:我们已经准备好去接受和断言它为真。对其他态度而言也同样如此。①

我们也可以将真观念运用于句子。我们认为一个句子为真,当且仅当它表达了一条真命题。现在,这种想法——可能有一种包含不能被翻译成英语的句子的语言存在——变得怎样呢?它不过就是如下这种想法:可能有这样一种语言存在,它表达了一些不可能被任何英语句子表达的真命题。这并不比如下断言更不融贯:有人们尚未遇到的真命题存在。既然这二者都不是不融贯的,那么戴维森关于我们的真观念规定了不可能有任何这样一种语言存在的论证,就是失败的。

---

① 这种想法在我的如下文章中得到了更详细的讨论:"Understanding Deflationism",*Philosophical Perspectives*(forthcoming)。

总结和最后的评定

让我们总结一下自己对戴维森关于可替代的概念框架论证的评估。首先，我们可以释义另一组人的言语这个事实，**并不**保证在他们和我们之间有戴维森看上去所假定的那么多的一致性。只要可以解释为何其他说话者与我们持有不同的信念，我们就可以弄清楚大量的不一致之处。其次，我们可以弄清楚自己和属于另一种文化的说话者之间的巨大差异，这些差异并不涉及不一致性——例如，在哪些对象是最基础的、最值得注意的问题上的差异。这两点表明，与戴维森相反，即使那些我们可以对其言说进行释义和翻译的人，或许也会拥有与我们足够不同的观点，以担保对一种不同的概念框架的归属。最后，我们没有发现任何理由去相信，不可能有如下这样的说话者存在：他们的概念框架与我们的如此不同，以至于我们不可能翻译他们的言说。有鉴于此，除了得出如下结论外我们几乎别无选择：戴维森反对可替代的概念框架的案例是失败的。

但他总体的哲学工程则并不是失败的。无论在设想和执行中有怎样的缺陷，他通向自然语言中意义的整个真理理论化的方法，表现出超出如下两样东西的巨大优点：蒯因贫瘠的语义怀疑论，和维特根斯坦以及日常语言哲学家在哲学上过度的语言方法论。[1]

关于第六部分的拓展阅读

讨论的主要一手文献

Davidson, Donald. "On the Very Idea of a Conceptual Scheme." In *Inquiries into Truth and Interpretation*, 2d ed. (Oxford: Clarendon Press,

---

[1] 我在此无意对这些哲学家哲学贡献的全部价值做出评判——这里说的只是他们关于语言意义对哲学重要性的设想，以及他们关于可以如何对其进行富有成果的研究的观点。

2001); originally published in *Proceedings and Addresses of the American Philosophical Association*, 47, 19.

——. "Radical Interpretation." In *Inquiries into Truth and Interpretation*; originally published in *Dialectica* 27, 1973.

——. "Reply to Foster." In *Inquiries into Truth and Interpretation*; originally published in G. Evans and J. McDowell, eds., *Truth and Meaning* (Oxford: Clarendon Press, 1976).

——. "Truth and Meaning." In *Inquiries into Truth and Interpretation*; originally published in *Synthese* 17, 1967.

补充性的一手文献

Davidson, Donald. "Actions Reasons, and Causes." In *Essays on Actionsand Events* (Oxford: Clarendon Press, 1980; originally published in *Journal of Philosophy* 60, 1963):685—700.

——. "The Logical Form of Action Sentences." In *Essays on Actionsand Events*; originally published in N. Rescher, ed., *The Logic of Decisionand Action* (Pittsburgh: University of Pittsburgh Press, 1967).

——. "The Material Mind." In *Essays on Actions and Events*; originally published in P. Suppes et al., eds., *Logic, Methodology, and Philosophyof Science*, vol. 4 (Amsterdam: North Holland, 1973).

——. "Mental Events." In *Essays on Actions and Events*; originally published in L. Foster and J. Swanson, eds., *Experience and Theory* (Amherst, MA: University of Massachusetts Press, 1970).

——. "On Saying That." In *Inquiries into Truth and Interpretation*; originally published in D. Davidson and J. Hintikka, eds., *Words and Objections* (Dordrecht: Reidel, 1969).

——. "Quotation." In *Inquiries into Truth and Interpretation*; originally published in *Theory and Decision* 11 (1979): 27—40.

——. "The Structure and Content of Truth." The Dewey Lecture 1989.

Journal of Philosophy 87 (1990): 279—328.

Tarski, Alfred "The Concept of Truth in Formalized Languages." *Logic, Semantics, Meta-Mathematics*, translated by J. H. Woodger 2d edition (Indianpolis, In Hackett, 1983); originally published in Polish in 1933.

进一步阅读的材料

Davies, Martin, *Meaning, Quantification, and Necessity*. New York: Routledge, 1981.

Foster, J. "Meaning and Truth Theory." In G. Evans and J. McDowell, eds., *Truth and Meaning* (Oxford: Calrendon Press, 1976).

Larson, Richard, and Peter Ludlow. "Interpreted Logical Forms." *Synthese* 95 (1993): 305—356; reprinted in Peter Ludlow, ed., *Readings in the Philosophy of Language* (Cambridge, MA: MIT Press, 1997).

Larson, Richard, and Gabriel Segal. *Knowledge of Meaning*. Cambridge, MA: MIT Press, 1995.

Soames, Scott. "Truth and Meaning: The Role of Truth in the Semantics of Propositional Attitude Ascriptions." In Kepa Korta and Jesus M. Larrazabal, eds., *Truth, Rationality, Cognition, and Music: Proceedings of the Seventh International Colloquium on Cognitive Science* (Dordrecht: Kluwer, 2003).

——. "Truth, Meaning, and Understanding." *Philosophical Studie* 65 (1992): 17—35.

——. "Understanding Deflationism." *Philosophical Perspectives* (forthcoming).

——. Chapters 3 and 4 of *Understanding Truth*. New York: Oxford University Press, 1999.

PART SEVEN
第七部分

索尔·克里普克
论命名与必然性
SAUL KRIPKE ON
NAMING AND NECESSITY

第十四章

名称、本质和可能性

本章提要

1. 《命名与必然性》的重要性

2. 为什么摹状词并没有给出名称的意义

    模态论证：名称的意义并没有被说话者与之结合在一起的摹状词所给出

3. 严格的指示词（Rigid Designation）

    严格的指示词和模态论证

    严格的指示词的定义；克里普克的论证：名称是严格的，而通常与它们结合在一起的摹状词则不然；通过诉诸严格化的（rigidified）摹状词来避免上述论证的努力；将模态论证扩展到对上述提议的反驳中

    一种要避免的混淆

    n 指示 o 这条断言如何未能是必然的，即使相关于所有可能的世界-状态而言 n 都指示 o

    严格的指示词和本质论

    使用严格的指示词来反驳蒯因的如下反对意见，即这样的说法是讲不通的：独立于 o 是如何被描述的来谈论 o 在本质上拥有一种性质

    严格的指示词、可能世界和"跨界同一性"（transworld identification）

    可能世界并不是这样的交替性（alternate）宇宙：它们要求确定实际存在的对象的对应物的标准；可能世界是宇宙可以处于的那些可能

状态；在何种意义上严格的指示词被用来"规定"这些状态

4. 为何摹状词通常并不固定名称的所指

反对较弱的、指称-固定（reference-fixing）版本的摹状词理论的论证

克里普克关于指称确定性的历史链条观（historical chain concep-tion）

历史链条是否提供了指称-固定的摹状词？

为什么它们没有做到这一点；对一种关于指称-固定的不清楚之处的解决

《命名与必然性》的重要性

本章我们将开始讨论索尔·克里普克的著作《命名与必然性》，这本书最初作为三篇很长的公开讲座的讲义在 1970 年 1 月讲授于普林斯顿大学，克里普克时年二十九岁。① 这些讲座有一份磁带录音，而当时普林斯顿哲学系的两名教授吉尔伯特·哈尔曼（Gilbert Harman）和托马斯·内格尔，根据这些磁带完成了一部打印稿。克里普克加入了一些注释，并在随后为用于出版的版本写下一篇前言。这些讲座的巨大冲击力立即就显现了出来，而且其影响随着时间的流逝而增加。在语言哲学中，《命名与必然性》从来都是最重要的作品，比肩弗雷格在十九世纪晚期、罗素和塔尔斯基在二十世纪前半叶的经典著作。在语言哲学之外，它从根本上改变了做哲学的方式。这本著作最重要的方面是（i）一组关于专名之意义和指称的论题，（ii）一组相应的关于自然类别词项（natural kind terms）——比如"热""光""金""水"和"老虎"——之意义和指称的论题，（iii）对关于必然性和可能性的形而上学观念的令人信服的维护，（iv）在关于必然性的形而上学观念和关

---

① Saul Kripke, *Naming and Necessity*, Cambridge, MA : Harvard, 1980, originally published in D. Davidson and G. Harman, eds., *Semantics of Natural Languages* (Dordrecht : Reidel, 1972)；引文出自 1980 年版。

于先天性的认识论观念之间的明确区分，(v) 对如下问题的有力论证：有仅仅后天可知的必然真理存在，也有偶然的，因而不是必然的先天真理存在，以及 (vi) 对本质论（essentialism）可理解性的一种有说服力的维护——本质论即如下这种断言：将对象刻画为在本质上具有自己的某些性质而偶然地具有其他性质，这是讲得通的。除了该著作这些清晰的方面之外，《命名与必然性》中的讨论深远地影响了被称为关于意义和信念的"外部主义"（externalism）——这种观点大致是：一个人语词的意义，和他信念的内容一样，部分地由完全位于他之外的事实构成。最后，《命名与必然性》在对如下观点——在日常语言哲学家那里非常受欢迎——含蓄但广泛的拒斥中扮演了重要角色：哲学不过就是语言分析。

为什么摹状词并没有给出名称的意义

我们通过观察克里普克对如下问题的讨论，来开始我们对他著作的研究：关于专名的摹状词理论——这种理论被他区分为两种版本。根据第一种版本，专名同被说话者们与之结合在一起的摹状词拥有相同的意义。根据第二种版本，尽管名称或许与摹状词并不同义，但在一个给定时间被一个说话者所使用的专名 n 的所指——作为一种关于语言规则的事项——被确定为一个且唯一的一个如下这样的对象：该对象满足在那个时间被说话者与 n 结合在一起的那些摹状词。既然一个词项的意义被假定为确定了其指称的，那么关于摹状词的第一种版本就被理解为蕴涵了第二种的。但是，其逆命题却并不成立；一个名称的所指——作为一种关于语义规则的事项——最终可能被一个摹状词所确定，即使该名称并不与该摹状词同义。摹状词理论的这两种版本被论题 1 和论题 2 表达。①

---

① 这是按照克里普克的理解对这两个论题进行的重构。关于克里普克自己的表述，请参阅 *Naming and Necessity*，pp. 71—80。

关于名称的两个论题

论题1：一个名称 n（在一个时间对一个说话者而言）的意义，被一个摹状词、摹状词的合取式或一簇摹状词 D 所给出——该说话者在那个时间将这些东西与 n 相结合。如果 D 给出了 n 的意义，那么这二者间的替换会保留被表达的意义和命题。因此，如果 S' 以如下方式得自 S：将 D 替换为 n 在 S 中的一次或多次出现；那么 S 和 S' 的意思就相同，并表达了相同的命题。

论题2：一个名称 n（在一个时间对一个说话者而言）的所指，在语义上是被一个摹状词、摹状词的合取式或一簇摹状词 D 所固定的（确定的）——该说话者在那个时间将这些东西与 n 相结合。如果 D 固定了 n 的所指，那么：

(i) 该说话者相信 D 适用于一个独一无二的个体；

(ii) 如果 D 的确适用于一个独一无二的个体 o，那么 o 就是 n 的所指；

(iii) 如果 D 并不适用于一个独一无二的个体，那么 n 就没有所指；

(iv) 该说话者先天地知道（或能够先天地知道）**如果 *n* 存在则 *n* 是 *D*** 表达了一条真理。

在第一篇演讲中，克里普克给出了反对论题1的论证，这被称为"模态论证"（*the modal argument*）。我们用一个例子来阐明这个论证。假定 n 是名称"亚里士多德"。假定1—8是给出该名称意义的摹状词 D 的候选。

1. 形式逻辑的创立者
2. 柏拉图最伟大的学生
3. 亚历山大的老师
4. 名为"亚里士多德"的著名希腊哲学家
5. 古代最后一位伟大的哲学家

6. 1—5 的合取式
7. 该说话者与 n 结合在一起的所有摹状词的合取式
8. 包括 1—5 的、该说话者与 n 结合在一起的一簇摹状词

出于我们的目的考虑，这条断言——一个名称的意义被一簇摹状词 $D_1, \cdots, D_n$ 给出——会被当作等价于如下断言：该名称的意义被这种摹状词给出，即**大部分（或足够数量的）如下句子所符合的那样东西：它是 D_1，它是 D_2，$\cdots$，它是 D_n**。对于这条断言，即"亚里士多德"的意义被摹状词 1—8 中的一个或多个摹状词所给出，我们现在可以通过运用下述模态测试来测试它。

模态测试

如果 D 给出了 n 的意义，那么被如下句子表达的命题（真理/陈述/断言）

如果 n 存在，则 n 就是 D。

是一条必然真理。

这项测试背后的基本理由是：如果 D 与 n 拥有相同的意义，那么在一个句子中在这二者间的替换，不会改变被表达的命题（或被做出的陈述）。但这意味着，句子**如果 n 存在，则 n 就是 D** 与句子**如果 D 存在，则 D 就是 D** 表达了相同的命题（说了相同的事情）。既然后一个句子表达了一条必然真理，那么前一个句子也是如此。在使用术语"必然真理"时，我们的意思是：一条命题是一条必然真理，当且仅当（ⅰ）考虑到世界实际所是的方式，它是真的，并且（ⅱ）如果世界处于自己可能处于的任何其他的可能状态的话，它也会是真的。

如果论题 1 是正确的，那么一定有这样某个摹状词 D 存在——说话者将它与名称"亚里士多德"结合在一起——它使得被**如果亚里士多德存在，则亚里士多德就是 D** 表达的命题是一条必然真理。事实上，既然 D 给出了"亚里士多德"的意义，那么被那个句子表达的命题就

应当既是必然的又是先天可知的。但克里普克论证说,没有这样一个摹状词 D 存在。例如,请将摹状词"形式逻辑的创立者"考虑为一个可能的候选。在运用模态测试时我们问道,"如果亚里士多德存在,那么亚里士多德是形式逻辑的创立者"这条陈述,是否是一条必然真理。说它是一条必然真理,就是说没有这样一种世界可能是的方式存在:它会使得前件"亚里士多德存在"为真,但使得后件"亚里士多德是形式逻辑的创立者"为假。但这似乎并不正确。相反,世界似乎可以处于这样一种状态:在其中,亚里士多德存在,但完全没有涉足逻辑。既然亚里士多德可以存在而与此同时并不是形式逻辑的创立者,那么条件陈述句"如果亚里士多德存在,那么亚里士多德是形式逻辑的创立者"就并不是一条必然真理。因此,名称"亚里士多德"与摹状词"形式逻辑的创立者"意思并不相同。

  这种结果并不是孤立的。同样的论证可以适用于其他候选的摹状词 1—8,或人们会最自然地想到的用来替代名称"亚里士多德"的其他摹状词。其中的理由是,在目前被人们与该名称结合在一起的几乎所有摹状词,不得不与亚里士多德著名的成就有关,特别是那些涉及他哲学的成就。但是,如克里普克正确指出的那样,那些成就都不是亚里士多德存在的必要条件。① 即便亚里士多德从未涉足哲学或完成任何重要的事情,他也可以存在。因此,克里普克准备使用任何基于亚里士多德著名的成就或众所周知的特征的摹状词或摹状词的簇,来运行我们刚刚给出的论证。但既然这些东西提供给我们与这个名词结合在一起的主要描述性内容,他就由此得出结论说:关于意义的摹状词理论,并不是一种关于我们中的大多数人是如何使用名称的正确的理论。

  这种反对关于专名意义的摹状词理论的论证的力量,可以通过如下问题被阐明:为了阻止这种论证,一个摹状词需要满足哪些条件。最起码,摹状词 D 要使得被**如果 n 存在则 n 是 D** 表达的命题,既是必然的又是先天的。问题在于,对人们可以想到的几乎所有名称来说,

---

 ① 甚至被命名为"亚里士多德"也并不是亚里士多德存在的一项必要条件。

人们不能想出这样的摹状词来。如果诚然如此，那么论题 1 就为假。

我们刚刚给出的反对论题 1 的论证，**并不**直接反对论题 2；论题 2 表达了这样的观点：摹状词在语义上固定了名称的所指。其中的理由在于，论题 2 **并未**断言名称和摹状词是同义的。名称与特定的摹状词拥有同样的意思，只有这条断言才允许我们将论题 1 视作是对如下断言做出了承诺：当我们在一个句子中将名称与摹状词互换时，并未改变被表达的命题，且因此并未改变该句子的模态地位或认识论地位。但是，假设我们拥有这样一种理论，它并不告诉我们 D 给出了 n 的意义，而只说 D 在语义上固定了 n 的所指。这样一种固定－所指（fix-the-referent）理论**不会**断言 n 与 D 同义，且因此**不会**对如下断言做出承诺：这二者间的互换必定保留被表达的命题。但如果替换能够改变被表达的命题，那么我们就没有理由认为，它不可能改变句子的模态地位或认识论地位。因此，尽管模态论证可以被视作是驳倒了如下观点，即名称与被说话者与它们结合在一起的摹状词同义；但它自身并未驳倒如下观点，即这些摹状词在语义上确定了名称的所指。所以，如果人们想批评摹状词理论的固定－所指版本，那么就必须想出另外的论证。在第二和第三篇讲座中，克里普克进行了这种工作。但在观察这些论证前，我们还需要考察他所采用的某些关键概念。

严格的指示词

严格的指示词和模态论证

第一个这样的概念是严格的指示符（designator）。①

---

① 这是一种简化的定义，各种复杂因素被抽取掉了。例如，我们在此将索引词和变量排除在考虑之外，且因此无需相对于语境来处理指称，也无需相对于变量来处理赋值。关于一种将这些复杂因素考虑进去的定义，请参阅我的 *Reference and Description: The Two-Dimensionalist Attempt to Revive Descriptivism*（in preparation）。为了现在的目的考虑，我们认为单称词项包括名称和像"如此这般的"（*the so and so*）这样的单称限定摹状词。

严格的指示词

一个单称词项 t 是一个对象 o 的严格指示符,当且仅当 t 在世界的所有可能状态中(在其中 o 存在)都指示 o;而且除此之外,(相关于 [with respect to] 任何可能的 – 世界 – 状态 [possible-world-state] 而言) t 绝不指示除 o 之外的任何东西。

如果一个单称词项 t 是一个对象 o 的严格指示符,那么包含 t 的句子——我们把它们当作关于可供选择的世界可能状态 w_1、w_2、w_3 的描述——为真,当且仅当同一个对象 o 在那些可供选择的状态中拥有相应的性质。例如,如果 t 是一个对象 o 的严格指示符,F 表达性质 φ,并且 p 是被 *Ft* 表达的命题,那么(i)p 相对于(relative to)世界的实际状态为真,当且仅当按照世界中实际的事情来说 o 具有性质 φ,并且(ii)p 相关于世界的其他任何可能状态 w 为真,当且仅当相对于 w 而言 o 具有性质 φ(也就是说,如果世界处于状态 w,那么 o 就会拥有性质 φ)。如果 t 是 o 的一个非严格的指示符,那么尽管(i)仍然成立,但(ii)则不然。如果 t 是非严格的,那么有句子 *Ft*、性质 φ、命题 p 和可能的世界状态 w 及 w* 存在,以使得 p 被 *Ft* 表达,且要么 p 相关于 w 为真,即使 o 相关于 w 并不具有 φ,要么 p 相关于 w* 为假,即使 o 相关于 w* 具有 φ(或二者都成立)。

例如,请考虑 9 和 10。

9. 1996 年美国总统选举的胜者是一位民主党人。
10. 比尔·克林顿是一位民主党人。

摹状词"1996 年美国总统选举的胜者"和名称"比尔·克林顿"指示同样的个体 o。既然 o 是一个民主党人,那么相关于世界实际所是(曾经是)的样子,9 和 10 都为真。但相关于世界的这样一种可能状态 w 而言则不然:在其中,克林顿还是民主党人,但共和党人鲍勃·多尔

（Bob Dole）赢得了 1996 年的大选。那个其党派所属关系决定了 10 相对于世界－状态 w 的真值的个体，是比尔·克林顿；而同一个个体与决定实际的世界状态中 10 的真值有关。因此，10 相关于 w 为真。但是，那个其党派所属关系决定了 9 相对于世界－状态 w 的真值的个体，并不是比尔·克林顿，而是鲍勃·多尔。因此 9 相关于 w 为假。这个例子表明，摹状词"1996 年美国总统选举的胜者"是非严格的，而名称"比尔·克林顿"则是严格的。

对一个严格指示符来说，同一个对象 o 相关于世界的所有可能状态而与之相应；而对一个非严格的指示符来说，相应的对象就不同的世界－状态而言是不同的，这是如何可能的？答案或许可以表述如下：如果 t 是严格的，那么无论究竟哪个对象实际上被 t 指示，它都被 t 相关于世界的所有可能状态而指示，在这些可能状态中，那个对象存在，且除它之外没有东西被 t 相关于任何世界－状态而指示；但如果 t 是非严格的，那么，要么实际上被 t 指示的东西未能被 t 相关于其他可能的世界－状态（在其中那个对象存在）而指示，要么除该对象外的其他某个东西被 t 相关于某种世界－状态而指示。① 这暗示了一种语言测试，来确定英语中任意一个单称词项是否是一个严格指示符。

语言测试

t 是一个严格指示符，当且仅当如下这个句子表达了一条真理：

那个实际上是（曾经是）*t* 的个体不可能在不是 *t* 的情况下存在，且除了那个实际上是（曾经是）*t* 的个体之外没有其他的东西可以是 *t*。

换一种说法是：英语中的一个单称词项 t 是严格指示词，当且仅当具有 11 和 12 这种形式的相关句子为假。一个单称词项是非严格的，当且仅当 11 或 12 为真。

---

① 这种想法只是粗略的近似值，它忽视了一些深奥的复杂因素，这些因素出现在如下这些特殊的情形中：索引词被考虑进来，且严格指示词的观念是与语境相关的。（对随后的语言测试来说也同样如此。）

11. 那个实际上是（曾经是）t 的个体可以在不是 t 的情况下存在。
12. 情况可能是：除了那个实际上是（曾经是）t 的个体之外的某个人是 t。

克里普克坚称，如果我们运用这项测试，就会发现：专名是严格的指示词，而大多数日常的摹状词则不是。这并不是说，他认为没有摹状词是严格的；例如，他认为"25 的正平方根"和"那个与索尔·克里普克相等同的个体"是严格的。但是，他相信，在大多数日常名称被考虑的地方，像这样的摹状词并不是说话者们用来给出意义或确证指称的好的选择。① 所以，在绝大多数日常名称的情形下，他会坚称：与它们结合在一起的摹状词是非严格的。尤其是，与名称"亚里士多德"结合在一起的摹状词 1—8 在我们的例子中是非严格的。

记住了这一点，我们便可以重述克里普克的模态论证。该论证实质上是下面的样子：

P1. 名称是严格的指示符。
P2. 通常来讲，被说话者与名称结合在一起的那些摹状词不是严格的指示符。

C. 所以，名称通常不与被说话者同它们结合在一起的摹状词同义。

这个论证立即被认为是对关于专名意义的描述主义的有力挑战，而且它时至今日仍然被很多哲学家所接受。

但是近年来，一种对上述论证的回应已经在那些仍然受到本质论吸引的理论家那里流行起来。该回应基于如下观察：对任何一个非严格指示词**这个 F**（*the F*）来说，当谈论任何一种可能的世界 – 状态时，我们都可以形成一个严格的指示词**这个实际的 F**（*the actual F*），它指

---

① 我们在此并未考虑像数字"2"这样的特殊案例，它或许可以被定义为"1 的后继"。

示在实际的世界－状态中是 F 的那个个体。① 例如，请考虑句子 13。

13．情况可能是：1996 年总统选举的实际获胜者并没有赢得 1996 年的总统选举。

从直觉上说，这个句子所说的东西是真的。这意味着，一定有这样一种可能的世界－状态 w 存在，以使得按照我们的用法，句子 14 在被当作一种关于 w 的描述时为真。

14．1996 年总统选举的实际获胜者并没有赢得 1996 年的总统选举。

这反过来意味着，算作是我们使用词项"1996 年总统选举的实际获胜者"——在被用来谈论关于 w 的事情时——之所指的那个个体，是那个赢得了那场选举的个体，但不是相关于 w 而言，而是相关于世界实际所是的样子而言。句子 14 相关于 w 为真，因为那个个体——那个相关于实际的世界－状态是获胜者的人——相关于 w 并未赢得选举。此处的教训是，将现实化算子加入一个摹状词**这个 F** 之中的结果，会产生一个新的摹状词**这个实际的 F**，它严格地指示前一个摹状词在实际的世界－状态中所指示的那个对象（如果这样一个对象是被**这个 F** 相对于世界的实际状态而独一无二地指示的话）。这种想法，已经被某些后克里普克的描述主义者用来提出建议说，名称并不与日常的摹状词同义，但与被用现实化算子加以严格化的摹状词同义。这种主张实际上攻击了之前提到的前提 P2，而且**并未被克里普克给出的模态论证驳倒**。

不过，这种提议却由于其他一些理由而行不通。第一，如果这种提议是正确的，那么被**如果 *n* 存在则 *n* 是 *D*** 表达的命题，就会与被**如**

---

① 这种陈述有几分夸张，并忽略了在第 379 页脚注①和第 381 页脚注①中提到的复杂因素。那些对一种更为丰富的故事感兴趣的人，应当参阅在第 367 页脚注①援引的著作中关于使用现实化算子（actuality operator）来对摹状词加以严格化的讨论。

果这个实际的 ***D*** 存在，则这个实际的 ***D*** 就是 ***D*** 表达的命题相同。后一条命题是先天可知的，独立于任何经验性证据。但是，当 n 是一个日常专名时，被**如果 *n* 存在则 *n* 是 *D***表达的命题，通常并不是先天可知的。因此，这两条命题是不同的，而保留论题1的提议就失败了。（这一点暗含在《命名与必然性》中。我们随后会回到这一点，那时将会讨论克里普克第二篇讲座中的材料。）

这种提议还有第二个问题，这是克里普克未曾提到的，但在我的《超越严格性》中则有长篇的讨论。① 我只会谈谈它的要点。实际的 F 是 G 这条命题，是一条谈论世界实际状态的命题，它说：那个相关于世界实际状态而言独一无二的是 F 的个体，也是 G。② 于是，一个人可能相信那个实际的 F 是 G，仅当他与世界的实际状态处于某种认识上的接触（epistemic contact）中，且因此，他相信一条关于它的特定命题。让我们为了论证的目的假定如下事情：（i）我们这些生活在世界实际所是的样子中的所有的人，都的确与这种世界状态有某种接触，而且（ii）因此，当相信 F 是 G 时，我们便自动也有资格相信，那个相关于世界的实际状态而独一无二的是 F 的个体，也是 G。但是，即使承认这一点，我们也必须认识到，当我们考虑的不是施事者实际上相信的东西，而是他们可能相信的东西时，事情会发生变化。当然，人们可以相信亚里士多德是一位哲学家，而与此同时并不与实际的世界-状态处于任何认识上的接触中，且因此并不相信关于它的任何事情。例如，如果与亚里士多德无关的各种事实有所不同的话，我可能仍然相信亚里士多德是一位哲学家。这种说法不过就是说，有某种可能的世界-状态 w 存在，它与实际的世界-状态不同，以使得相关于 w 而言我相信亚里士多德是一位哲学家，即使相关于那种世界-状态而言我或许并不相信关于实际世界-状态的任何事情。我或许并不相信关于实际世界-状态的任何事情，因为实际的世界-状态是一种总体的或最大的性质，它呈现了事物实际所是的方式。如果世界处于状态 w，我或许会相关于 w 而熟悉事物

---

① Scott Soames, *Beyond Rigidity* (New York: Oxford University Press, 2002).
② 在这段话中，我将"F"和"G"用作缩略字母。"D"被用作一种元语言变量。

所是的方式，且因此在认识上熟知 w；但我无需熟悉其他最大的可能的世界状态，且因此无需熟悉实际的世界-状态。如果这是正确的，那么这表明，对任何一个摹状词**这个实际的 D** 而言，人们可能相信被"亚里士多德是一位哲学家"所表达的命题，而与此同时并不相信被**这个实际的 D 是一位哲学家**所表达的命题，且因此这两条命题是不同的。① 所以，这种提议——名称与用现实化算子加以严格化的摹状词同义——就是错误的。

一种需要避免的混淆

在进一步深入之前，我们先暂停一下，去消除一种误解；人们很容易陷入这种误解中，但避免它是非常重要的。该误解产生自如下两条断言所制造的一种疑惑。

(i) 名称"亚里士多德"是一个严格的指示符。因此，对世界的所有可能状态 w 来说，它相关于 w 指涉同样的个体——亚里士多德这个人。

(ii) 亚里士多德被命名为"亚里士多德"，这并不是一条必然真理，情况可能是：名称"亚里士多德"并不指涉亚里士多德。因此，一定有某种世界-状态 w 存在，以使得这条断言——"亚里士多德"并不指涉亚里士多德——相关于 w 为真。

这两条断言都为真，而且都会得到克里普克的赞同。但是，这也

---

① 论证中的这一步暗中假定了——就像之前反对这种提议的论证一样——x 相信 S 报告了相信者和被 S 表达的命题间的一种关系。某些支持将名称分析为用现实化算子加以严格化的摹状词的人，对这种假设持有异议。关于对发展这样一种观点的最系统化尝试的答辩，请参阅我的 "Saul Kripke, the Necessary Aposteriori, and the Two-Dimensionalist Heresy", in M. Garcia-Carpintero and J. Maciá, eds. *The Two-Dimensional Framework：Foundations and Applications*（Oxford：Oxford University Press, forthcoming），and my *Reference and Description：The Two-Dimensionalist Attempt to Revive Descriptivism*, in preparation。

许似乎是令人疑惑的，因为（i）和（ii）或许看上去是不一致的。使得（i）和（ii）似乎不一致的是这种倾向：暗中接受（iii）这种明显到不言而喻的东西。

(iii) 三元关系"___ 相关于 ___ 指涉 ___"（在（i）里暗中被援引）存在于名称"亚里士多德"、亚里士多德这个人和一种世界-状态之间，当且仅当相关于 w 而言这是真的：二元关系"___ 指涉 ___"（在（ii）里暗中被援引）存在于"亚里士多德"和亚里士多德之间——也就是说，当且仅当"亚里士多德"指涉亚里士多德这条断言在被当作对 w 的描述时为真。

尽管原则（iii）初看上去似乎是无可否认的，但事实上它却为假。在整个这一章中，我们一直在遵循克里普克，将三元关系"___ 相关于 ___ 指涉 ___"当作是存在于一个名称 n、对象 o 和世界状态 w 之间的，当且仅当**按照我们此刻在这里在世界实际所是的样子中的用法，当我们的语词被认为是对 w 的描述时，n 指涉对象 o**。由于这一点，n 可以相关于 w 指涉 o，即使（a）名称 n 相关于 w 来说并不存在，或（b）相关于 w 来说，名称 n 并不被说话者用来指涉任何东西，或（c）相关于 w 来说，名称 n 被说话者用来指涉 o 以外的某样东西。如果世界处于状态 w，说话者们可能用名称 n 指涉什么——如果它的确被用来这样做的话——这一点与 n 是否相关于 w 指涉 o 无关。但是，如果世界处于状态 w，说话者们可能用名称 n 指涉什么这一点对确定如下问题却是至关重要的：相关于 w 来说，二元谓词"___ 指涉 ___"适用于哪一对名称和对象。**相关于 w 来说名称 n 指涉对象 o，这是真的，当且仅当如果世界处于状态 w，说话者们会使用 n 来指涉 o**。因此，（ii）说的是：有这样的世界-状态存在，以使得如果世界处于那些状态中，说话者们会用"亚里士多德"来指涉亚里士多德。这与（i）所做的断言是相容的——也就是，此刻在这里在世界实际所是的样子中，当我们的语词被认为是对任何世界-状态的描述时，我们用名称"亚里士多德"来指涉亚里士多德那个人。

严格的指示词和本质论

克里普克在《命名与必然性》的第一篇文章的关于名称的整个讨论中，都将如下事情当作是理所当然的：一个对象的本质性质和它的偶然性质间的区分是合法的。一个对象的一种本质性质是这样的：如果该对象在任何环境中毕竟还存在的话，那么它就不会缺少这种性质。一种偶然（contingent）或非本质的（accidental）性质则是：该对象拥有这种性质，但也可以在自身存在的情况下不拥有它。关于我的偶然性质的例子是：居住在普林斯顿这种性质、是一位父亲这种性质和是一位哲学家这种性质。关于我的本质性质的没有争议的例子要稀少得多，但下述东西似乎是很好的候选：是一个人类这种性质，拥有一个大脑这种性质，拥有一个由分子组成的身体这种性质，是有死的这种性质，不与索尔·克里普克相同一这种性质。

在一个严格指示符的观念和一个对象在本质上拥有一种性质这个断言之间，有一种密切的联系。(i)表达了这种联系。①

(i) 如果 n 是 o 的一个严格指示符，且 F 是一个表达了性质 P 的谓词，那么 P 是 o 的一种本质性质这条断言，等价于**这是必然的：如果 *n* 存在，则 *n* 是 *F*** 这条断言。

(i) 中提到的那种等价关系，与一种疑惑有关，蒯因在《命名与必然性》之前二十多年便已经用这种疑惑来质疑本质论的可理解性。②

---

① 我们可能需要讲讲对于我的术语的某种解释。谓词**表达**性质，而相关于世界-状态而言**适用于**对象。请注意，一个谓词表达了什么性质，这一点并不与不同的世界-状态有关。如果 F 表达了 P，那么对任何一种世界-状态 w 来说，F 相关于 w 而言适用于一个对象 o，当且仅当 o 相关于 w 拥有 P。

② See Quine, "Notes on Existence and Necessity", *Journal of Philosophy* 40（1943）：113–127；"The Problem of Interpreting Modal Logic", *Journal of Symbolic Logic* 12（1947）：

蒯因争论说：首先，一个对象的本质性质的观念是依据必然性的观念而得到定义的；其次，我们所把握到的关于必然性的任何东西，都被我们对谓词"是一条必然真理"——它适用于句子——的用法所表达，或是被我们对算子"这是必然的：……"——它附加在句子之上——的用法所表达。因此，他认为，如果我们要弄清楚这种想法，即在**本质上是 F** 适用于一个特定的对象 o，那么我们除了如下做法之外别无选择：将这条断言视作是基于如下假定的，即对一个指涉或描述 o 的词项 t 的某种被指定的选择而言，句子**这是必然的：如果 t 存在则 t 是 F** 是真的。

但是，蒯因也观察到，对任何对象 o 来说，都会有某些指涉 o 的词项 t 存在，它们使得句子**这是必然的：如果 t 存在则 t 是 F** 为假，即使有另一些指涉 o 的词项 t 使得该句子为真。因此，他认为，相对于描述 o 的一种方式来说，被 F 表达的性质或许最终是 o 的一种本质性质，而相对于描述 o 的另一种不同方式来说，被 F 表达的性质或许最终不是 o 的一种本质性质。但如果我们独立于任何描述而考虑 o 自身的话，又会如何呢？被 F 表达的性质是不是 o 的本质性质之一？似乎很难讲。

关于蒯因对这种所谓的令人疑惑的问题的介绍，这里有一个典型案例。

43-48；"Reference and Modality", in *From a Logical Point of View*（Cambridge, MA：Harvard University Press, 1953, 1961, 1980）; and "Three Grades of Modal Involvement", originally published in 1953, reprinted in Quine, *The Ways of Paradox*（New York：Random Hous, 1966）。关于蒯因的各有所长的阐释和批评，请参阅 David Kaplan, "Opacity", in E. Hahn and P. A. Schilpp, eds., *The Philosophy of W. V. Quine*（La Salle, IL：Open Court, 1986）, and John Burgess, "Quinus ab omni naevo vindicates", in Ali A.Kazmi, ed., *Meaning and Reference*（Calgary：University of Calgary Press, 1998）。伯哲斯（Burgess）指出，如果一个人（错误地）将必然性简单地当作分析性，并将分析性当作句子的一种性质——蒯因和他那时所批评的人们都是这样做的——那么他关于"一个对象在分析上的本质性质"的怀疑论就更有道理了（尽管它和真正的形而上学必然性或形而上学上的本质性质不再有关了）。卡普兰论证说：（i）蒯因关于上述事项的立场与如下更大的错误相连：反对对所有非外延性的构造进行"量化"，(ii) 任何接受逻辑真理的人都可以接受本质论的善良版本，以及（iii）尽管更强健的本质论断言的可理解性不应当被怀疑，但这些断言的真或假的确引起了实质性的形而上学问题。

第十四章 名称、本质和可能性

或许我可以用如下做法引起人们适当的困惑。数学家也许可以被说成是必然有理性的，而不是必然都是有两条腿的；而自行车选手必然是有两条腿的，但不是必然有理性的。但是对一个将数学和骑自行车都当作是自己怪癖的人来说，又如何呢？这个具体的个体是必然有理性而偶然有两条腿，还是相反？就我们只是在指称上谈论这个对象来说——并不偏好将自行车选手作为数学家的背景或相反——将他的某些属性当作是必然的而将另一些当作是偶然的，这没有任何表面上的合理之处。他的某些属性算作是重要的，而另一些则不重要，的确如此；某些是持久的，另一些是短暂的；但并没有必然或偶然的属性。①

假定 i 是某个个体，他既是一位卓越的数学家，又是一位冠军自行车选手，且假定"世界上最伟大的数学家"和"世界上最伟大的自行车选手"都指示 i。那么，既然 15a 可以为真而同时 15b 不为真。

15a. 这是必然的：如果世界上最伟大的数学家存在（也就是说，如果有这样一个作为世界上最伟大的数学家的个体），那么世界上最伟大的数学家是有理性的。

b. 这是必然的，即如果世界上最伟大的数学家存在（也就是说，如果有这样一个作为世界上最伟大的数学家的个体），那么世界上最伟大的数学家是有两条腿的。

那么这意味着，根据蒯因的观点，相对于将 i 描述为"世界上最伟大的数学家"这种选择来说，是有理性的是 i 的本质性质之一，但是有两条腿的则不然。但是，如果我们选择将 i 描述为"世界上最伟大的自行车选手"，那么就会得到相反的结果。既然 16a 可以为真而同时 16b 不为真，

---

① Quine, *Word and Object*, p. 199.

16a. 这是必然的：如果世界上最伟大的自行车选手存在（也就是说，如果有这样一个作为世界上最伟大的自行车选手的个体），那么世界上最伟大的自行车选手是有两条腿的。

b. 这是必然的，即如果世界上最伟大的自行车选手存在（也就是说，如果有这样一个作为世界上最伟大的自行车选手的个体），那么世界上最伟大的自行车选手是有理性的。

那么这意味着，根据蒯因的观点，相对于将 i 描述为"世界上最伟大的自行车选手"这种选择来说，是有两条腿的是 i 的本质性质之一，但是有理性的则不然。于是，蒯因认为，如下做法是讲不通的：独立于描述 i 的任何方式而问 i 自身，他的哪种性质是本质的，而哪种不是。

一般来说，蒯因假定，对任意一个对象 o 和一种性质 P 来说，没有原则上的、非任意的选择方式，来选择何种词项 t 应当被用来承担大意如下的断言，即 o 在本质上拥有或不拥有 P。因此，他的原则是，如下做法是讲不通的：独立于一个对象是如何被描述的，而问它是否在本质上拥有一种性质。相反，对象在本质上拥有或缺乏性质，这仅仅是**相对于**描述它们的方式而言的事情。

这些与克里普克的相关之处在于，按照他的看法，如果在严格和非严格的指示符之间有一种真正的区分，那么严格的指示符就提供了一种原则上的联系，这种联系位于关于对象的本质性质的断言和关于如下事情的断言之间：哪些句子表达了必然真理，而哪些不然。只有在（i）中提及的那些包含一个关于对象 o 的**严格**指示符的句子，才与 o 是否在本质上拥有性质 P 有关。当我们考虑一个对象是否在本质上拥有一种性质时，我们用一个严格的指示符来相关于所有可能的世界－状态去谈论同一个对象。因为该指示符是严格的，所以关于该对象是否相关于所有世界－状态而拥有那种性质的问题就等价于如下问题：将该性质归属给那个严格指示符的所指的句子或式子，相关于所有那些世界－状态而言是否为真。其他包含该对象非严格指示符的句子的

第十四章 名称、本质和可能性

真值，不过是无关紧要的。①

克里普克以这种方式驳斥了蒯因对本质论可理解性的反驳。我们面临的辩证的处境是：我们开始于一种直觉上的区分。尽管我被正确地描述为在西雅图长大的普林斯顿的哲学家，但是一位哲学家、在普林斯顿工作和在西雅图长大都是我的偶然性质——我可以存在，即使我并不在西雅图长大，并未涉足哲学，或并未在普林斯顿工作。相反，是一个有知觉的存在物（sentient being）或与索尔·克里普克不同—似乎是我的本质性质——似乎没有这样的可能场景存在，在其中我存在，但不是一个有知觉的存在物，或我就是索尔·克里普克。每个人都理解这些断言。尽管对于哪些性质属于何种范畴，或许有不一致或不确定之处存在，但我们在接受任何哲学中的指导之前，都认识到了这种断言的可理解性。接着，蒯因带来了一种反驳。他给出一种论证，意图表明：我们都在不知不觉中胡说。但是，他的反驳依赖于一条错误的前提——即对一个给定的对象 o 和被一个谓词 F 表达的性质 P 来说，不存在一种非任意的选择方式，来选择哪种指示 o 的词项 t 应当被用来构造如下陈述：**这是必然的：如果 t 存在则 t 是 F**；而关于 o 的本质论断言的真假依赖于这些陈述。克里普克通过表明如下事情而驳倒了这条前提，即严格的指示符且只有严格的指示符提供了如下东西之间的联系：一方面是关于陈述的必然性的断言，另一方面是关于对象本质性质的断言。在蒯因的反驳被扫除之后，我们如下前哲学的信念便得以保留：本质论断言是可以理解的。

此刻，人们必须警惕一种来自顽固的蒯因主义者的令人再熟悉不过的回应。他们会说，当然，如果严格指示词是讲得通的，那么本质论就也是讲得通的。用名称"亚里士多德"作为例子。说它是一个严格的指示词，就是说：在相关于一种可能的世界 - 状态 w（例如，在其中我们实际上称之为"亚里士多德"的 m 这个人，从未遇见柏拉图

---

① 请注意，既然"世界上最伟大的数学家"和"世界上最伟大的自行车选手"都是非严格的，那么 15 和 16 中的句子与如下问题无关：被它们指谓的个体在本质上是否是有理性的或有两条腿的。

或跟随他学习）进行评估时，被我们对一个像"亚里士多德是一位哲学家"这样句子的使用所做的断言为真，当且仅当相关于 w 而言 m 是一位哲学家（也就是说，拥有是一位哲学家这种性质）。但这一点是讲得通的，仅当如下事情是讲得通的：在独立于任何描述的情况下，来问那个个体 m 是否相对于某种仅仅可能的世界–状态而拥有一种特定的性质。当然，这是蒯因所质疑的那种事情。因此，蒯因式的怀疑论者坚称，克里普克对严格指示词的诉求是循环的，而蒯因有力的反驳仍然完好无损。

在我和克里普克看来，蒯因主义怀疑论者的这种招牌动作完全误入歧途了。我们从一种直觉上的、前哲学的区分开始，几乎所有人都认识到了这种区分的可理解性。蒯因提供了一种反驳。他声称要表明，在我们看待事物的方式中有某种不融贯之处。那么**他**所承担的证明任务就是，证明在我们的思维中有某种内在的不融贯性，在我们观点的不同方面之间有某种我们未曾注意到的冲突。克里普克对蒯因反驳的驳斥表明，他并未做到这一点。这时，如下说法是不会获得回应的：一个真正的蒯因式怀疑论者——他决定，无论如何也不接受本质论断言的可理解性——不会赞成克里普克进行驳斥的那些前提。从那些即便最坚定的怀疑论者也会接受的前提来证明本质论的可理解性，这并不是克里普克的责任，正如如下事情并不是反对关于外部世界的极端怀疑论的人的工作一样：证明除了自己和自己观念外的对象的存在，以满足一个决心采取唯我论立场的哲学家。这足以驳斥任何合乎逻辑的反驳，这些反驳是怀疑论者在尝试说服我们相信如下事情的过程中可能提出的：根据我们也必定会认识到的那些标准来看，我们日常的常识观点出错了。

有鉴于此，如下事情就并不奇怪了：克里普克在这一点上对蒯因最终的回应，有一种明显的摩尔式的味道。在紧跟着一段概括蒯因对这种断言——独立于它们被如何描述的这一点，对象拥有本质和偶然性质——之可理解性的反驳的话之后，克里普克说：

第十四章　名称、本质和可能性

有些文献甚至建议说，尽管必然性观念的背后或许有某种直觉（我们的确认为有些事物可以有所不同，而并不认为另一些事物可以有所不同），但这种观念 [关于必然和偶然性质间的区别的观念] 不过是某个糟糕的哲学家拼凑出来的学说，（我猜）他并没有意识到有一些方式来指涉同一件事物。我不知道某些哲学家是否没有意识到这一点；但无论如何，如下事情肯定是完全不正确的：这种想法 [在独立于对一个对象的描述的情况下，一种性质可以有意义地被认为是对该对象而言是本质上的或偶然的] 是一种没有直觉性内容、对常人来说毫无意义的观念。假设有人在指向尼克松时说："这就是那个可能失败了的家伙。"另外某个人说："噢，不，如果你把他描述为'尼克松'，那么他可能失败了；但当然，如果把他描述为那个获胜的人，那么他就不可能已经失败了。"现在，这里究竟哪个人才是那个哲学家、那个未使用直觉的人呢？在我看来，显然是第二个人。第二个人拥有一种哲学理论。第一个人会带着极大的自信说："好吧，当然，选举的获胜者**也许会是另外某个人**。如果竞选过程有所不同，那么实际的胜者可能会成为败者，而另外某个人则成为胜者；或者可能根本就没有什么选举。所以，像'胜者'和'败者'这样的词项并不在所有可能世界中都指示同样的对象。另一方面，词项'尼克松'不过是**这个人的名称**。"当你问道，**尼克松**是必然还是偶然地赢得了选举时，你是在问这样一个直觉上的问题：在某种反事实情况下，**这个人**实际上是否会输掉选举。如果某人认为，一种必然或偶然性质的观念（让我们忘记是否**有**任何非琐碎的必然性质，而只 [考虑] 这种观念的有意义性）是一种没有任何直觉性内容的哲学家的观念，那么他就错了。当然，一些哲学家认为，某样东西拥有直觉性内容这一点只是支持它的非决定性的证据。但我认为，这是支持任何事物的有力的证据。在某种程度上说，我的确不知道，最终说来，人们对任何事物还能拥有什么更具决定性的证据。但无论如何，我认为，认为偶然性质观念是未使用直觉的人，反而恰恰是拥有直觉的。①

实际上，克里普克的立场面临着关于本质论可理解性的蒯因式怀疑论，就像是摩尔的立场面临着他所面临的怀疑论一样。② 对克里普克来说，（i）有这样一种较强的原初预设存在，即我们日常的反事实谈论和与之伴随的在本质和偶然性质之间的区分，都是可理解的，以及（ii）为了保持这种区分，驳斥旨在证明这种区分不可能是融贯的那些怀疑论论证，就足够了。

如果这是看待上述情况的正确方式——我也相信如此——那么蒯因在这一点上的怀疑论为何产生了如此长久的影响？在我看来，有三个主要因素扮演了重要角色。第一，很多年来克里普克关于可能世界语义学的技术设备——包括他的严格指示词的概念——要么尚未存在，没有被广泛地理解，要么没有被很好地把握（而且有时和无关的、不可行的观点纠缠在一起）。如果没有一种有用的、容易运用的严格指示词的概念，那么对蒯因怀疑论反驳的回应应当是什么，这并不是完全清楚的。③ 第二，如同在很多怀疑论的讨论中一样，关于谁承担证明

---

① *Naming and Necessity*, pp. 41—42。方括号为原著中所有。

② 参阅本书第一卷第一章和第二章关于摩尔对怀疑论回应的讨论。

③ 当然，关于克里普克在严格指示符上的原则以及它们在回应蒯因 – 风格反驳中潜在的使用，有着历史上的先兆，这包括伯特兰·罗素、雷德蒙·斯穆里安（Raymond Smullyan）、弗雷德里克·菲奇（Frederick Fitch）、鲁斯·巴肯·马库斯（Ruth Barcan Marcus）、保罗·齐夫（Paul Ziff）、亚瑟·普赖尔、达格芬·弗洛斯达尔（Dagfinn Follesdal）、基思·唐奈兰（Keith Donnellan）、彼得·基奇和其他一些人。关于这些历史背景，请参阅我的 "Revisionism about Reference" 和 "More Revisionism about Reference"，以及约翰·伯哲斯（John Burgess）的 "Marcus, Kripke, and Names" 和 "How Not to Write History of Philosophy"，所有这些均见于保罗·W. 汉弗莱（Paul W. Humphreys）和詹姆斯·H. 费泽尔（James H. Fetzer）所编的 *The New Theory of Reference*（Dordrecht, Boston and London: Kluwer, 1998）。尽管这本书的写作是为了回应涉及恰当历史信用的令人厌恶的争论，但这些文章包含关于克里普克的先驱以及对蒯因进行回应的早期尝试的重要信息。（这场论战的另一个不同方面，被伯哲斯未出版的手稿 "Geach, Donnellan, Kripke, and Names" 所涵盖。）关于对一系列相关话题的有用的、广泛的概述，也请参阅斯蒂芬·尼尔（Stephen Neale）的 "On a Milestone of Empiricism"，载于亚历克斯·奥

责任的问题，从很早开始就变得非常混乱，而蒯因的维护者们（倔强地）拒绝授予关于可理解性的原初假定以平常的反事实谈论的地位，这种地位是克里普克以及其他支持本质和偶然性质区分的人所诉诸的。第三，那种现在已经为人熟知的关于必然性与分析性的混淆，在混淆那些生死攸关的核心问题上扮演了重要角色。蒯因的讨论表明他将分析性等同于必然性，而且将分析性当作句子的一种性质。考虑到他的这种看法——关于哪些性质是一个对象在本质上或偶然地拥有的断言，是关于对该对象的哪些陈述是必然的断言——他自然会得出如下结论：关于对象本质或偶然性质的断言，最终必定是关于哪些包含指示那些对象的词项的句子是由于意义而为真的断言。既然没有直接和自然的联系存在，以将关于句子意义的明确的语言上的断言与关于对象本质或偶然性质的等价命题捆绑在一起，那么他自然会得出结论说，这些关于对象的断言必定是令人困惑的。① 在克里普克对形而上学必然性观念——并不依附或依赖于分析性这样的语言概念——的清晰表述和维护之前，哲学家们谈论这些论题的方式，没有一种能够将问题讲清楚。一旦这种区分被做出，严格指示词观念的明晰性与实用性，就同本质论断言的可理解性分离开了，而且这几乎是不可抗拒的。

严格的指示词、可能世界和"跨界同一性"的标准

接下来，我们将把严格性的观念与可能世界的本质联系在一起，而且将它与克里普克在第一篇演讲中所处理的另一个论题或曰伪论题联系在一起——即对"跨界同一性"标准的需要。人们有时说，在能够评估这条断言——情况可能是这样的，即尼克松是如此这般的——

伦斯坦（Alex Orenstein）和彼特·克塔克（Petr Kotatko）所编的 *Knowledge, Language, and Logic*（Dordrecht and London: Kluwer, 2000）。

① 约翰·伯哲斯在"Quinus ab omni naevovindicatus"中，很好地讲述了关于这种推理思路的故事。如伯哲斯指出的那样，对这种辩证的情况而言，如下事情是毫无帮助的：蒯因主要的前克里普克反对者——他们维护从物模态（*de re* modality）、本质论，并且将其量化为模态构造——通常通过将必然性等同于分析性或逻辑真理来解释自己的必然性观念。

之前，我们需要解决如下这个问题，即在不同的可能世界中谁算作是尼克松。克里普克拒斥了与此相联系的一些不同的想法。第一，如果——出于某种理由（也许仅仅是因为你上了**世界 - 术语** [world-terminology] 的当）——你认为可能世界是很大的具体对象——它们是可供选择的真实存在的宇宙，但存在于某个对我们而言无法到达的时空部分中——那么对你来说，我们中的每个人显然只居住于一个世界中（就像我们中的每个人在一个时间点只居住在地球上的一个位置一样）。在这幅图景中，存在于其他世界中的任何个体都不可能与我们中的任何人相等同，包括尼克松在内。根据这幅图景，人们可以做的至多是确证这样的标准：在其他世界中的哪些人足够接近于我们的尼克松，以使得他们可以被恰当地描述为扮演了"尼克松这个角色"。（就好像人们可以了解这样的世界似的。）这并不是克里普克关于可能世界的设想。

对克里普克来说，一个可能世界就是一种可能的世界 - 状态——一种所有东西可以是的方式。实际上，它是一种宇宙可以拥有的最大的性质。① 说有这样的可能世界存在，在其中尼克松输掉了选举，这不过就是说：有这样一些性质存在，宇宙可以拥有这些性质，而如果宇宙拥有它们的话，那么尼克松会输掉选举。在详述这些性质——也就是说，这些世界 - 状态——时我们可以直接指涉尼克松自己。我们无需想出如下这样的描述性的标准：如果一个人扮演了"尼克松这个角色"的话，这种标准一定得到了满足。

我们可以换一种说法。在详述可能的世界 - 状态时，我们并未受到仅仅使用描述性的通名（general descriptive terms）的限制。我们并未被限于说这样的事情："世界 - 状态是这样的东西，如果宇宙处于任何一种世界状态中，那么某个这样的人会是如此这般的：他毕业于这

---

① 关于这种可能世界观念在本质上有用的讨论，请参阅 Robert Stalnaker, "Possible Worlds", *Noûs* 10（1976）：65—75, reprinted in Michael Loux, ed., *The Actual and the Possible*（Ithaca, NY：Cornell University Press, 1979）; and Nathan Salmon, "On the Logicof What Might Have Been", *The Philosophical Review* 98（1989）：3—34。

个国家人口最大的那个州的一个小学院,他先前是一位副总统,后来成为总统但被迫辞职。"如果我们只可以对可能的世界－状态给出这些种类的描述,那么我们就会需要一种关于同一性的描述性标准,来找出哪个个体——如果有这么一个个体的话——可以相关于一种给定的世界－状态而被当作是尼克松。但是,我们并未被限于这种方式。如下事情是没有理由的:纯粹的摹状词——不包含任何名称或其他严格的指示符——为何应当在详述世界－状态时拥有首选的地位。如果喜欢的话,我们可以将世界－状态规定为如下这样的:在其中,尼克松拥有一种特定的性质 P。既然"尼克松"是一个严格的指示符,那么在这样做的时候,我们就把这些世界－状态规定为这样的:在其中,一个特定的个体拥有 P。在考虑这些世界－状态时,我们无需决定谁是尼克松。

克里普克在如下段落中讲述了这一点:

> 这种要求对反事实情况的纯粹定性的描述的倾向,有很多来源。其中一个或许是对认识论和形而上学、先天性和必然性之间的混淆。如果某个人将必然性等同于先天性,并且认为对象通过独一无二的识别性质(identifying properties)而被命名,那么他或许会认为,这些被用来识别该对象的性质——就该对象而言它们是被先天地认识的——必定被用来在所有可能世界中识别它,以发现哪个对象是尼克松。与此相对,我重申一下:(1)一般而言,关于一种反事实情况的事情不是被"发现"的,而是被规定的;(2)可能世界不需要被纯然定性地给出,仿佛我们在通过望远镜观察它们。[1]

尽管这段话的主要论点看上去显然是正确的,但对最后一点的澄清还是必要的。当克里普克谈论"规定一个可能世界"时,他的意思并不是,哪些事物是可能的这一点,是一种关于我们所做的规定的事项。他的意思是,我们将哪些可能性挑选出来或进行谈论,这是一种

---

[1] *Naming and Necessity*, pp. 49—50.

取决于我们的事项。如下事情是取决于我们的：规定或详述世界真正可能处于的哪些可能状态是我们所感兴趣的，并希望对之做出断言的。更进一步地说，这个事实——当我们详述一类可能的世界－状态时可以使用名称"尼克松"——并不意味着这些详述总是会成功。我们或许试图详述这样的可能世界－状态，在其中尼克松拥有一种特定的性质 P；但我们未能做到这一点，因为事实上尼克松并不拥有那种性质。例如，我们不能成功地规定这样一种可能的情况，在其中尼克松是一个无生命的对象。在这种情形下，没有与我们的详述相对应的可能的世界－状态存在。这不过就是说，我们的详述是可能失败的；其实，发现它们是可能失败的，这表明关于可能性的事实并不是被我们的规定所创造或决定的。同样的要点适用于涉及摹状词的尝试性的详述。一般而言，在详述可能的世界－状态时，摹状词并不拥有对名称或其他严格指示符的优先性。

为何摹状词通常并不固定名称的所指

反对较弱的、指称－固定版本的摹状词理论的论证

让我们回顾一下自己的处境。在目前对《命名与必然性》的讨论中，我们已经完成了如下事情：

(i) 我们定义了严格和非严格的指示符的概念，并且论证了专名是严格的，而大部分被说话者与名称结合在一起的摹状词则不然。

(ii) 我们讨论了克里普克的模态论证，即名称并不与被说话者和它们结合在一起的那些非严格的指示词意思相同。此外，我们扩展了这种论证，以表明名称并不与被使用现实化算子而固定下来的摹状词意思相同。

(iii) 我们澄清了本质和非本质性质之间的区别，并尝试解释克

第十四章 名称、本质和可能性

里普克关于可能世界的谈论的意思是什么。

完成这些后,接下来我们将考察一种关于名称和摹状词间关系的较弱的理论。在第二篇演讲中,克里普克考虑了这种可能性,即如他所说的那样,摹状词可能"固定了名称的所指",与此同时却并未给出它们的意义。这种想法大致是这样的:即便专名在通常意义上没有意义,某种东西也必须为如下事情负责,即确证和保持一个名称及其所指涉的东西间的联系。某种东西必须确定了一个人对"亚里士多德"的说出指涉什么。或许最终是在语义上与名称结合在一起的摹状词起到了这种作用。也就是说,情况或许是:每个专名都与特定的摹状词结合在一起,这些摹状词提供了确定该专名指涉什么的标准——这些摹状词是该专名意义的一部分,被称职的说话者所掌握,即使它们并不提供该名称的同义词。①—旦摹状词固定了名称相关于实际的世界 - 状态所指示的东西,那么名称和所指之间的联系就变得严格了。因此,相关于任何可能的世界 - 状态 w 而言,名称指示相关于实际的世界 - 状态而言满足摹状词的那个个体——无论该个体相关于 w 而言是否满足那些摹状词。例如,假设我们拥有一个句子 *Fn*,在其中 n 的所指在语义上被一个摹状词的集合 D 固定。根据上述理论,被该句子所表达的命题的真值条件,可以被认为是按照如下方式被确定的。首先,如下事情被确定了:哪个对象 o 相关于世界的实际状态而言独一无二地满足了 D。接着,在考虑到这个对象时我们可以看到:被该句子表达的命题相关于任意一种可能的世界 - 状态 w 为真,当且仅当 *Fx* 相对于

---

① 描述性的指称 - 固定条件在语义上与该名称相结合,它们是该名称意义的一部分,而且被称职的说话者所掌握;在说这些的时候,我们将有吸引力的(尽管是有争议的)断言——n 的所指在语义上被一个摹状词固定了——和没有吸引力的断言——可以描述 n 是通过何种程序获得自己的所指的——区分开。对任何一个语词来说——"并且""必然地""如果""因此""显然地""亚里士多德""3"等等——都有某个正确的摹状词存在,它正确地描述了该语词获得自己意义或指称的过程。但是,这并不意味着所有语词都拥有在语义上被摹状词固定的意义或所指。描述语词如何获得自己的意义和所指,这是一回事;而说摹状词以摹状词理论所预期的那种方式而成为语词意义的一部分,这是另一回事。

w 而言适用于 o。

在测试这种理论的过程中,克里普克将该理论的推论(i)—(iv)孤立出来。

> 一个名称 n (在一个时间对一个说话者来说) 的所指在语义上被一个摹状词、摹状词的合取或摹状词的簇 D 固定。如果 D 固定了 n 的所指,那么:
> (i) 该说话者相信 D 适用于一个独一无二的个体;
> (ii) 如果 D 的确适用于一个独一无二的个体 o,那么 o 就是 n 的所指;
> (iii) 如果 D 并不适合于一个独一无二的个体,那么 n 就没有所指;
> (iv) 该说话者先天地知道(或能够先天地知道),句子**如果 n 存在则 n 是 D** 表达了一条真理。

在第二篇演讲中,克里普克认真地逐一考察了这些论题,并给出了自己的反例。我不会在这一点上过于啰唆,而只是试图指明其主要的想法。在这样做的时候,我会采用克里普克讨论中暗含的一种策略。我会认为,作为固定一个名称 n 对一个说话者而言的指称之候选的那些摹状词,差不多是这样的东西:当被问到"**你用 n 指涉谁或什么?**"时,该说话者会给出的摹状词——无论是原初地给出的还是服从于某些合理的理想化。所以,在给出这些反例时,我会假定:如果一个说话者使用摹状词来在语义上固定一个名称的所指,那么他通常已经了解——或很容易能够了解——这些摹状词,并且在被问到时能够提供它们。① 随后,当到达克里普克关于指称是如何被确定的正面理论的

---

① 某些后克里普克的描述主义者,并不接受这种对在语义上固定所指的摹状词候选的限制。我自己的观点是,一旦这种限制被放弃,那么在如下二者间做出之前脚注里所指明的那种重要区分,就变得很困难了:关于前语义的因果过程——语词通过它而获得意义和指称——的摹状词,和作为被称职的说话者所掌握的词项意义之一部分的

第十四章 名称、本质和可能性

时候，我们会考虑如下问题，即通过放宽松这种条件，他自己的正面理论是否能够具备如下这样的形式：一个摹状词被说话者与该名称结合在一起。

现在我们来考虑这些推论。首先是推论（i）。克里普克观察到，在关于很多名称的情形下，被说话者与该名称结合在一起的描述性信息过于贫乏，以至于无法独一无二地挑选出一个个体。名称"西塞罗"（Cicero）可以作为这样的一个例子。我们中的大多数人知道些关于西塞罗的什么事情？很多人知道的不过就是：他是一个著名的罗马人，或许是个政治家或某种演说家。但是，很可能有不止一个罗马政治家或演说家。我们中大多数人都认可这一点。那么，克里普克会说，我们甚至并不相信被自己与该名称结合在一起的那个摹状词独一无二地挑选出了一个人。因此，这是对推论（i）的一个反例。不过，我们对名称"西塞罗"的使用确实指涉一个独一无二的人。克里普克由此得出结论说，确定了我们对该名称使用的所指的语言机制，一定是除了描述性理论（descriptive theory）①所坚称的东西之外的某种事物。

这里有一点值得注意，它表明这种例子可能比有人一开始所认为的要常见得多。请想象，我们有这样一个说话者，除了西塞罗是一位著名的罗马政治家和演说家外，他还知道更多关于西塞罗的东西。假设他知道一个蒯因喜欢陈述的特定事实——也就是说，西塞罗是著名的罗马政治家，他第一个公开谴责加蒂兰（Catiline）。现在，这个摹状词的确将西塞罗其人独一无二地挑选了出来。所以你或许会认为，对这个特殊的说话者来说，克里普克对推论（i）的反驳是不起作用的。但是，人们在得出这种结论时需要小心。因为，被谈及的那个摹状词自身就包含一个专名——"加蒂兰"。而且，有人或许会要求那个说话

摹状词。关于对最近的描述主义版本——在我看来，这与上述区分是相冲突的——的批判，请参阅第385页脚注①中提到的那些著作。

① 译者注："描述性理论"（descriptive theory）一词在本卷中一共只出现了两次，且看上去并无独特的含义，可能只是对"摹状词理论"（description theory）的一种比较随意的改写。

者给出自己对加蒂兰的描述。如果这个说话者像我们中的大多数人一样，那么他可以做的至多是说，加蒂兰是罗马的领导人，他被西塞罗第一个公开地指责。所以，我们所拥有的是一对名称，"西塞罗"和"加蒂兰"，每个都与一个确定了独一无二个体的摹状词相结合，但仅当包含在该摹状词中的那个名称已经独立地拥有了一个指称时。如果该说话者的信息被这些摹状词穷尽了，那么摹状词理论就不能解释其中一个名称的所指是如何被确定的。

这个例子阐明了摹状词理论的纯粹的形式所强加的一种很强的要求，此时摹状词理论被当作一种关于所有名称的所指是如何被固定的理论。这种要求是，每个名称与**纯粹描述性的性质**相结合，这些性质足以独一无二地确定该名称的所指。但这是非常反直觉的。如果你问自己，你是否拥有这样一些与自己使用的每个名词相结合的性质，那么我相信你会得到这样的结论：你并没有这些东西。如果诚然如此，那么说话者们甚至并不认为自己拥有那种与每个名称结合在一起的描述性信息——该信息是上述理论的纯粹的形式所要求的。关于推论（i）我们就说这么多。

接下来是推论（ii）和（iii）。我们所讨论的"西塞罗"-类型的例子是这样的案例，在其中，我们指涉一个个体，即便供我们使用的纯然描述性的信息未能独一无二地挑选出任何个体。克里普克所考虑的另一种案例是这样的，在其中，问题并不在于信息的缺乏，而在于错误信息（misinformation）的存在。请考虑名称"泰勒斯"。关于泰勒斯我所知道的所有事情差不多就是：他是一位前苏格拉底哲学家，他认为水是万物之源。但是，假设有这样一个被同侪称为"泰勒斯"的个体，或至少他被称为这样一个名称：当被翻译和传递给我们时该名称就变成了"泰勒斯"。进一步假设，这个人的同侪将一种他从未持有的观点归属给他。假设他从不认为水是万物之源，而是相信某种更明智的事情。不过，关于他的故事传播开来并发生了改变，而现在留给我们的所有东西就是，泰勒斯认为水是万物的本源。在这个虚构的案例中，被我们与该名称结合在一起的摹状词，并没有指示该名称真正指涉的那个人。情况可能是，有另外某个前苏格拉底哲学家存在，他是一位不为任何人所知的隐士。即便不知为何他真的认为水是万物的本源，且因此满足被我们与该名称结合在一起的摹状词，但这仍然不会使得他成为泰勒斯。我们所使用的那个名称不会指涉他，而是指涉那个起初被误解了的哲学家。这些要点看上去表明了作为摹状词理论推论的（ii）和（iii）是错误的。

另一个克里普克所援引的这种类型的案例是关于皮亚诺的。大多数听说过皮亚诺的人所相信的关于他的主要事情是：他是现在初等算术标准公理——即所谓的"皮纳诺公理"——的创始者。实际上，他的确发表了这些公理，而且人们因此而记住他。但是，在一个脚注中他将这些公理归功于另一位数学家——狄德金（Dedekind）。这个脚注几乎被忘记了，而皮亚诺最后被大部分人当作是这些公理的创始人。让我们假定，这些公理真的是狄德金的成果。在阅读《命名与必然性》之前，我并不认为自己知道这一点，尽管我听说过"皮亚诺公理"。如果那时我拥有任何与名称"皮亚诺"结合在一起的摹状词，那么我认为它是"那个算术公理的发现者"。同样，我对名称"皮亚诺"的使用并不指涉狄德金。

但或许这会受到如下反驳：我拥有另外某个与该名称结合在一起的摹状词，它真的指涉皮亚诺。让我们考虑这样一个摹状词的一些候选项。第一个候选项是如下这个寄生性摹状词（parasitic description）：

"那个大多数人在使用名称'皮亚诺'时所指涉的人"

这种建议背后的想法是，一个自己所知道的东西不足以描述皮纳诺的人，可以通过这种寄生性摹状词来固定自己对该名称使用的所指，假定其他大部分人自身拥有资源以正确地、独一无二地指涉皮亚诺。这种想法的问题在于，它面临失败或循环的风险。如果大多数人并不拥有其他的摹状词——这些摹状词可以独立地成功指涉皮亚诺——那么持这种摹状词理论的人就无法摆脱如下结果：那些使用我们的寄生性摹状词的人未能成功地进行指涉。但我们可以想象这样的情形，在其中，大多数人缺乏这样的非寄生性摹状词；事实上，在名称"皮亚诺"的情形下可能真的是这样。不过，在这些情况下，人们的确指涉了某人，而且他们指涉的那个人就是皮亚诺。

指称－固定摹状词的其他候选又如何呢？请考虑：

"那个大多数皮亚诺专家在使用名称'皮亚诺'时所指涉的人"

这也好不到哪儿去，因为它并未指定我们谈论的是何种专家——在意大利歌剧方面？还是文艺复兴绘画方面？等等。那么，用"那个大多数数学家在使用名称'皮亚诺'时所指涉的人"是否更好一点呢？好吧，数学是一个很大的领域，而且情况很可能恰巧是：大多数数学家仅仅把摹状词－狄德金与该名称结合在一起。不过，他们还是用这个名称来指涉皮亚诺，而非狄德金。那么摹状词"那个大多数皮亚诺专家在使用名称'皮亚诺'时所指涉的人"又如何呢？但这只会将我们带入一种循环，因为为了找出谁是皮亚诺，我们必须首先确定皮亚诺专家，而为了找出谁是一名皮亚诺专家——也就是说，那些拥有关于皮亚诺其人的专业知识的人——我们首先必须找出谁是皮亚诺。

同样的循环性也影响下述摹状词

"那个算术公理通常被归属于的人"

什么叫做将算术公理归属给某个人？我想，这就是指那个发现了它们的人。好吧，如果我们问人们"谁发现了算术公理"，那么他们会说些什么？很多人或许会回答说"皮亚诺"，由此来说该名称指涉的任何那个人发现了算术定义。那么，该名称指涉谁呢？根据上述理论，它指涉那个满足摹状词"那个算术公理通常被归属于的人"的人。因此，为了确定满足该摹状词的那个人，我们首先必须获得名称"皮亚诺"的所指，但如果这种版本的摹状词理论是正确的，那么除非首先确定了谁满足这个摹状词,否则我们就不可能做到这一点。因此,我们再次陷入了循环。所有这些最后的结局是,很难想出任何非循环的、指称-固定的摹状词,它不受制于清楚的、显而易见的反例。在此基础上,克里普克的结论是:指称-固定版本的摹状词理论的推论(ii)和(iii)均为假。

这将我们带向摹状词理论的最后一个推论。

(iv)该说话者先天地知道(或能够先天地知道),句子**如果 n（曾经）存在,则 n（曾经）是 D** 表达了一条真理。

这条推论为何是该理论的一部分?好吧,如果那条固定了一个名称之所指的语言规则是:该名称指涉被一个特定的摹状词 D 所指示的任何人或东西,那么人们仅仅通过这条规则就知道(或能够知道),句子**如果 n（曾经）存在,则 n（曾经）是 D** 不可能不为真。为什么呢?因为,如果 D 未能指示任何东西,那么 n 也就未能指涉任何东西,而且该句子由于自己前件为假而是琐碎地为真的。另一方面,如果 D 的确指示某物,那么 n 也指涉同样的东西,而后件被担保为真。总之,这个条件句作为一个整体被担保为真。① 一个人知道(或能够知道的)的所有这些,都仅仅是通过知道那些关于语言的规则,而没有进行任何额外的经验性研究。尽管有人或许肯定会提出这样的问题,即这是否真的等于真正的先天知识,但目前我们会遵循克里普克在讨论自己例子时的指引,并认为"先天"的意思不过就是仅仅可以基于理解一个人的语言而可以被知道的东西。② 因此,如果指称-固定版本的摹状词理论是正确的,那么推论(iv)就总是应当成立。

---

① 如果有人担心,包含一个未能成功进行指涉的名称的句子,或许没有表达一条命题,且因此未能为真,那么他也许就会将对该推论陈述的理解改为,"那个说话者先天地知道(或能够先天地知道),如果'n 存在'表达了一条真理,那么'n(曾经)是 D'就也表达了一条真理。"既然这个问题并没有影响目前讨论的结果,我就把它搁置在一边。

② 这种关于先天的观念将会在第十六章重现并被批判性地加以评价。

但是，当考虑特殊的名称时，我们就会看到它通常是失败的。例如，请考虑名称"哥伦布"。在这里，会被很多人与该名称结合在一起的最突出的摹状词是这样的："1492 年自西班牙起航去寻找通向亚洲的新航线却最终发现了美洲的欧洲人。"但是，确定了该名称所指的语言规则，当然**不**是如下这点：根据定义，它是任何那个满足该摹状词的人。因为如果我们问自己，我们如何知道：如果哥伦布真的存在，则他就是那个 1492 年自西班牙起航去寻找通向亚洲的新航线却最终发现了美洲的欧洲人；那么我们当然**不**会说，我们是仅仅通过理解语言而先天地知道这一点的。相反，我们知道这一点，是因为我们在课本中读到了它，而且是因为我们的老师是这样告诉我们的。但我们的这些来源又是如何知道这一点的呢？大概是通过类似的方法，包括各种学术成果、证言、残存的档案、遗物和类似的东西。但如果情况是这样，那么我们的知识就依赖于经验性证据，且因此是后天的。此外，我们关于哥伦布的信念就仍然受制于修订，如果我们所依赖的某种历史证据被表明是伪造的、有缺陷的、不准确的或极不完整的。尽管我们不希望这种事情发生，但人们当然可以设想，新发现的证据或许会表明哥伦布从未离开西班牙，而是派了另外某个人代替自己。这表明，被 15 表达的命题或"句子 15 表达了一条真理"这个断言，在我们已经指明的那种意义上，都不是先天可知的。

15. 如果哥伦布存在，那么哥伦布就是那个 1492 年自西班牙起航去寻找通向亚洲的新航线却最终发现了美洲的欧洲人。

因此，当指称－固定版本的摹状词理论被当作是表达了涵盖所有专名的全称概括时，其主要推论似乎都为假。基于这一点，克里普克便得出结论：**没有这样真正的语义规则存在**，它规定了一个名称的所指是被说话者与之联系在一起的摹状词所指示的那个个体。但是，这并不意味着我们从未描述性地固定一个名称的所指。相反，克里普克认为我们可以——而且在罕见的情况下的确做到了——通过规定它是任何满足一个特定摹状词的那个东西，来在语义上固定一个名称的所指。他给出的例子是名称"海王星"。他建议说，这个专名最初被作为一个专名引入，为了指示任何引起了天王星预期轨道的特定偏离的东西。克里普克坚持认为，即使该名称被这样一种规定所引入，即它指涉任何最终满足一个特定摹状词的东西，但该名称仍然**不**与该摹状词同义，而是一个严格的指示符。此外，即使该名称最初被一个指称-固定摹状词引入，可随后，当它在说话者之间传来传去时，那个摹状词或许就被丢弃了，而那个名称则最终在不再指称那个摹状词的情况下被理解。如果克里普克是正确的，那么这或许就是名称"海王星"的历史。但是，对我们来说，句子"如果海王星存在，那么海王星引起了天王星预期轨道的特定偏离"表达了一条真理，这当然不再是先天的（如果它表达了一条真理的话）。

克里普克关于指称确定性的历史链条观念

所以，在克里普克看来，一个名称的指称是被一个摹状词偶尔地（occasionally）在语义上固定的。但在大部分情形下，这并不是指称最初被确定的方式；而且即便这是它被确定的方式，该名称与指称-固定的摹状词在语义上的结合也很可能也是短暂的。这产生了一个问题：在绝大多数情形下，一个名称的指称是如何被确定的。克里普克呈现了一幅关于指称-确定性（reference-determination）的积极图景，该图景试图来回答上述问题。他的想法是非常简单和贴近常识的。一个特殊的名称为了一个对象或人而被引入。在该名称通过某种语言洗礼（linguistic baptism）被引入后，那些引入该名称的人开始在交谈中用它指涉自己的承担者。新的人群听到了这个名称，并开始自己使用它，意图指涉他们的来源用它所指涉的同一个个体。这个过程会持续下去，其中该名称被从一个使用者传递给下一个使用者，每个使用者都成了指称传播或继承链条上的纽带。某种描述性内容时常会伴随着对该名称的传递，但该内容在说话者之间通常是因人而异的，而且随着使用的链条变得越来越长，情况最终可能是：对很多说话者来说，同关于与之结合在一起的所指的准确信息相比，该名称有着更多的错误信息。这没关系。被一个人最终与该名称结合在一起的信息，**不**是确定了其所指的东西。相反，一个说话者 x 对一个名称的使用的所指，被这样的历史链条所确定：它将 x 的使用与说话者们——x 从他们那里获得了该名称——联系在一起，将那些说话者与他们的来源联系在一起，并最终回到被该名称洗礼过的那个个体。根据这幅图景，如果一个获得了某个名称的人意图用它来指涉任何被他获得该名称的来源所指涉的那个个体，那么他对该所指拥有其他什么信念，这通常是无关紧要的。确定指称的不是一个说话者的信念，而是他处于其中的使用的链条。对克里普克来说，指涉通常并不是一个人孤立地进行的事情；它是一种共同体的活动。

这就是一般性的图景。但是，应当注意的是，克里普克并未讲清楚这种使用的链条的本质，或为了使得对一个名称的使用作为确定后来的指称的链条中的一条纽带，哪些事实必须成立。例如，假设那个我从他那里第一个得到名称"柏拉图"的人，在谈论自己的邻居，他相信这个邻居非常有智慧。假设在跟这个人说过话后，我进行了很多其他的交谈，在其中，名称"柏拉图"被用来描述苏格拉底著名的传记作者。在一个特定的时间点，我读到了柏拉图，且因此在白纸黑字中发现了这个名称。我阅读了柏拉图著作的译本。所有这些都可以为真，即使我错误地假定，那个我从他那里第一个听说名称"柏拉图"的人和其他所有人谈论的是同一个个体。在这种情形下，当使用名称"柏拉图"时，我在指涉谁？我在指涉作为自己最终来源的那个有智慧的邻居，就像他自己做的那样吗？或者我在指涉那个古代哲学家，就像我关于该名称的大多数其他来源所做的那样？当然，后一个回答才是正确的。但是，克里普克从未呈现一种准确、清晰的理论，以对像这样潜在成问题的案例给出一种清楚的裁定。据他讲，他的目的并不是提供这样一种理论，而是概述一种关于指称通常如何工作的可供选择的图景——这幅图景是这样的：在其中，用法的历史链条**以某种方式**连接了说话者和所指；而不是：在其中，说话者和所指之间的连接，由被该说话者与该名称结合在一起的摹状词所提供。

克里普克图景的不完备性也被指称改变的现象所阐明。有时，一个名称可以一开始指涉一样东西，随后经历一段时间——在其中那个事物与另外一个事物被混淆了——而更晚以后，它会只算作是指涉第二样东西——即使没有人曾经有意识地试图去重新定义那个名称或改变其指称。这样的案例由加雷斯·埃文斯（Gareth Evans）在文章《关于名称的因果理论》（"The Causal Theory of Names"）中呈现。① 他给出的例子是名称"马达加斯加"。他坚称，该名称的一种版本最初被用来指示非洲大陆的某个部分。但是，当阿拉伯人和欧洲人到达后，它们从当地人那里得到了这个名称，并错误地认为它是非洲东南海岸外一个巨大岛屿的名称。按照埃文斯所讲的故事，他们既意图用它指涉那个岛屿，又指涉本地人用其来指示的那个地区，并认为这两者是一回事。在一段时间后，该名称的所指明确地变成了那个岛屿。如果这是真的，那么这种例子并没有败坏克里普克关于一个名称的所指是如何被固定的历史观念。但是，它们的确表明，关于有什么参与进确证这种历史链条中的纽带这一点，有一种实质性的、非琐碎的问题存在。

历史链条理论是否为描述主义者（Descriptivists）提供了指称-固定的摹状词

记住了这一点，我们可以回到顽固的描述主义者有时会提出的那种建议，即克里普克所完成的工作仅仅是给出关于名称的摹状词理论的一种特殊的指称-固定版本。用最简单的话说，他们的想法是：一个名称 n 对一个特殊说话者而言的指称，在语义上被某个如下这样的摹状词确定，该摹状词可以从克里普克关于指称传播和继承的历史链条理论中被抽取出来。大卫·路易斯在 1977 年的文章《命名颜色》（"Naming the Colours"）中将这种想法陈述如下：

---

① *Proceedings of the Aristotelian Society*, supplementary volume 47 (1973), 187—208; reprinted in his *Collected Papers* (Oxford: Clarendon Press, 1985).

克里普克及其盟友难道没有驳倒关于指称的摹状词理论吗，至少对关于人和地点的名称来说是这样？那么我们为何应当期待描述主义对关于颜色和颜色经验的名称来说会做得更好？……我不同意这点。被很好地、真正地驳倒的，是这样一种描述主义版本：在其中，描述性的意义应当是一种关于著名的事迹和其他独特的特性的事项。一种更好的版本可以在这种攻击中存活下来：**因果性的描述主义**（*causal descriptivism*）。与一个名称结合在一起的描述性意义，或许是"我听说其名称是'Taromeo'的那个地方"或"这种殊型（token）的因果性来源：Taromeo"，而关于对此处被援引的那种对关系的表述，请参考持关于指称的因果性理论的人的著作。①

为了避免事情变得复杂，我们可以用摹状词"那个我从其那里获得该名称的某人或某些人在使用它时所指涉的个体"来阐明上述想法。一个人对名称的使用被这样一个摹状词固定，使得这种想法成立的事情之一，似乎是得到克里普克认可的这种要求：为了使得一条关于指称传播的链条通过将名称从一个说话者传到下一个说话者而被创造出来，获得那个名称的人必须意图使得自己的指称寄生于自己来源的指称。描述主义者可以被看作是提出了这样的建议，即要使得上述那种要求符合这样一种形式的摹状词：该摹状词在语义上固定了该名称的所指。

尽管这种想法也许显得是合理的，但我认为，还是有一些理由让我们对之更小心一些。第一，如下事情是不清楚的：在所有不同的与一个给定的名称结合在一起的摹状词中间，说话者们始终如一地暗中记住某个关于它的准确的指称-固定摹状词。我们知道，摹状词"那个我从其那里获得该名称的某人或某些人在使用它时所指涉的个体"

---

① 《命名颜色》第387页，脚注①，"Naming the Colours", in his *Papers in Metaphysics and Epistemology*（Cambridge University Press, 1999）, originally published in *Austra-lasian Journal of Philosophy* 75（1997）。当代的其他描述主义者表达了类似的想法。例如，参阅大卫·查尔莫斯（David Chalmers），"On Sense and Intension", 182。

第十四章 名称、本质和可能性

并不总是挑选出我关于 n 的所指。此外，即便理论家们也并不完全清楚，有哪个这种寄生性的摹状词足以处理所有不同的成问题的案例。目前，没有一种精确的、清晰的历史链条理论，能够供人们将其变为一个适合每一种案例的摹状词。而且，即使理论家们想出了这样一个摹状词，如下事情也远远不是显而易见的：无论何时，当使用一个专名时，日常的说话者们一定在暗中拥有这个摹状词，总是可以支配它。

第二，即使我们假定说话者们总是拥有一个与名称相结合的合适的寄生性摹状词，我们还需表明，在从他们与该名称结合在一起的所有摹状词中确定该名称的所指时，他们以某种方式在该摹状词的优先性上是一致的。这也许并不简单。如果我们要求日常的说话者们给予我们这样的摹状词：它们最可靠地详述了他们所使用的不同名称的所指；那么显然，他们不会自发地主动提议那些相关的、非循环的、寄生性的摹状词。或许，如果我们要引导他们穿过关于指称的足够多的克里普克风格的思想实验，那么我们会在引出对很多案例来说接近正确结果的寄生性摹状词方面取得某些成功。描述主义者或许会设定，像柏拉图《美诺篇》中的奴隶男孩一样，这些日常的说话者一定一直都拥有相关的指称-固定摹状词，并下意识地给予其优先性地位。但是，当然，这个故事必定会被当作是非常极端的推测。

第三，从头至尾，重要的是记住在本卷第 387 页脚注①和第 392 页脚注①中所做的关于如下二者间的区分：关于前语义的因果过程的摹状词——通过该过程语词获得并保持它们的意义及/或所指——和作为意义之一部分的摹状词——这些摹状词由此被已经掌握了这些语词的称职的说话者们获得和把握。尽管对我们语言中的每个语词来说，显然有第一种摹状词存在——包括"如果""并且""但是"——可这并不表明，对它们来说都有第二种摹状词存在。名称的所指在语义上被说话者与它们结合在一起的摹状词所固定，这条原则是一条有歧义的、成问题的论题，它声称：对所有名称来说，都有第二种摹状词存在。

第四，人们不应当认为，指称-固定版本的摹状词理论——它被认为是一种语义学理论,被称职的说话者们暗中掌握——以某种方式**必定**是正确的。情况可能是:有这样一个特定的过程存在,通过该过程,指称在说话者之间被传递。情况也可能是:通常来讲,当有人得到一个名称时,他意图用它来指涉任何这样的东西——自己从他那里得到该名称的那个人用它去指涉的东西;或指涉任何这样的东西——在作为一个整体的语言共同体中它被恰当地用来指涉的东西。一旦有人获得了这个名称,他就可以开始用它表达关于它所代表的对象的信念。随后,他或许完全忘记了关于自己如何获得该名称的所有方面,但保留了自己使用该名称所表达的相关信念。如果在随后这段时间中,有人问道,是什么确定了一个人对该名称使用的所指,那么回答或许是,其指称不过是继承自一个人使用它所表达的那些信念——无论他是否可能想出任何关于自己最初如何获得该名称的正确的摹状词,或任何关于自己随后对该名称的使用的正确的摹状词,而这个摹状词或许改变了它最初的指称。(想想柏拉图的案例。)如果这是正确的,那么或许有这样一个自然的指称继承的过程存在,通过这个过程,对一个名称后来的使用从早先的使用中继承了自己的指称,即使说话者自己并不必定对该过程拥有任何完全的、准确的理解。这种想法中没有什么不融贯之处。所以,如下这种想法并没有什么稀奇古怪的地方:或许没有正确的指称–固定版本的摹状词理论存在,它是一个人在掌握一种语言时所学会的东西的一部分。①

  我想,最终说来,当我们问到对一个说话者在某个时间点而言一个名称的指称是如何被固定的时候,在《命名与必然性》中有关于这

---

① 同样应当记住的是,即使某种较弱版本的摹状词理论是正确的——根据该理论,名称的所指在语义上被路易斯风格的摹状词固定——这种理论也无助于解决描述主义者在传统上最为关心的问题——也就是说,规定被包含名称的句子所表达的,并被那些接受或断然地说出那些句子的说话者所相信和断言的命题的内容。当我说古巴比伦人相信金星是一颗恒星时,我并不是在说:他们相信,被一种恰当的关于使用的历史链条与我们对语词"金星"的说出联系在一起的那个对象,是一颗恒星。所以,即便——这看上去是极其不可能的——某种这样版本的描述主义能够被用来起到在语义上表述指称–固定的作用,它也**不会**解决关于内容的问题,而该问题是描述主义者最为关心的。

种问题的不清晰之处存在。在克里普克的写作中，这常常好像是一个关于规则的问题，该规则是当说话者学会一个名称时所掌握到的——这种规则是，**"n"在语境C中被用来指涉（a）无论任何满足如此这般的摹状词的东西，或（b）无论任何处于如此这般的指称传播链条终端的东西。**根据这种看待事物的方式，"一个名称的所指是如何被固定的？"被用来表达的那个问题，是一种对语义规则的要求，该规则被说话者们在暗中所把握到，并且可以被他们用来详述包含该名称的句子的真值条件。但这并不是该句子可以被用来提问的唯一的问题类型。

例如，它有时可以被用来提问一种实用上的问题，即在一种特殊的场合，一个词项与它的各种内容中的哪一个相连用。例如，人们或许想知道，在一种特殊的场合，是什么确定了"大卫"是被用来指涉大卫·卡普兰还是大卫·路易斯，就像人们或许想知道，在一种特殊的场合，是什么确定了语词"bank"被用来谈论一段河岸还是一个金融机构。这些语词的特殊用法的因果来源，或许很好地与对这些问题的回答相关。但是，这些问题并不是关于哪些意义被分配给语词的语义学问题；相反，它们是关于如下事情的问题：当一个语词具有多重意义时，如何确定一个说话者是在何种意义上使用它。

"一个名称的所指是如何被固定的？"还可以被用来提问另一类问题。和理论家一样，我们也许想知道（i）一个名称或其他任何表达式最初是如何拥有意义及/或指称的，以及（ii）由于说话者对其使用的哪些方面，它在该共同体的通用语言中保留了那种意义和指称。即便我们完全弄清楚了一条给定的表达式——在作为整体的共同的语言中，或在一种特殊的场合被一个说话者所使用时——的意义和指称是什么，之后还是会有一些理论上的问题产生出来。这些问题是关于因果过程的基础性问题，这些过程最初将语义性质赋予表达式，并在该语言中使它们保持所具有的那些性质。

当克里普克讨论指称-固定版本的**摹状词理论**时，他显然在讨论一种关于名称语义的提议。由于这一点，他构架一般性讨论——"是什么固定了指称?"——的方式,看上去似乎在暗示他对该问题给出的两种回答——"在某些异常情形下的摹状词"和"对绝大多数专名而言的指称传播的历史链条"——是等量齐观的。既然关于摹状词的断言显然可以被理解为语义上的,且因此是关于说话者在学习各种名称时必须掌握的语言规则的,那么这就鼓励粗心大意的读者去错误地同样看待关于历史链条的断言。我相信,这是克里普克关于如下问题讨论的源头:描述主义者在最后关头,试图将他关于指称传播的历史链条理论解释为提供了一种关于名称语义的正确的描述性理论所需要的那些摹状词。这将他们导向如下观点:抛开细节不谈,这些观点认为,n 对一个特殊说话者而言的指称,在语义上被这样一个摹状词"当使用 n 时我的来源们所指涉的那个个体"所固定。

在我看来,上述整个思路都是大错特错的。在关于名称的语义问题上,没有任何特殊的地方。通常来说,当一个人在自己共同体的语言中使用任何一个语词时,他都带有这样的意图:它应当带有自己已经获得的任何意义和指称。这是一种关于所有表达式使用的事实,而不是关于它们中任何一员的语义的事实。在有关于名称的额外问题存在的范围内而言,它们是实用的、基础性的问题。克里普克关于原初洗礼的评论,应当被视为对如下基础性问题的回答:"由于什么东西,这些词项最初开始在语言中指涉自己所指涉的东西?"他关于指称传播的因果链条的评论,应当被理解为提供了回答如下实用问题的信息:"对一个名称的特殊的说出指涉了它众多承担者中的哪一个,这是如何被确定的?"以及回答如下基础性问题的信息:"由于什么东西,该名称在这种语言中继续指涉这个对象?"[①] 如果有人问:"一种关于这些名称的**语义学**理论应当告诉我们什么?"我相信,最合理的回答是:它应当告诉我们,这些词项在共同体的通用语言中指涉什么,且除此

[①] 克里普克通过洗礼和关于指称传播的历史链条来讨论指称-固定,这种看待相关讨论的方式,在我之前的学生乔纳森·麦基翁-格林(Jonathan McKeown-Green)那里得到了解释和有力的辩护,参阅他未出版的普林斯顿大学博士论文,*The Primacy of Public Language*(2002)。

之外没有任何东西。但是，这将我们带离了克里普克自己暗中承诺的东西，并带向了《命名与必然性》所提出的一个悬而未决的基础性问题的边缘。该问题与克里普克关于必然真理和先天真理之间区分的突破性讨论是密不可分的，我们将在下一章处理它。

第十五章

必然后天性

本章提要

1. **讨论必然后天性和偶然先天性的框架**

   作为句子内容的命题、信念的对象以及真的承担者

2. **必然后天性的真正示例：解释和对我们探究观（Conception of Inquiry）的影响**

   作为在形而上学上可能的世界－状态的空间中定位实际的世界－状态的探究；这种观念与必然后天性的不相容性。克里普克对必然后天性真正示例的解释，为何表明现实的东西（the actual）有时在认识论上先于可能的东西（the possible）

3. **同一性陈述和必然后天性**

   克里普克如下论证中的间隙：涉及名称的真的同一性陈述，常常只能是后天可知的；以及对他如下推理的一种可行的重构：这种推理使用去引号化原则，这些原则将对句子的接受与在它们所表达的命题中的信念联系在一起；强的去引号化原则显而易见的错误之处；可行的弱的去引号原则的无效性；这些问题在意义的不透明性（nontransparency）中的根源；最后的评估；克里普克涉及名称的论证呈现给我们一种困境

4. **关于探究的更多备注**

我们讨论的框架

有必然后天性的真正例子存在这条断言和相应的断言——即有偶然先天性的真正例子存在——是《命名与必然性》中最重要、影响最深远的原则。在本章，我们将解释和评价第一条断言以及克里普克对其给出的论证。在第十六章，我会以同样的方式处理第二条断言。认为克里普克对这些话题的讨论是突破性的，这是很恰当的，而且我将论证，他的很多例子和论证是富于启发性的。但是，我也会讲讲那些起码是令人困惑的甚至是有缺陷的事情，以此指出在我看来他把水搅浑的方式。在必然后天性的情形下，我认为，他所说的大部分东西可以被直接当作是正确的，尽管如我们将会在本章和第十七章看到的那样，他的讨论的某些部分不必要地削弱了他的案例。在偶然先天性的情形下，我们需要大量进一步的重构和修订。我们在本章和下一章的目的是，澄清和纠正这些事情，以到达关于这两条原则的清晰、可靠的版本。

在阐明克里普克所做讨论的令人困惑和富于启发性的两个方面时，在这两章里，我将使用一种适度的理论化框架，该框架超出了他在《命名与必然性》中明确承诺的东西。这种说明性框架的核心假设如下：

A1. 有些东西被声称、相信和知道。像声称、信念和知识这样的命题态度，是存在于施事者和它们所声称、相信和知道的东西之间的关系。

A2. 被声称、相信和知道的东西可以被句子表达，也可以被如下从句所指示：S 这条陈述，S 这条声称，S 这条信念，S 这条断言，S 这条命题，甚至仅仅是 S。我把被这些从句所指示的东西称为"命题"。

A3. 命题是（偶然或必然的）真理和谬误的承担者。

A4. 命题并不与被用来表达它们的句子相等同。无论它们最终是什么，概言之，命题都是这样的东西：它们是"说"或表达同样东西的不同句子所共同拥有的东西。

A5. 命题态度归属句——x 声称/相信/知道/先天地知道/后天地知道 S——报告说，一个施事者声称、相信、知道、先天地知道或后天地知道被 S 所指示的命题。

克里普克对必然后天性和偶然先天性的讨论表明了他对如下观点的承诺：（i）有这样的真正的案例存在，在其中，某个东西既是必然为真的又是仅仅（基于经验性证据）后天可知的，以及（ii）有这样的真正的案例存在，在其中，某个东西既是偶然的又是（无需诉诸那种证据）先天可知的。从我们适度的理论化框架的观点看，这种观点就是：有某些命题——也就是说，能够被声称、相信和知道的东西——存在，它们既是必然为真的又是仅仅后天可知的，而且有其他一些既是偶然为真的又是先天可知的命题存在。尽管我会论证说，这种观点是正确的，但我也会对克里普克对大量案例的处理提出严肃的问题。

必然后天性的真正示例：解释和对我们探究观的影响

有一种自然的和最初具有吸引力的探究观，根据这种观念，对一个给定主项的无知，是缺乏关于如下东西信息的事项：在某些世界可能处于其中的相关的不同可能状态中，它实际上处于哪种状态里；而完全的无知是这样一种状况，在其中，一个人不知道，在所有世界可能处于其中的相关的不同可能状态中，它实际上处于哪种状态里。根据这种观念，当一个施事者处于这种状况中时，（i）世界的所有在形而上学上可能的状态，在认识论上都是可能的——也就是说，世界可能是的每种方式，都是这样的一种方式：对施事者所知的所有东西来说，它实际上可能是这样的；以及（ii）每种认识上的可能性都是一种形而上学上的可能性——也就是说，对施事者所知的所有东西来说，世界可能是的每种方式，都是世界真的可以是的一种方式。探究是逃离这种无知处境的过程。通过研究世界或依赖其他人的证言，施事者学会了偶然的真理，这些真理将世界实际上所是的方式与它可能是但并不实际上是的其他方式区别开来。施事者每学会了这样的一条真理时，他都缩小了与他所知道的东西相一致的形而上学/认识论上可能性的类，而且在这个类中他定位了世界实际所是的方式。根据这种观念，获得信息等同于缩小与一个人所知道的东西相一致的形而上学上可能的世界-状态的范围。我们或许也说，一条命题的真提供了支持另一条命题的真的信息。根据这种观念，通过排除 q 在其中或许未能为真的可能的方式，一条命题 p 的真提供了支持一条命题 q 的真的信息。因此，p 的真支持 q 的真，仅当这样的可能的世界-状态的集合非空：相关于这个集合而言，q 的否定和 p 都为真。

这种探究观有两条直接的后承。第一条是，必然真理是不提供信息的。既然它们相关于所有可能的世界-状态都为真，那么关于它们的知识就没有提供任何信息，而且与如下事情无关：在世界可能是的方式的范围内，定位世界实际上是的方式。第二，没有这样的必然真理存在：它们尽管是可知的，但仅仅是后天可知的。说一条命题 q 是仅仅后天可知的，这就是说一个人可以拥有为了知道 q 而不得不拥有的那种辩护，仅当他拥有支持它为真的经验性证据。但是，根据以上概述的那种探究观，这是不可能的。为了使得任何命题 p 的真能够支持 q 的真，且因此提供关于后者的证据，必须有这样的可能的世界-状态存在：相关于它来说，q 是不为真的——而这种状态被 p 的真排除了。既然 q 是必然的，那么就没有这样的可能的世界-状态存在：相关于它来说，q 是不为真的；因此不可能有关于 q 的经验性证据。这意味着，根据以上概述的那种探究观，不可能有这样的必然真理：尽管它们是可知的，但只是后天可知的。

尽管一些哲学家认为，这种探究观以及得自它的推论是可行的，甚至是不证自明的，但这种观念却直接受到了克里普克在《命名与必然性》中所发展的那种框架的挑战。① 这种挑战可以通过如下例子来说明。

1. 格里高利·索姆斯与布莱恩·索姆斯并不等同（也即二者不是同一个个体）。
2. 如果索尔·克里普克存在，那么索尔·克里普克是一个人类。
3. 这张桌子并不是用黏土造的。
4. 如果这张桌子存在，那么它是由分子构成的。

显然，其中每个句子似乎都表达了一条仅仅基于某种经验性证据而后天可知的命题。在（1）的情形下，一个人需要找出谁是格里高利和布莱恩，并确信他们是不同的。在（2）的情形下，如果所提的问题是问，克里普克是否是一个见多识广的机器人，或是来自另一个世界的外星人，那么人们需要经验性的证据以排除这些可能性——尽管鉴于它们的空想的本质，当然不会有什么证据被获得。类似的要点也适用于（3），对它的辩护或许由一种对桌子的粗略检查所提供。在（4）的情形下，知道它所表达的真理这一点所要求的证据要多得多，也更为复杂。同样，既然在所有四种情形下，知道被表达的真理这一点都要求经验性证据，那么所有四条命题都仅仅是后天可知的。

它们也是必然的。在每种情形下，主语表达式都是一个严格的指示符——名称"格里高利·索姆斯"和"索尔·克里普克"，加上指示性的短语"这张桌子"。② 由于这一点，这些句子表达了必然真理，当

---

① 一个接受这种探究观并将其扩展以用来提供一种话语模式（model of discourse）的哲学家的很好的例子，是罗伯特·斯塔内克。参阅他的"Assertion"，*Syntax and Semantics* 9（1978）：315—332, reprinted in his *Context and Content*（New York：Oxford University Press，1999）, and his *Inquiry*（Cambridge，MA：MIT Press，1984）。

② 说一个索引式短语——比如"这张桌子"——是一个严格的指示符,这大概就是说，当一个人在一种关于言说的语境中用它指涉一个特殊的事物时，该事物相关于所有可能的世界－状态而保留自己的所指，而相关于这一点而言，我们可以评估一个包含它的句子。所以，如果我说"这张桌子是木头做的"，并指涉那张现在直接在我面前

且仅当被它们归属给自己主词所指的性质是本质性质——即如下这些性质：不与布莱恩·索姆斯等同、是人类、不是用黏土造的、是由分子构成的。这些看上去的确是本质性质；事实上，它们似乎是任何拥有它们的东西的本质性质。例如，人们可以认为：任何真的不与布莱恩·索姆斯是同一个个体的个体，不可能存在而同时又与布莱恩·索姆斯是同一个个体。因为名称"布莱恩·索姆斯"自身是一个严格指示符，我们也可以换一种说法：既然不等同这种性质是任何一对拥有它的事物的本质性质，那么如果两个个体（就像我的两个儿子）真的是不等同的，那么就不可能有这样的环境存在，在其中，他们是同一个个体。同样的要点适用于上述例子中提到的其他性质——任何真的是人类的东西不可能存在而同时又不是人类，任何不是黏土做的对象不可能存在而同时又（起初完全）是黏土做的，任何真的由分子构成的东西不可能存在而同时又不是由分子构成的。因此，句子（1）—（4）都表达了必然真理。既然它们也仅仅是后天可知的，那么它们是必然后天性的例子。

怎么会是这样？一条必然的（而且被知道是必然的）命题如何可能仅仅是后天可知的？克里普克的回答诉诸我们关于哪些性质是本质上的知识。他非常合理地论证说，我们**先天地**知道，像不等同、是人类、不是用黏土造的、是由分子构成的这样的性质是拥有它们的事物的本质性质。所以我们先天地知道，如果事物拥有这些性质，那么就必然拥有它们。这意味着，被（1）—（4）表达的那些命题是这样的：我们先天地知道，**如果**它们为真，**则**它们是必然为真的。同样，发现它们事实上为真，这要求经验性的研究。这意味着，为了发现某些事物是否相关于世界的所有可能状态为真，以及其他事物是否相关于世界的任何可能状态都不为真，我们有时首先必须发现什么相关于世界

的桌子，那么在被当作关于任何可能的世界状态 w 的描述时我就说了某种为真的东西（表达了某条命题），当且仅当假如世界处于状态 w 中则 t（那个对象）会是木头做的。参阅 David Kaplan, "Demonstratives", in Joseph Almog, John Perry, and Howard Wettstein, eds., *Themes From Kaplan*（New York and Oxford：Oxford University Press，1989）。

的实际状态为真。**有时为了发现什么是可以的、什么是不可以的，人们必须首先发现什么是什么**。这种洞见与对以上概述的探究观的接受不相容。根据那种观念，必然真理是不传递信息的，认识上的可能性被限制在形而上学的可能性上，而且所有的探究都是关于如下事情的事项：缩小世界真的可以处于其中的（在形而上学上）可能状态的范围。克里普克的论证或许可以被当作是表明了如下事情：这些观点和它们所基于的那种观念，恰恰是错误的。

这种观念的核心问题在于，它把事物能够被**设想为**（conceivably）是的方式，限制为它们能够**真的**（really）是的方式——也就是说，它把认识上的可能性限制为形而上学可能性。这就是克里普克所拒斥的东西。他并没有去识别这两种可能性，而是截然地区分了它们。[①]一旦做到这一点，而且严格指示词和对象非琐碎的本质性质的存在都被接受的话，那么必然后天性的得出就不成问题了。[②]

那么，我们该如何看待探究呢？是否有任何方法来修订原初的观念，既保留它吸引人的特征，又避免其错误？尽管克里普克并未清楚地应对这个问题，但还是有一种使用他所提供的材料去做到这一点的自然的策略。记住，对克里普克来说，可能的世界状态并不是交替的（alternate）具体的宇宙，而是抽象的对象。它们是真实的具体的宇宙可以是的最大的完整方式——宇宙可以示例的最大的完整性质。以这种方式看待它们，这暗示了一种显而易见的概括。就像有某些对象可以拥有的性质，也有它们不能拥有的其他性质那样，也有某些宇宙可能拥有的最大的完整性质——可能的世界状态——和其他一些宇宙

[①] 如我们在第十七章将要看到的那样，这个要点需要进一步地讨论。在《命名与必然性》第三篇演讲的临近结尾处，克里普克回应了一种对他必然后天性观念的反驳，他回应的方式似乎会令人对他对认识上和形而上学上可能性之间截然的、坚实的区分的承诺产生怀疑。在最后我将论证，相应的段落既是误导人的，又是反常的。但是，既然这发生在他对自然类别词项的讨论中，就让我们等到那时再分析它。

[②] 从本质上说，这种对必然后天性的解释由克里普克在如下地方给出：pp. 151—153 of "Identity and Necessity", in Milton Munitz, ed. (New York: NYU Press, 1971).

不可能拥有的最大的完整性质——不可能的世界状态。① 如果对象不可能拥有的某些性质——就像我们的例子（1）—（4）所指明的那样——却可以被人们设想为那些对象所拥有的，那么当然，某些宇宙不可能拥有的最大的完整性质（世界的某些可能状态）也可以被人们设想为宇宙所拥有的。考虑到这一点，人们就可以将某些必然真理不传递信息这一点，解释为得自如下事实：对它们的学习允许人们排除某些不可能的，但却可设想的世界状态。此外，人们可以解释经验性证据在如下事情中所扮演的角色：提供关于被句子（1）—（4）所表达的必然命题的知识所需的辩护；经验性证据需要排除特定的不可能的，但却可设想的并在认识论上相关的世界－状态，相关于这些世界－状态而言，这些命题为假。② 因此，通过扩展认识论上可设想的世界状态的范围，以使得其包括某些在形而上学上是不可能的世界状态，人们可以修正原初版本的探究观，以使得它适应像（1）—（4）这样的克里普克式的例子。至于这种修订是否足以使这种观念免于陷入进一步的问题，这是我们随后将会回到的话题。

同一性陈述和必然后天性

克里普克论证中的间隙

现在我们转向克里普克给出的关于必然后天性最著名的例子——涉及严格指示符的同一性陈述。

5. 长庚星是启明星。

---

① 关于这种世界－状态观念的解释和维护（为了回应一个不同的问题），参阅 Nathan Salmon, "The Logic of What Might Have Been", *The Philosophical Review* 98, 1（1989）: 3—34。

② 这里，我假定名称和索引词（不同于比如"用来制造这张桌子的材料——如果这张桌子存在的话"这样的限定摹状词）相关于所有的世界－状态——无论可能与否——而言严格地指示了同样的东西。

6. 长庚星是长庚星。

7. a=b。

如果一个具有（7）这种形式的句子为真，那么占据"a"位置的词项和占据"b"位置的词项指涉同样的东西。如果它们是严格的指示符，那么这意味着，相关于该事物存在于其中的所有世界–状态而言它们指涉同样的事物（且绝不指涉其他任何事物）。为了避免事情变得复杂，让我们忽略该事物不存在于其中的世界–状态。那么我们就知道，任何具有（7）这种形式的真句子——在其中词项是严格的指示符——都是一条必然真理；所以（5）和（6）是必然真理。（我们将（5）和（6）中的"是"当作是关于同一性的"是"。）当然，如果我们将其中一个名称替换为一个非严格的指示符，就像在（8）中那样，那么这个例子就可以不是必然地为真。

8. 在特定季节的夜空的特定位置被看到的那颗行星是长庚星。

在《命名与必然性》的第二篇文章中，克里普克考虑了一种他归属于蒯因的对该观点的反驳。

> 关于这一点，在蒯因和鲁斯·巴肯·马库斯之间有一个争论。马库斯说，名称间的同一性是必然的。如果某人认为西塞罗是图利（Tully），并且真的将"西塞罗"和"图利"用作名称，那么他由此就承诺了去认为自己的信念是一条必然真理。她使用了"单纯的标签（mere tag）"这个词项。蒯因做出了如下回应："我们可以给某个晴朗夜空中的金星贴上专名'长庚星'的标签。我们也可以给某天日出前的同一颗行星贴上专名'启明星'的标签。当我们发现自己给同一颗行星贴了两次标签时，我们的发现是经验性的。……"①

---

① *Naming and Necessity*, p. 100.

蒯因由此得出结论说，被（5）表达的陈述必定是偶然的——大概是因为它不是先天可知的。克里普克的回应是，从本质上说，这种反驳依赖于如下不正确的假定：必然性和先天性是一回事。一旦认识到这一点，上述反驳就失败了。

但是，蒯因关于"发现自己给同一颗行星贴了两次标签"的评论可以被理解为一种略微不同的反驳。该短语暗示他心中所想的或许是（9）。

9."长庚星"和"启明星"（在我们的语言中）指涉同样的东西。

除了仅仅是后天可知的之外，被（9）表达的命题也真的是偶然的。但是，（9）的偶然性并不是反对（5）的必然性的论据，因为这两个句子显然表达了不同的命题。因此，克里普克的立场依然完好无损。

他的观点是，涉及名称的真正的同一性陈述是必然的和后天的；在考虑了对这种观点的那些反驳后，克里普克在第二篇文章的最后四页（第 101 页下部到第 105 页上部）致力详细地解释他的观点为何是正确的。这一部分太长了，不适合引用，所以我对之进行了概括。克里普克呈现的观点本质上如下：假定 $a=b$ 是涉及专名的真正的同一性句子。这些名称要么是像"西塞罗"和"图利"这样的日常名称，要么是像"长庚星"和"启明星"这样的特殊名称，对这些特殊名称的理解或许涉及将它们与指称－固定的摹状词结合在一起。克里普克论证说，无论在哪种情形下，一个关于这些名称的称职使用者可获得的证据，都不足以确定它们是互指的。他通过指出如下事情来阐明这一点：有这样一种可能的世界状态存在，在其中，说话者们处于一种关于证据的处境中，这与我们这些实际的说话者所处的处境在性质上是等同的；而且，在这种仅仅可能的情况中，名称被用来指涉不同的东西。例如，有这样一种世界状态，相关于该状态而言，说话者们将名称"长庚星"的所指固定下来，就像我们在实际世界中所做的一样——通过指向出现于特定季节夜空中一个特定部分的明亮物体。此外，在那种可能的世界－状态中的说话者们，通过指向出现于特定季节早晨的一个明亮物体来固定名称"启明星"的所指。从一种定性的观点来看，从关于他们对名称的使用方面来看，这些说话者与我们处于同样的关于证据的处境中。但他们对这些名称的使用指涉不同的事物。

克里普克将这种情形描述如下：

> 在知道长庚星就是启明星之前，我所拥有的证据是：我在夜晚看到一颗星星或天体并称其为"长庚星"，在早晨看到一颗星星或天体并称其为"启明星"。我知道这些事情。当然有这样一种可能世界存在，在其中，一个人应当在夜晚天空的某个位置看到一颗星星并称其为"长庚星"，在早晨看到一颗星星并称其为"启明星"；并应当得出结论说——应当通过经验研究发现这一点——他命名的是两颗不同的星星或天体。至少其中的一颗星星或天体不是启明星，否则事情就不会是那样了。但这是真的。所以，考虑到某个人在自己的经验性研究之前所拥有的证据，他可以在某种意义上处于同样的处境中，并将两个天体称为"长庚星"和"启明星"，而并不知道它们是同一的。所以，在那种意义上我们可以说，无论如何结果都会是这样。①

克里普克意图用这个例子表明，我们在世界的实际状态中仅仅由于作为这些名称的称职使用者而可以获得的证据，如同处于性质上类似的世界-状态中的施事者的情况一样，不足以表明这些名称是互指的。我们可以这样表述该想法：假定 E 是形而上学上可能的世界-状态的合集，在这些状态中，涉及施事者对词项"长庚星"和"启明星"使用的认识上的处境，在性质上与我们实际的认识上的处境是等同的。克里普克或许认为，对任何命题 p 来说，如果情况不是：p 在 E 的所有成员中都为真；那么，p 就是这样一条命题：它并不被我们可获得的定性上的证据确定为真，且因此，仅仅基于我们对相关词项或概念的掌握，我们并不也不可能先天地知道它。为了论证的目的，让我们承认

---

① *Naming and Necessity*, pp. 103—104.

这一点。好吧，一条未能在 E 的所有成员中为真的命题是：名称"长庚星"和"启明星"是互指的；另一个与之密切相关的命题被（10）表达。

10. 句子"长庚星是启明星"在我们的语言中表达了一条真理。

因此，克里普克处于一种得出如下立场的地位：说句子"长庚星是启明星"在我们的语言中表达了一条真理的元语言断言，是我们不可能先天知道、只可能基于经验性研究而知道的东西。

目前为止一切都还好。但是，有一个问题存在。克里普克从上述例子中明确得出的教训**并不**是：一个特定的元语言断言对我们而言仅仅是后天可知的；而是：长庚星是启明星这条断言对我们而言仅仅是后天可知的。

所以，如下两件事情是真的：第一，我们并不先天地知道长庚星是启明星，而且除了经验之外没有其他办法来找出答案。第二，情况之所以是这样的，是因为我们可以拥有与我们实际上所拥有的证据在性质上不可分辨的证据，并通过关于天空中两颗星星的位置来确定两个名称的所指，而不管它们是相同的。①

问题在于，克里普克的结论并不得自他显而易见的前提。据他坚称，长庚星是启明星这条命题在所有形而上学上可能的世界－状态中都为真。所以，它在如下这样的世界－状态的类 E 的所有成员中为真：在这样的状态中，施事者们处于同我们的处境在性质上相等同的处境里。既然它相关于那些世界－状态为真，那么这条原则——只有在 E 的所有成员中都为真的命题才是对我们而言先天可知的——并没有排除如下这点：我们可以先天地知道它；尽管该原则的确排除了如下这点：我们可以先天地知道"长庚星是启明星"在我们的语言中表达了

---

① *Naming and Necessity*, p. 104.

一条真理。既然被（5）表达的命题与被（10）表达的命题**并不**相同，那么表明后者对我们而言仅仅是后天可知的，就并不足以确证前者仅仅是以同样的方式可知的。

我的论点依赖于对（5）和（10）的截然区分。在解释（5）的**必然性**时，克里普克使用了自己关于可能的世界-状态的例子，在其中，施事者处于同我们在性质上相等同的认识上的处境中；他用这个例子提示我们，（10）的偶然性与（5）的必然性无关。在克里普克看来，在这些世界-状态中的施事者们使用句子"长庚星是启明星"来表达一条与我们实际上用它来表达的命题**不同的**命题。他们用它来表达的命题相关于他们的世界状态为假，这个事实并不表明，我们实际上用它来表达的命题在任何世界-状态中都为假。克里普克未能指出的是，同样的推理可以被运用于这两个例子的认识上的地位。被句子（10）表达的命题仅仅是后天可知的。但这与命题（5）是否是先天可知的问题有什么关系？克里普克所想象的世界-状态中的施事者们，并不知道**他们**用句子"长庚星是启明星"所表达的那条命题，是出于如下简单的理由：他们用它来表达的命题相关于他们的世界-状态为**假**。但这如何表明，**我们**用该句子表达的那条**不同的**命题不为我们所知，或它对我们而言并不是独立于经验研究而被知道的？在能够回答该问题之前，我们无法将克里普克的讨论视作是支持了他自己的如下结论：长庚星是启明星这条断言并不是先天可知的，且因此算作是必然后天性的一个例子。

克里普克填补间隙的非正式的策略

尽管在克里普克的论证中有毋庸置疑的间隙存在，但它并不是无法说明的。在整段话中，他都利用了如下事项之间为人熟知的、高度直觉上的关联：说话者们对句子的理解和接受，以及我们用这些句子报告他们所相信的东西的能力。例如，如果你知道我充分理解并真诚地接受句子"特兰顿（Trenton）是新泽西中部的一座城镇"，那么你在报告说我相信特兰顿是新泽西中部的一座城镇时，通常会感觉是合理的。同样，如果你知道我充分理解但并不接受这个句子——因为我不确定它的真或因为我相信它为假——那么，在所有其他因素相同的情况下，你在报告说我**不**相信特兰顿是新泽西中部的一座城镇时，通常会感觉是合理的。这同样适用于句子"长庚星是启明星"。在克里普克的例子中，在获得或学会天文学发现之前，我们理解但并不接受这个句子；因此，得出如下结论是很自然的，也是几乎不可避免的：那时，我们并不相信长庚星是启明星。此外，按照克里普克对唤起处于同我们在性质上等同的环境中的施事者的强调，我们在自己那时拥有的证据的基础上接受句子"长庚星是启明星"，这一点是不会被辩护的。由于这一点，得出如下结论是很自然的：我们在自己那时拥有的证据的基础上相信长庚星是启明星，这一点是不会得到辩护的。但如果是这样，那么长庚星是启明星这项知识就必定要求经验性的辩护，在这种情形下，长庚星是启明星一定不是先天可知的——完全就如克里普克的结论一样。

我相信，这就是克里普克心中所想的。尽管对这种推理样式有很多要说的东西，但其中潜伏着一种潜在的疑惑。为了阐明这种疑惑，我首先将使用我们适度的理论化工具，将命题作为信念和知识的对象，以制定清晰、概括的前提，来填补克里普克论证中的间隙。接下来，我会仔细查看这些新的前提，并表明：要么是，它们的真是非常值得怀疑的；要么是，它们并不足够强，以允许克里普克去得出自己的结论。在将潜在困难的源头孤立出来后，我会返回以上概述的那种非正式的推理，揭露其背后的疑惑，并评估克里普克关于这个假定的必然后天性例子的结论。

对克里普克论证的一种正式的、清晰的重构

被我归属给克里普克的那种非正式的推理样式，在我们对待句子的态度和那些句子被用来表达的信念之间，设置了一种紧密的联系。使用关于命题的术语，我们可以将这种想法表达如下：既然句子是表达命题的载具，那么我与被句子表达的命题之间的认知性态度（信念、

知识等等），由我们与表达它们的句子之间的态度作为中介。我们相信一条特定的命题，这常常与理解和接受一个表达它的句子形影不离。理解和接受一个句子，相信它所表达的命题，关于这二者间系统联系的一种最初可行的观念，被下述"强的去引号化"原则所陈述。①

强的去引号化

一个真诚的、反思的、有理智的个体 i——它理解一个句子 S——倾向于接受 S 并相信 S 为真，当且仅当 i 相信那条在语义上被 S 表达的命题。因此，如果 S 是一个英语句子，那么一个反思的、有理智的个体 i——它理解 S——满足式子 *x 相信 S*，当且仅当 i 接受 S 并相信 S 为真；如果 S 不是一个英语句子，但可以被翻译成英语中的 P（S 和 P 表达同样的命题），那么这样一个个体 i 满足式子 *x 相信 P*，当且仅当 i 接受 S 并相信 S 为真。

处于一种与获得天文学发现之前的我们类似的认识处境中的施事者们，并不接受句子"长庚星是启明星"，且因此他们并不相信自己通过该句子所表达的东西。同样，在相应的天文学发现前我们并不接受那个句子，所以根据上述原则，那时我们并不相信长庚星是启明星。此外，我们和他们通过对句子的理解可以获得的证据，使得如下这一点是**不会得到辩护**的：我们在该证据的基础上接受那个同一性句子。记住了这一点，人们或许会制定如下涉及去引号化和辩护的原则：

强的去引号化和辩护

一个真诚的、反思的、有理智的个体 i——它理解一个句子 S 并拥有证据 e——会在基于 e 而接受 S 并相信 S 为真这一点上得到辩护，当且仅当 i 对 e 的拥有，足以确保 i 在相信那条在语义上被 S 表达的命题这一点上会得到辩护。因此，如果 S 是一个英语句子，那么 i 对 e 的拥有足以确保 i 满足式子 *x 在相信 S 这一点上会得到

---

① 为了避免复杂化，我们将该原则理解为限于这样的句子：不包含像"我""现在"等那样的索引词。

辩护，当且仅当 i 会在基于 e 而接受 S 并相信 S 为真这一点上得到辩护；如果 S 不是一个英语句子，但可以被翻译成英语中的 P（S 和 P 表达同样的命题），那么 i 对 e 的拥有足以确保 i 满足式子 **x 在相信 P 这一点上会得到辩护**，当且仅当 i 会在基于 e 而接受 S 并相信 S 为真这一点上得到辩护。

如果这两条原则被接受，那么克里普克在第二篇文章末尾的论证就可以被重构如下：

(i) 既然有这样的可能情况存在——在其中"长庚星是启明星"表达了某种为假的东西——那么，即使这些情况下的施事者们是完美的推理者，他们拥有在性质上与我们仅仅基于自己胜任语言的能力而可获得的证据相等同的证据，我们仅仅基于自己胜任语言的能力而可获得的证据也并没有辩护我们对该句子的接受。

(ii) 所以，根据强的去引号化和辩护原则，我们仅仅由于自己胜任语言的能力而可以获得的证据，加上我们关于它所做的正确推理，不足以辩护我们相信长庚星是启明星这一点。

(iii) 如果长庚星是启明星这条信念是先天可以被辩护的，那么它就可以通过如下东西被辩护：我们仅仅由于自己胜任语言的能力而可以获得的证据，加上我们关于它所做的正确推理。

(iv) 所以，该信念并不是先天可以被辩护的。因此，长庚星是启明星这一点并不是先天可知的。

对克里普克论证的这种重构，其优点在于它在逻辑上是有效的；其结论——长庚星是启明星并不是先天可知的——是如下东西的逻辑后承：克里普克关于施事者对句子"长庚星是启明星"的态度的前提，加上关于强的去引号化和辩护的补充性前提。不过，该论证是成问题的——这部分是因为，人们有理由质疑如下东西是非真的：强的去引号化原则，以及强的去引号化和辩护。其中一条理由在于，这些原则具有如下后承：为了相信一条命题，人们必须倾向于接受自己理解的每一个在语义上表达它的句子。因此，该原则没有为如下可能性留出空间：一个个体或许理解两个在语义上表达相同命题的句子，但同时并不知道它们是这样的，并因此接受其中一个句子而不接受另一个。（在这样一种情形下，强的去引号化原则导致了如下自相矛盾的结论：该施事者既相信又不相信同一条命题。）既然有理由认为这些可能性是真实的，那么就有理由拒斥强的去引号化原则。①

强的去引号化原则问题的一个例子，由克里普克自己在他关于令人困惑的皮埃尔（puzzling Pierre）的例子中所阐明，这见于他1979年——在他进行后来成为《命名与必然性》的演讲后九年——的文章《关于信念的谜题》（"A Puzzle about Belief"）。② 克里普克笔下的皮埃尔是一个法国人，他长在巴黎，讲法语，看到了伦敦的风景明信片并形成了这种信念：伦敦是很漂亮的——他通过说"Londres est jolie"来表达这一点。随后他去了伦敦，学习了英语——不是通过翻译而是通过耳濡目染——并开始居住在那座城市一个破旧、缺乏吸引力的部分。基于自己的经验，他形成了通过说"London is not pretty"被表达的信念。情况并不是：他放弃了自己基于风景明信片而在巴黎形成的信念。

---

① 关于进一步的讨论，参阅 Beyond Rigidity 的第 10—13 页和第三章。还请参阅 Nathan Salmon, "A Millian Heir Rejects the Wages of Sinn", in C. A. Anderson and J. Owens, eds., Propositional Attitudes: The Role of Content in Logic, Language, and Mind (Stanford, CA: CSLI, 1990), 215—247, at pp. 220—222. Also, Stephen Rieber, "Understanding Synonyms without Knowing That They Are Synonymous", Analysis 52 (1992): 224—228。

② Saul Kripke, "A Puzzle about Belief", in A. Margalit, ed., Meaning and Use (Dordrecht: Reidel, 1979); reprinted in N. Salmon and S. Soames, eds., Propositions and Attitudes (Oxford: Oxford University Press, 1988)。克里普克在这篇文章里对强的去引号化原则的表述，要比我的表述更加不正式和缺乏系统化。尽管这些差异并非没有影响，而且很值得研究，但我不会在这里讨论它们。我只需要说，它们并不影响我们要揭示的那些困难。

当对老朋友讲法语时他仍然断定"Londres est jolie",即使他并不接受英语句子"London is pretty"。这种差异的原因在于,他并没有意识到"Londres"和"London"命名同一座城市。这并不意味着他未能理解那两个句子。他理解前一个句子,就像他居住在法国时他和自己讲法语的朋友们理解它一样,这一点当然足以维护和传达他关于伦敦很漂亮的信念;他也理解后一个句子,就像他在伦敦的只讲英语的邻居一样,这些邻居当然算作称职的说话者。此外,这两个句子可以被彼此翻译为对方;它们意思相同而且似乎表达同样的命题。但现在就有一个问题了。根据强的去引号化原则(按照从右到左的方向)我们得到如下结果:皮埃尔**并不**相信被"London is pretty"所表达的命题,因为他理解但**并不**接受"London is pretty"。通过对强的去引号化原则的一种相应的应用(按照从左到右的方向),我们得到如下结果:他**的确**相信被"Londres est jolie"所表达的命题。既然从法语译为英语的标准翻译告诉我们,这两个句子表达了同样的命题,那么我们就得出如下结论:皮埃尔既相信又不相信同一条命题。既然这是一条矛盾式,那么我们就拥有了关于强的去引号化原则与从法语译为英语的(保留意义的)标准翻译之合取的归谬。这让我们有理由怀疑强的去引号化原则。

对该问题一种自然的回应是,将强的去引号化原则——它是充分必要条件式——替换为如下弱的去引号化原则——它仅仅是条件式。

弱的去引号化

如果一个真诚的、反思的、有理智的个体 i——它理解一个句子 S——倾向于接受 S 并相信 S 为真,那么 i 相信那条在语义上被 S 表达的命题。如果 S 是一个英语句子,那么 i 由此满足式子 *x* **相信** *S*;如果 S 不是一个英语句子,但可以被翻译成英语中的 P(S 和 P 表达同样的命题),那么 i 满足式子 *x* **相信** *P*。

弱的去引号化和辩护

如果一个真诚的、反思的、有理智的个体 i——它理解一个句子

S 并拥有证据 e——会在基于 e 而接受 S 并相信 S 为真这一点上得到辩护，那么 i 对 e 的拥有，足以确保 i 在相信那条在语义上被 S 表达的命题这一点上会得到辩护。因此，假如 S 是一个英语句子，那么 i 对 e 的拥有足以确保 i 满足式子 ***x 在相信 S*** 这一点上会得到辩护，如果 i 会在基于 e 而接受 S 并相信 S 为真这一点上得到辩护；假如 S 不是一个英语句子，但可以被翻译成英语中的 P（S 和 P 表达同样的命题），那么 i 对 e 的拥有足以确保 i 满足式子 ***x 在相信 P*** 这一点上会得到辩护，如果 i 会在基于 e 而接受 S 并相信 S 为真这一点上得到辩护。

在关于皮埃尔的故事里，当弱的去引号化原则替代了强的去引号化原则时，我们不会再得到如下矛盾的结果：皮埃尔既相信又不相信同一样东西。相反，我们会得到如下更弱的、潜在地能够被维护的结果：他拥有矛盾的信念；他相信伦敦是很漂亮的，这是由于他理解和接受法语句子"Londres est jolie"，而且他相信伦敦并不漂亮（这是由于他理解和接受英语句子"London is not pretty"）。① 但是，即使这种结果是可接受的，而且在我们重构的克里普克论证的版本中，弱的去引号化和辩护替代了强的去引号化及辩护，该论证还是行不通。现在的问题是，结论不再得自前提了。在这种争论的场景中，我们在自己理解的基础上并未在接受句子（5）——"长庚星是启明星"——这一点上得到任何辩护，而由此得出的所有东西是：**如果**它表达的命题可以被先天地知道并正当地被相信，那么这种知识或信念一定得自除了对该句子的理解和接受之外的某种东西。这使得如下可能性保持开放：或许有（5）之外的某个句子存在，它既表达了命题长庚星是启明星，

---

① 尽管克里普克自己并没有基于这个案例而得出关于弱的去引号化原则的正确性或不正确性的可靠的结论，但他的确发现，如下事情是令人迷惑和成问题的：该原则导致这样的结论，即皮埃尔——他或许是完全有理性和讲逻辑的——拥有自相矛盾的信念。关于对弱的去引号化和这种结果的维护，参阅 Nathan Salmon, *Frege's Puzzle*（Cambridge, MA：MIT Press, 1986），and my "Direct Reference, Propositional Attitudes, and Semantic Content", originally published in *Philosophical Topics* 15（1987）：47—87；reprinted in Salmon and Soames, *Propositions and Attitudes*。

又使得人们可以在仅仅基于自己对它的理解而接受它且相信它为真这一点上得到辩护。既然我们对克里普克论证的新重构不能排除这种可能性，那么这种采用弱的去引号化原则版本的论证，就并不蕴涵克里普克的结论。尽管该结论被采用强的去引号化原则版本的论证所蕴涵，但这几乎毫不令人感到慰藉，因为如我们所看到的那样，这些东西看上去为假。

需要学习的教训：意义的不透明性

尽管对克里普克论证的两种正式重构以不同的方式失败了，但失败的根源却如出一辙——意义的不透明性。两个句子可以意思相同且因此在语义上表达同样的命题，即便一个称职的说话者——他理解这两个句子——并未意识到这一点，并因此接受一个句子并相信它为真，而与此同时拒绝接受另一个句子，要么相信它为假，要么质疑关于它的判断。这就是皮埃尔在面对句子"Londres est jolie"和"London is pretty"时的情况。既然强的去引号化原则与这条显而易见的真理不相容，那么我相信，它应当被拒斥——在此情形下，对克里普克论证的第一种重构必须被判定为靠不住的。

对该论证的第二种重构——它依赖弱的去引号化——也失败了，这是因为它并未排除如下可能性：或许有除了"长庚星是启明星"之外的某个句子 S 存在，它在语义上表达了与该句子同样的命题，而且理解 S 这一点对于接受它和知道它为真来说是充分的。人们会想，如何可能有这样一个句子存在？好吧，请再想象名称。按照克里普克的主张，如果名称并不拥有描述性的意义（meanings）或意思（senses），那么它们意味（mean）什么？一种自然的想法是，一个名称的意义是其所指。如果这种想法是正确的，那么像"长庚星"和"启明星"这样的互指名称就意思相同。但当然，如果两个名称意思相同，那么在像（5）这样的一个简单句中它们相互之间的替换，应当保留该句子的意义。通过这种推理，我们或许可以达到如下结论：句子"长庚星是启明星"和"长庚星是长庚星"意思相同，且因此在语义上表达同样的命题。当然,如下想法是合理的:理解"长庚星是长庚星"对于接受它并知道它表达了一条真理而言是充分的。因此,得出如下结论也是自然的:长庚星是长庚星是先天可知的。但这样一来,如果命题长庚星是启明星不过就是命题长庚星是长庚星,那么与克里普克所说的相反,它一定是先天可知的。

尽管这种推理思路最初似乎是牵强附会的,而且尽管它当然超出了克里普克,但在《命名与必然性》中却没有东西可以驳斥它。此外,一旦认识到意义并不总是透明的,那么人们就不能仅仅通过对这种事情的观察——某人可能理解这两个句子,但并不知道它们意思相同——来反对如下断言:"长庚星是长庚星"和"长庚星是启明星"意思相同,且因此在语义上表达同样的命题。这当然是可能的,但既然意义是不透明的,这种可能性就并没有确证这两个句子意思相同。在没有确证这一点的情况下,我们无法使用自己的去引号化原则来得到克里普克所渴望的结果。

当然,克里普克在《命名与必然性》中并没有陈述任何强的或弱的去引号化原则,也没有援引我们适度的将命题作为信念和知识对象的理论化工具。因此,人们会想知道我们对他在第二篇文章末尾非正式论证的调查结果。如我们将看到的那样,有令人担忧的事由存在。

他关于长庚星是启明星这一点不是先天可知的非正式论证大致如下:

(i) 对某个理解句子"长庚星是启明星"并真诚地接受它和相信它为真的人来说,相信长庚星是启明星这一点是与这种接受和相信形影不离的——也就是说,一个理解"长庚星是启明星"的人接受和相信它,当且仅当他相信长庚星是启明星。

(ii) 同样,某个理解句子"长庚星是启明星"的人会在接受它和相信它为真这一点上得到辩护,当且仅当他会在相信长庚星是启明星这一点上得到辩护。

(iii) 为了在接受"长庚星是启明星"和相信它为真这一点上得到辩护,如下事情是不充分的:一个人仅仅理解它;除此之外,他还需要如下经验性的证据：这两个名称指涉同一个东西。

(iv) 因此，理解句子"长庚星是启明星"对一个人在相信长庚星是启明星这一点上得到辩护而言，是不充分的；为了让一个理解该句子的人在相信长庚星是启明星这一点上得到辩护，他必须拥有如下经验性的证据：这两个名称指涉同一个东西。

(v) 因此，长庚星是启明星这条陈述不是先天可知的。

原则(i)和(ii)，是强的去引号化原则和强的去引号化及辩护的特殊示例的、非正式的克里普克式对应物。因此，为了接受克里普克非正式的论证，人们必须有足够的理由去相信这两条原则是真的。①

让我们仅仅聚焦于(i)，它是如下更为一般化原则的一个特殊示例。

---

① 我的确认为，强的去引号化暗含于克里普克在《命名与必然性》的论证中。记住了这一点，让我们来考虑一下引自"A Puzzle About Belief"脚注44中的如下段落："某些之前被去引号化地表达的式子——比如'人们曾经并不知道长庚星是启明星'——根据目前这篇文章看是成问题的（参阅关于此案例的上一个注释）。"这里的要点在于，尽管这是没问题的，即人们曾经并不知道"长庚星是启明星"表达了一条真理；但我们现在看到，我们不应当跳跃到如下结论，即人们曾经并不知道长庚星是启明星。这是成问题的，因为情况可能只是：知道长庚星是长庚星就是知道长庚星是启明星。但如果情况是这样，那么《命名与必然性》的第二篇文章末尾的论证就遭到了破坏。我相信克里普克在论述这些理论的时代并没有看到这种可能性。不过，脚注44还说："我在写作《命名与必然性》的时代意识到了这个问题，但我那时并不想画蛇添足般地把水搅浑。我将认识和形而上学必然性间的区分，视作是在任何情形下都有效，并且足够应对我想要做出的那些区分。"有三个问题：(i) 尽管不同类型必然性（以及可能性）之间的区分与解释与必然后天性的很多示例相关，但如果知道长庚星是长庚星最终与知道长庚星是启明星是一样的，那么这种区分在此毫无帮助；(ii) 在克里普克第二篇文章末尾处的论证中，他并没有援引不同种类必然性（或可能性）之间的区分；以及(iii) 尽管在《命名与必然性》的时代，他或许一般性地意识到皮埃尔类型的例子对强的去引号化原则提出的困难，但他显然并没有在第二篇文章末尾专注于它们暗含的含义，这或许是因为，那时他并未严肃地对待如下想法："长庚星是长庚星"与"长庚星是启明星"或许意思相同。

第十五章 必然后天性

(i*) 假定 S 是英语的一个非索引的句子，而假定 i 是一个讲英语的称职的说话者，他理解 S。那么，命题态度归属句 *x* **相信** *S* 对 i 来说为真，当且仅当 i 接受 S。

这里有一个示例场景对（i*）提出了问题：

一个地方院校的学生马丁·马丁（Martin Martin），既是校橄榄球队的四分卫，又是数学最好的学生。他的数学老师 McX 教授，已经给他的作业打分并向其他教授征求关于他的意见。在此基础上，她形成了这种看法，即马丁是一个才华横溢的数学家，并通过说"马丁是一个才华横溢的数学家"来表达这种想法。既然她的班级很大，她并不靠外貌而知道他，所以，当她决定出席周六的一场橄榄球比赛并看到他在球场上令人吃惊的表现时，她并没有意识到，自己看到的这个天生的四分卫正是她的学生马丁。她和自己的朋友哈莉特一起坐在看台上，并对马丁做了大量的评论——把他指出来并说了一些像"他是一个出色的运动员"这样的话。随后，哈莉特——她认识马丁的女朋友——报告说，McX 教授认为马丁是一个出色的运动员。当然，哈莉特的报告是真的；那位教授的确相信这一点。而如果有人问 McX 教授："你认为马丁是一个出色的运动员吗？"她会理解这个问题，但不会表示赞同。尽管她理解句子"马丁是一个出色的运动员"，但却没有基础来接受它，因为她并没有意识到，"马丁"就是那个令她印象深刻的四分卫的名称。所以，尽管她相信马丁是一个出色的运动员，而且尽管她理解句子"马丁是一个出色的运动员"，但她也不会接受它或相信它为真。

上述场景令人对（i*）产生怀疑。但如果（i*）被怀疑，那么人们也就有理由去怀疑（i）和（ii）。我们这里无需确认或解决这些怀疑，或准确地决定对像以上这样概述的潜在成问题的情形应当说些什么。表明如下事情就足够了：在克里普克的论证中所需要的——而且暗中被使用的——那些前提，是缺乏保障的，而且在没有进行进一步研究的情况下，它们不能在确证他的如下结论时被当作是理所当然的：长庚星是启明星这一点不是先天可知的。①

如我们已经看到的那样，无论下述情况如何，上面那一点都是真的：那些前提是否被人们用将命题当作句子的语义内容和命题态度句的对象的理论化工具加以正式陈述；或它们是否像（ⅰ）和（ⅱ）那样被更加非正式地、不那么抽象地加以表述。因此，我们除了得出如下结论外几乎别无选择：尽管事实上在《命名与必然性》中有关于必然后天性的其他非常合理的例子，但克里普克在第二篇文章末尾处的讨论并**未**确证如下问题，即被涉及互指名称的同一性句子所做的陈述属于这样的例子。②

最后的评估：一种困境

尽管有这种否定性的结果，但我怀疑，很多人已准备好去把它仅仅当作这样一种材料，即人们可以知道西塞罗是西塞罗或长庚星是长庚星，而与此同时并不知道西塞罗是图利或长庚星是启明星，而且这

---

① 我自己关于该论题的观点是，句子"长庚星是启明星这一点是先天可知的吗？"可以被用来提问不同的问题。如果人们用它来问，在语义上被"长庚星是启明星"所表达的命题是否是先天可知的，那么回答就是"是"。（更多细节请看下文。）但是，如果人们用它来问一个可以被更清晰地改写为"这是先天可知的吗：那颗在夜晚被看到的行星——长庚星——是那颗在清晨被看到的行星——启明星？"的问题，那么回答是：该命题并不是先天可知的，但也不是必然的。在另一部著作中，我发展了如下想法：句子常常被用来声称比它们的语义内容更多的东西，而且有时这些内容根本就没有被声称。参阅 Beyond Rigidity，还请参阅 "Naming and Asserting", in A. Szabo, ed., Semantics and Pragmatics（Oxford University Press, forthcoming）。跟随我的博士生迈克尔·麦克高尼（Michael McGlone）的脚步，我开始相信，如果这种一般性的想法是正确的，那么克里普克关于信念的谜题中很多令人困惑的东西源于如下困难：追踪在何种语境中被提问和声称的是哪些命题。关于这个问题的最近的注释，请参阅我的 "Saul Kripke, the Necessary Aposteriori, and the Two-Dimensionalist Heresy"。

② 我们会在第十七章返回克里普克关于第二篇文章末尾所呈现的那种例子的想法，到那时，我们会处理他对如下东西的成问题的回应：对他在第三篇文章中所讨论的必然后天性的一般性反驳。

表明,那些仅仅在互指的专名的替换上有所不同的句子,可以意味不同的事情并在语义上表达不同的命题。如果句子 $a=a$ 和 $a=b$ 在语义上表达不同的命题,那么这种观察——被前者表达的命题是先天可知的——至少不会导致如下结论,即被后者表达的命题也是先天可知的。所以,即使我们并没有关于**命题 $a=b$ 仅仅是后天可知的**之为真的论证,对那种所谓的材料的接受,也会允许人们去阻碍关于该断言之为假的论证的最显而易见的思路。

有道理。但是,还是有一个困难需要面对。我们需要某种肯定性的理论,该理论是关于专名对在语义上被包含它们的句子表达的命题所做的贡献的。如果那种所谓的材料被接受,那么这种表述一定完全澄清了如下问题:被包含不同但互指的专名的句子表达的命题,在哪些方面可以有所不同,而且在某些情形下的确有所不同。这项任务令人望而生畏之处在于,对该问题陈旧的解决——也即这种观点:名称拥有描述性的语义内容——似乎被克里普克的论证弄得彻底名誉扫地了。如果这是正确的,如果名称拥有描述性的语义内容这种想法真的已经名誉扫地了,那么,考虑到那种所谓的材料,人们不可能将名称的语义内容等同于它们的所指,或等同于在互指的名称间变来变去的描述性语义信息。互指名称还在其他什么方面不同?它们常常拥有不同的拼写、发音或句法结构,而且从理论上说,人们可以诉诸这些不同,以区分包含不同名称的句子在语义上所表达的不同命题。但是,我们当然不想说,无论说话者们何时使用在拼写、发音或句法结构上不同的语词,它们因此都必定在自己所声称或相信的命题上有所不同。

于是,一个接受克里普克反描述主义论证的人就陷入了两难的困境之中。这里有两种主要的选择。根据第一种选择,他可以接受那种所谓的材料,即当句子仅仅在互指命题间的替换上有所不同时,人们通常能够声称、相信或知道被其中一个句子在语义上所表达的命题,而与此同时并不声称、相信或知道被另一个句子在语义上所表达的命题。如果他采取这种选择,那么他必须给出对命题和命题态度句的某种正面的叙述，以解释这是如何可能的。但这似乎并不容易。

根据第二种选择，他可以拒斥那种所谓的材料，并将名称的语义内容等同于它们的所指。如果他这样做，那么就被要求坚称，仅仅在互指名词的替换上有所不同的句子在语义上表达了同样的命题，而考虑到这一点，他会发现如下结论是自然的，即涉及这些句子的态度归属句在语义上是等价的。根据这种观点，被"长庚星是启明星"表达的命题，与被"长庚星是长庚星"表达的命题相等同。但这样一来，如果（像很多人所假定的那样）后者是先天可知的，那么前者就也是如此——在此情形下，（5）是必然后天性的一个例子这条断言为假。这种观点被内森·萨蒙在《弗雷格之谜》中加以维护。① 这也是我所青睐的一种选择。但是，它也面临一种严重的困难。困难之处在于——如果该观点是正确的话——解释如下问题：说话者们如何成功地使用句子 P 和 Q——它们仅仅在互指专名的替换上有所不同——来声称和传达不同的信息，并表达不同的信念——他们显然在这样做。此外，如下问题还必须得到解释：说话者们为何常常并不认为一个态度归属句 **n 声称 / 相信 / 知道 P** 在真值条件上等价于相应的态度归属句 **n 声称 / 相信 / 知道 Q**——他们显然常常不这样做。

所以，两难的困境在于，要么（ⅰ）认为如下事情是理所当然的，即句子"长庚星是长庚星"和"长庚星是启明星"在语义上表达不同的命题，并尝试解释这种不同之处在于什么；要么（ⅱ）把这两个句子当作是在语义上表达了同样的命题，并尝试解释说话者们如何用它们来声称和传达不同的信息，并表达和报告不同的信念。这种两难困境的解决，是《命名与必然性》留给我们的最重要的未完成的遗产之一。②

---

① Salmon, *Frege's Puzzle*.

② 在 *Beyond Rigidity* 的第三章和第八章，我选取了（ⅱ）并尝试为所需的解释提供基础；这些想法在 "Naming and Asserting" 中被修订和扩展。关于对（ⅱ）的另一种维护，请参阅 Salmon, *Frege's Puzzle*。关于对（ⅰ）的维护，请参阅马克·理查德的 *Propositional Attitudes*（Cambridge：Cambridge University Press，1990），and Larson and Ludlow, "Interpreted Logical Forms"。

关于探究的更多备注

在本章开始处，我们考虑了一种探究观，根据这种观念，合理的信念构造的要点在于，通过消除与一个人在证据的基础上所知道或相信的命题不相容的、仅仅可能的世界－状态——也即宇宙可以示例的最大的完整性质——来找出实际的世界状态。我们提出了一种对该观念修订的建议，以适应被像（1）—（4）这样的句子表达的必然后天的命题。根据这种修订后的观念，可设想的世界－状态——人们可以设想的宇宙所示例的最大的完整性质（无论它们事实上是否可以被示例）——代替了探究模式中真正可能的世界－状态。根据这种观念，合理的信念构造的要点在于，通过消除与一个人在证据的基础上所相信的命题不相容的、仅仅可设想的世界－状态来找出实际的世界状态。注意到如下问题是很重要的：我们在之前小节中的讨论，甚至使得这种修订后的探究观也受到质疑。假设可以通过理解和接受一个表达了它的句子 p 来合理地相信一条命题 p——比如伦敦是很漂亮的这个命题——而同时也通过理解和接受一个另一个不同句子的否定 ~Q 来合理地相信 p 的否定——与此同时，我们未能认出这种不一致性或拥有关于这种不一致性的必要证据。在此类情形下，施事者相信 p 这个事实，似乎并没有消除 p 的否定相关于它们而成立的所有那些可设想的世界－状态。相反，当该施事者按照句子 ~Q 呈现的样子来考虑这些状态时，它们对他来说仍然是真正在认识上可能的。但如果相信 p 这一点并没有消除 p 的否定可以为真这种认识上的可能性的话，那么消除与一个人所相信的东西**不相容**的可设想的状态这种观念，就变得成问题了，而基于它的探究模式也就瓦解了。因此，如果这里讨论的那种不一致的信念是真正可能的，那么一种在本质上与我们所考虑的东西不同的探究观，也许就必不可少了。①

---

① 这个要点与旨在表明如下问题的论证有关：命题不可能与环境——它们相关于这些环境而为真——的集合（形而上学上可能的世界－状态、认识论上可设想的世界－状态、逻辑上可能的世界－状态、情况等等）相等同。关于这些论证，请参阅我的 "Direct Reference, Propositional Attitudes, and Semantic Content"。

第十六章

偶然先天性

本章提要

1. 被指称 – 固定的摹状词所引入的名称

方式：克里普克关于偶然先天性的例子依赖于那些其所指在语义上被摹状词固定的名称；论证：包含这些名称的句子表达了关于自己所指的单称命题

2. 指称 – 固定的先决条件和偶然先天性

场景 1：对指称固定（Reference Fixing）的限制。如下事情对偶然先天性的成问题的影响：在使用摹状词来固定指称前，要求说话者知道一个特定对象满足该摹状词

场景 2：未受限制的指称固定。如下事情对偶然先天性的影响：允许未受限制地将摹状词用于引入和在语义上固定名称的所指

场景 2 的问题。为何基于未受限制地使用摹状词来固定名称所指的、假定的偶然先天性的例子，不是令人信服的

弱的去引号化 vs. 未受限制的指称 – 固定。为了使得克里普克关于偶然先天性的例子能有效运作而所需的两条原则之间的冲突；为何摹状词所带来的指称 – 固定必须是受到限制的

为何没有一个克里普克风格的例子可以是偶然先天性的真正示例

3. 是否有偶然先天性的例子存在

克里普克的洞见在超越于他的执行细节之外的重要性；如何使用现实化算子来构造偶然先天性的真正示例

关于被指称-固定的摹状词所引入的名称的语义学

在本章，我们回到克里普克关于偶然先天性的讨论。如同关于必然后天性的讨论一样，我们采取在第十五章开头所给出的说明性框架，根据这种框架，命题是被句子表达的东西，是（偶然或必然）真理的承担者，也是信念、知识和声称的对象。此外，我们继续假定，一个命题态度归属句 *x* 声称 / 相信 / 知道 *S* 报告了一种关系——声称 / 信念 / 知识——这种关系位于一个施事者和被索尔·克里普克所表达的关于偶然先天性的核心原则之间，该原则可以被理解为如下断言：有这样一些情形存在，在其中，一个单称命题是偶然的（也就是说，相关于实际的世界状态为真，而相关于另外某个可能的世界-状态为假），但同时是先天可知的（无需诉诸经验性证据）。

克里普克在《命名与必然性》中关于偶然先天性的例子，涉及这样的情形，在其中，一个名称拥有自己在语义上被一个非严格摹状词固定的所指。他主张，在这些情形下，我们通过如下规定引入一个名称 n：它严格地指示满足特定的描述性条件 D 的独一无二的事物。如果有这样一个事物存在，而且这种规定成功了，那么 n 相关于任意一种世界-状态 w 的所指，就会是**那个 D** 的实际的指称之物（the actual denotation of *the D*），即便 n 通常并不与该摹状词同义，而且包含 n 的句子通常在意义上与相应的包含**那个 D** 的句子不同。一个这样的例子被（1）和（2）中的句子提供。

1a. 如果 n 存在，那么 n 是那个 D。
 b. 如果有一个独一无二的是 D 的事物存在，那么 n 是那个 D。
2a. 如果 D 存在，那么那个 D 是那个 D。
 b. 如果有一个独一无二的是 D 的事物存在，那么那个 D 是那个 D。

第十六章 偶然先天性

尽管（2）中的句子是必然真理，但只要**那个 D** 是非严格的，(1a)就是偶然的，而只要在如下情况下（1b）就是偶然的：**那个 D** 是非严格的方式是，通过指谓——相关于特定的仅仅可能的世界 - 状态而言——它实际上指谓的实体之外的对象。但是，尽管是偶然的，(1a)和（1b）却被当作是先天的，其依据是：理解它们这一点，对于得出它们为真的结论而言应当是充分的。在此值得注意的是，尽管克里普克常常谈论这种既是偶然又是先天的**句子**，但他通常很随意地使用**间接引语**（indirect discourse）的语言来表达自己的观点。例如，他乐于说：一个人可能先天地知道，如果有一个独一无二的是 D 的事物存在，那么 n 是那个 D，即便这并不是一条必然真理：如果有一个独一无二的是 D 的事物存在，那么 n 是那个 D；或者说：如果有一个独一无二的是 D 的事物存在，那么 n 是那个 D，这条断言是先天可知的，即便它是一条偶然的而非必然的真理。

《命名与必然性》中最突出的例子，涉及标准米（standard meter）。在这里，克里普克想象使用摹状词"那个在时间 t 位于巴黎的棍子 s 的长度"来固定词项"一米"的所指。他建议说，一个这样做的人可以知道——仅仅基于这种指称 - 固定的规定——**棍子 s 在时间 t 是一米长的**（如果 s 在时间 t 存在，且因此在时间 t 拥有一个独一无二的长度的话）。他把这当作一个关于偶然先天性的例子，因为显然，s（如果它被加热或冷却）可以拥有除了现在的长度以外的其他某个长度（想象一种对它实际长度的视觉上的演示），而现在的长度是词项"一米"所严格地指示的。他的原话如下。

> 那么，对某个通过对棍子 S 的指称来固定公制的人来说，"棍子 S 在时间 t_0 是一米长"这条陈述的**认识论**地位是什么呢？似乎他先天地知道它。因为如果他用棍子 S 来固定词项"一米"的所指，那么作为这种"定义"的结果（这并不是一种缩写的或同义的定义），他未经进一步研究就自动知道了 **S 是一米长的**。另一方面，即使 S 被用作一米的标准，假定"一米"被当作一个严格的指示符的话，那么

"S 是一米长"的"形而上学地位"就会是一种偶然的陈述：在适当的压力和张力、加热或冷却下，S 即便在时间 t_0 也会拥有一个与一米不同的长度。（像"水在海平面上的沸点是 100℃"这样的陈述也拥有类似的处境。）所以，在此意义上，有偶然先天的真理存在。①

尽管克里普克的说法中有十分可行的地方，但上述例子和同类型的其他所有例子，却有令人疑惑之处。在每种这样的情形下，克里普克制造了一个例句 S，并论证说：实际上有某个被从句 **S** 指示的断言（陈述或命题）存在，它既是偶然为真的又是先天可知的。但我们并不完全清楚，这种断言（陈述或命题）是什么。例如，请考虑这条断言：如果棍子 s 在时间 t 存在，那么它在时间 t 的长度是一米。我们被告知，该断言既是偶然的又是先天可知的。既然它是偶然的，那么我们就知道它不可能是如下这条断言：如果棍子 s 在时间 t 存在，那么它在时间 t 的长度是棍子 s 在时间 t 的长度。这是克里普克所坚持的基本点的一个例子：如果 n 的指称在语义上被一个摹状词**那个 D** 固定，那么 n 通常并不与**那个 D** 同义，而且仅仅在二者间的替换上有所不同的句子，通常意味着不同的事情并表达不同的命题（做出不同的断言）。

所以，这种应当既是偶然的又是先天的断言是什么呢？被"如果棍子 s 在时间 t 存在，那么它在时间 t 的长度是一米"表达的命题究竟是什么呢？或许它是这样的断言：如果棍子 s 在时间 t 存在，那么它在时间 t 的长度是**这个长度**（想象对是这根棍子实际长度的那种长度的视觉上的演示）。或许被谈及的断言是一条单称命题，它这样谈论一个特定的长度 l——被名称"一米"严格地指示的长度——即如果棍子 s 在时间 t 存在，那么它在时间 t 的长度是 l。② 有争议的问题是，其所指

---

① *Naming and Necessity*, p. 56，"S 是一米长的"的着重号为我所加。

② 这两种推测间的关系如下：被"如果棍子 s 在时间 t 存在,那么它在时间 t 的长度是这个长度"表达的命题——据说是演示了被谈及的准确的长度 l——与如下单称命题**等同**或琐碎地**蕴涵**如下单称命题：该命题这样谈论长度 l，即如果棍子 s 在时间 t 存在，那么它在时间 t 的长度是 l。为了我们讨论的目的，这种关系是否等同于蕴涵，这是无关紧要的。因此，为了简化我们的介绍，我常常会在谈论中将它当作是等同于蕴涵。

被摹状词固定的那些名称，对被包含它们的句子所表达的命题做了什么贡献。尽管克里普克自己并没有使用这种理论化的语言，但他已经暗中告诉我们，它们没有贡献自己指称-固定摹状词的意义（senses）。所以，它们所贡献的或许只是它们所严格指示的对象——在"一米"的案例中是一个特定的长度l。我们可以在紧跟在上述引文后的段落中，找到对这种想法的支持。

在关于名称的情形下，人们或许也想做出这种（固定了一个指称的"定义"和给出一个同义词的"定义"间的）区分。假设一个名称的所指被一个摹状词或摹状词的簇给出。如果该名称与该摹状词或摹状词的簇**意思相同**，那么它就不是一个严格的指示词。它不会在所有可能世界中必然指示同一个对象，因为其他对象或许在其他可能世界中拥有这种被固定的性质，（当然）除非我们碰巧在自己的摹状词中使用了本质性质。所以，假设我们说，"亚里士多德是柏拉图最伟大的学生"。如果我们把它用作一个**定义**，那么名称"亚里士多德"就意指"柏拉图最伟大的学生"。那么当然，在另外某个可能世界中，那个人可能不是柏拉图的学生，而另一个人才是亚里士多德。另一方面，如果我们只是使用摹状词来**固定指称**，那么那个人会在所有可能世界中都是"亚里士多德"的所指。该摹状词唯一的用法就会挑选出我们意图指涉的那个人。但这样一来，当我们反事实地说"假设亚里士多德从未涉足哲学"时，我们不需要意指"假设那个是柏拉图的学生，并且是亚历山大的老师，并且写过什么什么著作等等的人，从未涉足哲学"，这似乎像是一条矛盾式。**我们只需要意指，"假设那个人从未涉足哲学"**。①

请注意，克里普克在如下问题上讲得很清楚：如果一个摹状词**那个 D** 仅仅固定了一个名称 n 的所指，那么 **n 是 F** 和**那个 D 是 F** 这些用法，或许就意味着非常不同的事情，表述不同的断言，而且因此似乎

---

① *Naming and Necessity*，p. 57，最后一句话的着重号为我所加。

表达了不同的命题。此外，他建议说，在这些情形下，如果 n 指涉某个人，那么某个使用 **n 是 F** 的人意指和说某种像**那个人是 F** 这样的事情，其中词项"那个人"被指示性地（demonstratively）用来挑选出 n 的所指。这很有意思。尽管他并未讲明这一点的重要性，但他的评论招致了如下一对推论。

(i) 即使当 n 是一个其所指在语义上被一个摹状词固定的名称时，一个人对 **n 是 F** 的使用的内容也是这样一条单称命题，它这样来谈论 n 的所指：n 拥有一种特定的性质（被 F 表达的性质）。

(ii) 为了让一个人知道这条命题，并因此满足归属句 **x 知道 n 是 F**，他必须知道关于是 n 的所指的那个特殊对象的如下事情：它拥有一种特定的性质（被 F 表达的性质）。①

这两条断言——(i) 和 (ii)——从如下观察中获得了进一步的可行性：在其所指**并未**在语义上被摹状词固定的日常名称的情形下，相应的断言似乎也成立。例如，请考虑名称"索尔·克里普克"，其所指并未简单地被规定为与某个指称–固定摹状词相同。相应于 (i)，我们观察到，某个断然地说出句子**索尔·克里普克是 F** 的人，如此来谈论索尔·克里普克这样一个特定的人：他拥有一个特定的性质（被 F 所表

---

① 在这里和其他所有地方，我们都会使用惯用语"相信关于一个对象的如下事情：它是如此这般的"（believe of an object that it is so and so）。说一个施事者**相信关于 o 如下事情：它是 F**，这就是说该施事者相对于将 o 赋值给"x"而言满足式子**相信 x 是 F**。情况会是这样的，当且仅当该施事者相信如下单称命题：该命题将被 F 表达的性质谓述给 o。当然，为了相信该命题，人们必须以特定方式来思考 o，这可能涉及将各种描述性特征归属给 o。既然这些并不是被 **x 是 F** 相对于将 o 赋值给"x"而言所表达的单称命题的一部分，那么对该命题的信念就常常伴随着对其他在描述上丰富的命题的信念。但是，**那个施事者相信关于 o 如下事情：它是 F** 这条断言的真，并不依赖于该施事者也相信其他在描述上丰富的命题。关于这种相信——通常被称作"从物的信念"（*de re belief*）——的更多讨论，请参阅 pp. 149—153 of my "Donnellan's Referential/Attributive Distinction", *Philosophical Studies* 73（1994）: 149—168。

达)。相应于(ii),我们注意到,如果玛丽知道索尔·克里普克是一位故乡在内布拉斯加州奥马哈的著名哲学家,那么就有这样一个特殊的个体索尔·克里普克存在,以使得她知道他是一位故乡在内布拉斯加州奥马哈的著名哲学家——玛丽知道关于这个特殊的人的如下事情:一个关于他的特定事实成立。

与此相对,当名称被替换为摹状词时,相应于(i)和(ii)的原则并不成立。例如,假设玛丽知道有一些间谍存在,但不知道任何特殊的个体是一名间谍。进一步假设她正确地相信间谍中的某个人必定是最矮的间谍,但也不清楚那个人可能是谁。[①] 那么,与(i)相反,如果玛丽断然地说出句子"那个最矮的间谍是一名间谍",那么她并没有谈论个体鲍里斯(她并不知道他就是那个最矮的间谍)说,他是一名间谍;而与(ii)相反,尽管玛丽知道最矮的间谍是一名间谍,但并没有这样一个特殊的个人 p 存在,他使得玛丽知道 p 是一名间谍——也就是说,没有这样一个个体存在,他使得玛丽知道关于该个体的如下事情:他或她是一名间谍。因此,虽然(i)和(ii)对日常名称来说是成立的,但相应的原则对很多摹状词来说却并不成立。有鉴于此,克里普克暗含的断言——(i)和(ii)对其所指在语义上被摹状词固定的特殊名称来说也是成立的——就是这样一种可行的、有用的提醒:对他来说,在语义上被包含这些特殊名称的句子(的说出)所表达(和断言)的命题,应当被理解为与在语义上被包含日常名称的句子(的说出)所表达(和断言)的单称命题在同一层次上。[②]

有鉴于此,有理由认为,对克里普克而言,这条命题——如果棍

[①] 这个例子基于蒯因在如下文章中最初所讨论的一种区分:"Quantifiers and Propositional Attitudes", *Journal of Philosophy* 53 (1956), reprinted in Quine's *The Ways of Paradox*。

[②] 在《命名与必然性》第 41 页,克里普克对一个包含日常名称——"尼克松"——的句子的说出的意思的表述,与他对一个包含其所指被摹状词固定的名称句子的说出的意思的表述,是相同的。他说,"当你问道:'尼克松'赢得了选举是偶然还是必然的时候,你在问这样一个直觉上的问题,即在某种反事实情况下,'这个人'是否会在事实上输掉选举。"请注意这种指示代词(demonstrative),并与引自第 57 页的段落相对比。

子 s 在时间 t 存在，那么其长度在时间 t 是一米——与如下命题是同一条命题：如果棍子 x 在时间 t 存在，那么其长度在时间 t 是这个长度（想象一种对"一米"所严格指示的那种长度的视觉上的演示）。该命题这样谈论一个特定的长度 l：l 是棍子 s 在时间 t 的长度，如果 s 在时间 t 存在的话。这大概是那种应当是偶然但先天可知的命题。更一般地说，克里普克的假设或许可以被认为是如下断言：所有涉及被指称-固定摹状词所引入的名称的偶然先天性的例子，都是这样的案例，在其中，一条单称命题既是偶然的又是先天可知的——在这里，该命题是一条单称命题，它谈论那个是该名称所指的特殊个体。

指称-固定的先决条件和它们与偶然先天性的相关之处

尽管我相信这是对克里普克文本的正确解读，但它却产生了释义上的和哲学上的严重的问题。在他对米尺例子的讨论中——他认为该例子提供了关于偶然先天性的真正示例——他从未指出，在固定词项"一米"的所指时，我们对棍子 s 是否拥有独立的亲知（acquaintance）。这或许会鼓励读者们去认为，对他所阐述的哲学观点来说，我们是否拥有这样的接触是无关紧要的。但是，情况并非如此。事实上，如果我们要理解和评估克里普克对偶然先天性讨论中核心论点的话，那么对该问题的解答是必不可少的。①

场景 1：对指称-固定的限定

首先，请考虑这种场景，在其中，我们在时间 t 看到棍子 s，并在用摹状词"棍子 s 在时间 t 的长度"引入词项"一米"之前，形成了一个关于其长度的观念。在此场景中，我们或许被当作是拥有了一条关于特定长度的、在感知上得到辩护的真信念，即 l 是棍子 s 在时间 t 的长度。于是，当我们将词项"一米"作为一个关于该长度的严格指示

---

① 对该问题的提出及其重要性的富于洞见的讨论，见于 Nathan Salmon, "How to Measure the Standard Metre", *Proceedings of the Aristotelian Society* 88（1987/88）: 193—217。

符引入时，我们对句子"棍子s在时间t的长度是一米（如果s在时间t存在的话）"的理解，保证了我们知道它表达了一条真理，而且知道它表达的是哪条真理——我们知道它表达了这样的真命题，即1是棍子s在时间t的长度（如果s在时间t存在的话）。关于此场景剩下的唯一问题是，这种结果对我们关于该命题的知识算作是先天的这一点而言，是否是充分的。这一点并不清楚。毕竟，在此场景中，我们在引入"一米"之前就拥有了对该命题在感知上得到辩护的信念。这种信念当然不是先天的；而且很难看出，仅仅执行一种语言上的仪式就会将它转变为一种先天的信念。因此，很难看出，在此场景中，我们如何拥有一种关于偶然先天性的真正的例子。我们随后会回到这一点。但是，在此之前，我们需要考察一种理解克里普克例子的不同方式。

场景2：未受限定的指称-固定

在这种场景中，我们被描画为试图引入词项"一米"作为任何满足摹状词"棍子s在时间t的长度"的东西的一个严格指示符——这是在如下这种情况下发生的，即我们从未看见过棍子s，而且不知道它有多长。假设我们可以在这种情形下成功地引入该词项，那么，这种情况就是这样的：在其中，如下事实成立。

F1. 有一个命题p，它这样准确地谈论一个特定的长度——也即这个长度（想象一种对这根棍子在时间t的实际长度的1的视觉上的演示）——说它是棍子s在时间t的长度，如果棍子s在时间t存在的话。

F2. 在引入词项"一米"之前，我们并不相信p，因为我们不清楚s在时间t有多长。

F3. 我们通过如下规定引入词项"一米"：它严格地指示任何实际上是s在时间t的长度的长度。

F4. 作为这样一种规定的结果，句子"棍子s在时间t的长度是一米，如果s在时间t存在的话"表达了p。

F5. 我们在如下意义上理解这个句子：我们理解通过一个摹状词引入一个名称的过程；我们理解该名称的所指如何由此被确定了；而且我们理解，考虑到该名称的所指，被该句子表达的命题如何被确定了。对所有这些的理解，对我们知道如下事情来说是充分的：该句子表达了一条真理——也就是说，它的意义（也许可以被当作一种从对该句子使用的语境到被表达的命题的函项）将一条真命题作为值分配给作为变量的我们的语境。

这时，两个问题产生了。

Q1. F5 中提及的知识如何导致了——如果诚然如此的话——我们知道 p 这一点，且因此导致了我们知道棍子 s 在时间 t 的长度是一米，如果 s 在时间 t 存在的话？

Q2. 如果 F5 中提及的知识的确导致了我们知道 p 这一点，那么将这种知识刻画为先天知识是否恰当？

既然《命名与必然性》并未明确地对 F1—F5 做出承诺，那么它也就没有为 Q1 和 Q2 提供明确的答案。在克里普克关于米尺例子的讨论中，没有东西明确地解决了如下麻烦：一个人是否可以通过指称-固定摹状词来引入一个名称，而与此同时并没有关于它指称之物的亲知以及该摹状词适用于它的独立证据。但是，他讨论中的其他部分鼓励某些读者去认为，人们可以使用一个摹状词来引入并在语义上固定一个名称的所指，即便在上述条件并未被满足时也是如此。其中一个段落如下，在其中，克里普克给出了关于"名称"**开膛手杰克**（*Jack the Ripper*）的例子，以此作为这样一种现实生活案例的示例——在其中，一个名称的所指可以在语义上被一个摹状词固定。

这些论题（1）—（5）给予你什么样的关于意义的图景呢？

第十六章 偶然先天性

[这些论题打算刻画这样的情形,在其中,名称的所指在语义上被摹状词固定。]这幅图景是这样的。我想命名一个对象。我想起一种描述它的独一无二的方式,然后我经历了一种可以说是精神上的仪式:我会用"西塞罗"来意指那个谴责加蒂兰的人;而这就将是"西塞罗"的指称。我将会使用"西塞罗"严格地指示那个(事实上)谴责加蒂兰的人,所以我可以谈论这样一些可能世界,在其中,他并没有这样做。但我的意图仍然是被这样给定的:首先给出某种独一无二地确定了一个对象的条件,然后使用一个特定的语词作为被该摹状词确定的对象的名称。**现在,也许有某些我们在其中实际上这样做的情形存在。**如果你想延伸一下并把它称为一个摹状词,那么此时你或许会说:我会把那边的那个天体称为"长庚星"。**这真的是这样的情形,在其中,这些论题不仅为真,而且真的给出了关于指称是如何确定的正确的图景。**另一个案例也许是——如果你想把这称为一个名称的话——伦敦的警察用名称"杰克"或"开膛手杰克"来指涉那个犯下所有这些或其中大部分谋杀罪的那个人——无论他是谁。那么他们就通过一个摹状词给出了该名称的指称。①

克里普克在这里解释了什么叫做用一个摹状词来固定一个名称的所指,并指出(尽管像"西塞罗"这样的大部分名称并不是通过这种方式来固定自己所指的),"长庚星"和"开膛手杰克"或许真的符合这种图景。既然他在"开膛手杰克"的案例中所想象的这种情况是这样的,在其中,警察与所谓被用来固定指称的摹状词所指涉的那个人几乎没有或根本就没有直接的接触;而且既然他们似乎并没有独立的证据去相信任何一个特殊的人是该摹状词所适合的,那么这段话或许就应当被理解为暗示了如下东西:根据克里普克的看法,一个人可以使用一个摹状词来在语义上固定一个名称的所指,即便在这样的情形下也是如此,在其中,他并不亲知该摹状词的指称之物,而且没有关

---

① *Naming and Necessity*, p. 79—80,方括号内的内容和着重号为我所加。

于该摹状词适合于那个个体的独立的证据。

接下来，我们将这种想法运用于如下这样的场景：在其中，我们用"棍子 s 在时间 t 的长度"来固定"一米"的所指，即使我们并未看见 s，也不清楚它有多长。这将我们带回 F1—F5，以及关于这些所谓的事实的两个问题。F5 告诉我们，我们理解句子"棍子 s 在时间 t 的长度是一米，如果 s 在时间 t 存在的话"，而且这种理解足以得出如下结论：它（在我们的语言中）表达了一条真理。接下来的问题是，这如何保证了——如果的确保证了的话——我们知道它所表达的真理。我在这里假定了（某些读者甚至克里普克本人）对如下东西暗中的依赖：在关于必然后天性的第十五章的讨论中被引用的某种版本的弱的去引号化原则，以下是该原则的一种缩略形式。①

弱的去引号化

如果一个真诚的、反思的、有理智的个体 i——它理解一个句子 S——倾向于接受 S 并相信 S 为真，那么 i 相信那条在语义上被 S 表达的命题，并由此满足式子 x 相信 S。

这种想法是说：F5 中提及的知识，引导我们理解和接受句子"棍子 s 在时间 t 的长度是一米，如果 s 在时间 t 存在的话"，并相信它为真；弱的去引号化则保证了我们相信它所表达的偶然命题 p。那么，如下事情是如何确定的呢：这种知识算作是先天的？在此，我们诉诸在第十五章被引用的弱的去引号化原则和辩护，以下是它的一种缩略形式。

弱的去引号化和辩护

如果一个真诚的、反思的、有理智的个体 i——它理解一个句子 S 并拥有证据 e——会在基于 e 而接受 S 并相信 S 为真这一点上

---

① 该原则的一种不同的版本或许会谈论接受 S 的意义并相信意义将一条真命题分配给一个人目前的语境。我们的讨论意图在这些不同变体间保持中立。

得到辩护，那么 i 对 e 的拥有，对于保证 i 在相信那条在语义上被 S 表达的命题这一点上会得到辩护而言是充分的，且因此对于确保 i 满足式子 *x 在相信 S* 这一点上会得到辩护而言是充分的。

F5 中提及的知识不仅引导我们去接受句子"棍子 s 在时间 t 的长度是一米，如果 s 在时间 t 存在的话"并相信它为真，它也**辩护**了这种接受和信念。既然这种知识仅仅是关于意义的知识，那么弱的去引号化原则① 和辩护便保证了我们对关于句子的语义事实的知识在如下问题上为我们提供了辩护：相信它所表达的命题 p，且因此相信棍子 s 在时间 t 的长度是一米，如果 s 在时间 t 存在的话。考虑到 p 为真且我们在相信它这一点上得到了辩护，人们或许会得出如下结论：我们知道 p——我们知道棍子 s 在时间 t 的长度是一米，如果 s 在时间 t 存在的话——这仅仅是由于如下东西：我们理解表达这种知识的命题，而且知道关于它的语义事实。②

这与先天性有什么关系？我想，这种想法大致如下：

关于先天性的弱的语言主义（LINGUISTICISM）
如果一个人仅仅由于理解一个表达了 p 的句子并且知道关于它的语义事实而知道一条命题 p 的话，那么他就先天地知道 p。

考虑到所有这些，人们可以将这条命题——棍子 s 在时间 t 的长度是一米，如果 s 在时间 t 存在的话——刻画为偶然先天性的一个合理的例子——在其中，一个人关于该命题的先天知识被视作是产生自用摹状词"棍子 s 在时间 t 的长度"来固定"一米"的所指这一点的，在此情形下，他从未看见过 s，而且在引入该词项前并不清楚 s 有多长。

---

① 译者注：原文中"原则"（principle）一词误写为"principal"（意为本金、主角等）。
② 为了我们的目的考虑，我在这里将知识消解为得到辩护的真信念。尽管这样的分析在某些特定情形下是失败的，但这些情形在这里不会被涉及，而且我们可以忽略不必要的复杂之处。

场景 2 的问题

问题 1

尽管我们所讲的故事产生了符合克里普克在《命名与必然性》中大多数说法的、关于偶然先天性的假定的例子,但在我看来,这个故事是不可信的,而且我最终会论证,甚至克里普克也不相信它。第一个问题在于,场景 2 中所采用的推理错误地刻画了先天性,并且掏空了先天可知的命题与仅仅后天可知的命题之间的区分。该问题的一部分在于关于先天性的弱的语言主义的原则。如果这条原则不被当作关于我们所说的"先天"是什么意思的规定性定义的一部分,而是被理解为一种关于知识的传统观念——对它的辩护并不依赖于经验性证据——的假设,那么该原则为真这一点就十分值得怀疑了。

这一点被(3)和(4)中的例子所阐明。

3a. "兔子是动物"是英语中的一个真句子,当且仅当兔子是动物。

 b. 语词"兔子"在英语中指涉一个对象,当且仅当该对象是一只兔子。

4a. "兔子是动物"是我的语言中的一个真句子,当且仅当兔子是动物。

 b. 语词"兔子"在我的语言中指涉一个对象,当且仅当该对象是一只兔子。

被这些句子表达的命题通常并不被当作是可以被先天地知道的。首先请考虑(3)中的句子。任何一个理解它们的意义并知道它们是英语句子的人,拥有确定它们之为真所需要的所有信息。但是,它们表达的命题不可能独立于经验性证据而被知道。如果它们可以被这样知道,那么不讲英语的说话者就应当能够仅仅通过对它们进行反思和推理而知道它们——但他们当然不能这样做。把讲英语的说话者同不讲英语的说话者区分开的地方在于,前者拥有关于英语语词和句子之意思的经验性证据。这种证据在像（3a）（3b）这样的例子中扮演了两个角色——（ⅰ）它允许讲英语的说话者理解这些句子，并且（ⅱ）它辩护了他们对这些句子之为真和它们所表达的命题的信念。由于经验性证据所扮演的第二个角色，这些命题并不是先天可知的。对（4a）（4b）表达的命题来说同样如此。这种情形和涉及（3）的情形之间唯一的区别是，尽管一个讲英语的说话者或许怀疑自己所讲的语言是否是"英语"［且因此怀疑（3a）和（3b）］，但我几乎不能怀疑自己所讲的语言是我自己的语言。因此，在（4a）（4b）的情形下，为了使得我知道这些句子（以及它们所表达的命题）为真所需要的所有东西只是：我理解它们。但是，既然参与这种理解的证据也辩护了我对它们所表达的命题的信念，那么我关于这些命题的知识在传统意义上就不是先天的。

对（3）和（4）所说的东西同样适用于场景2中给出的对句子"棍子s在时间t的长度是一米，如果s在时间t存在的话"的表述。那个指称-固定者关于该句子在他的语言中表达了一条真理的知识，是基于他对它的理解，而这反过来又根植于他关于特定经验性事实的知识，包括关于如下事情的事实：对摹状词"棍子s在时间t的长度"的使用引入了并在语义上固定了词项"一米"的所指。既然他关于该句子为真的知识并不是先天的，且既然根据弱的去引号化原则，他关于相信该句子所表达的命题p的辩护继承自他关于相信该句子之为真的辩护，那么他关于p的知识——也即他关于棍子s在时间t的长度是一米（如果s在时间t存在的话）的知识——就也不是先天的。在所有这些情形下——（3）（4）和场景2对米尺例子的处理——被知道为真的那些偶然命题，是（或应当是）仅仅基于理解表达它们的句子这一点而可知的。如果它们是以这种方式可知的，那么它们就可以被恰当地当作是以一种令人感兴趣的方式而琐碎的。但是，它们应当被算作是在传统意义上是先天的这一点，则是可疑的。因此，关于先天性的弱的语言主义为真这一点，也是可疑的。

当该原则像场景2中那样与如下东西结合在一起时，问题就变得混杂了：弱的去引号化、弱的去引号化及辩护、使用摹状词来引入和在语义上固定名称所指的未受限定的能力。当这些发生时,被刻画为"先天可知"的命题的类,就大大超出了理论上令人感兴趣的范围。假定 o 是任何一个对象,而 $\{P_1, \ldots\ldots P_n\}$ 是任何其合取独一无二地适用于 o 的性质的集合。考虑到使用摹状词来引入和在语义上固定名称所指的未受限定的能力,人们总是可以形成一个摹状词那个 **D**——它指谓被 P_i 的合取独一无二地指示的对象——并用它来严格地固定一个名称 n 的指称——它接着会指涉 o。最后,假定 p 是任何这样的命题,它这样谈论 o:如果它存在,则它拥有一个或更多的 P_i。我们可以使用 n 来表述一个表达了 p 的句子,它会被保证是表达了一条真理,而且会被在语言上称职的说话者知道是表达了一条真理。在场景 2 的假定下,这足以使得 p 被刻画为能够是先天可知的。换言之,如果场景 2 的假定是正确的,那么每条谓述任何对象的一种或更多性质的真命题,实际上都会算作是能够先天可知的。这当然是不可能的。

问题 2

我已经表达了对关于先天性的弱的语言主义原则的怀疑。此外,上述困难指向了关于如下事情的进一步的问题:将弱的去引号化、使用摹状词来引入和在语义上固定名称所指的未受限定的能力结合在一起。因此,有理由认为这两条原则中的其中一条一定为假。回忆一下场景 2 中所谓的五条产生自使用摹状词来引入和在语义上固定名称所指的未受限定的能力的事实。

    F1. 有一个命题 p,它这样准确地谈论一个特定的长度——也即这个长度(想象一种对这根棍子在时间 t 的实际长度的 l 的视觉上的演示)——说它是棍子 s 在时间 t 的长度,如果棍子 s 在时间 t 存在的话。

    F2. 在引入词项"一米"之前,我们并不相信 p,因为我们不清楚 s 在时间 t 有多长。

    F3. 我们通过如下规定引入词项"一米":它严格地指示任何

第十六章 偶然先天性

实际上是s在时间t的长度的长度。

F4. 作为这样一种规定的结果，句子"棍子s在时间t的长度是一米，如果s在时间t存在的话"表达了p。

F5. 我们在如下意义上理解这个句子：我们理解通过一个摹状词引入一个名称的过程；我们理解该名称的所指如何由此被确定了；而且我们理解，考虑到该名称的所指，被该句子表达的命题是如何被确定了。对所有这些的理解，对我们知道如下事情来说是充分的：该句子表达了一条真理——也就是说，它的意义（也许可以被当作一种从对该句子使用的语境到被表达的命题的函项）将一条真命题作为值分配给作为变量的我们的语境。

将弱的去引号化加入这个合集，得到的结果是：我们相信p，且因此相信棍子s在时间t的长度是一米，如果s在时间t存在的话。但请注意，这是何其的神秘。在经历一场小小的言语上的仪式前，我们忽视了一个完全非语言上的、非琐碎的、经验性的事实——也就是说，棍子s（如果它在时间t存在的话）是这么长（我在视觉上演示长度1，这就是它在时间t的实际上的长度）。我们说了一些公式化的语词——"假定'一米'严格地指示棍子s在时间t的长度，无论它会是什么"——而且转眼间我们就知道了自己之前所忽视的事实。直到参加考试的学生听到了这一点。当被问到"是谁做了如此这般的事情？"时，他们或许会回答说"是N做了如此这般的事情，其中'N'是一个名称，我特此将它规定为拥有被摹状词'那个做了如此这般的事情的个体'严格固定的指称"。这样一种执行是荒谬的。真信念并不是那么容易就到手的，这暗示了，要么是（i）关于摹状词何时可以被用来引入并在语义上固定名称的所指这一点，是有大量限定存在的；要么是（ii）并没有这些限定存在，但当被运用于包含这样的名称的句子时，弱的去引号化失败了。

另一个关于情况是如此的迹象，由克里普克自己给出的一种有说服力的论证所提供,但据我所知,这从未公开发表过。① 假定 A 是任何一个至少拥有一条假信念的施事者,该假信念被句子 S 所表达。接下来,请考虑摹状词(5)。②

    5. 那个 x:(如果 S,则 x= 普林斯顿大学)&(如果 ~S,则 x= 索尔·克里普克的左手拇指的指甲)。

既然 S 为假,那么该摹状词指涉克里普克的左手拇指的指甲,但是,既然 A 相信 S 为真,那么他就会认为它指涉普林斯顿大学,并因此接受句子(6a),且错误地相信它表达了一条真理。

    6a. 那个 x:(如果 S,则 x= 普林斯顿大学)&(如果 ~S,则 x= 索尔·克里普克的左手拇指的指甲)是一所高等学府。

到目前为止,并没有什么悖论性的东西出现。拥有一条错误的信念自然会导致拥有其他与之密切相关的错误信念,而这只不过是这一点的一个示例。

但是,如果如下情况是可能的话,那么问题就产生了:A 使用(5)在语义上固定名称"PU"的所指,即使 A 没有关于其实际的指称之物——索尔·克里普克的左手拇指的指甲——满足该摹状词的独立的经验性证据。考虑到场景 2 中所假定的这种容许度,我们得到了如下结论:A 理解、接受和相信句子(6b)为真,它表达了一条单称命题 p,该命题这样来谈论索尔·克里普克的左手拇指的指甲,即说它是一所高等学府。

---

① 我从他二十世纪八十年代和九十年代在普林斯顿的研讨班上熟知了这种论证,包括他在其他地方的一些公开的讲座。我并不知道,在给出《命名与必然性》中讲座的时代,他是否觉察到这种论证。

② "那个 *x* :……*x*……"是一个单称限定摹状词,它通过如下方式构成:将摹状词算子"那个 x"附着在一个包含"x"的至少一次自由出现的式子上。它可以被改写为"那个独一无二的个体 x,它是怎样怎样的……"。

6b. PU 是一所高等学府。

将上述结论与弱的去引号化结合在一起，我们就得到了如下结论：A 相信 p，且因此（7a）为真。

7a. A 相信 PU 是一所高等学府。

既然 PU 是索尔·克里普克的左手拇指的指甲，且既然（7a）告诉我们 A 相信它是一所高等学府，那么我们就得到了（7b）。

7b. 有这样一个特定的对象 o 存在，o 是索尔·克里普克的左手拇指的指甲，而且 A 相信 o 是一所高等学府。

克里普克正确地将这种结论——它实际上适用于任何施事者、对象和性质——当作是对弱的去引号化与使用摹状词来引入和在语义上固定名称所指的、未受限定的能力的合取的归谬。因此，两条原则中的至少一条似乎必须被放弃。

这是一种自始至终都应当被期待的结论。只要理解一个句子和知道其所表达的命题之间有一种密切的关系，弱的去引号化原则就是可行的，而且颇有道理。当有这样一种关系存在时，某个理解该句子的人或许被认为在心中怀有它所表达的命题，而某个接受该句子的人可以被当作是相信该命题的。但是，如果人们在理解一个句子 s 和知道 s 所表达的一条特定命题 p 之间打开一种实质性的间隙的话，那么弱的去引号化原初的基本理由就遭到破坏了。这就是在如下情况下所发生的事情：人们既假定包含名称的句子表达了单称命题——这些命题将各种事情谓述给它们的所指——又假定对使用摹状词在语义上固定名称的所指这一点基本上没有限定。

在上述假定之下，这些名称构成了一种索引词，它们在一种给定的说出的语境中的所指，被确定为如下这样的东西：相关于这种说出的语境的所有可能的世界－状态而言，任何满足其指称－固定的摹状词的东西。根据这幅图景，知道这样一个名称在一种语境中的所指，要求知道哪个对象满足在该语境的可能的世界－状态中与 n 结合在一起的摹状词。结果是：一个施事者在洋基球场闭着眼睛盲目地指向在人群中的我，并断然地说出"他是一个洋基队球迷"，但他完全不清楚自己指向的是谁；与这样一个人相比，一个缺乏上述这种知识的施事者，在自己的语词表达了哪条命题这一点上，不会知道更多的东西。

请注意，那个闭着眼睛的施事者在如下意义上理解自己说出的句子：他知道它是什么意思。他或许也相信，自己对它的使用表达了一条真理，因为他或许认为如下事情是非常可能的：自己正在指向的那个人是一个洋基队的球迷。但是，如下假设却是错误的：他由此获得了一条关于*我*的（错误）信念。既然他并不清楚自己指向的是谁，那么他就并不相信*我*是一个洋基队的球迷。同样，他并不先天地相信如下这条偶然真理：如果我存在，那么我是他所指向的那个人——他会通过说出"如果他存在，那么他是我所指向的那个人"并与此同时盲目地指向我来表达这一点。因此，如下假设是错误的：弱的去引号化正确地适用于这样一种情形。同样，如果人们认为基本上没有对使用摹状词来在指称上固定名称所指的限定，那么如下假定就会是错误的：弱的去引号化适用于包含这些名称的句子。①

弱的去引号化 vs. 未受限定的指称－固定

在此，我们面前有两种可能的选项。根据观点 1，摹状词可以不受限制地被用来在语义上固定名称的所指，无论一个人是否拥有关于什

---

① 尽管这种情形对我来说是很清楚的，但并非所有人都赞同这一点。例如，吉尔·哈尔曼就支持一种实质上相反的观点，这见于他的文章 "How to Use Propositions"，*American Philosophical Quarterly* 14（1977）：173—176。还请参阅 section XVII of David Kaplan "Demonstratives", in Almog, Perry, and Wettstein, *Themes From Kaplan*, and Robin Jeshion, "Acquaintanceless De Re Belief", in M. O'Rourke et al. eds., *Truth and Meaning*：*Investigationsin Philosophical Semantics*（New York：Seven Bridges Press 2001）。

么对象满足该摹状词或什么命题被包含这些名称的句子所表达的独立的知识。但是，如果一个人缺乏这样的知识，那么接受这些句子并相信它们为真，对于让他相信它们所表达的命题而言就不是充分的。根据这种观点，那些其所指被摹状词固定的名称是很容易到手的，但包含它们的句子对表达信念来说却并无多大用处，因为弱的去引号化并不适用于这些句子。因此，当**那个 D** 在语义上固定了 n 的所指时，一个人可以仅仅基于自己对这种语言的理解而知道，句子**如果有一个独一无二的 D 存在，那么 n 是那个 D 和如果 n 存在，那么 n 是那个 D** 表达了真理；但是，他不可能在此基础上知道被这些句子表达的命题，而且在很多情形下，他可能根本不能知道或相信它们。根据观点 2，对一个说话者而言，一个摹状词不可能在语义上固定一个名称的所指，除非该说话者独立地相信关于那个对象——该对象被那个摹状词指谓——的如下事情：该摹状词适用于它。但是，如果这种条件被满足，那么一个理解、接受并相信该句子为真的说话者，会相信该句子所表达的命题。因此，当**那个 D** 被成功地用来固定 n 的所指时，一个说话者或许仅仅基于自己对这种语言的理解而知道被句子**如果有一个独一无二的 D 存在，那么 n 是那个 D 和如果 n 存在，那么 n 是那个 D** 所表达的命题——在除了知道这些句子表达真理之外。但是，在此情形下，理解这种语言所要求的知识就会包括如下东西：**被 x 知道关于 y 的如下事情：它是 D**——相关于将说话者赋值给"x"、将**那个 D** 所指谓的对象赋值给 y——所报告的独立的、非语言上的知识。

面临这种选择时，我们有理由青睐观点 2。在我看来，观点 1 在如下二者间制造了太大的间隙：被一个句子在一种语境中表达的命题，和当称职的说话者们理解该句子的时候按照在该语境中的使用而被呈现给他们的信息。根据观点 1，说话者们可以惯常地理解一个句子 S——它包含一个其所指被一个摹状词固定的名称——而且他们可以知道 S 表达了一条真理，并准备好去接受和真诚地赞同 S，但并不能够相信甚至在心中怀有 S 在语义上表达的那条命题。这是令人迷惑的：如果一个人理解 S 而且 S 表达了 p，那么，除非语境中有某种非常特殊和不寻常的东西存在，否则怀有 S 应当算作怀有 p；而且如果一个人开始接受 S 或判断它为真，那么通常来说，这应当算作是相信 p 或认为 p 为真。如果这通常并不算作是相信被 S 所表达的命题，那么 S 在表达一个人的信念中就没有什么用途。但如果情况是这样，那么如下结论是很难避免的：S 是有严重缺陷的，而且或许终究不是完全有意义的，因为它不能被用来执行语言的一些主要功能。

上述论证可以通过将其扩展到声称的观念而得以加强。某个相信那个最矮的间谍是一名间谍的人，或许并不相信关于任何人的如下事情：他（或她）是一名间谍。同样，某个声称那个最矮的间谍是一名间谍的人，或许并不是在说关于任何人的如下事情：他（或她）是一名间谍。现在假设，这样一个说话者经历了一场小小的语言仪式；他使用摹状词"那个最矮的间谍"来固定名称"Shifty"的所指——而与此同时并不清楚最矮的间谍是谁。如果该说话者成功地以这种方式引入了该名称，那么句子"Shifty 是一名间谍"就在语义上表达了一条命题，该命题只能被一个这样的人所声称：他说或声称关于一个是最矮的间谍的那个人的如下事情，即他（或她）是一名间谍。但很难看出，如果我们的说话者要断然地说出"Shifty 是一名间谍"，他会被正确地描述为在这样做。当然，该说话者不会由此声称他（或她，演示那个实际上是最矮的间谍的个体）是一名间谍。我们可以假设，在引入这个名称前，该说话者并不能够说关于这个人的任何事情。但这样一来，经历一种正式的语言仪式也于事无补。因此我相信，我们必须得出结论说，在断然地说出"Shifty 是一名间谍"时，根据观点 1，该说话者并没有声称它在语义上所表达的那条命题。在克里普克的例子中，同样的要点适用于试图使用摹状词（5）来引入并在语义上固定 PU 所指的说话者，他错误地认为 PU 指示普林斯顿大学而不是克里普克的左手拇指的指甲。正如他对（6b）的说出并不算作是对一条离奇信念——拇指的指甲是一所高等学府——的表达一样，这些说出也不算作关于它是一所高等学府的声称。

在我看来，这些结论构成了拒斥观点 1 的有力的理由。① 如果这是正确的，那么会有很多这样的情形存在，在其中，对说话者和听者而言，一个名称的所指被一个摹状词在语义上固定，即使他们并不相信关于被该摹状词所指谓的对象的如下事情：该摹状词适用于它。在 S 是一个包含这样一个名称的句子的地方，我们会拥有这样一种情况：在其中，S 意味（表达了命题）p，说话者和听者理解 S，但他们不能用 S 来声称 p、怀有 p 或表达对 p 的信念。这是令人难以接受的。如果说话者不能用这个句子来声称、怀有或表达对 p 的信念，那么如下事情是很可疑的：该句子真的意味（在语义上表达）p。所有这些都驳斥了如下观点：我们可以成功地用一个在语义上确定名称之所指的摹状词来引入该名称，但不使用我们喜欢的任何摹状词来给出它的内容——甚至对一个指谓如下这样对象的摹状词而言也是如此：我们并不拥有关于该对象满足该摹状词的独立的信念。在我看来，这种极端不严格的观点——关于为了通过一个指称–固定摹状词来引入一个名称需要什么东西——应当被放弃。我们应当代之以这样一种观点：该观点坚称，通过一个指称–固定摹状词来引入一个名称（与此相对的是这种规定："名称"是该摹状词的缩写，或它的某种变体），这要求我们与被该摹状词指谓的对象有足够的接触，足以拥有关于它的独立信念——包括该摹状词适用于它的信念。采纳了这种观点，我们就可以不再把场景 2 当作是提供了一种关于偶然先天性的例子了。

对克里普克关于先天性例子的影响

接着，让我们返回场景 1。在此场景中，我们在时间 t 看到了棍子 s，并在用指称–固定摹状词"棍子 s 在时间 t 的长度"引入词项"一米"之前，形成了一个关于其长度的观念。结果，我们拥有了一条关于特定长度 l 的在感知上得到辩护的真信念，即它是棍子 s 在时间 t 的长度。把这条关于 l 的命题——我基于感知证据而相信该命题——称

---

① 我相信克里普克现在采取了同样的立场，尽管这并未被表达在《命名与必然性》或任何其他我所知的已发表的作品中。

为 p。当我们通过这个指称-固定摹状词引入词项"一米"时，我们关于 p 的知识是理解句子"棍子 s 在时间 t 的长度是一米（如果 s 在时间 t 存在的话）"所要求的知识的一部分。既然我们拥有这种知识，那么我们就理解这个句子。此外，我们关于该句子的知识不仅保证了我们知道它表达了一条真理，也保证了我们把握到它所表达的命题并知道它为真。在理解句子"棍子 s 在时间 t 的长度是一米，如果 s 在时间 t 存在的话"所要求的知识的基础上，我们知道：棍子 s 在时间 t 的长度是一米，如果 s 在时间 t 存在的话。因此，为了使我们知道该句子表达的命题，无需去理解除该句子之外的任何东西。不过，这种知识**不**是先天知识，因为它依赖于我们关于 p 的知识，而这反过来又在感知上得到辩护。请注意，我们并不只是偶然获得作为一种感知结果的对 p 的信念；p 是一条只能在这种证据的基础上被知道的命题。这同样适用于如下密切相关的命题：棍子 s 在时间 t 的长度是一米，如果 s 在时间 t 存在的话。尽管可以设想，一个人能够知道这个命题而不知道那个稍微更强的命题 p，但他不可能不依赖于辩护所需的经验性证据而知道它。因此，克里普克关于米尺的例子**不**是一个关于偶然先天性的真正案例；他其他的例子也不是。① 什么叫做成功地用一个在语义上固定了一个名称所指的摹状词来引入该名称，由于在这个问题上的限制，所以**没有关于偶然先天性的例子存在，这些例子依赖于其所指在语义上被摹状词固定的真正的名称**。

是否有偶然先天性的例子存在

我相信有这样的例子存在，最好的例子涉及第十四章讨论的现实

---

① 内森·萨蒙说，克里普克在个人通信中告诉他，在《命名与必然性》里对米尺的讨论中，他心中所想的"是这样一种情形，在其中指称-固定者看到 S 在他前面并使用该摹状词指称性地指涉那个长度"（Salmon "How to Measure the Standard Metre"第 200 页）。不过，克里普克并未得出结论说——像萨蒙和我一样——在那种情形下，这个例子不能恰当地被当作偶然先天性的一个示例。

化算子。① 简要地说，该算子按照如下方式运作：假定 S 是一个在一种关于言说的语境 C 中表达了命题 p 的句子。那么，在 C 中，**S 实际上**（***Actually S***）② 表达了一条命题，它这样谈论关于 C 的实际的世界-状态：这是这样一种世界-状态，在其中 p 为真——也就是说，它说 p 相关于（或考虑到）世界实际所是的方式而为真。因此，在相关于任意一种可能的世界-状态 w 被评估时，被 **S 实际上**表达的命题在 C 中为真，当且仅当 S 相关于 C 的实际的世界-状态为真；既然这一点从未改变——也就是说，既然 S 相关于被固定的实际的世界-状态是否为真这一点，从不像从一种仅仅可能的世界-状态到另一种这样的状态那样改变——那么只要 S 在 C 中表达了一条真理，**S 实际上**就表达了一条必然真理。关于摹状词的相应的事实是，只要**那个 *x*：*Fx***在一种关于言说语境的实际的世界-状态中成功地指谓一个独一无二的个体 o，那么当**那个 *x*：*Fx* 实际上**（*the x*：*actually Fx*）在那种语境中被使用时，就相关于所有可能的世界状态——在其中 o 存在——而指谓 o，而且从不指谓任何其他的东西。因此，"实际上"（*actually*）是一个严格词（rigidifier），当被加诸一个相关于言说的语境而指谓一个独一无二的个体的时候，它会导致一个新的摹状词，该摹状词相关于所有可能的世界-状态——在其中该个体存在——而严格地指谓那个个体。摹状词**那个 *x*：*Fx* 实际上**也可以被改写为**那个实际的 *F***（*the actual F*）。如果被问到该摹状词的意思是什么，我们会回答说，它或许是**那个在 @ 中是 *F* 的独一无二的对象**的改写，其中"@"指示世界实际上是的方式——也就是说，世界实际上可以示例的最大的完整性质。因此，一个句子**那个实际的 *F* 是 *G*** 事实上说了被如下句子说出的东西：

---

① 这种例子被大卫·卡普兰在如下文章中指出："On The Logic of Demonstratives", *Journal of Philosophical Logic* 8（1979）：81—98, and in "Demonstratives"。

② 译者注：这里的"S 实际上"应当理解为一个整体的表达式，而不是一个述说 S 在实际上如何如何的短语。也就是说，在被译为汉语时，"实际上"一词严格来说并不是修饰其后动词（例如"表达"）的一个副词，而是与之前的"S"紧密结合在一起的修饰成分。有时也可以将这条表达式理解为"实际上的 S"或"实际的 S"（如下文中的"实际的 F"）等。

那个在 @ 中是 F 的独一无二的对象也是 G。

记住这一点，我们可以考虑如下例子。

8a. 普林斯顿大学有一个哲学系，当且仅当实际上普林斯顿大学有一个哲学系。

b. 如果棍子 s 在时间 t 存在（且因此在时间 t 拥有一个独一无二的长度），那么棍子 s 在时间 t 的长度就是棍子 s 在时间 t 的实际上的长度。

这些是偶然先天性的真正例子。首先请考虑偶然性。既然普林斯顿大学拥有一个哲学系，那么充分必要条件式（8a）右侧是一条必然真理而左侧是一条偶然真理；因此（8a）自己是偶然的。（8b）也是偶然的，因为尽管它相关于世界的实际状态为真，但相关于如下可能的世界状态 w 为假：在其中 s 在时间 t 存在，但要么是，它在时间 t 的长度比自己相关于世界实际状态的长度长——由于它在 w 中被加热并延伸；要么是，它在时间 t 的长度比自己相关于世界实际状态的长度短——由于它在 w 中被冷却并缩短。

接下来是先天性。我们需要诉诸的基本原则是（9a）及其推论（9b）。

9a. 对任何一条命题 p 和可能的世界－状态 w 来说，人们可以在证据 e 的基础上在 w 中知道 p，当且仅当在 w 中，人们可以知道关于 w 的如下事情：它是这样一种世界－状态，在其中，p 在同样的证据 e 的基础上为真。

b. 对任何一条命题 p 和可能的世界－状态 w 来说，人们可以先天地在 w 中知道 p，当且仅当在 w 中，人们可以先天地知道关于 w 的如下事情：它是这样一种世界－状态，p 相关于它而为真。

将这些原则加上某些显而易见的隶属原则（subordinate principles）

作为既定条件，我们可以用如下方式确证，被（8a）表达的命题是先天可知的。①

10 (i) 这条命题——普林斯顿大学有一个哲学系当且仅当普林斯顿大学有一个哲学系——（在实际的世界－状态中）是先天可知的。我们将此称作"P iff P 这条命题"。

(ii) (i) 加上（9b）可以得出，在实际的世界－状态 @ 中，可以先天地知道关于 @ 的如下事情，即它是这样一种世界－状态：P iff P 这条命题相关于它为真——也就是说，它是这样一种世界－状态 w，以使得 P iff P 这条命题相关于 w 为真。

(iii) 所以，在 @ 中（或相关于 @ 而言），可以先天地知道关于 @ 的如下事情，即它是这样一种世界－状态 w：使得 P 这条命题相关于 w 为真，当且仅当 P 这条命题相关于 w 为真。

(iv) 所以，在 @ 中（或相关于 @ 而言），可以先天地知道关于 @ 的如下事情，即它是这样一种世界－状态 w：使得 P 这条命题相关于 w 为真，当且仅当 P 这条命题相关于 @ 为真。

(v) 所以，在 @ 中（或相关于 @ 而言），可以先天地知道关于 @ 的如下事情，即它是这样一种世界－状态 w：使得 P 当且仅当命题 P 相关于 @ 为真这条命题相关于 w 为真——也就是说，在 @ 中，可以先天地知道关于 @ 的如下事情，即它是这样一种世界－状态：相关于这种状态而言，P 当且仅当命题 P 在 @ 中为真这条命题为真。

(vi) 从 (v) 和 (9b) 可以得出，在 @ 中（或相关于 @ 而言），P 当且仅当命题 P 在 @ 中为真这条命题是先天可知的。

---

① 在（10）中，我使用"P"作为句子"普林斯顿大学有一个哲学系"的缩写。

(vii) 既然 @ 是实际的世界，那么 P 这条命题在 @ 中为真这条命题就是被"P 实际上"表达的那条命题。因此，从 (vi) 可以得出，被"P 当且仅当 P 实际上"表达的那条命题——也即被 (8a) 表达的那条命题——（在实际世界中）是先天可知的。

按照 (11) 的路线来图示性地考虑这种论证是很有帮助的。①

11 (i) P iff P

(ii) 所以，$\lambda w[(P \text{ iff } P) w]@$

(iii) 所以，$\lambda w[P(w) \text{ iff } P(w)]@$

(iv) 所以，$\lambda w[P(w) \text{ iff } P(@)]@$

(v) 所以，$\lambda w[(P \text{ iff } P @) w]@$

(vi) 所以，P iff P@

(vii) 所以，P iff P 实际上

在 (11) 的 (i) 中，我们从一条显然是先天可知的断言开始。接着我们使用 (9b) 来使自己确信 (ii) 是先天的，其中 (ii) 告诉我们，@ 拥有是一种世界–状态 w 这种性质，相关于该状态而言，P iff P 为真。(iii) 是 (ii) 的一条先天后承；它告诉我们，@ 拥有是一种世界–状态这种性质，相关于该世界–状态而言 P 这条命题为真，当且仅当相关于该世界–状态而言 P 这条命题为真。关键的步骤在于 (iv)。②

---

① 在 (11) 中，我继续使用 "P" 作为 "普林斯顿大学有一个哲学系" 的缩写。我用 "@" 指示世界的实际状态，用 "w" 作为取值为世界–状态的变量。当 S 是任意一个句子时，我用 *S@* 来表达如下断言，该断言相关于实际的世界–状态把为真这种性质归属给 S 所表达的那条命题；我还用式子 *S (w)* 来表达如下断言，该断言说这条命题相关于世界–状态——它是 "w" 的值——为真。在 "…v…" 是任何一个包含一个或更多变量 v 的自由出现的式子的地方，$\lambda v[\cdots v \cdots]$ 是一个谓词，它表达一种性质，该性质适用于一个对象 o 当且仅当 "…v…" 相对于一种将 o 分配给 "v" 的赋值而言适用于 o。

② 关于这个步骤的想法，可以在如下文章中找到：pp. 210—211 of Gareth Evans, "Reference and Contingency", in his *Collected Papers* (Oxford: Oxford University Press,

请考虑一种类比。假设，m 拥有这样一种性质，任何一个人在如下情形下会拥有它：他爱安娜（Anna）当且仅当他爱贝蒂（Betty）——也即 λx[Lxa iff Lxb] m。那么 m 也拥有这种性质，该性质是任何一个人在如下情形下所拥有的：他爱安娜当且仅当 m 爱贝蒂——也即 λx[Lxa iff Lmb] m。同样，(iii) 告诉我们，@ 拥有这种性质，即任何一种世界-状态在如下情形下会拥有的性质：P 这条命题相关于该世界-状态为真当且仅当 P 这条命题相关于那种世界状态为真——也即 λw[P(w) iff P(w)]@。由此得出，@ 也拥有这种性质，即任何一种世界-状态在如下情形下会拥有的性质：P 这条命题相关于该世界-状态为真当且仅当 P 这条命题相关于 @ 为真——也即 λw[P(w) iff P(@)]@。(v) 是 (iv) 的先天后承；它告诉我们，@ 拥有是一种世界-状态这种性质，相关于该状态而言，P 当且仅当 P 相关于 @ 为真这条命题为真。接着我们再次使用（9b）（这次按照从右到左的方向）来使自己确信，被 (vi) 表达的命题是先天可知的，而这与被 (vii) 表达的命题相同——也即被（8a）表达的命题。①

1985）。尽管有这种洞见，但在我看来，埃文斯（Evans）曲解了涉及其所指被摹状词固定的名称的例子。参阅 pp. 148—150 of my review of his *Collected Papers*, *Journal of Philosophy* 86（1989）。

① 有一种针对（9a）和（9b）（按照从右到左的方向）的潜在反驳，它暗示说，按照陈述，它们严格来讲或许不是为真的。但是，这并不影响我们在上述推导中对它们的使用。该反驳基于如下场景。假设一个人向自己详细地描述一种可能的世界-状态 w，并正确地得出结论说，它是这样一种可能的世界-状态，相关于该状态而言，一条特定的命题 q 为真。这或许算作是关于 w 的知识，即 p 相关于它为真。让我们假设情况的确如此。进一步假设 w 实际上就是实际的世界-状态——相关于该状态而言，一个人在进行相关的描述和思考——但那个人并未意识到，自己所描述和思考的那种世界-状态，就是世界实际上所是的状态。在此情形下，他或许相信关于实际的世界-状态的如下事情，即 q 相关于它为真，而与此同时并不相信 q，也没有对相信 q 的任何辩护。如果有这样的可能场景存在，那么它们就威胁到了（9a）从右到左的方向，甚至威胁到（9b）。但是，即使它们如上所述地否证了（9a）和（9b），它们也并没有证明上述推导是无效的，尤其没有证明从 (v) 到 (vi) 的步骤是无效的。在与上述推导有关的场景中，施事者开始于关于一条特定命题的先天知识，并走向关于实际的世界-状态的知识（即该命题相关于此状态为真）——他可以用指示代词"这种世界-状态"

因此，除了是偶然的之外，被（8a）表达的命题还是先天可知的。对如下事情可以给出类似的演示：被（8b）表达的命题是先天可知的；这是基于如下显而易见的事实，即被（8c）表达的命题是先天可知的。

8c. 如果棍子 s 在时间 t 存在（且因此在时间 t 拥有一个独一无二的长度），那么棍子 s 在时间 t 的长度就是棍子 s 在时间 t 的长度。

既然被（8b）表达的命题也是偶然的，那么它就也是偶然先天性的一个真正的例子。一般而言，对每个克里普克风格的例句…n…（它包含其所指被摹状词**那个 D** 所固定的名称 n）——该例句应当是（但实际上并不是）偶然先天性的一个示例——而言，相应的那个句子——在其中 n 被替换为**那个实际的 D**——是偶然先天性的一个真正的例子——也就是说，它是一个表达了如下命题的句子：尽管该命题为真且是先天可知的，但却并不是一条必然真理。① 简言之，尽管克里普克关于偶然先天性的假定的例子没有一个是正确的，而且尽管其所指在语义上被摹状词固定的名称在他的意义上**从不**产生出关于偶然先天性的真正示例，但克里普克向我们展示了需要寻找的东西是什么，并将我们放置在寻找真正符合他目的的例子的轨道上。这当然是要记住的事情。

加上如下理解来表达这种知识：该指示代词指涉他直接经验到的世界 – 状态。在整个推导过程中，在我们使用"@"的地方，该施事者都可以使用"这种世界 – 状态"加上那种理解。如果他这样做，那么所有论证性的步骤——包括从（v）到（vi）的步骤——都是走得通的。

① 在此，我依赖于自己早先在第十四章的讨论，它支持如下断言：对克里普克来说，即使当一个名称拥有在语义上被摹状词**那个 D** 固定的所指时，它也不与**那个实际的 D** 同义。

第十七章

自然类别词项和理论上的识别陈述

本章提要

1. 将对名称的分析扩展到自然类别词项（Natural Kind Terms）
   专名和自然类别谓词：相似性和差异
   严格的指示词并不为了谓词而被定义

2. 包含自然类别谓词的同一性句子（Identity Sentences）
   这些句子的逻辑形式

3. 涉及简单自然类别谓词的理论同一性句子的模态地位
   非摹状词性（non-descriptionality）和对如下问题的解释：如果某些这样的句子为真的话，那么它们为什么是必然的

4. 对表述的扩展
   某些涉及语义上复杂的、理论上有趣的谓词的理论同一性句子的必然性

5. 涉及简单自然类别谓词的理论同一性句子的认识上的地位
   为何有些这样的句子是仅仅后天可知的

6. 对必然后天性的最后挑战
   假想的反对者和克里普克不令人满意的回应

7. 对这种挑战的一种恰当回应：本质性质，不可能的世界-状态和必然后天性

认识上的可能性和形而上学可能性的不同

将对名称的分析扩展到自然类别词项

在本章，我们将讨论克里普克如何将自己关于专名的核心论题扩展到更广阔、更多种多样、在哲学上更重要的自然类别词项的类。他的断言——即涉及这些词项的真的理论上的同一性句子（theoretical identity sentences）是必然后天性的例子——在这种联系中尤其重要。该断言捕获了哲学家的想象力，并以如下方式让人看到了在作为整体的哲学中对之进行重要和广泛的运用的希望：这种方式远远超出了他关于包含专名的同一性句子的类似断言被察觉到的暗含之意。同样，他对专名的分析奠定了自己对自然类别词项处理的基础；而且理解如下问题是很重要的：他关于后者的观点如何产生自他关于前者的观点。在《命名与必然性》前两篇演讲中被维护的、关于名称的核心论题，被 T1—T4 所总结。

关于专名的论题

T1. 专名是非摹状词式的（non-descriptional）①：(i) 它们不与被说话者同它们结合在一起的摹状词或摹状词的簇同义；(ii) 一个名称相关于一种任意的世界-状态 w 的所指，并不通过满足相关于 w 的任何摹状词或描述性条件而在语义上被确定；相反，(iii) 一个名称的所指在实际的世界-状

---

① 译者注："non-descriptionality" 和 "non-descriptional" 这两个概念分别被译为"非摹状词性"和"非摹状词式的"，这主要是出于以下考虑。由于"摹状词"与"描述"在英语中的关系很难被直接体现在汉语中，所以一些与之相关的派生词的微妙意味也往往难以在译文中准确呈现。鉴于作者在这里谈论的主要是专名与摹状词之间的区别，而且另一个有关的形容词"descriptive"一般被译为"描述性的"，所以在此采用了上述译法，以尽量还原这些概念间的区别与联系。

态中在原初就被固定了，而且一旦被固定，它就被规定为相关于其他所有世界 – 状态而言都保持一致。

T2. 一个名称的所指在原初以两种方式中的一种被固定下来——通过一种实指性的洗礼，或通过一种规定，即它是任何满足一个特定摹状词的东西。随后，当该名称在说话者之间被传递时，指称最初被固定的方式常常变得无关紧要。通常来讲，位于历史链条上下一环节的说话者，使用该名称去指涉其原初的所指，而无论他们是否将性质与（独一无二地）适用于该所指的名称结合在一起。

T3. 专名是严格的指示符——也就是说，一个指示对象 o 的专名，相关于 o 存在于其中的所有世界 – 状态都指示 o，而且绝不指示任何其他东西。

T4. 涉及不同但互指的名称（或其他严格指示符）的同一性句子表达必然真理。不过，这些真理通常仅仅是后天可知的。

在《命名与必然性》的第三篇文章中，类似的论题被证明是适用于自然类别词项的。例如，克里普克长篇大论地论证道，像"金""虎""猫""水""热"和"光"这样的自然类别词项**并不**与通常被说话者与其结合在一起的摹状词的簇同义。如同专名的情形一样，一个词项的指称可以有两种被固定下来的方式。一种方式涉及直接呈现那种假定类别的样本，加上如下规定：该词项被理解为适用于所有且仅仅适用于（某种）独一无二的自然类别的示例——其样本的所有成员几乎都是示例。另一种固定一个自然类别词项指称的方式，涉及对如下这种摹状词的使用：该摹状词通过某些通常是偶然的性质，来挑选出那个类或那个类的成员。随后，当这个类别词项在说话者之间传递时，其指称最初是以何种方式被确证的，这通常变得无关紧要——就像专名的情况一样。结果，位于链条更下游的说话者也许会将该词项用于被给定的类的示例，无论被他们与该词项结合在一起的描述性性质是否真的挑选出那个类的成员。此外，科学研究或许会导致对如下这种性质的发现：它们对这个类的成员资格来说是必要的和充分的。这些性质被理论上的同一性（或识别[identification]）①句子所表达，这些句子是必然但后天的。《命名与必然性》中明确讨论的这种理论上同一性句子的例子如下：

"水是 H_2O。闪电是电的闪动。光是光子流。金是原子序数为 79 的元素。猫是动物。鲸是哺乳动物。热是分子的运动。"

克里普克对专名的处理和他对自然类别词项的讨论之间的平行关系，是显而易见的。但是，在关于自然类别词项的讨论中有一些特殊的复杂因素出现。其中最重要的是关于严格指示词的问题，以及关于特定同一性句子的模态性质的相关问题。如同在专名的情形下一样，自然类别词项据说是严格的，而且这些词项的被推定的严格性被用来支持如下推论：涉及它们的理论上的同一性句子是必然的，如果这些句子为真的话。例如，在讨论涉及自然类别词项的理论上的识别句时，克里普克说："根据我所提倡的那种观念，理论上的同一性句子一般涉及两个**严格**指示符的同一性，且**因此**是必然后天性的例子。"②但是，这里有一个未被广泛认识到的潜在的困难之处。说一个自然类别词项是严格的是什么意思，克里普克没有给出关于这一点的单独的定义；他也没有提供清晰的论证，以表明它们是严格的。这之所以是一个问题，是因为他对严格性的清晰的定义只告诉我们，对一个单称词项来说什么叫做是严格的。

如果所有自然类别词项不过都是日常的单称词项，每个词项声称指示了一个单个的对象，那么这种定义可以直接适用于它们而无需做出限定。但是，如克里普克所认识到的那样，自然类别词项分属各种

---

① 译者注："identity"和"identification"这两个概念在本书中都出现了，而且似乎并没有本质上的区别。因此，在与克里普克有关的语境中，译者将前者译为"同一性"（与之相关的概念有"同一性句子""同一性陈述"等），将后者译为"识别"（与之相关的概念有"理论上的识别句"等），以体现二者间在语词上的差别。

② *Naming and Necessity*，p. 140，着重号为本书作者所加。

各样的句法和语义范畴。例如，他说，

> 根据我所提倡的那种观点，自然类别的词项比日常所想的更接近专名。因此，旧词项"通名"非常适合于那些标示出物种或自然类别的**谓词**，比如"牛"或"虎"。但是，我的考虑也适用于关于自然类别的物质词项（mass terms），比如"金""水"等等。①

随后，在总结自己观点时他补充道，

> 我的论证暗中得出结论说，某些关于自然类别的通名与专名之间的亲缘关系，比通常意识到的更多。该结论一定适用于各种物种的名称，无论它们是像"猫""虎""金块"这样的可数名词，还是像"金""水""黄铁矿"这样的物质词项。它还适用于某些关于自然现象的词项，比如"热""光""声音""闪电"，而且，在经过适当的精致化后，大概还适用于相应的形容词——"热的""响的""红色的"。②

从这些段落可以看出，克里普克意图使得自己关于自然类别词项的一般性论题能够适用于——至少以某种形式适用于——各种句法和语义范畴的词项。这产生了显而易见的问题，其中包括，"对一个谓词来说，什么叫做是一个严格的指示符？""涉及像'牛''虎''动物''金块'和'闪电'这样的通名的自然类别谓词是严格的吗？""对包含一对自然类别词项的句子而言，算作一个理论上的同一性句子是什么意思？"以及"这些句子必然为真吗？如果是的，那么它们中的某些是否表达了仅仅是后天可知的断言？"既然克里普克从未清楚地回答这些问题，那么关于他会如何处理它们这一点，就只能是一种猜测了。

---

① *Naming and Necessity*，p. 127，着重号为本书作者所加。
② Ibid., p. 134.

尽管这些问题当然是很重要的，但它们似乎可以被很容易地加以解答。尤其是，对谓词而言应当如何定义严格性，这似乎是直截了当的。再考虑一下对单称词项而言的严格性。在单称词项 t 的情形下，被 t 相关于一种世界－状态 w 而指示的那个对象，是 t 相关于 w 而言的外延；而 t 是严格的这条断言，蕴涵如下事项：它相关于所有自己在其中拥有一个外延的世界－状态而言，都拥有相同的外延。在谓词 P 的情形下，P 相关于一种世界－状态 w 的外延，是 P 相关于 w 所适用于或对之而言为真的对象的集合。将对谓词而言的严格性观念刻画为平行于对单称词项而言的严格性观念，这样的想法会做出如下规定：P 是严格的，仅当 P 相关于自己在其中拥有一个非空外延的所有世界－状态而言，都拥有相同的外延。但是，情况显然不会是这样。例如，请考虑自然类别谓词"是一只动物"。它相关于一种世界－状态的外延，是所有在该世界－状态中的是动物的东西的集合。既然单个动物的集合在不同世界－状态中是各不相同的，那么这种关于严格性的定义就会将它界定为非严格的。既然同样的要点适用于关于偶然存在对象的几乎每个谓词，那么对谓词而言的严格性就不应当被定义为要求不同世界－状态中外延上的相同性的（如果它是一个在理论上重要的观念的话）。

如下说法也是不成立的：一个谓词是严格的，当且仅当有一种它所表达的独一无二的性质存在，该性质在每个可能世界中都确定了它的外延。当然，可以说，在涉及像"牛"和"动物"这样词项的自然类别谓词的情形下，有这样一种性质存在——也就是说，是一头牛这种性质和是一只动物这种性质。但是，不能说几乎所有谓词都是如此。例如，谓词"是一个单身汉"和"是一个哲学家"也表达了这样的性质：这些性质确定了它们相关于任意一种可能的世界－状态的外延。一般而言，对几乎任何一个人们可以思考的谓词 F 和世界－状态 w 来说，F 相关于 w 的外延是这样的事物的集合：它们在 w 中拥有被**是一个 F** 所表达的那种性质。但在定义对谓词而言的严格性观念中，没有如下这样的要点存在：根据该要点，几乎所有谓词最终都琐碎地是严格的。

应当注意的是,有一种显而易见的可供选择的定义,它并不拥有上述那种后承,而且是对克里普克关于单称词项严格性定义的自然扩展。这种想法是:一个谓词是严格的,当且仅当它是一个本质性的(essentialist)谓词,其中后者被刻画如下:

> EP. 一个谓词 P 是本质性的,当且仅当对所有可能世界 w 和对象 o 来说,如果 P 相关于 w 适用于 o,则 P 在 o 存在的所有世界中都适用于 o。

另外两种表达同样想法的方式如下:

> EPa. 一个(英语中的)谓词 P 是本质性的,当且仅当**这是必然的:任何是(曾经是)P 的个体都不可能在不是 P 的情况下存在**表达了一条真理。
>
> EPb. 一个谓词 P 是本质性的,当且仅当它所表达的性质是任何拥有它的对象的本质性质。

这种对谓词严格性的释义,与关于单称词项的相应命题间的平行关系是显而易见的。例如,EPa 所提供的对英语谓词本质性/严格性的语言测试,类似于克里普克对单称词项的严格性测试。

> RT. 一个(英语中的)单称词项 t 是一个对象的严格指示符,当且仅当**那个是(曾经是)t 的个体不可能在不是 t 的情况下存在(而且除该个体之外不可能还有其他东西是 t)**表达了一条真理。

根据该测试,名称"亚里士多德"是严格的,因为那个是亚里士多德的个体必然不可能在不是亚里士多德的情况下存在(而且不可能有其他人是亚里士多德）；但限定摹状词"亚历山大的老师"则不是严格的。同样，谓词"是一只动物"（可以说）是本质性的，且因此根据这种释义而是严格的，因为任何是一只动物的东西必然不可能在不是一只动物的情况下存在。相反，"是一个哲学家"则不是本质性的/严格的。

尽管这种对谓词严格性的定义比其他两种更为可行，但它还是无法成功。如我在《超越严格性》第九章中所演示的那样，它有两个致命缺陷。第一，并不是被克里普克理论涵盖的所有自然类别谓词都是本质性的。既然这些谓词出现在关于理论上同一性的必然后天陈述中，那么本质性谓词的出现对克里普克关于这些案例的解释而言，就**不是**至关重要的。① 第二，即使克里普克所讨论的很多自然类别谓词是本质性的，但它们是本质性的这个事实，并不能解释涉及它们的理论上的同一性真陈述的必然性。② 既然这恰恰是对我们最感兴趣的那些必然后天性案例的解释，那么以上述方式将严格指示词的观念扩展到谓词，是于事无补的。

在此，我们有两条不同的前进道路。一种是，忽略谓词并将我们自己限定在如下那些对自然词项的使用上：在这些使用中，它们可以自然地被理解为像自然类别的名称自身那样起作用——这时，每个种类被当作一个抽象对象，它将具体的个体作为示例（或成员）。③ 根据这条途径，我们会诉诸单称词项而定义的严格性概念，并试图运用克里普克关于形如 $\alpha=\beta$ 的同一性句子，来达到关于被使用抽象类别的名称来加以表述的必然后天性同一性陈述的结论。④ 一种不同的前进方

---

① 以下讨论的例子（10b）就是对这要点的阐明，它包含一个二元的自然类别谓词"比……热"。

② 参阅 *Beyond Rigidity* 第 251 至 259 页。

③ 在 *Beyond Rigidity* 的第十一章中我解释了这些使用。

④ 有一种思考某些自然类别的不同方式，即把它们当作很大的、零散的具体对象。例如，金有时被认为是零散的对象——融合物 – 金（the gold-fusion）——每个单独的是金的东西都是其一部分。但是，如果"金"被当作一个命名这个不寻常对象的单称词项，那么很难认为它是一个严格的指示符——因为即使世界中所有是金的如其实际

式是，直接聚焦于自然类别谓词，把严格性概念抛在一边，并找到其他的方式，在其中——在克里普克看来——自然类别谓词类似于名称。根据这种途径，我们首先必须决定什么算作是涉及自然类别谓词的理论上的同一性句子；接下来，我们需要找出这些谓词与专名共享的特征，这些特征为如下事情负责：(i)这个事实：涉及它们的理论上的识别句是必然的，如果它们为真的话；以及(ii)这个事实：这些句子有时表达仅仅是后天可知的断言。

有两条理由去青睐第二条途径，我们也会在此采纳这种途径。第一，它更为一般化；对某些像"行星"和"电子"这样的自然类别词项来说，它们仅有的自然的用法是作为谓词而非作为名称，而且试图想出恰当地与它们相关的复杂的单称词项——可以被用来扮演第一种途径所要求的名称的角色——是令人难堪和造作的。第二，在很多自然类别词项的情形下——例如，形容词"红色的"——这些谓词既能够作为关于具体个体的谓词（"那颗球是红色的"）又能够作为抽象类别的名称来起作用（红色是一种颜色）；此时，我们似乎在理解与之相结合的单称词项之前就理解了该谓词，而这暗示，谓词的语义性质应当是可以在无需诉诸相关的单称词项的情况下被指定的。

包含自然类别谓词的同一性句子[①]

为了理解并评估这项原则——包含自然类别词项的理论上的同一性句子是必然的，如果它们为真的话——我们首先必须理解自己正在

所是的物块都不存在，金似乎也可以存在。假定w是一种可能的世界-状态，相关于此状态，情况就是上述那样的。相关于w而言，"金"是一个指示世界中所有存在的金的总和的单称词项的提议，会不得不把"金"当作是这样的：它指示一个融合物-金，这个东西与它相关于世界的实际状态所指涉的那个融合物-金毫无共同之处。既然很难看出w中的融合物-金可以是与它实际上是的世界中的融合物-金同样的那个具体对象，那么就很难看出，根据这种提议，"金"如何可以是一个严格的指示符。因此我会抛开这种可能的释义。关于进一步的讨论，参阅 *Beyond Rigidity* 第十一章的脚注19，以及 Kathrin Koslicki,, "The Semantics of Mass Predicates", *Noûs* 38（1999）：46—91。

① 本节中的材料同样见于 *Beyond Rigidity* 的第九章。

谈论的句子是什么。通常来说，当谈论同一性句子时，我们心中所想的是具有形式（1）的句子，其中 α 和 β 是名称或其他单称词项。

1. α = β

如果（1）为真，那么这些单称词项就指涉同一样东西。这意味着，如果 α 和 β 是严格的，那么它们会相关于所有可能的世界－状态——在其中 α（和 β）（实际）的所指存在——而指涉同一样东西。所以，如果（1）为真且这些词项是严格的，那么（1）相关于所有可能的世界－状态而为真，且因此是必然的。① 但是，当自然类别词项被涉及时，关于何种句子算作一个同一性句子的问题要复杂得多。在第三篇演讲的各种要点中，克里普克讨论了一类涉及自然类别词项的陈述，他称之为"理论上的识别句"。这些句子原初的例子是（2）—（5）。②

2. 光是光子流。
3. 水是 H_2O。
4. 闪电是电的释放。
5. 金是原子序数为 79 的元素。

值得注意的是，（2）和（4）似乎并不是如下这样的句子：在其中一对单称词项分列在同一性符号两侧。

在这篇演讲的随后部分，克里普克考虑了其他一些陈述，他似乎把它们放置在与原初的例子（2）—（5）同样的范畴中。（6）是一条这样的陈述。

---

① 为了简单化，我忽略了这样的可能的世界－状态：在其中，这些词项的所指并不存在。

② *Naming and Necessity*, p. 116.

6. 猫是动物。

显然，这并不是一个其逻辑形式被（1）给出的句子。相反，其逻辑形式通常被哲学家认为是涉及一对谓词的，并且可以被某种像（7）这样的东西呈现出来（至少对很多目的来说是这样）。

7. $\forall x\,(x$ 是一只猫 $\supset x$ 是一只动物）
　　对所有 x 来说，如果 x 是一只猫，那么 x 是一只动物。

尽管它并不包含同一性谓词，但（7）大体上可以被界定为一个基于如下根据的同一性陈述：它将每一只猫等同于某只动物。一般而言，如下形式的英语句子

8a. （所有）A 都是 B，一个 A 是一个 B（根据它的一种用法）

以及

8b. 所有 A 都是 B 且只有 A 是 B，某物是一个 A 当且仅当它是 B（根据一种用法）

自然可以被算作是将诸 A 等同于诸 B 的陈述，即使它们惯常被具有形式（9）的式子所表现，而（9）并不包含同一性谓词。

9a. $\forall x\,(Ax \supset Bx)$
　b. $\forall x\,(Ax \leftrightarrow Bx)$

接下来请考虑（4），它源自克里普克关于理论上的识别句的原初列表。在这里，表达式"是电的释放"似乎作为一个谓词起作用，如同表达式"是一只猫"在句子"菲力克斯是一只猫"中那样。因此

（4）并不是如下这种同一性陈述，在其中，一对单称词项分列在同一性符号两侧。相反，它说：闪电的任何单个示例都是电的释放，在此情形下，它被按照（9a）这种模型加以理解。一旦认识到这一点，人们或许就按照这种形式来分析（2）。

这里的教训是，理论上的同一性陈述不需要涉及单称词项或同一性符号，但或许拥有全称量化条件式或充分必要条件式的形式。这一点被《命名与必然性》的如下段落进一步阐明。

人们证明，**一个物质对象是（纯然的）金的，当且仅当包含于其中的唯一元素的原子序数为79**。在此，"当且仅当"可以被当作是严格的 [strict]（必然的）。一般而言，科学试图通过研究基本的结构特性来找出一个类的本性（nature）和（在哲学意义上的）本质（essence）。自然现象的案例也是如此；像"热是分子的运动"这样的理论上的识别句是必然的，尽管并不是先天的。科学中使用的这种类型的性质同一性，似乎与必然性而非先天性或分析性结合在一起：**对所有形体（bodies）x 和 y 而言，x 比 y 热当且仅当 x 拥有比 y 更高的平均分子动能**。在这里，谓词的同外延性是必然的，但并不是先天的。①

在这段话中，克里普克给出了关于具有全称量化充分必要条件式形式的理论上识别句的必然后天陈述的两个例子。此外，他似乎暗示，双重量化的充分必要条件式（10b）或许是对同一句（10a）的一种分析。

10a. 热是分子的运动。
   b. 对所有形体 x 和 y 而言，x 比 y 热当且仅当 x 拥有比 y 更高的平均分子动能。

---

① *Naming and Necessity*, p. 138, 着重号为我所加。

有鉴于此，克里普克关于涉及自然类别词项的理论上同一性句子的断言，似乎显然应当被视为包含了如下这样的案例：在其中，这些词项作为谓词起作用；而且这些同一句可以被分析为全称量化条件式或充分必要条件式。

涉及简单自然类别谓词的理论同一性句子的模态地位 ①

关于自然词项的什么东西使得克里普克对如下事情感到自信呢：包含它们的理论上的同一性句子（常常）是必然的，如果为真的话？在《命名与必然性》第140页他似乎在自己的宣称中告诉我们，"根据我所提倡的那种观念，理论上的同一性句子一般涉及两个严格指示符的同一性，且因此是必然后天性的例子"。但是，我已经指出，这种回答是成问题和不够一般化的，因为一个严格指示符的观念并未为了谓词而被定义。幸运的是，克里普克有一个可获得的更好的答案。像名称一样，自然类别谓词是非摹状词式的——也就是说，它们并不与被说话者与之结合在一起的摹状词同义，而且它们的指称（它们所正确地适用于的事物的集合）并不在语义上被这些摹状词确定。我的建议是，这是与专名重要的相似之处。

在本章第一节中，我引用了《命名与必然性》第127和134页的段落，这些段落表明，克里普克意图使得自己对专名和自然类别词项之间相似之处的分析，能够适用于各种语法范畴的类别词项，包括那些像谓词一样起作用的词项。引人注目的是，尽管当他有时提到严格性时，像是把它包括进名称和自然类别词项的相似之处中，但在紧跟着第134页引文后的两段话里，唱主角的却是非摹状词性。

  我的论证暗中得出结论说，某些关于自然类别的通名与专名之间的亲缘关系，比通常意识到的更多。该结论一定适用于各种物种名称，无论它们是像"猫""虎""金块"这样的可数名词，还是像

---

① 本节和下一节中的材料大量出现于 *Beyond Rigidity* 的第十章。

"金""水""黄铁矿"这样的物质词项。它还适用于某些关于自然现象的词项,比如"热""光""声音""闪电",而且,在经过适当的精致化后,大概还适用于相应的形容词——"热的""响的""红色的"。

在我的印象中,密尔(Mill)认为,尽管一些"单称词项"或限定摹状词既有指称之物又有内含(connotation),但另一些名称或曰真正的专名,却有指称之物而无内含。密尔进而坚称,"通名"(general names)或通项(general terms)有内含。像"牛"或"人"这样的词项,被将它们的外延挑选出来的特定性质的合取所定义——例如,一个人就是一个具有特定物理特征的有理性的动物。借助**属**(genus)和**种差**(differentia)来定义的古老传统,就是与这样的一种观念协调一致的。如果康德的确假设,"金"可以被**定义**为"黄色的金属",那么也许就是那种传统引导他采取这种定义的……

以弗雷格和罗素为代表的现代逻辑传统,在关于单称名称(singular names)的问题上与密尔有争论,但在关于通名的问题上则赞成他。因此,无论单称还是一般性的**所有的**词项,都拥有一个"内含"或弗雷格式的意义(sense)。更近一些的理论家们追寻弗雷格和罗素的脚步,仅仅通过如下方式来修订自己的观点:将被性质的一种特殊合取所给出的意义的观念,替换为性质的一个"簇"所给出意义的观念——这只需运用**足够多的**性质。目前的观点与弗雷格和罗素的观点直接相对,它(或多或少)**赞同**密尔关于**单称**词项的观点,但**质疑**他关于**通**项的观点。①

这些段落出现在第三篇文章的中部,在其中克里普克说,在继续讨论身心同一性理论之前,他"扼要地重述一下"自己关于自然类别词项的主要论题。他的扼要重述涉及以上所讲的关于(各种语法范畴的)自然类别词项的非摹状词性,以及他对这些词项的指称是如何被

---

① *Naming and Necessity*, pp. 134—135.

固定地论述。

显然，对克里普克来说，自然类别词项相关于世界不同的可能状态所正确地适用于的那些对象，并不被说话者与这些词项结合在一起的任何描述性性质——如果有这些性质的话——所确定。当然，说话者们的确常常将它们与描述性性质结合在一起，他们用这些性质来识别这些类的特殊示例。但是，这些性质通常未能提供必要且充分的条件式，以使得某物是一个类的成员（相关于一种世界－状态而言），而且与这样一个词项结合在一起的那些性质有时并不适用于该类的实际上的示例（就像说话者们认为一头鲸属于鱼类时一样）。正如某个人可以成功地使用一个专名来指涉一个对象而同时并不将该名称与独一无二地适用于其所指的描述性性质结合在一起一样，一个说话者也可以成功地使用一个自然类别谓词来说关于一个类的成员的某些事情，即使他缺乏准确地描述这个类自身或其示例的能力。

接下来，我们转向克里普克对如下事情的正面表述：一个自然类别谓词的外延（它正确地适用的那些事物的类）——相关于任意一种世界－状态——是如何在语义上被确定的。根据他的表述，该谓词首先被说话者与一个类结合在一起——要么是实指性的，要么是通过一个摹状词。在实指性的情形下，说话者们直接将该谓词与诸个体的一个样本结合在一起，他们认定这些个体是一个给定类型的单一的自然类别 k 的示例（例如，一个单一实体或单一物种）。既然类依据属和种而按照等级排列，那么就从没有这样一个**单一**的自然类别存在：那个样本中的成员是它的示例。因此，当自然类别词项以这种方式被引入时，k 属于某种确定的类型这个假定就至关重要了。（例如，当依据一个样本实指性地引入"金"时，我们认为这个类是一个类型的金属。）在一个谓词与一个类描述性地结合在一起的情形下，说话者们采用了一个将某个独一无二的类挑选出来——这常常要通过诉诸这个类或其示例的偶然性质——的摹状词。一旦 k 这个类被确定了——无论是实指性地还是通过摹状词——据悉，对任何一种世界－状态 w 而言，该谓词相关于 w 的外延就是 k 相关于 w 的示例的集合。①

记住这一点，让我们返回如下问题：涉及自然类别词项的理论上的同一性句子是否是必然的——如果它们为真的话。尽管随后的解释构造自克里普克论述的核心方面，但这种解释在他的正文中并不清楚。此外，它也并未涵盖所提及的每个"理论上的同一性句子"。但是，它的确适用于大部分最重要的例子。既然我并不知道任何其他涵盖他所有例子的解释，而且既然这些例子自身很自然地归属不同的范畴，那么我就不会把随后的解释的不完全性当作一项致命的缺陷。②

这种解释关涉形如（8a）—（8b）这样的理论上的同一性句子，它们可以按照（9a）—（9b）的思路被加以分析。

8a. （所有）A 都是 B，一个 A 是一个 B（根据它的一种用法）
 b. 所有 A 都是 B 且只有 A 是 B，某物是一个 A 当且仅当它是 B（根据一种用法）
9a. $\forall x\,(Ax \supset Bx)$
 b. $\forall x\,(Ax \leftrightarrow Bx)$

一开始，我会将注意力限定在如下这种形式的句子上：在其中，谓词 A 和 B 是不同的、在语义上简单的自然类别谓词（常常是单个词

---

① 这幅图景不应仅仅归功于克里普克。希拉里·普特南独立发展出了实质上同样的论述。尤其参阅他的 "Is Semantics Possible", in H. Kiefer and M. Munitz, eds., *Language, Belief and Metaphysics* (Albany: State University of New York Press, 1970); "Explanation and Reference", in G. Pearce and P. Maynard, eds., *Conceptual Change* (Dordrecht: Reidel, 1973); "Meaning and Reference", *Journal of Philosophy* 70 (1973): 699—711; "The Meaning of 'Meaning'", in K. Gunderson, ed., *Language, Mind, and Knowledge*, Minnesota Studies in the Philosophy of Science, no. 7 (Minneapolis: University of Minnesota Press, 1975)。所有这些文章均重印于 Hilary Putnam, *Philosophical Papers*, vols. 1 and 2 (Cambridge: Cambridge University Press, 1975)。

② 关于这种解释所及范围的进一步讨论，以及它与克里普克文本间的关系，请参阅 *Beyond Rigidity* 的第九章和第十章。

[single words]）。此外，如下做法是很方便的：通过假定 A 的指称是被实指性地固定的，来在最初进一步地限定这种案例。也就是说，我们假定 A 的指称是通过如下规定被固定的：它适用于所有且仅仅适用于一个特定类型 T 的独一无二的自然类别（例如，一个实体或物种）的示例，而被用来引入 A 的样本的几乎所有元素都是它的示例。与 A 不同，谓词 B 并不被要求是一个实指性的自然类别词项；相反，我们允许它的外延被实指性地或通过摹状词来固定。但是，我们的确要求 A 和 B 是与同样的类型 T 结合在一起的谓词——例如，它们或许都是实体词项（substance terms）、物种词项（species terms）或某种其他范畴的词项。① 当 A 和 B 以这种方式联系在一起时，结果或许是：它们外延之间的关系对称职的说话者而言并不是显而易见的，而是只能通过经验性研究来被发现。让我们假定情况是这样的，而且作为经验性研究的结果，人们现在发现，A 的外延中的每个对象也都在 B 的外延中。这种发现确证了句子（8a）为真。需要表明的是，这种显然适度的结果——当与该谓词的语义特征结合在一起时——足以保证它们指示同样的自然类别，且因此保证（8a）是必然的[（8b）也是必然的]。

为了表明这一点，让我们做如下推理：（i）实指性自然类别谓词 A 被成功地引入了，由这个假定可以得出，有一个**独一无二的**（属于一个给定类型 T 的）自然类别 K_A 存在，与 A 结合在一起的样本的几乎所有成员都是它的示例，而且 A（相关于一种世界－状态）适用于所有且仅仅适用于 K_A（相关于那种世界－状态）的示例。（ii）自然类别谓词 B 被成功地引入了，由这个假定可以得出，有一个自然类别 K_B 存

---

① 这种要求对所提议的解释施加了重要的限制——也就是说，它并不适用于像"猫是动物"或"鲸是哺乳动物"这样的例子。在这些案例中，尽管谓词 A 和 B 是自然类别词项，但它们并不意图指示同样类型的类；"猫"和"鲸"是物种词项，而"动物"和"哺乳动物"则指示更高级别类型的类。因此，如果——这看上去是可行的——这些句子是必然为真的（如果它们为真的话），那么某种不同的、独立的解释就必须被给出。最可能的解释是，对由猫这个物种和动物这个类构成的对子而言，这是一种形而上学上的本质性质，即前者的每个示例都是后者的一个示例；对由鲸这个物种和哺乳动物这个类所构成的对子来说，也同样如此。

在，它使得 B（相关于一种世界－状态）适用于所有且仅仅适用于 K_B（相关于那种世界－状态）的成员。（iii）根据假设，这两个谓词指示同样类型（类型 T）的类；因此，K_A 和 K_B 都是物种、实体或其他某种范畴的类。（iv）如果理论上的同一性句子（8a）为真，那么（既然 A-样本中的几乎所有对象都是 A）A-样本中的几乎所有对象都是 B，且因此它们都是 K_B 类和 K_A 类的示例。（v）根据假设，既然 A-样本确定了一个**单一的**类（属于一个给定类型 T——一个单一的物种、实体等等），那么由此可以得出类 K_A=类 K_B。（vi）但这意味着，除了（8a）以外，（8b）也一定为真。（vii）此外，它们都必定是**必然真理**，因为从步骤（i）（ii）和（v）可以得出，对所有的世界－状态 w 而言，A 相关于 w 的外延 =K_A 相关于 w 的示例的集合 =K_B 相关于 w 的示例的集合 =B 相关于 w 的外延。（viii）所以，如果 A 和 B 是上述那种自然类别谓词，那么一个涉及这些谓词的理论上的同一性句子（8b）是一条必然真理，如果相应的句子（8a）为真的话。

这提供给我们范式（11）。

11a. $\forall x (Ax \supset Bx)$ 为真，当按照预期被理解时。

11b. A 和 B 是同类型的简单的自然类别词项（例如，都是物种谓词、实体谓词等等）。此外，A"指示"那个独一无二的自然类别（属于那个被指定的类型），该类别被与自己相结合的样本的几乎所有成员所示例。其中 K_A 和 K_B 是分别与 A 和 B 相结合的类（被 A 和 B 所"指示"），A 和 B 相关于一种世界－状态 w 的外延，分别是这样的个体的集合：它们分别是相关于 w 的 K_A 和 K_B 的成员。

11c. $\forall x (Ax \supset Bx)$ 和 $\forall x (Ax \leftrightarrow Bx)$ 都是必然真理。

尽管这种论证初看上去是令人吃惊的，但很容易看出它为何行得通。在克里普克那里，固定实指性自然类别谓词的语言机制保证了如下事情：如果该词项被成功地引入，那么可以有**仅仅一个恰当种类的**

自然类别存在，该样本的几乎所有成员都是它的示例。所以，当 A 是实指性的且谓词 B 以那种恰当的方式与 A 相关联的时候，发现 A 外延中的所有东西都在 B 的外延中，就等于发现与 A 结合在一起的那个类等同于与 B 结合在一起的那个类。这种有力的结论并非无中生有。相反，它得自如下事实，即与这种自然类别谓词的引入结合在一起的那些语义上的预设，包含了大量非语言上的断言——包括如下这些断言：与实指性的谓词 A 相结合的样本中的那些个体，是一个给定类型的单一自然类别的成员；谓词 A 和 B 代表同样类型的类。[1] 由于这一点，人们应当对从该例子中得出如下寓意格外小心：知道或确证特定的必然后天真理是很容易的。人们也可以同样得出结论说，确证特定的非模态识别陈述是令人气馁的。[2]

对表述的扩展

目前为止，我们已经将范式（11）限定于涉及语义上简单的自然类别谓词的全称量化条件式和充分必要条件式。但是，我们知道，克里普克希望将更广泛种类的理论上的同一性句子——包括（12）和（13）——刻画为必然的，如果它们为真的话。

12. 对所有形体 x 和 y 而言，x 比 y 热当且仅当 x 拥有比 y 更高的平均分子动能。
13. 对所有 x 而言，x 是一粒水滴，当且仅当它是这样一粒实

---

[1] 关于这些语义预设不成立时的情况的简要讨论，参阅 *Beyond Rigidity* 第十章的 "When Semantic Presuppositions Fail" 一节。

[2] 人们也应当对如下事情小心：把这种演示——某些陈述的必然性如何可以从它们之为真中推导出来——当作关于如下事情的故事，即我们如何在实践中发现这种陈述的真和必然性。关于这一点的一种合理的理想化模型或许包括（i）对 A-样本进行研究，以确定它的大部分成员都是相关类型 T 的一个独一无二的类别 K 的示例，（ii）来自这种发现的对 A 的外延进行的投射，（iii）类 B 和 B 的外延的同样的确定性，以及（iv）将这两个谓词的类和外延加以比较，（v）**所有 *A* 都是 *B*** 这条断言之为真的确定性，以及（vi）使用上述模型中相关的要素来得出该断言的必然性。

体：其分子包含两个氢原子和一个氧原子。

例子（13）是一个形如（9b）的理论上的同一性句子，在其中，谓词之一"是一粒水滴"——为了当前的目的考虑——或许可以被当作是一个简单的自然类别谓词；而另一个谓词则是一条语义上的复合的表达式，它与被该简单谓词所指示的类必然是同外延的。① 由于这个复合谓词在语义上并不是简单的，所以（13）并不是范式（11）的一个示例。因此，即使（13）是一个现在（在克里普克之后）被广泛当作是既必然又先天的例子，但我们到目前为止所说的任何东西都不能表明，它的必然性与被克里普克的理论分配给简单自然类别谓词"是一粒水滴"的非描述性语义学有任何关系。但（13）右侧谓词的复杂性为何应当有所不同呢？我们难道不应当能够将（11）背后的推理直接运用于（13），即使事实上 B- 谓词在语义上是复杂的吗？在（11）中将案例限于 B- 谓词在语义上是简单的那些情形的限制，似乎是可有可无的。当然，有人可能建议说，B 是一个自然类别谓词，这就足够了。谓词"是这样一粒实体：其分子包含两个氢原子和一个氧原子"难道不是这样一个谓词吗？

在这里，在跳跃到任何结论前，我们应当将（13）与（14）（15）进行比较。

14. 对所有 x 而言，x 是一粒水滴，当且仅当它是这样一粒实体：其示例在雨中从天而降并融入江河湖海。
15. 对所有 x 而言，x 是一粒水滴，当且仅当它是任何这样一粒液体：该液体在雨中从天而降并融入江河湖海。

我们可以认为，这些例子是为真但偶然的，因此（11）中的推理

---

① 这涉及一种简化。实际上，谓词"是一粒水滴"是复合的，因为它通过水滴而把水个体化了。我在此忽略了这一点，因为这并不影响我们的核心论点。关于该问题的讨论，包括对像"是水"这样的简单物质谓词之语义的叙述，参阅 *Beyond Rigidity* 的第十一章。

不能适用于它们。但这是为什么呢？首先请考虑（14）。该例子右侧的谓词包含一个单称限定摹状词，它非严格地指示一种特定的实体。相关于实际的世界状态而言，该实体是水；相关于另一种世界状态而言，被指示的可能是另一种实体。既然被该摹状词相关于任意一种世界-状态所指示的实体是这样一个类，它确定了在此世界-状态中该复合谓词的外延，那么不同的类就相关于不同的世界-状态而确定了该谓词的外延。结果，范式（11）背后的推理在步骤（ii）[以及步骤（vii）]就走不通了。因此（14）不能被刻画为必然的。

接下来请考虑（15）。在此情形下，右侧的复合谓词并不包含任何单称限定摹状词或任何单称词项——严格或非严格地指示任何实体。尽管事实上只有一种液体在雨中从天而降并融入江河湖海，但这种实体——水——并不以范式（11）所要求的方式在语义上与该谓词结合在一起。相反，该复合谓词表达了这样一种性质：它刚好被所有且仅仅被世界中的水这种实体的示例所示例，正如实际上那样，但它可以被一种不同的实体甚至不同液体实体混杂在一起的混合物所示例，就像在不同的可能的环境中那样。因此，范式（11）背后的推理仍然在步骤（ii）[以及步骤（vii）]就走不通了，而（15）也不能被刻画为必然的。

是什么把（13）同（14）（15）区分开？我们为何倾向于认为前者是必然的，而后者则不然？答案与如下事情有关：我们相信关于实体的什么东西。如内森·萨蒙在很多年前指出的那样，我们相信如下事情：无论其分子结构是什么，我们都相信这是任何真正的实体 S 的一个特征，S 所有可能的示例共享那个结构，而且该结构的所有可能的示例都是 S 的示例。①这加上（13）的真和"水"的语义，可以得出（13）是必然的。但什么是一个实体，我们为何相信分子结构构成了它呢？

这里有一种推测性的提议（这超出了克里普克所清楚地阐明的任何东西）。一个实体是一种类型的自然类别。自然类别是抽象对象，这些对象拥有单个的具体实体（entities）作为示例。无论这些类是什么，

---

① Nathan Salmon, *Reference and Essence* (Princeton, NJ: Princeton University Press, 1981).

它们都在如下（弱的）意义上被自己可能的示例个体化：对所有自然类别 x 和 y 而言，x ≠ y 当且仅当有这样某种可能的世界状态 w 存在，以使得相关于 w 而言是 x 示例的事物的类（class）≠ 相关于 w 而言是 y 示例的事物的类（class）。换言之，拥有同样可能示例的类是等同的。相反，性质——尤其是那些被像"是一个等角三角形"和"是一个等边三角形"这样语义上的复合谓词表达的性质——可以有所不同，即使它们必然是同外延的。即便性质比自然类别更细密，它们也可以确定类别。我们会说一个性质 P 确定了一个自然类别 k，当且仅当对世界的所有可能状态 w 来说，P 相关于 w 的外延恰恰就是 k 相关于 w 的外延。（请注意，性质至多可以确定一个自然类别，而一个给定的自然类别则可以拥有很多确定了它的性质。）实体是被一个特殊类别的性质确定的自然类别——也就是说，一个个体（或材质的样本）x 的性质，这些性质指定了 x 是如何从基本的物理材料中被制造出来或构成的。

知道了这些，让我们考虑下述关于对简单的自然类别词项"水"的引入的理想化故事。让我们假定它通过如下意图被引入：它是这样一个实体词项，该词项适用于所有共享于水的单个样本——这导致了对它的引入——同样的物理构造的东西。① 根据这种观点，当引入该词项时，我们或许既不知道哪些物理构造组成了这些样本，也不知道它们是如何联合在一起的。不过，我们意图该词项能（相关于一种可能的世界–状态）适用于所有且仅仅适用于这样的事物：它们共享被我们样本中的所有或几乎所有要素（在其实际上处于其中的世界中）所展示的那种基本物理构造（无论这最终可能是什么）。我们可以通过如下说法来陈述这一点：当引入词项"水"时，我们实际上做出了如下规定，即它适用于这种实体——独一无二的物理构造的类——的示例，该样本的几乎所有成员都是该实体的示例。②

---

① 关于关涉"水"的引入的略微不那么理想化的场景——这并不要求那些引入该词项的人拥有关于物理构造的清晰的意图——的讨论，参阅 *Beyond Rigidity* 第十章题为 "The Role of Intention in Determining the Reference of Natural Kind Terms" 的小节。

② 严格来说，这种解释适用于词项"水"的一种扩展的意义。该词项也拥有一种受

根据这种理想化的模型，情况很可能是：当谓词"是一粒水滴"被引入时，没有人知道太多关于这种物理构造的类的本质的东西。于是，如下事情对该模型并无威胁：那个谓词在关于分子结构的化学理论得以发展之前很早便被引入了。当这些理论得到发展时，我们获得了新的概念族群来描述这些结构，而且我们开始将关于宏观对象分子结构的断言，理解为关于那些对象如何从基本物理构造中被构造出来的断言。简言之，这些理论带来了一类表达如下性质的式子：由于指定了不同可能的分子结构，这些性质被理解为确定了不同可能的物理构造的类或实体。在进行经验性研究后，某些式子——例如"x 的分子包含两个氢原子和一个氧原子"——被当作是给出了标准水样本基本物理构造的候选项。这样一来，谓词"是一粒水滴"和"是一粒实体，该实体的分子包含两个氢原子和一个氧原子"就开始被理解为指示了物理构造的类，且因此指示了同样类型的类。这具有如下后果：当人们在经验上发现水样本拥有分子结构 H_2O 时，这一点足以保证那两个谓词指示同样的类——在关于"水"的案例中，那个类由于与该词项意义相同而被指示；而在关于复合谓词的案例中，那个类由于被它所表达的性质确定而被指示。既然这个类可以被看作确定了两个谓词相关于所有可能的世界-状态的外延，那么由此可以得出（13）是一条必然真理，而无需进一步的假定。

同样的解释可以被给予像（16）这样的相关例子。

16. 金块是原子序数为 79 的元素的块。

到限定的意义，在其中，它适用于所有且仅仅适用于水实体的示例，这些示例处于液体的形式。在此意义上，它与"冰"相对照，后者适用于所有且仅仅适用于水实体的示例，这些示例处于冰冻的形式。当"水"按照扩展的意义被使用时，是一个简单的实体词项；当按照受到限定的意义被使用时，它像"冰"一样，部分是描述性的。为了恰当地解释这些区分，人们必须处理词项"水"和"冰"作为简单物质谓词的用法。这项工作在 *Beyond Rigidity* 第十一章中被完成，在其中，我们讲述了一个更为完整的故事，处理了各种迷惑和问题。

其他那些不是实体词项的自然类别谓词又如何呢？一种为人熟知的案例涉及可以被称为"解释性类别"（explanatory kinds）的东西，在其中，这些类别被认为是被如下这样的性质所确定的：对这些性质的拥有因果性地解释了某些被观察到的特征。在克里普克的讨论中，热和分子运动似乎就属于这个范畴。为了看清楚事情应当是怎样的，让我们想象，抽象单称词项"热"是被规定了如下事情的实指性定义所引入的：它指示存在于一类特定样本中独一无二类别的物理状态或过程，这些样本因致了特定的结果，其中包括我们之中特定的反应。想象如下进一步的规定：相关的谓词"比……热"适用于这样的对子，在其中，一个对象中相关的物理状态或过程比另一个对象中的更为显著。当这种分子运动理论被表述为一种有待检测的假设时，人们会事先理解如下事情：那个刻画不同水平的平均分子动能特征的关系性谓词，是用来指定被"比……热"所指示的自然类别的东西的候选。一旦人们发现了关于动能的特定事实因果性地解释了某些结果，那么就可以从中得出如下说法：被"比……热"所指示的类别，不过就是被比 – ……拥有 – 一种 – 更高的 – 平均 – 分子 – 动 – 能这种关系（也即那种二元性质）所确定的类别，而克里普克的例子（12）将不仅被刻画为真的，而且还是必然的。

对（12）必然性的这种解释与对（13）必然性的解释略有不同，后者建基于范式（11）。当一种解释性类别被涉及时，这种解释大致如下：(i) 一个简单的自然类别词项 E 通过如下规定被引入，即它（相关于任何可能的世界状态）适用于所有且仅仅适用于被这样的性质所确定的类别的示例——对这些性质的拥有（因果性地）如其所是地解释了世界中的某些现象。(ii) 然后人们在科学上发现，是如此这般的这种性质（因果性地）解释了这些现象。(iii) 由此可以得出，被简单谓词 E 直接指示的那个类别，就是被那种是如此这般的性质所确定的那个类别。(iv) 这足以确证如下断言的必然性：该断言说，一个个体（或一个对子）"是 E" 当且仅当它是（或它们是）如此这般的。

涉及简单自然类别谓词的理论同一性句子的认识上的地位

到目前为止,我们已经使用克里普克对自然类别词项的分析构造了一种叙述,以解释某些包含自然类别词项的理论上的识别句的必然性。我们仍然要确定,被这些句子表达的必然真理是先天可知的还是仅仅后天可知的。让我们从(13)开始。在解释它为何是必然的时候,我们注意到,它所包含的两个谓词——"是一粒水滴"和"是这样一粒实体:其分子包含两个氢原子和一个氧原子"——指示同样的自然类别。但是,我们也顺带注意到,这两个谓词拥有不同的意义。"水"的意义仅仅是它所指示的那个自然类别,而"实体:其分子包含两个氢原子和一个氧原子"的意义则是确定了该类别的一个(复杂的)性质。既然这两个谓词意味不同的事情,那么(13)就不与琐碎的同一性句子(13a)同义,也不与之表达同样的命题。

13a. 对所有 x 而言,x 是一粒水滴当且仅当 x 是一粒水滴。

因此,被(13a)表达的必然命题是先天可知的这个事实,并不表明被(13)表达的必然命题是先天可知的。这肯定是件好事。

此外,如果水这个类别是这样的:人们除了经验性研究之外不可能知道关于它的如下事情,即对所有 x 而言,x 是它的一个示例当且仅当 x 由包含两个氢原子和一个氧原子的分子构成;那么,被(13)表达的那条命题就**不**是先天可知的,而是必然后天性的一个真正的例子。这种推测不是没有道理的。毕竟,我们并不仅仅通过反思或由于被给予了任何一种语词定义而知道水这个类别。相反,我们对它的亲知是某种被各种具体的殊体所共享的东西,我们用这种东西来识别它。情况就是这样的,一个人关于水滴是 H_2O 滴的知识一定基于如下东西:要么是自己关于特殊的水样本拥有分子结构 H_2O 的知识,要么是被传递来的关于其他人的知识,这些人可以将这种知识作为自己关于特殊水样本知识的基础。这种知识只能是后天的。

这种解释的一个重要部分是对如下事情的叙述:(13)中的两个谓词为何意思并不相同。在给出这种叙述时,我超出了克里普克所清楚赞同的原则。实际上,我已经建议我们采取这样一种立场,该立场可以被称为"扩展的密尔主义"(Extended Millianism)。简单的密尔主义——其现代形式受到克里普克的启发,但并不被他赞同——是这样一种观点:一个专名的意义是其所指。根据这种观点,互指的名称意指同样的东西,而且涉及它们的、为真的同一性句子在语义上表达的命题是必然且先天的,而非必然且后天的(尽管这些句子也可以被用于不同的语境以声称或传达各种后天真理)。① 扩展的密尔主义则认为,一个简单自然类别谓词的意义是它所指示的那个自然类别;结果是,指示同样自然类别的简单谓词——比如"土拨鼠"(groundhog)和"旱獭"(woodchuck)——意指同样的东西。这具有如下直接的后果,即理论上的同一性句子:

17a. 对所有 x 而言,x 是一只旱獭当且仅当它是一只土拨鼠。

符合范式(11),且因此表达了一条必然真理,它在语义上与如下句子表达了同样的命题:

17b. 对所有 x 而言,x 是一只旱獭当且仅当它是一只旱獭。

且因此是先天可知的(尽管它也可以在不同语境中被用来声称或传达各种后天真理)。

当我们考虑复合表达式时,情况发生了变化。正如在名词短语的案例中一样,单称限定摹状词也拥有不与它们所指谓的对象相等同的意义,它们拥有的意义是如下这样的性质:由于这些性质,它们指谓自己所指谓的东西;所以,一个语义上复合的自然类别谓词——比如

---

① 这种观点被内森·萨蒙在 *Frege's Puzzle*(Cambridge, MA: MIT Press, 1986)中加以维护,我在 *Beyond Rigidity* 第一章到第八章中也维护了此观点。

"是这样一粒实体：其分子包含两个氢原子和一个氧原子"——拥有一种不与它所指谓的对象相等同的意义，它拥有的意义是确定了那个类别的一种性质。根据这幅图景，简单的自然类别谓词类似于专名，而复合的描述性谓词则类似于单称限定摹状词。由于这一点，某些拥有 $\forall x (Ax \leftrightarrow Bx)$ 这种逻辑形式的句子可以既是必然的（如果它们为真的话）又是仅仅后天可知的——其中，一个谓词是一个简单的自然类别谓词，而另一个谓词是一个复合的描述性短语。

对必然后天性的最后挑战

在离开《命名与必然性》之前，有一种离这本书的末尾不是很远的最终的讨论，它值得我们密切关注。在总结了自己对自然类别词项的处理并阐明了它们在产生惊人而重要的必然后天性例子中的作用后，克里普克着手处理了一种对自己这类真理观念的根本性挑战。到本篇文章的这个要点为止，在描述他认为是必然后天性示例的东西时，他强调说，尽管它们是必然的且因此相关于世界的每一种可能状态都为真，不过，我们在经验上发现它们之为真之前，就我们所知道的所有东西而言，"它们可以不是这样的"。意识到这听上去或许是令人疑惑和成问题的之后，克里普克在第三篇文章中对如下反驳进行了回应。

> 根据我所提倡的那种观念，理论上的同一性句子一般涉及两个严格指示符的同一性，且因此是必然后天性的例子。现在，尽管我之前论证了必然和先天真理之间的区分，但后天必然真理的观念或许仍然是令人困惑的。有人或许倾向于这样论证说："你已经承认热或许最终不是分子运动，而且金或许最终不是原子序数为 79 的元素。就此来说，你也承认……这张桌子或许最终是由泰晤士河的水结成的冰做成的。我推测长庚星或许最终不是启明星。那么当你说这些偶发事件不可能的时候，你的意思能是什么呢？如果长庚星或许**最终**不是启明星，那么它或许本就不**是**启明星。对其他案例来说也是如此：如果世

界或许**最终**是另外的样子,那么它或许本就**是**另外的样子……"①

这里的问题开始于涉及自然类别谓词的理论上的同一句,但很快扩展到涵盖必然后天性的所有示例。假定 p 是这样一个示例。既然 p 是后天的,那么它之为假就一定是可设想的,而且我们需要经验性的证据来排除那种可能性。我们都知道,如果没有这种证据,那么**情况可能是** p 为假。但那个反对者坚称,如果 p 是必然的,那么就没有那些 p 在其中为假的可能性有待排除,因为无论可能的世界状态是什么,p 在其中都为真。因此,如果 p 真的是必然的,那么我们就无需经验性证据以知道 p,而且如果 p 真的是后天的话,那么 p 就不是必然的;无论怎样,必然后天性都是一种假象。

克里普克用如下这段话开启自己对这种反驳的回应。

> 那个反对者的如下争论是正确的:如果我认为这张桌子不可能是用冰做的,那么我必须也认为它不可能最终是用冰做的;**情况最终可能是** P 蕴涵情形可能是 P。那么,如下这种直觉意味着什么:这张桌子可以最终是用冰或其他任何东西做的,可以最终不是用分子做的?我认为,它仅仅意味着,可以有**一张桌子**存在,它在视觉和触觉上都和现在这张十分相似,而且被放置在房间中的那个位置,而它实际上是用冰做的。换言之,就**一张**用冰做成的**桌子**而言,我(或某个有知觉的存在物)可以处于那种事实上成立的**性质上相同的认知处境**中,我可以拥有与自己实际上拥有的同样的感觉经验。②

在讨论克里普克的说法时,想象如下场景是很有用的:一张桌子被抬进了我的办公室;我已经检查了它并确定它是用木材而非冰做的。我指向那张桌子并真诚地说道,我知道它不是用冰做的。我知道它不是用冰做的,因为我已经使用了经验性观察和研究来排除其他可能在

---

① *Naming and Necessity*, pp. 140—141。在这里和以后,斜体字的强调是克里普克本人所加。

② *Naming and Necessity*, pp. 141—142.

认识论上与此相关的可能性。在进行这种研究之前，就我所知，**情况可能最终是**：那张桌子是用冰做的。克里普克告诉了我们关于这一点的什么东西？他告诉我们，这种直觉——**情况可能最终是**：那张桌子是用冰做的——不过就是如下这种判断，即这是一种真正可能的事情：我或另外某个施事者处于一种在性质上与我现在处于的处境相等同的处境中，并指向一张用冰做的桌子。

他在如下段落中对这个要点进行了概括。

> 那么，对该反对者的一般性回答可以陈述如下：任何必然真理，无论是先天的还是后天的，都不可能最终是其他情况。但是，在某些必然后天真理的情形中，我们可以说，在基于恰当的性质上等同的证据性的处境中，**一条恰当的相应的性质陈述**可以为假。金或许最终是一种复合物，这条宽松的、不精确的陈述（大概）应当被替换为如下陈述：应当有这样一种复合物存在，它具有原初被知道为金所具有的所有性质——这在逻辑上是可能的。长庚星或许最终不是启明星这条不精确的陈述，应当被替换为本篇演讲早先提到的那种为真的偶然陈述：两个不同的星体在清晨和傍晚分别占据那些实际上被长庚星–启明星–金星占据的位置。①

在我看来，这段话加上其之前的那段话，标示出《命名与必然性》中潜在的最误导人的甚至是灾难性的段落的开始。

有两个主要问题需要处理：某些特定命题的必然性，以及它们仅仅是后天可知的这个事实。就前者而言，克里普克论述了如下要点：

(i) 有一种自然而正确的理解习语"**情况最终可能是：~S**"的方式，在其中，该习语蕴涵"**这并不是必然的：S**"，

(ii) 当该习语以这种方式被理解时，他之前的如下评论严格来说是不准确的：该评论大意是说，在 S 是必然后天性例子

---

① *Naming and Necessity*，pp. 142—143，着重号为本书作者所加。

的情形下，我们需要经验性证据，以排除对**"情况最终可能是：~S"** 之为真负责的那些可能的环境。但是

(iii) 即使当"情况最终可能是"按照 (i) 中那样被理解且 S 是必然后天性的一个真正例子时，也常常有不同的、描述性的命题存在，它们既是偶然的又是仅仅后天可知的，而且也很容易被混同于被 S 表达的命题；这些命题的否定可以最终真正地为真。

　　这些要点为克里普克对那个反对者的回答提供了基础。他坚称，当该反对者抗议说，如果自己关于必然后天性的例子真的是后天的话则它们不可能是必然的，此时他将被这些例子表达的命题**混同**于另一些相关的命题——这些命题尽管仅仅是后天可知的，但真的是偶然的。我断言这张桌子是冰做的，在此情形下，那个反对者把它混同于这条命题——我面前的这张显得是如此这般的桌子是用冰做的——或某条密切相关的命题。在克里普克断言长庚星是启明星这条陈述既是必然又是后天的情形下，那个反对者将其混同于如下陈述：那个（在特定的时间地点）出现在傍晚天空中的星体，是那个（在其他特定的时间地点）出现在清晨天空中的星体。对其他例子来说也是如此。

　　尽管这种回应是无可非议的，但就其现状来说，它走得还不够远。有两个困难凸现出来。第一，该反对者提出了一种理解这种忧虑的自然的方式，在其中，这种忧虑是一般性的，而且不依赖于人们会对之产生混淆的任何特殊的例子。如果——这也似乎是可行的——需要被用来辩护后天知识的经验性证据的功能是，排除被知道的命题在其中为假的那些可能的环境，那么由此似乎可以得出，不可能有任何这样的必然真理存在：为了使一个人知道它，经验性证据是必需的。① 既

---

① 这种一般性的反驳可以很容易地从大卫·路易斯在如下文章中所提议的那种对知识的定义中提取出来："Elusive Knowledge", *Australasian Journal of Philosophy* 74 (1996), reprinted in his *Papers in Metaphysics and Epistemology* (Cambridge: Cambridge University Press, 1999)。此外，那篇文章包含路易斯和另外一些哲学家用来反对如下想法的另一项基础：有仅仅后天可知的必然真理存在——这种基础是，将命题识别

然在考虑该反对者的立场时，这个问题自然而然地跃入脑海中，那么人们就应当期待克里普克对它进行处理并提供一种解决方案。他并没有做这些，这是异乎寻常的。在如此多地关注于自己例子的必然性的同时，他似乎忽略了关于这些必然真理是如何被知道的问题，尤其是经验性证据在最终知道它们这一点上所扮演的角色。

第二，就他对该问题提出回答的建议的范围内而言，这种回答是令人疑惑和不恰当的。在考虑长庚星／启明星的例子时，他将我们导向自己早先在第二篇文章末尾的讨论。但是，如我们在第十章看到的那样，他在那里给出的对该例子后天性特征的解释是有严重缺陷的。如我之前论证的那样，情况似乎是：他关于长庚星是启明星这条命题仅仅是后天可知的论证，暗中依赖于我所说的某种版本的"强的去引号化原则和辩护"。抛开细节不谈，被这些原则表达的想法是：如果我是一个理解句子 S 的称职说话者，那么我基于证据 e 而满足式子 *x 在相信 S 这一点上得到了辩护*，当且仅当我接受 S、相信它为真，并在基于 e 而这样做这一点上得到了辩护。在长庚星／启明星的案例中，如果我理解句子"长庚星是启明星"，并将这两个名称与摹状词"（在特定的时间地点）在傍晚天空中被看到的那个星体"和"（在其他特定的时间地点）在清晨天空中被看到的那个星体"结合在一起，那么我会无可非议地接受并相信句子"长庚星是启明星"为真，仅当我无可非议地相信（在特定的时间地点）在傍晚天空中被看到的那个星体是（在其他特定的时间地点）在清晨天空中被看到的那个星体。既然我对这种描述性信念的辩护只能是经验性的，我对接受句子"长庚星是启明星"的辩护就必定也是经验性的。那么，强的去引号化和辩护会告诉我们，我关于长庚星是启明星的信念是在经验上得到辩护的，且因此我关于该命题的知识是后天而非先天的。显然，克里普克相信这种结果可以

为形而上学上的可能的世界 – 状态的集合。关于反对任何这种识别的论证，参阅我的"Direct Reference, Propositional Attitudes, and Semantic Content", originally published in *Philosophical Topics* 15（1987）: 47—87；reprinted in N. Salmon and S. Soames, eds., *Propositions and Attitudes*（Oxford: Oxford University Press, 1988）。

推广到其他施事者、时间和表达长庚星是启明星这条命题的句子,他由此达到的结论是:这条命题仅仅是后天可知的。

如我在本卷第十五章指出的那样,该论证的问题是,依据所谈及的那些特殊版本,强的去引号化原则和辩护是不成立的,或至少是很成问题的。因此,克里普克对长庚星是启明星这条必然真理的所谓后天性的解释是不能被接受的。这在第二篇文章的末尾就足够糟了,在那里,一个关于必然后天性的假定的例子被谈及。而在第三篇文章中,当他回应一种对所有必然后天性例子的一般性的反驳时,这就是灾难性的。在这里,他讨论中暗含的建议是,对我们关于长庚星是启明星这种知识的所谓后天性的早先的解释,应当被推广到关于必然后天性的所有案例。

为了看清这会是怎样的,让我们考虑一下那张被抬进我办公室的桌子的例子。在指向这张桌子并说"这张桌子不是用冰做的"时,我在表达一条是必然真理的命题——因为那张特殊的桌子不可能存在,如果它是用冰做的话。不过,在那些我身处其中的环境中,我不会接受——或不会在这一点上得到辩护——"这张桌子不是用冰做的"(其中"这"指涉谈及的桌子)这个句子,除非我也相信——并在这一点上得到辩护——如下这条一般性的、描述性的命题,即那张(或一张)刚刚被抬进我办公室的、显得是如此这般的桌子不是用冰做的。当然,该命题是偶然而非必然的,且因此不应被混同于被我所说出的那个索引句所表达的那条命题。但是,我对该命题的相信所得到的辩护,仅仅基于经验性的证据。既然这种证据被包含在我建基自己言说的那种证据中,那么我关于接受被说出的句子且相信它为真的证据,就一定也是经验性的。诉诸强的去引号化原则和辩护,人们可以得到这样的结果:尽管这张桌子不是用冰做的是一条必然真理,而且尽管我知道这张桌子不是用冰做的,但我的知识是基于经验性证据的,且因此是后天的。① 将这推广到其他施事者、时间和可供选择的表达同样命题

---

① 就这一点而言,人们需要语境相关的强的去引号化的原则,以及强的去引号化和辩护。当然,克里普克没有清晰地表述任何这样的原则。关于对表述一种语境相关

的方式，人们或许自然会得出结论说，这张桌子不是用冰做的这条命题，是既必然又仅仅后天可知的。根据这种观点，或许没有单一的偶然、后天且描述性的命题 q 存在，它是这样的：对每个施事者 a 而言，为了使得 a 知道这张桌子不是用冰做的，a 必须知道 q；不过，为了让任何一个施事者 a 知道这张桌子不是用冰做的，a 必须知道某个偶然、后天且描述性的命题 q——a 将 q 与该命题结合在一起。可以想见，这足以保障关于这张桌子不是用冰做的知识只能是后天的。

克里普克意图传达某种这样的观点的一项证据是，他似乎将自己对该反对者的回应看作是这样的：将自己早先对长庚星/启明星例子的处理，推广到自己其他所有关于必然后天性的例子。这在紧跟着上述引文之后的段落中得到了暗示。

> 我并没有给出关于恰当的相应的性质偶然陈述的任何一般范式。既然我们关心事情如何可能最终是另外的情况，那么我们的一般范式就既要重新描述我们之前的证据，又要重新描述性质上的陈述，并断言说它们仅仅是偶然相关的。在使用两个严格指示符的同一句的情形下——就像上述长庚星/启明星的案例——有一种更为简单的范式，它常常可以用于至少是大致相同的结果。假定"R_1"和"R_2"是分列在同一性符号两侧的两个严格指示符。那么"$R_1= R_2$"是必然的，如果它为真的话。"R_1"和"R_2"的指称分别被非严格的指示符"D_1"和"D_2"固定，在长庚星和启明星的案例中，这些指示符的形式是"那个在傍晚（早晨）的天空中如此这般的位置上的星体"。那么，尽管"$R_1= R_2$"是必然的，但"$D_1= D_2$"却或许是偶然的，这常常会导致如下错误的观点，即"$R_1= R_2$"可能最终是另外的情况。①

版本的强的去引号化的方式的阐明，以及关于这些原则的问题的讨论，参阅 *Beyond Rigidity* 的第 12—13 页。

① *Naming and Necessity*, pp. 143—144.

在长庚星/启明星例子的案例中，克里普克建议说，相关的偶然命题——那个反对者将它混同于长庚星是启明星这条必然命题——也是这样一条命题：为了被算作知道长庚星是启明星，那个施事者必须知道该命题。他在这里似乎暗示说，同样的要点也适用于自己其他所有关于必然后天性的例子。

我相信，这就是克里普克对第三篇文章中的反对者最后的回答。不幸的是，这是很成问题的。尽管人们可以提出一些较小的忧虑，但最严重的问题是，克里普克的回答将我们在本卷第十五章发现的他对长庚星/启明星例子表述的不恰当性，扩展到他关于必然后天性的所有例子——这由此威胁到《命名与必然性》中最重要的一般性哲学论题之一。幸运的是，这种结果是可以避免的。尽管克里普克对那个反对者的实际上的回答是成问题的，但他还可以给出另一种更为可行的答案，这种答案自然地产生自他一般性的哲学立场。请回想一下该反对者的要点。如果 p 仅仅是后天可知的，那么我们需要经验性证据以排除 p 在其中为假的那些特定的环境。但是，如果 p 是必然的，那么就没有这样的环境需要排除，因为 p 相关于世界可以处于的每种可能状态都为真。因此，没有命题可以既是必然的又是后天可知的。面对这种论证，必然后天性的维护者可以提供三种主要的回应：（i）他可以拒斥如下想法：当知识要求经验性证据时，这种证据的功能在于排除可能性；（ii）他可以拒斥如下想法：所有概念上的或认识上的可能性都是真正的形而上学上的可能性——也就是说，他可以拒斥如下断言，即据我们所知，世界可以是的每种方式都是世界真的可以是的那种方式；或者，（iii）他可以坚称，在关于必然后天性的例子中，即使一个句子 S 表达了一条必然真理 p，我们通常所说的**知道 S** 也总是要求知道某条以某种方式与 p 相关的偶然的、后天的命题 q。如我所争辩的那样，克里普克似乎选择了（iii）。① 但是，考虑到他其他的

---

① 克里普克的讨论可以不太费力地被最终理解为（iii），这种事实为坚称如下事情的人提供了某种支持：单称命题不可能既是必然的又仅仅是后天可知的。例如，请参阅 Robert Stalnaker, "Assertion", *Syntax and Semantics* 9（1978）：315—332, reprinted in his

观点，他最自然的回应应当是选择（ii）——拒斥如下想法，即所有认识上的可能性都是真正的形而上学上的可能性。无论如何他承诺了这一点；而且既然他所需要的不过是阻止上述反驳，那么其他回应也都是不必要的了。①

对这种挑战的一种恰当回应：本质性质，不可能的世界 – 状态和必然后天性

如我在本卷第十五章指出的那样，克里普克关于必然后天性的观点与他关于本质性质的观点相联系。② 他争辩说，我们**先天地**知道各种对任何拥有它们的东西而言是本质性的性质和关系——比如不等同、是人类、不是用冰做的和是由分子构成的。③ 因此，我们先天地知道，如果事物拥有这些性质和关系，那么它们就必然地拥有它们。这意味着，对谓述对象的这些性质和关系的命题而言，我们先天地知道：**如果**它们为真，**则**它们必然为真。可发现它们为真这一点则要求经验性的研究。如果这是对的，那么有时为了找出某些事情相关于世界的所有可能状态是否为真，而另一些事情相关于世界的所有可能状态都不为真，我们必须首先找出是什么相关于世界的实际状态为真。有时，为了找出情况可以是或不可以是什么样子的，人们首先需要找出情况

Context and Content（New York：Oxford University Press，1999）；David Lewis，"Elusive Knowledge"，*Papers in Metaphysics and Epistemology*（Cambridge：Cambridge University Press，1999）；and Frank Jackson，*From Metaphysics to Ethics*（New York：Oxford University Press，1998）。对选项（iii）的各种表现形式的批判，请参阅我的 *Reference and Description：The Two-Dimensionalist Attempt to Revive Descriptivism*（in preparation），以及我的 "Saul Kripke，the Necessary Aposteriori，and the Two-Dimensionalist Heresy"。

① 非常感谢阿里·卡兹米对本节所做的有益的讨论。
② 尤其请参阅他的文章 "Identity and Necessity"。
③ 还有这样一些性质，对于拥有它们的部分而非所有东西而言是本质性的。它们也产生了大致可以按照正文中所建议的那种方式来处理的关于必然后天性的示例。出于简要的目的，我在正文中将这些放在一旁。

是什么样子的。只有当你将事物**可以设想**是的方式限定于它们**真的**可以是的方式时,这看上去才是成问题的——也就是说,只有当你将认识上的可能性限定于形而上学上的可能性时,情况才是如此。尽管我们已经讨论过的《命名与必然性》第三篇文章中的段落似乎表明,克里普克在这一点上是有所忽略或倒退的,但在我看来,这并不否定他著作中的核心教训,即人们必须截然地区分开这两种可能性。① 一旦做到了这一点,而且接受了严格指示词和对象非琐碎的本质性质的存在,那么必然后天性就顺理成章了。

这一点与本卷第十五章中所讨论的关于探究的最初理想化观念有关,而克里普克在第三篇文章中假想的那个反对者预设了这种观念。根据那种观念,无知是缺乏关于如下东西信息的事项:在世界可以处于其中的不同可能状态里,它实际上处于何种状态中;而完全的无知则是这样一种状况:在其中,一个人并不知道,在世界可以处于其中的所有可能状态中,它实际上处于何种状态中。根据这种观念,当一个施事者处于这种状况时,(i)世界在形而上学上的所有可能状态都在认识论上是可能的——也就是说,世界或许可能是的每种方式,就该施事者所知而言,都是一种它实际上是的方式;而且(ii)每种认识上的可能性都是形而上学上的可能性——也就是说,就该施事者所知而言,世界可以是的每种方式,都是一种它真正可以是的方式。探

---

① 在我们所讨论的段落快结束的地方,克里普克标注了脚注 72,这个脚注表明,他甚至在那里就意识到认识上的和形而上学上的可能性之间区分的重要性。他指涉着自己在该段话中的某些评论说:"在此意义上,我自己在以上所做的某些陈述或许是宽松和不精确的。如果我说,'金**或许**(*might*)最终不是一种元素',那么我的话是正确的;这里的'或许'是**认识上的**,并表达了如下事实,即这种证据并不辩护金是一种元素这样的先天(笛卡尔主义的)确实性。当我说金的元素性是后天地被发现时,严格来说我也是正确的。如果我说,'金**本来或许**(*might have*)最终不是一种元素',我的意思似乎是在形而上学意义上的,而且我的陈述服从于正文中的修正。"为了理解该脚注与正文之间的关系,记住如下事情是很重要的:这些脚注是在这些文章被讲授和写成书稿后很久才被克里普克加入的。我相信,在写作这些脚注时,他注意到自己在正文中的讨论忽略了认识上的和形而上学上的必然性之间重要的、相关的区分,而且他希望——在不改变正文的情况下——提醒读者注意自己对这种区分的承诺。

究就是脱离无知的过程。通过研究世界，该施事者学会了偶然的真理，这些真理将世界实际上是的方式与它或许可能是，但其实并不是的其他方式区别开来。该施事者每学会一条这样的真理，他都缩减了可能性——这些可能性与他所知道的东西相容，而且他在这些可能性中定位世界实际所是的方式——的类。因此，获得信息等价于缩减与一个人所知道的东西相容的真正可能的世界 - 状态的范围。根据这种图景，一条命题 q 通过如下方式提供了支持一条命题 p 之为真的证据：排除在其中 p 或许未能为真的特定的可能方式。这具有如下直接的后果，即仅仅是后天可知的必然真理的观念变得成问题了。它之所以是成问题的，是因为：说 p 仅仅是后天可知的，就是说一个人可以拥有知道 p 所需要的那种辩护，仅当他拥有支持它为真的经验性证据。但是，既然 p 是必然的，就没有这样的可能的世界 - 状态存在：相关于这些状态而言，p 不是真的；因此不可能有支持 p 的经验性证据存在。所以，没有这种必然后天的东西存在。

  第三篇文章中的反对者心中所想的东西自然可以被解读为上述这样。因此，克里普克没有挑战这种探究观之下隐藏的预设，这是很奇怪的。相反，他最终诉诸如下这种建议，即使得一条必然真理仅仅是后天可知的东西最终是：关于它的知识总是涉及关于其他某种东西的知识——某种偶然的、要求经验性支持的东西。但是，我们并不需要绕这趟弯路。在这里，记住如下事情是很有帮助的：对克里普克来说，可能的世界状态不是可供选择的具体的宇宙，而是抽象对象。如我在第十五章指出的那样，它们可以被认为是真实的具体宇宙本来可以是的最大的完整方式——宇宙本来可以示例的最大的完整性质。以这种方式看待它们，暗示了一种显而易见的概括。正如存在着某些对象可能拥有的性质和它们不可能拥有的其他性质一样，也存在着宇宙可能拥有的某些最大的完整性质——可能的世界状态——和宇宙不可能拥有的其他最大的完整性质——不可能的世界状态。正如对象不可能拥有的某些性质是人们可以设想这些对象所拥有的一样，某些宇宙不可能拥有的最大的完整性质（某些不可能的世界状态）是人们可以设想它所拥有的。考虑到这一点，人们可以将某些必然真理能够传达信息这一点，解释为产生自如下事实：对它们的学习允许人们排除某些不可能但可设想的世界状态。此外，人们可以解释经验性证据在提供关于必然后天真理的知识所需的那种辩护中所起的作用；经验性证据被要求用来排除某些不可能但可设想的、在认识论上相关的世界状态，相关于这些状态而言，那些必然命题为假。① 因此，通过将认识论上可设想的世界状态扩展到包括某些在形而上学上不可能的世界状态的范围，人们可以修订最初的探究观，以适应关于必然后天性的克里普克式的例子。至于这是否是关于该主题的最终裁定，则是另一个问题。如同在第十五章末尾所指出的那样，甚至某种对这样被扩展的探究观的进一步修订也是需要的。但是，这种核心想法——不是所有认识上的可能性都是形而上学上的可能性——则似乎既是可靠的，又提供了回应那个克里普克所假想的对必然后天性进行反对的反对者的关键。

　　一旦人们祛除了环绕着真这个范畴的神秘气氛后，克里普克对第三篇文章中那个反对者成问题的回应的动机就被分离了，而他关于必然后天性发现的全部力量就可以被意识到。作为二十世纪最伟大的一项哲学成就，它改变了哲学的风景，矫正了我们对什么是可能的意识，并重塑了我们对自己哲学往事的理解。没有哪种单独的洞见在获得关于如下事情所需要的视角方面比这更为重要：理解和批判性地评估从摩尔、罗素、维特根斯坦、逻辑实证主义和日常语言学派到蒯因、戴维森和克里普克自己的哲学传统。如果没有克里普克的发现，本书所讲述的历史就会非常不同；实际上，**这两卷书**或许几乎就不可能了。

---

① 如同在第十五章中一样，我在这里假定名称（与"构成这张桌子的那种材料——如果这张桌子存在的话"这样的限定摹状词不同）相关于所有世界-状态——无论可能的还是不可能的——严格地指示同样的事物。

关于第七部分的拓展阅读

讨论的主要一手文献

Kripke, Saul. *Naming and Necessity*. Cambridge, MA: Harvard, 1980; originally published in D. Davidson and G. Harman, eds., *Semantics of Natural Languages* (Dordrecht: Reidel 1972), pp. 253—355.

补充性的一手文献

Kripke, Saul. "Identity and Necessity." In Milton Munitz, ed., *Identity and Individuation* (New York: NYU Press, 1971).

——. "A Puzzle about Belief." In A. Margalit, ed., *Meaning and Use*, (Dordrecht: Reidel, 1979); reprinted in N. Salmon and S. Soames, eds., *Propositions and Attitudes* (Oxford: Oxford University Press, 1988).

进一步阅读的材料

Burgess, John. "How Not to Write History of Philosophy." In *The New Theory of Reference* (Dordrecht, Boston, and London: Kluwer, 1998).

——. "Marcus, Kripke, and Names." In Paul W. Humphreys and James H. Fetzer, eds., *The New Theory of Reference*.

——. "Quinus ab omni naevo vindicatus." In Ali A. Kazmi, ed., *Meaning and Reference* (Calgary: University of Calgary Press, 1998).

Chalmers, David. "On Sense and Intension." *Philosophical Perspectives* 16, *Language and Mind* (Oxford: Blackwell, 2002), 135—182.

Evans, Gareth. "The Causal Theory of Names." *Proceedings of the Aristotelian Society*, supplementary vol. 47, 1973, 187—208; reprinted in his *Collected Papers* (Oxford: Oxford University Press, 1985).

——. "Reference and Contingency." In his *Collected Papers* (Oxford: Oxford University Press, 1985).

Harman, Gil. "How to Use Propositions." *American Philosophical Quarterly* 14 (1977): 173—176.

Jackson, Frank. *From Metaphysics to Ethics*. Oxford: Oxford University Press, 1998.

Jeshion, Robin. "Acquaintanceless De Re Belief." In M. O'Rourke et al., eds., *Truth and Meaning*: *Investigations in Philosophical Semantics* (New York: Seven Bridges Press, 2001).

Kaplan, David. "Demonstratives." In Joseph Almog, John Perry, and Howard Wettstein, eds., *Themes from Kaplan* (New York and Oxford: Oxford University Press, 1989).

——. "On The Logic of Demonstratives." *Journal of Philosophical Logic* 8 (1979): 81—98.

——. "Opacity." In E. Hahn and P. A. Schilpp, eds., *The Philosophy of W. V. Quine* (La Salle, IL: Open Court, 1986).

Koslicki, Kathrin. "The Semantics of Mass Predicates." *Noûs* 38 (1999): 46—91.

Larson, Richard, and Peter Ludlow. "Interpreted Logical Forms." *Synthese* 95 (1993): 305—356; reprinted in Peter Ludlow, ed., *Readings in the Philosophy of Language* (Cambridge, MA: MIT Press, 1997).

Lewis, David. "Elusive Knowledge." In Lewis, *Papers in Metaphysics and Epistemology* (Cambridge: Cambridge University Press, 1999); originally published in *The Australasian Journal of Philosophy* 74 (1996).

——. "Naming the Colours." In his *Papers in Metaphysics and Epistemology* (Cambridge: Cambridge University Press, 1999); originally published in *The Australasian Journal of Philosophy* 75 (1997).

——. *On the Plurality of Worlds*. Oxford: Blackwell, 1986.

McKeown-Green, Jonathan. *The Primacy of Public Language*. Unpublished Princeton University Ph.D. dissertation, 2002.

Neale, Stephen. "On a Milestone of Empiricism." In Alex Orenstein and

Petr Kotatko, eds., *Knowledge, Language and Logic* (Dordrecht, Boston, and London: Kluwer, 2000).

Putnam, Hilary. "Explanation and Reference." In G. Pearce and P.Maynard, eds., *Conceptual Change* (Dordrecht: Reidel, 1973); reprintedin Hilary Putnam, *Philosophical Papers*, vols. 1 and 2 (Cambridge: Cambridge University Press, 1975).

——. "Is Semantics Possible?" In H. Kiefer and M. Munitz, eds., *Language, Belief and Metaphysics* (Albany: State University of New York Press, 1970); reprinted in Putnam, *Philosophical Papers*.

——. "Meaning and Reference." *Journal of Philosophy* 70 (1973): 699—711; reprinted in Putnam's *Philosophical Papers*.

——. "The Meaning of 'Meaning'." In K. Gunderson, ed., *Language, Mind, and Knowledge*, Minnesota Studies in the Philosophy of Science, no. 7 (Minneapolis: University of Minnesota Press, 1975); reprinted in Putnam, *Philosophical Papers*.

Quine, W. V. "Notes on Existence and Necessity." *Journal of Philosophy* 40 (1943): 113-127.

——. "The Problem of Interpreting Modal Logic." *Journal of Symbolic Logic* 12 (1947): 43—48.

——. "Reference and Modality." In *From a Logical Point of View* (Cambridge, MA: Harvard University Press, 1953, 1961, 1980).

——. "Three Grades of Modal Involvement." In Quine, *The Ways of Paradox* (New York: Random House, 1966); originally published in 1953.

Richard, Mark. *Propositional Attitudes*. Cambridge: Cambridge University Press, 1990.

Rieber, Stephen. "Understanding Synonyms without Knowing That They Are Synonymous." *Analysis* 52 (1992): 224—228.

Salmon, Nathan. *Frege's Puzzle*. Cambridge, MA: MIT Press, 1986.

——. "How to Measure the Standard Metre." *Proceedings of the*

Aristotelian Society, 8 (1987—1988): 193—217.

——. "A Millian Heir Rejects the Wages of *Sinn*." In C. A. Anderson and J. Owens, eds., *Propositional Attitudes*: *The Role of Content in Logic, Language, and Mind* (Stanford, CA: CSLI, 1990), 215—247.

——. "On the Logic of What Might Have Been." *Philosophical Review* 98 (1989): 3—34.

——. *Reference and Essence.* Princeton, NJ: Princeton University Press, 1981.

Soames, Scott. *Beyond Rigidity*. New York: Oxford University Press, 2002.

——. "Direct Reference, Propositional Attitudes, and Semantic Content", originally published in *Philosophical Topics*, 15, 1987, 47—87; reprinted in N. Salmon and S. Soames, eds., *Propositions and Attitudes* (Oxford University Press), 1988.

——. "Donnellan's Referential/Attributive Distinction." *Philo-sophical Studies* 73 (1994): 149—168.

——. "More Revisionism about Reference." In *The New Theory of Reference* (Dordrecht, Boston, and London: Kluwer, 1998).

——. "Naming and Asserting." In A. Szabo, ed., *Semantics and Pragmatics* (Oxford University Press, forthcoming).

——. *Reference and Description*: *The Two-Dimensionalist Attempt to Revive Descriptivism*. In preparation.

——. "Review of Gareth Evans, Collected Papers." *Journal of Philosophy* 86 (1989).

——. "Revisionism about Reference." *Synthese* 104 (1995): 191-216; reprinted in *The New Theory of Reference* (Dordrecht, Boston, and London: Kluwer, 1998).

——. "Saul Kripke, the Necessary Aposteriori, and the Two-Dimensionalist Heresy." In M. Garcia-Carpintero and J. Maciá, eds., *The Two-Dimensional*

Framework: *Foundations and Applications* (Oxford: Oxford University Press, forthcoming).

Stalnaker Robert. "Assertion." *Syntax and Semantics* 9 (1978): 315—332; reprinted in his *Context and Content* (New York: Oxford University Press, 1999).

——. *Inquiry*. Cambridge, MA: MIT Press, 1984.

——. "Possible Worlds." *Noûs* 10 (1976): 65—75; reprinted in Michael Loux, ed., *The Actual and the Possible* (Ithaca, NY: Cornell University Press, 1979).

尾声：专业化的纪元

专业化和碎片化

在这两卷书中，我们已经看到了从十九世纪末二十世纪初到二十世纪七十年代早期，分析哲学中很多最重要的发展。如我在导论中指出的那样，我必须非常严苛地选择所要呈现的内容，结果就是很多有价值的作品不得不被忽略。选择所要深入处理的哲学家、哲学流派和哲学问题的一条主要标准是，他们影响力的范围；这不仅指他们对专家的影响，也指对作为整体的哲学的影响。我试图聚焦于对分析传统中广泛的哲学而言是，而且被普遍认为是重要的作品。每个在这个传统中工作的人都对如下这些人物有所了解，而且领会到他们的重要性：摩尔、罗素、维特根斯坦、逻辑实证主义者、日常语言哲学家、格赖斯、蒯因、戴维森和克里普克。尽管这个时代其他很多杰出的哲学家进行了具有持久重要性的工作——阿尔弗雷德·塔尔斯基、鲁道夫·卡尔纳普、弗兰克·拉姆塞（Frank Ramsey）、卡尔·亨佩尔、尼尔森·古德曼（Nelson Goodman）、希拉里·普特南（Hilary Putnam）和大卫·路易斯（David Lewis），这还只是几个例子——但他们对分析哲学家的全面影响力并不如我们所关注的那些人。但是，其中有两个例外——有两个哲学家未在这里被讨论，在我心目中，他们自然符合我们所关注的那一组人的标准。这就是戈特洛布·弗雷格和约翰·罗尔斯。

我在导论中提到了弗雷格，他或许是如下领域的发展中最重要的哲学先驱：现代符号逻辑、逻辑哲学、数学哲学和哲学语义学。尽管他的著作无可否认是技术性的，而且尽管其中的大部分不属于我们正式讨论的时代——大部分完成于十九世纪的最后二十五年——但其在分析传统中对哲学的影响力一直在增长，直到达到了我们所关注的其他巨擘的程度。于是，对他的忽略相当于我所讲的故事中一处不可否认的缺口。但是，如我在之前的导论中更充分地阐明的那样，我的愿望是，在将来能够补充进一种对在历史上作为一个整体的研究领域的研究；它始于弗雷格对逻辑的形式化和他关于语义学的哲学设想，接着是塔尔斯基关于形式化语言中关于真和逻辑后承的工作，后来是卡尔纳普、C. I. 路易斯、马库斯、克里普克和其他人对模态逻辑以及模态语义学步履蹒跚而又煞费苦心的发展，以及蒙太古、卡普兰、斯塔内克和大卫·路易斯这些哲学家在对这些想法的重要运用和扩展中所达到的顶点。这个领域不仅自身是迷人的，而且与哲学中其他更广泛、更少涉及技术性的问题有重要的关联，并最终与区分和理解如下不同模态的非凡成就相关：逻辑真、必然真、先天真和分析真。

约翰·罗尔斯则是另一回事。他的代表作《正义论》出版于我们所讨论的时代末期的 1971 年，并在随后一些年得到了改进和扩展。① 尽管可以说，政治哲学并不像形而上学和语言哲学那样，是作为整体的分析哲学的核心，但《正义论》的影响是非凡的。这其中，它引起了罗尔斯在哈佛的同事罗伯特·诺齐克非凡的回应，后者在政治哲学领域的伟大著作《无政府、国家和乌托邦》（Anarchy, State, and Utopia）出版于 1974 年。② 这两部著作一道重新定义和复兴了英语世界的政治哲学，而且在很多人看来，它们构成了贯穿二十世纪分析传统中规范性哲学（normative philosophy）的一个高潮。对他们的忽略或许可以被合理地视为我们故事中最刺眼的缺口。这其中的理由纯然是自传性质的。尽管我常常在产生了这两卷书的其中一门课上讲授这些材料，但这门课程最终变得过于拥挤而不得不被停掉。既然加入对他们的讨论现在会占据大量的时间，而且会导致一部已经很长的著作又变得更长——更别说事实上很多人可以更好地处理这些材料——我决定还是不去填补这个缺口。

除此之外，我相信，在我能够讲述的关于二十世纪哲学分析的故

---

① John Rawls, *A Theory of Justice* (Cambridge, MA: Harvard University Press, 1971).

② Robert Nozick, *Anarchy, State, and Utopia* (New York: Basic Books, 1974).

事中，没有其他可比拟的缺口了。尽管事实上我几乎没有谈论这个世纪最后二十五年中所完成的工作，但我还是要这样说。我关于这部分材料的缺失对我故事的影响的判断，并不是如下这种观点的反映，即我们距离这个时代仍然太近，以至于不能合理地评估它，尽管在这种观察中有某种正确的地方存在。它也不是如下这样看法的反映，即这些年的哲学成就是贫乏的。相反，这里有如此多的各种不同的哲学成就，以至于我都怀疑它可以被囊括进我试图书写的这种历史中。

在我看来，在过去的三十年左右，哲学已经发生了根本性的改变。那些属于巨擘、中心人物的时代已经一去不复返了，他们的著作是易于接近的，与几乎所有分析哲学家有关，而且也被他们阅读。哲学现在已经变成了一门高度组织化的学科，主要由一些专家为了另一些专家来从事研究。哲学家的数量开始膨胀，出版物数量暴涨，严肃的哲学研究的分支激增。现在的情况是，不仅哲学现在的领域过于广阔而无法被一个心灵囊括，而且对很多高度专业化的分支来说也是如此。

例如，今天实践中的科学哲学不仅包括传统的话题，像归纳、确信（confirmation）、预言、观察、经验适当性（empirical adequacy）和科学解释的本质，还包括物理学哲学、量子力学哲学、生物学哲学甚至语言学哲学（philosophy of linguistic）中非常特定的问题。既然这些领域中的专家需要精通自己所应对的特殊科学以及相关的哲学分支，那么任何人都无法扎实地掌握作为整体的科学哲学。对其他分支来说同样如此，哲学历史和其他方面也不例外。在某些地方有这样一种神话，即哲学的历史在英语世界中大部分由分析哲学主导的哲学系那里被忽视了。事实完全不是这样。当然，关于任何一门学科内不同领域间的平衡问题，会有分歧存在。但是，今天在哲学史领域内的工作量，与对特殊历史人物研究的深度、透彻性和深入性一样，都是前所未有的——比如，很多不同的时代和这些时代内不同的人物，都受到多少得到分析哲学训练的哲学家的严肃关注。与哲学中其他分支一样，新工作的价值并非纯然是有利无弊的。既然已经取得了很多比较容易的进步，那么我们有理由相信，更多的进步要求更进一步的专业化和更高程度的关注。其结果不仅是历史知识的增进，还会在哲学史某个领域内的专家和其他几乎所有人之间创造出一定的距离。我想，可以说，与以前相比，今天哲学史家们的很多高级工作，对哲学家的主流甚至某些研究其他时代的史学家而言，都更不易接近。

那么，有鉴于此，一种二十世纪最后三十多年的历史应当是什么样子呢？它不应像是一段线性的、整体性的故事，而是很多相互区别而又彼此重叠的故事——这些故事是关于如下领域的：语言哲学和这个时代中的逻辑哲学，心灵哲学和语言哲学，道德心理学和心灵哲学，认知科学和心理学哲学，认识论，形而上学，语义学，以及关于规范性话语的形而上学（metaphysics of normative discourse），伦理学和政治哲学，等等。我认为，寻找一种关于这个时代分析哲学的宏大的、统一的图景，这是错误的。我们需要的是更专注的图景的合集，其中每幅图景都展望了相关行业的主要发展，都着眼于阐明邻近分支内工作的更大的经验教训。

一种说明性的、有些技术性的和专业化的例子：逻辑哲学和语言哲学

我将通过一种对如下专业化分支非常简要和程式化的概览，来阐明我心中的想法：逻辑和语言哲学。从大概二十世纪六十年代中期开始到二十世纪末，一些高度专业化和富有成效的研究领域一直兴旺发达，产生出一系列真实的进步。这包括：（i）关于真和说谎者悖论的工作，（ii）关于模糊性（vagueness）和堆垛悖论（Sorites paradox）[①]的工作，（iii）内涵逻辑的发展及其在自然语言上的运用，（iv）关于指称、命题态度句、命题态度归属句和语义内容的工作。尽管这些话题还远没有穷尽二十世纪末逻辑和语言哲学中重要工作的范畴，但它们在阐

---

① 译者注：也译作"连锁推理悖论"或"连锁悖论"。

明最近的发展的丰富性和复杂性中是十分有用的。我会简要地谈谈每个问题。

首先，是被句子 L 所阐明的说谎者悖论。

> L. 在本书第二卷的尾声部分被标记为"L"的那个句子不是真的。

L 是英语中一个完全有意义的句子，这体现在如下事实中：某个并未阅读尾声部分的人，在理解它所说的内容上不会有任何困难。此外，如果在本书的这个部分被标记为"L"的唯一句子是"*Modern symbolic logic is a branch of psychology*"[①]的话，那么它所说的内容（它实际表达的命题）显然为真。但如果 L 说某种应当为真的东西在某些环境中成立，那么它就说了某种东西（表达了某一条命题），而且因此是有意义的。但该句子成为悖论的地方在于，可以从如下东西中得出一条矛盾：关于它的显然无可争辩的假设，它所包含的真谓词，以及英语中其他表达性的资源。以上事实产生了一组相关的问题："这条悖论表明了关于英语的哪些事情？""它是否表明这种语言的规则是不融贯的？""如果它的确表明了这一点，那么这个事实的重要之处何在？""如果它并未表明英语的规则是不融贯的，那么它是否表明，这条悖论中被使用的、用以得出矛盾的关于英语的那些假设，其合取是不正确的？""假定它表明了这一点，那么哪个（或哪些）假设应当被拒斥，应当用什么来代替它（它们）？""抛开英语不谈，我们是否可以定义这样一种真观念，它对数学、科学和其他理论研究来说是充分的，且免于陷入悖论，并不导致矛盾？""如果是这样的话，那么这样做的最佳方式是什么？"[②]

关于说谎者悖论的现代工作正试图回答这些（以及相关的）问题。无论出于何种目的，这项工作在二十世纪三十年代由库尔特·哥德

---

① 译者注：意为"现代符号逻辑是心理学的一个分支"。

② 关于其中某些问题讨论的导论，请参阅我 *Understanding Truth*（New York：Oxford University Press，1999）一书第二章的最后一节，第 49—56 页。

尔和阿尔弗雷德·塔尔斯基所开启，他们巧妙地想出一些方法，将这条悖论富有成效地用于证明自己关于算术不完全性（incompleteness of arithmetic）和算术真理（在算数之内的）的不可定义性（indefinability）的著名元数学定理。① 在对这些结果的证明中所涉及的那些原则，导致了如下结论：满足某些最低限度条件的、具有一种最低限度丰富性的语言，不可能包含它们自己的真谓词。尽管这条结论在数学的情形下看上去是完全无可非议的，但在将其推广到像英语这样的自然语言时就很成问题了。认为它的确成问题，实际上就是认为英语并不是一种真正单一的语言，而是一种无限的语言等级结构（an infinite hierarchy of languages），其中的每种语言都含有一个对该等级中更低一层语言而言的真谓词，但不含有对自己而言的真谓词。这幅图景不仅让很多人觉得难以置信，而且它还被表明会导致各种更专业化的严重的困难。②

这些困难构成了最近三十年中关于说谎者悖论的哲学和逻辑著作激增的起点。不同方法的多样性是令人惊愕的，而且其复杂性和技术上的精巧也令非专业人士望而却步。既然这个话题已经变得庞大且极度专业化，我便不会试图在这里对其做出描述，而只是简单地列出**某些**重要的工作。③ 这包括：查尔斯·帕森斯（Charles Parsons）1974年的 "The Liar Paradox"④，索尔·克里普克1975年的 "Outline of a Theory of Truth"⑤，泰勒·伯吉（Tyler Burge）1979年的 "Semantical Paradox"⑥，

---

① 关于说谎者悖论在获得这些结论中所起作用的非正式的解释，请参阅 *Understanding Truth*，第三章，第82—86页。

② 参阅 *Understanding Truth* 的第五章。

③ 关于其中一种主要方法——克里普克的——的哲学支柱和基本技术细节的广泛描述，请参阅 *Understanding Truth* 的第六章。

④ *Journal of Philosophical Logic* 3 (1974): 381—412; reprinted in Robert Martin, ed., *Truth and the Liar Paradox* (Oxford and New York: Clarendon and Oxford University Press, 1984).

⑤ *Journal of Philosophy* 72 (1975): 690—716; reprinted in Martin.

⑥ *Journal of Philosophy* 76 (1979): 169—198; reprinted in Martin.

汉·赫兹博格（Han Herzberger）1982 年的 "Notes on Naive Semantics"①，阿尼尔·笈多（Anil Gupta）1982 年的 "Truth and Paradox"②，乔恩·巴威斯（Jon Barwise）和约翰·艾克曼迪（John Etchemendy）1987 年的《说谎者》（*The Liar*）③，格雷厄姆·普里斯特（Graham Priest）1987 年的《矛盾》（*In Contradiction*）④，范·麦克吉（Van McGee）1990 年的《真理、模糊性和悖论》（*Truth, Vagueness, and Paradox*）⑤，哈伊姆·高夫曼（Haim Gaifman）1992 年的 "Pointers to Truth"⑥，诺尔·贝尔纳普（Noel Belnap）和阿尼尔·笈多 1993 年的《对真理论的修订》（*The Revision Theory of Truth*）⑦，基思·西蒙斯（Keith Simmons）1993年的《普遍性与说谎者》（*Universality and the Liar*）⑧，哈特里·费尔德（Hartry Field）即将发表的 "A Revenge-Immune Solution to the Semantic Paradoxes"⑨。当人们看到这些工作时，可以发现两点——第一，自塔尔斯基的时代起，我们在如下问题上取得了怎样的进展：理解涉及真观念中的关键性哲学问题的合集；第二，为了取得这些进步，这种专业化和技术细节的层次已经发展到怎样的地步。当一个分支（逻辑哲学）的分支（真和说谎者悖论）变得如此复杂和专业化时，这只能意味着，这门学科自身——作为整体的哲学——已经变成了彼此相关但半独立式研究的汇集，就像其他学术学科一样。这种环境出现于二十世纪末，在其中，不可能有关于作为整体的哲学中主要发展的单一的、统一的故事——即便就我们能够估计的、自己对这个世纪前四分之三时期的研究的有限范围内而言，也同样如此。

---

① *Journal of Philosophical Logic* 11 (1982): 61—102; reprinted in Martin.
② *Journal of Philosophical Logic* 11 (1982): 1—60; reprinted in Martin.
③ Oxford and New York: Clarendon Press, 1987.
④ Dordrecht: Martinus Nijhoff, 1987.
⑤ Indianapolis: Hackett, 1990.
⑥ *Journal of Philosophy* 89 (1992): 223—261.
⑦ Cambridge, MA: MIT Press, 1993.
⑧ Cambridge: Cambridge University Press, 1993.
⑨ *Journal of Philosophical Logic*, forthcoming.

贯穿二十世纪最后一段时期中逻辑和语言哲学发展的第二条脉络，是对模糊谓词（vague predicates），尤其是那些出现在堆垛悖论标准版本中的模糊谓词的研究。这条悖论也被称为"谷堆悖论"（paradox of the heap），对它的研究有时与说谎者悖论相联系，有时则不然——这取决于理论工作者是否相信它们的解决方案有重要的共同特征。在其经典形式中，堆垛悖论开始于如下这条前提，即一颗单独的沙粒其自身并不是一座沙堆。接下来我们声称，如果人们拥有某个不是一座沙堆的东西，而且人们在其上添加一颗单独的沙粒，那么其结果仍然不是一座沙堆。在维护这条断言时，我们经常指出，它的否定在逻辑上等价于如下断言：有这样某个准确的数字 n 存在，以使得没有任何含有少于 n 颗沙粒的合集可以算作是堆垛，而所有包含 n 或更多颗沙粒的合集则是堆垛。根据通常的观察，有一条绝对清晰的界限将堆垛和不是堆垛的东西区分开，这是极端不合理的。毕竟，人们想申辩说，堆垛的概念是模糊的，而且正因为它是模糊的，所以这样一种清晰的界限不可能存在。这样一来，人们便被引导去接受该悖论的第二条前提——即如果 n 颗沙粒不足以制造一座沙堆，那么 n+1 颗沙粒也做不到这一点。但现在麻烦就很明显了。尽管在就其自身加以考虑时，这两条前提似乎都是可行的，但它们放在一起时似乎就蕴涵如下荒谬的结果：没有沙堆存在——也就是说，无论可能有多少沙粒被聚集在一起，它们都不足以制造一座沙堆。这当然不可能是正确的。但如果是这样的话，那么我们的推理中一定有某种错误之处。堆垛悖论提出的问题就是：确定出错的步骤，解释该步骤错在哪里——尽管它初看上去是可行的——并代之以某种同样可行但不会导致悖论的东西。

如同说谎者悖论的情形一样，关于这项古老悖论的工作在最近三十年出现了激增。还是如同说谎者悖论的情形一样，被提出的不同解决方案的多样性和复杂性是令人望而生畏的。在这个系列中的一端，是不一致性方法（inconsistency approaches），它们的基础可以被视作是位于克里斯宾·赖特（Crispin Wright）1976 年的经典文章 "Language-

Mastery and the Sorites Paradox"之中。① 概言之，这些方法坚称，支配日常模糊谓词的规则根本不允许明确和清晰的、区分该谓词所适用的对象和其他任何对象的分界线存在，而出于这种理由，这些规则甚至与如下看似无可非议的判断也不一致：模糊谓词显然适用于某些对象，且显然不适用于另一些对象。到了这一步，持不一致性理论的人接下来的想法可能是，模糊谓词是有缺陷的，而且完全不是真正可适用的——这是一种被彼得·安格（Peter Unger）1979 年的文章"There are no ordinary things"所阐明的立场。② 该系列的另一端是一种被称为"认识主义"（*epistemicism*）的立场，在提摩太·威廉姆森（Timothy Williamson）1994 年的著作《模糊性》（*Vagueness*）中得到了巧妙的辩护。③ 根据他的看法，模糊谓词事实上完全是精确的——这是在如下意义上说的：有明确和清晰的分界线将它们真正适用的对象与不适用的对象区别开来——但我们一点儿也不可能知道这些分界线在哪里。

在这两种立场之间，是各种不那么极端的观点，它们力图保持我们关于模糊性的大部分前理论的直觉，而与此同时又通过设定模糊性谓词意义的独特特征——这些特征解释了它们如何可以与其他那些非模糊的谓词相区别——来避免悖论。这些观点包括：（a）关于真和运用的程度的观点（degree-of-truth-and-application views），根据这些观点，将一个模糊谓词运用于一个对象，这并不是一种非此即彼的事情，而是有着不同程度的事情，使用这样一个谓词所产生的断言的真也是如此；④（b）部分定义（partial-definition）的观点，根据这些观点，模

---

① In G. Evans and J. McDowell, eds., *Truth and Meaning* (Oxford: Clarendon Press, 1976).

② *Synthese* 41 (1979): 117—154.

③ London: Routledge, 1994.

④ 参阅 J. A. Goguen, "The Logic of Inexact Concepts", *Synthese* 19（1969）: 325—373；K. Machina, "Truth, Belief, and Vagueness", *Journal of Philosophical Logic* 5（1976）: 47—78；以及（关于一种有趣的运用）G. Forbes, "Thisness and Vagueness", *Synthese* 54（1983）: 235—259。还请参阅 L. A. Zadeh, "Fuzzy Sets", *Information and Control* 8（1965）: 338—353, and "Fuzzy Logic and Approximate Reasoning", *Synthese* 30（1975）: 407—428。

糊谓词被定义为清楚地适用于某些事物，且清楚地不适用于另一些事物，而与此同时对二者之间的事物来说是未定义的；① (c) 语境主义观点，根据这些观点，模糊谓词的确允许明确的界限存在，但这些界限由于交谈性的压力（conversational pressures）而不断移动。最后这种语境主义方法有各种不同的变体，这取决于它们如何与其他观点相联合。例如，迪莉娅·格拉芙（Delia Graff）将语境主义与认识主义相联合，而我则将它与如下观点相联合：该观点将模糊谓词当作是部分被定义的。②

如同在研究真和说谎者的情形下一样，在研究模糊性和堆垛的情形下，新哲学工作的前所未有的篇幅，导致了我们理解中无可置疑的进步。还是如以前一样，这些进步的代价是高度的复杂性和专业化。正如掌握关于真和说谎者的激增的作品可以是一项专职工作一样，掌握关于模糊性和堆垛的日益增长的作品也可以是这样一项工作。尽管这两个问题（以及相应的两类作品）是相关的，且将它们放在一起加以研究是有用的，但它们也是半独立的——通向其中一个问题的某些方法，与通向另一个问题的各种方法几乎毫无关联。对模糊性的新研究也与逻辑和语言哲学的其他方面有关。对这个话题不断增长的兴趣，反映了如下问题的一个方面，即逻辑哲学从超出自己在形式逻辑和数

---

① 这里两篇重要的经典文章是，K. Fine, "Vagueness, Truth, and Logic", *Synthese* 30 (1975): 265—300, reprinted in R. Keefe and P. Smith, eds., *Vagueness: A Reader* (Cambridge, MA: MIT Press, 1997), and H. Kamp, "The Paradox of the Heap", in U. Monnich, ed., *Aspectsof Philosophical Logic* (Dordrecht: Reidel, 1981)。另一些重要且更近期的作品有, J. Tappenden, "The Liar and Sorites Paradoxes", *Journal of Philosophy* 90 (1993): 551—577, and R. Keefe, *Theories of Vagueness* (Cambridge: Cambridge University Press, 2000)。

② Delia Graff, "Shifting Sands: An Interest-Relative Theory of Vagueness", *Philosophical Topics* 28 (2000): 45—81; Scott Soames, chapter 7 of *Understanding Truth*, and Soames, "Higher-Order Vagueness for Partially-Defined Predicates" in J. C. Beall and M. Glanzberg, eds., *Liars and Heaps: New Essays on Paradox* (Oxford: Oxford University Press, forthcoming)。这两种观点都受到黛安娜·拉夫曼（Diana Raffman）如下重要文章的影响："Vagueness without Paradox", *Philosophical Review* 103 (1994): 41—74。

学中的根基，向关于如下东西的核心问题研究的稳步扩充：自然语言中表达式的意义，以及在对它们进行推理时所采用的那些原则。

这把我们带向了二十世纪末发展起来的逻辑和语言哲学的第三条广阔的思想脉络——内涵逻辑的发展及其在自然语言上的运用。这项工作的核心被称为"可能世界语义学"，其模型理论是索尔·克里普克在五十年代末六十年代初的工作。① 对这种框架及其在描述自然语言上的运用的最重要的扩展，产生于理查德·蒙太古在六十年代的创新。② 这些创新启发了一代哲学逻辑学家、语言哲学家和理论语言学家，他们的洞见现在牢固屹立在语言学和哲学里对语言的形式化的、科学的研究中。最早也最重要的一项发展出现于六十年代末和七十年代初，那时，罗伯特·斯塔内克和大卫·路易斯将内涵逻辑和可能世界语义学的洞见运用于反事实条件句的话题，对在该主题的不同领域中工作的哲学家们产生了深远影响。③ 随后不久，哲学家汉斯·坎普（Hans Kamp）和理论语言学家伊琳娜·海姆（Irena Heim）发展出了现在所谓的"话语表征理论"（Discourse Representation Theory）；他们的方法是扩展蒙太古的方法以在一段话语的不同句子中捕捉到被他们当作是语义依赖性的东西，并提供一种对作为整体的话语的蒙太古风格的释

---

① Saul Kripke, "A Completeness Theorem in Modal Logic", *Journal of Symbolic Logic* 24 (1959): 1—14; also, "Semantical Analysis of Modal Logic", *Zeitschrift für mathematische Logik und Grundlagen der Mathematik* 9 (1963): 67—96; and "Semantical Considerationson Modal Logic", *Acta Philosophica Fennica* 16 (1963): 83—94, reprinted in Leonard Linsky, ed., *Reference and Modality* (Oxford: Oxford University Press, 1971).

② Richard Montague, *Formal Philosophy*: *Selected Papers of Richard Montague* (New Haven: Yale University Press, 1974).

③ Robert Stalnaker, "A Theory of Conditionals", *Studies in Logical Theory*, *American Philosophical Quarterly*, Monograph Series, no. 2（Oxford : Blackwell, 1968）, reprinted in Ernest Sosa, ed., *Causation and Conditionals*（Oxford : Oxford University Press, 1975）and in W. L.Harper, R. Stalnaker, and G. Pearce, eds., *Ifs*（Dordrecht, Boston, and London : Reidel, 1981）; also, Stalnaker, "Indicative Conditionals", *Philosophia* 5（1975）, reprinted in *Ifs*。See also David Lewis, *Counterfactuals*（Cambridge, MA : Harvard University Press, 1973）。路易斯的 *Counterfactuals* 一书是为了纪念理查德·蒙太古。

义。① 在七八十年代，进步还在继续；此时，大卫·卡普兰将内涵逻辑和语义学的范围扩展到索引词表达式，像"我""你""他""她""这里""现在"和"实际上"，并成功地使用形式语义学中的工作来阐明关于意义、指称、声称和信念的更广泛的哲学问题。②

这将我们带向关于指称、命题态度句和命题态度归属句的话题，即我们对当代逻辑和语言哲学概览的第四条，也是最后一条脉络。我们从一种关于可能世界语义学的主导性的想法开始。像"……是一条必然真理""情况本来会是……"和"如果情况是 ___，那么情况就会是 ___"这样的模态算子，无法在标准的外延逻辑系统中被处理；除了对这些算子提供一种语义学之外，可能世界的方法还给予我们一种丰富且精妙复杂的关于句子真值条件的观念，很多理论家发现这种观念可以成为一种意义理论的可靠基础。其基本的想法是：使得一个句子有意义的东西，是它被用来表现世界的方式。一个将世界表现为处于某种方式中的句子，强加了如下这样的条件：如果世界所处的方式是它被表现为所处的方式，那么它就必须满足那些条件。这些就是那个句子在其中为真的条件。既然某个理解该句子的人知道它的真值条件，那么很多人就认为，一种将对世界的可能状态的集合分配给一种语言中每个句子——该句子相关于那些状态而为真——的语义学理论，应当可以被当作一种意义理论。这自然导致了如下这种观点，即被一个句子 S 在语义上所表达的那条命题，可以等同于世界的可能状态——该句子相关于那些状态而为真——的集合。

---

① Hans Kamp, "A Theory of Truth and Semantic Representation", in J. Groenendijk et al., eds., *Formal Methods in the Study of Language* (Amsterdam: Mathematical Centre, 1981). Irene Heim, *The Semantics of Definite and Indefinite Noun Phrases* (doctoral dissertation, MIT, 1982; New York: Garland, 1988).

② David Kaplan, "On the Logic of Demonstratives", *Journal of Philosophical Logic* 8 (1979) 81—98, reprinted in Nathan Salmon and Scott Soames, eds., *Propositions and Attitudes* (Oxford: Oxford University Press, 1988): "Demonstratives: An Essay on the Semantics, Logic, Metaphysics, and Epistemology of Demonstratives and Other Indexicals", and "Afterthoughts", both in Joseph Almog, John Perry, and Howard Wettstein, eds., *Themes from Kaplan* (New York and Oxford: Oxford University Press, 1989).

尽管就某些目的考虑，这种思考被句子表达的命题的方式是有用的，但就另一些目的考虑，它却是很成问题的。作为必然或偶然真值的承担者，那些可能的世界-状态的集合很好地发挥着作用。但是，这并非命题在我们的思想和语言中扮演的唯一角色。下述东西似乎不仅是对关于命题的传统哲学讨论的承诺，而且也是对我们日常思维和说话方式的自然的、最低限度的扩展。

(a) 即（that）当有人声称或相信如此这般的事情时，有某种他所声称或相信的事情（关于事情是如此这般的断言或命题）存在，

(b) 即（that）被声称或相信的那些事情（命题）是（必然或偶然的）真理或谬误的承担者，

(c) 即（that）这些事情（命题）也是被那些句子（相对于语境来说）所表达的语义内容，而且

(d) 即（that）通常，当一个人在一种语境 c 中断然地说出或真诚地接受一个句子 S 时，他（或许除了其他事情之外）便声称或相信 S 在 c 中所说的或在语义上所表达的东西（也就是说，他声称或相信相对于 c 来说的在语义上被 S 编码的那条命题）。

"命题"仅仅是我们对任何适合这些角色的东西所赋予的名称。但是，如果严肃地来考虑每个角色，那么被一个句子（在语境 c 中）表达的命题不过就是可能的世界-状态的集合——该句子相关于那些状态而（在语境 c 中被使用时）为真——的观点，就遇到麻烦了。例如，如下事情似乎毫无疑问为假：当 P 和 Q（相对于语境 c 来说）是必然等价的句子时，声称或相信其中的一项所表达的东西，也因此就是声称或相信另一项所表达的东西。某人可能说或相信 1=1，而与此同时并不说或相信算术是不完全的或水是 H_2O（即便相关于所有可能的世界-状态而言相关的每个句子都为真，且因此是必然等价的）。

类似这样的问题提出了两个根本性的疑问:"相对于语境来说,句子的语义内容(被句子表达的命题)是什么?"和"一条命题态度归属句 *x* 声称/相信 *S* 适用于一个施事者的条件是什么?"某些理论家——最值得注意的是罗伯特·斯塔内克——论证道,通过放弃如下观点,人们可以继续将命题等同于可能的世界-状态的集合:这些态度归属句总是报告了一个施事者与被补语从句 S 在语义上所表达的命题之间的关系。① 其他一些理论家则并未被说服。例如,在八十年代中期,乔恩·巴威斯和约翰·佩里(John Perry)论证道,命题态度归属句(与其他构造一道)提出的那些问题,要求我们将一些语义学理论——这些理论依据可能的世界-状态刻画了句子的真值条件和语义内容的特征——替换为另一些语义学理论——这些理论依据更细密的支持真的(fine-grained truth-supporting)、被称作(抽象的)"情况"(situations)的环境来刻画它们的特征。可能的世界-状态自然被当作是整个世界最大程度上完全的(且一致的)性质,而巴威斯和佩里所提出的"情况"则可以被自然地视为世界之部分的部分性质(有时甚至是不一致的性质)。在将关于世界的可能状态替换为抽象的情况后,巴威斯和佩里提议将命题态度归属句 *x* 声称/相信 *S* 当作是报告了一个施事者与 S 的语义内容之间的关系;其中 S 的语义内容被设想为会支持 S 之为真的那些抽象情况的集合。② 他们的希望是,在这样做的时候,自己可以保留可能世界语义学的大部分结构,而与此同时避免它在命题态度归属

---

① See Robert Stalnaker, "Propositions", in A. MacKay and D. Merrill, eds., *Issues in the Philosophy of Language* (New Haven, CT: Yale University Press, 1976); "Assertion", in P. Cole, ed., *Syntax and Semantics*, p. vol. 9 (New York: Academic Press, 1978), reprinted in Stalnaker, *Contextand Content* (New York: Oxford University Press, 1999); and *Inquiry* (Cambridge, MA: MIT Press, 1984). 关于对可能世界语义学中相关问题的有价值的讨论,请参阅 David Lewis, "General Semantics", *Synthese* 22 (1970): 18—67, reprinted in *Philosophical Papers*, vol. 1. 尽管路易斯总是乐于让命题态度句的对象是简单的句子内涵——即可能世界(对我们来说是世界-状态)的集合,但在"General Semantics"中,他概述了这样一种观点,在其中,句子的意义是结构化的内涵(structured intensions)。

② Jon Barwise and John Perry, *Situations and Attitudes* (Cambridge, MA: MIT Press, 1983).

句上的声名狼藉的问题。但是,几年后,这种有希望的工程遭受了严重的挫折;有人表明,使用一组很多不同的理论家(包括巴威斯和佩里)所共享的、相对朴素的语义学假设,在任何结构上类似的理论中,都可以重构出由命题态度归属句对标准的可能世界语义学系统所提出的所有通常问题的类似物,而无论我们采取怎样细密的支持真的环境也于事无补。① 很多人从中得出的教训是,命题不可能是任何支持真的环境的集合;相反,它们应当以传统的罗素主义方式被理解为关于对象和性质的结构性复合物。

到这时,一趟回归罗素式结构性命题的奋勇旅程已经在我们脚下了,其引导者是大卫·卡普兰和内森·萨蒙的开拓性工作。尽管在《指示词》("Demonstratives")一文中,卡普兰在构造自己关于指示词的形式逻辑中采用了为人熟悉的可能世界语义学技术,但他的意思显然是,关于意义和命题态度句的恰当的基础性哲学图景,要求罗素式的命题。在《不透明性》("Opacity")一文中,他更清楚地表达了这种图景,并将之运用于捕捉蒯因的"信念的关系性意义"(relational sense of belief)② 和回答蒯因历史悠久的对量化为模态句、命题态度归属句和其他"在指称上不明晰的"语境的反驳。③ 1986 年,在扩展克里普克和卡普兰洞见的基础上,内森·萨蒙在《弗雷格之谜》(Frege's

---

① Scott Soames, "Direct Reference, Propositional Attitudes, and Semantic Content", *Philosophical Topics* 15 (1987): 47—87; reprinted in Salmon and Soames, *Propositions and Attitudes*, and in Peter Ludlow, ed., *Readings in the Philosophy of Language* (Cambridge, MA: MIT Press, 1997).

② W. V. Quine, "Quantifiers and Propositional Attitudes", *Journal of Philosophy* 53 (1956), reprinted in L. Linsky, ed., *Reference and Modality* (Oxford: Oxford University Press, 1971).

③ David Kaplan, "Opacity", in Lewis Edwin Hahn and Paul Arthur Schilpp, eds., *The Philosophy of W. V. Quine* (La Salle, IL: Open Court, 1986)。关于蒯因对量化的反驳,请参阅 "Reference and Modality", in *From a Logical Point of View* (Cambridge, MA: Harvard University Press, 1953, 1961, 1980), and his "Notes on Existence and Necessity", *Journal of Philosophy* 40 (1943), reprinted in Leonard Linsky, ed., *Semantics and the Philosophy of Language* (Urbana, Chicago, London: University of Illinois Press, 1952)。

Puzzle）中力主一种与如下东西相结合的语义学理论：一种关于专名的密尔式的观念（根据这种观念，一个名称的意义是它的所指）、一种关于结构性命题的新罗素式的观念（构造自对象和性质），和一种对态度归属句的关系性处理（将它们当作是报告了如下事情：施事者与被这些句子的补语从句在语义上所表达的命题处于某些关系中）。[①] 在这个系统中，标准的可能世界语义学工艺依然基本上是适得其所的，但被补充进一种系统的赋值，该赋值将结构性命题分配给同语境相关的句子。

关于信念和声称的构造对象的想法被广泛地接受，但在这种情况的后期我们会看到关于如下问题的激烈争论：在态度归属句中对互指的名称和索引词的互换。考虑到卡普兰－萨蒙图景，人们会希望这种互换从不会改变真值。但在很多人看来，我们完全可以相信长庚星是一颗行星，而与此同时并不相信启明星是一颗行星，尽管事实上这两个名称是互指的。不同的理论家，包括萨蒙自己（在《弗雷格之谜》中）、索尔·克里普克[②]、马克·理查德（Mark Richard）[③]、马克·克里明斯（Mark Crimmins）和约翰·佩里[④]、理查德·拉尔森（Richard Larson）和彼得·拉德洛（Peter Ludlow）[⑤]还有我[⑥]，都参与了这个问

[①] Nathan Salmon, *Frege's Puzzle* (Cambridge, MA: MIT Press, 1986).

[②] Saul Kripke, "A Puzzle About Belief", in A. Margalit, ed., *Meaning and Use* (Dordrecht: Reidel, 1979); reprinted in Salmon and Soames, *Propositions and Attitudes*.

[③] Mark Richard, *Propositional Attitudes* (Cambridge: Cambridge University Press, 1990), and "Defective Contexts, Accommodation, and Normalization", *Canadian Journal of Philosophy*, 25 (1995): 551—570.

[④] John Perry, "Frege on Demonstratives", *Philosophical Review* 86 (1977): 474—497; Perry, "The Problem of the Essential Indexical", *Noûs* 13 (1979): 3—21, reprinted Salmon and Soames, *Propositions and Attitudes*; Mark Crimmins and John Perry, "The Prince and the Phone Booth: Reporting Puzzling Beliefs", *Journal of Philosophy* 86 (1989): 685—711; and Crimmins, *Talk about Beliefs* (Cambridge, MA: MIT Press, 1992).

[⑤] Richard Larson and Peter Ludlow, "Interpreted Logical Forms", *Synthese* 95 (1993): 305—356, reprinted in P. Ludlow, *Readings in the Philosophy of Language*.

[⑥] Scott Soames, *Beyond Rigidity* (New York: Oxford University Press, 2002); Soames, "Naming and Asserting", in A. Szabo, ed., *Semantics and Pragmatics* (Oxford University

题——争议还在继续。在关于意义和（语义和语用上的）语言使用间关系的激烈的、多面的争论中，这还留下了一种重要的、位于核心地位的争论——它已经成为努力发展出一些适用于自然语言的、关于意义的精确理论的前沿。

专业化工作的更广泛的哲学教训

通过提及一种高度专业化的争论，我们结束了对当代逻辑哲学和语言哲学的调查；这种争论是关于对命题态度归属句中的一些表达式进行替换所带来的影响的——也就是说，那些报告了施事者的声称、信念和意图等的句子。如我已经指出的那样，这种争论位于一种更广泛争论的核心，即语言哲学家之间关于如下事情的争论：意思恰当（meaning proper）和语言使用的各种不同方面间的关系。问题在于一个句子的意义、一个人在断然地说出它时的那条断言以及被这些言说传达给听者的信息之间的关系。在很长一段时间里，哲学（和语言学）中关于意义的讨论，要么忽视了这些范畴间的不同而将它们归并在一起，要么将一项与另一项相混同并时常产生出灾难性的后果。一个这样的例子涉及一项我（在第一卷第三章中）称之为**意义透明性**的原则。这条原则声称，如果两条表达式意思相同，那么一个理解它们的称职说话者就会知道它们是同义的。尽管抽象地说这或许是可靠的，但该原则已经受到最近一些关于指称和命题态度归属句工作的严峻挑战。[①]

Press, forthcoming).

① 参阅 Nathan Salmon, *Frege's Puzzle*; his "How to Become a Millian Heir", *Noûs* 23 (1989): 211—220; and his "A Millian Heir Rejects the Wages of *Sinn*", in C. A. Anderson and J. Owens, eds., *Propositional Attitudes: The Role of Content in Logic, Language, and Mind* (Stanford, CA: CSLI, 1990). 也请参阅 Stephen Rieber, "Understanding Synonyms without Knowing That They Are Synonymous", *Analysis* 52 (1992): 224—228; and sections III, IV, and IX of my "Substitutivity", in J. J. Thomson, ed., *On Being and Saying: Essays for Richard L. Cartwright* (Cambridge, MA: MIT Press, 1986), and chapter 3 of my *Beyond Rigidity*。

它的重要性不仅限于对如下问题的争论，即关于意义的语义事实终结于何处而关于语言使用的语用事实开始于何处，而且还包括关于意义在哲学中所扮演角色的更广泛的问题。

我们已经看到了摩尔在自己著名的"开放问题"论证（第一卷第三章）中对意义透明性隐含的、未加批判的依赖，还有罗素在自己对逻辑专名的认识论限制中对该原则的相似的使用（相关讨论见于第一卷第五章）。这些例子阐明了一种广泛的、无处不在的倾向，它存在于二十世纪分析哲学中很多关于语言的理论中——这种倾向把语词、短语和句子的意义当作对称职的说话者来说是清楚和显而易见的，而且可以很容易地与同它们的用法相结合的其他信息区别开。贯穿这两卷书，我们已经看到根植于各种不同的立场和哲学观点中的这种倾向的痕迹——包括关于先天性的语言理论（第一卷第十二章），受到蒯因抨击的对分析性的疯长的诉求（第一卷第十六章），后期维特根斯坦紧缩的主张——即哲学论题不可能是真正传达信息的（第二卷第一章），日常语言学派的方法论（关于它的讨论贯穿于第二卷的第二到第四部分），以及关于如下问题的讨论：知道长庚星是长庚星，对知道长庚星是启明星来说是否是充分的（相关讨论见于第二卷第十五章）。在我看来，我们在二十世纪末看到的是逻辑和语言哲学中如下东西的开端：一种不那么好内省的、更理论化和科学化的关于意义的视角。尽管从这个视角看，那些关于我们语词意义和被我们句子所编码的信息的事实，是真实和重要的，但我们并没有通向它们的、在认识论上有特权的入口。

如果这是对的，那就意味着，作为哲学家，我们并不拥有自己的很多分析哲学前辈所想象的那种有特权的、安全的语言起点。意义既不是所有哲学问题的根源，也不是解决所有问题的关键。就像今天大部分分析哲学家在直觉上知道的那样——无论他们是否表达了这种想法——并不存在哲学问题出现的唯一方式。它们出现在各种地方——在数学、科学、艺术和常识的思维方式中。同样不存在它们得以解决的唯一方式；理论构造、逻辑分析、概念澄清甚至对我们认知和语言实践的非正式的观察，都在其中起作用。对今天的哲学状况来说，还有另一项教训。如果我所刻画的那种图景准确的话，那么二十世纪末发现的那种哲学的碎片化，或许更多是由于专业化和职业化的制度强制力。这或许是这门学科自身所固有的。

附　录

关于本书的介绍

这是分析哲学自1900年起的一部主要的、内容广泛的历史，由这条传统在当代的一位主要人物来讲述。第一卷的故事从1900年到二十世纪中叶。第二卷则把这段历史一直带到今天。

如司各特·索姆斯所说，分析哲学的故事是一项伟大又坎坷的进步，其中占据主导地位的思想家在解决传统的核心问题上迈出了重要的一步。尽管没有一种广泛的哲学立场长久地占据统治地位，但索姆斯表明，方法论上的两种发展，久而久之已经重塑了哲学的图景。它们是（1）分析哲学家在理解和区分逻辑真理、先天真理和必然真理等观念上所取得的来之不易的成功，（2）对如下想法的逐步接受，即哲学思辨必须建基于可靠的前哲学的思想。尽管索姆斯以积极的态度看待这段历史，但他也阐明，这条道路上布满了困难、失败的开端和失望。在处理前辈与同侪的著作时——从伯特兰·罗素、路德维希·维特根斯坦到唐纳德·戴维森和索尔·克里普克——他设法在突出其成就的同时，也准确地指出其短处，特别是他们的视角被那些当时把握得并不完善，而现在已经变得清晰的事项所限制住的地方。

索姆斯自己也曾处在这条传统里某些最重要的争论的中心，并且自始至终能异常自如地就其中复杂的想法进行写作。他在清晰阐述方面的天赋，使得这段历史不仅对学者来说很重要，也适合于高年级的本科生。尽管哲学中的分析传统在英语世界里是哲学的核心，但它却缺乏综合性的历史。这将会成为将来所有论述所参照的基准。

译后记

索姆斯教授这部著作的重要性无需多言。在该书出版十余年后，我们能够有机会将其译为中文出版，或许在一定程度上有助于国内相关领域的研究。正如作者本人所说，本书既可以用作教材，也可以作为研究的材料。由于种种原因，一些重要的分析哲学家未能被囊括进来，这也是一大遗憾之处。幸运的是，在作者出版的新书《哲学的分析传统》(*The Analytic Tradition in Philosophy*) 中，像弗雷格这样重要的哲学家已被加入进来。

全书第一卷一共包含五个部分，其中第一部分（关于摩尔）和第四部分（关于逻辑实证主义）由仲海霞翻译，第二部分（关于罗素）、第三部分（关于维特根斯坦）和第五部分（关于蒯因）由张励耕翻译。由于仲海霞无暇参与，第二卷由张励耕独自翻译。必须要说明的是，在我们的翻译中，无论具体的术语还是语言风格都可能有不尽一致之处。尽管我们已经尽量避免此类情况的出现，但这种差异还是会存在并可能给阅读带来一定的问题。在此也请各位读者见谅。

原书中有一份索引，但在中文版中已无实际作用，故而略去。

囿于译者自身能力，本书的译文必定还有各种问题或难以令人满意之处。希望大家给予批评和指正，以共同推进国内分析哲学的研究。

北京大学的韩林合老师和李麒麟老师对本书的翻译工作给予了很大帮助。首都师范大学的叶峰老师在百忙之中抽出时间为本书作序，并详细阐述了一些相关的学术问题，无疑为本书增色很多。华夏出版社罗庆编辑也为本书做了诸多工作。我们在此表示衷心的感谢。

图书在版编目（CIP）数据

20世纪分析哲学史. 2, 意义的时代/（美）司各特·索姆斯（Scott Soames）著；张励耕译. --北京：华夏出版社，2019.5（2020.10重印）
书名原文：Philosophical Analysis in the Twentieth Century: the Age of Meaning
ISBN 978-7-5080-9603-2

Ⅰ. ①2… Ⅱ. ①司… ②张… Ⅲ. ①分析哲学－哲学史－世界－20世纪 Ⅳ. ①B089-091

中国版本图书馆CIP数据核字（2018）第254236号

Philosophical analysis in the twentieth century, volume 2: the age of meaning / by scott soames / ISBN:0-691-11574-5

Copyright© 2003 by Princeton University Press

All rights reserved. No part of this book may be reproduced or transmitted in any form or by any means, electronic or mechanical, including photocopying, recording or by any information storage and retrieval system, without permissmion in writing from the Publishers

版权所有翻印必究
北京市版权局著作权合同登记号：图字01-2013-6859号

20世纪分析哲学史（第二卷）

作　　者	[美]司各特·索姆斯
译　　者	张励耕
责任编辑	罗　庆
责任印制	顾瑞清
出版发行	华夏出版社有限公司
经　　销	新华书店
印　　装	三河市万龙印装有限公司
版　　次	2019年5月北京第1版　2020年10月北京第2次印刷
开　　本	720×1000　1/16开
印　　张	35.75
字　　数	495千字
定　　价	148.00元

华夏出版社有限公司　地址：北京市东直门外香河园北里4号　邮编：100028
网址：www.hxph.com.cn　电话：（010）64663331（转）
若发现本版图书有印装质量问题，请与我社营销中心联系调换。